国家社会科学基金青年项目
"面向数字人文的档案内容挖掘与知识发现研究"（19CTQ035）结项成果；
苏州大学人文社会科学学术专著出版资助

丁家友 著

面向数字人文的
档案内容挖掘与知识发现

RESEARCH ON ARCHIVAL CONTENT MINING
AND KNOWLEDGE DISCOVERY FOR
DIGITAL HUMANITIES

社会科学文献出版社
SOCIAL SCIENCES ACADEMIC PRESS (CHINA)

目录
Contents

绪 论 ·· 1

第一章 研究基础 ·· 14
    一 相关概念界定 ·· 15
    二 理论基础 ·· 27
    三 档案内容挖掘与知识发现模型 ······································ 34
    四 国内外研究进展与述评 ·· 43

第二章 档案领域参与数字人文项目现状调查 ······················ 74
    一 档案数字化现状 ··· 74
    二 档案领域数字人文项目实践进展 ·································· 95
    三 档案领域参与数字人文项目的问题与挑战 ··················· 115

第三章 数字人文与档案内容管理融合框架 ························ 146
    一 档案内容数据库 ··· 146
    二 数字人文中的档案智能内容建设 ································ 172
    三 档案内容长期保存框架 ·· 185
    四 档案内容管理在数字人文中的价值 ····························· 196

第四章 面向数字人文的档案内容挖掘与知识发现机制构建 ··· 203
    一 档案内容管理机制构建的必要性与可行性 ··················· 203
    二 面向数字人文的档案内容管理机制阐释与分析 ············· 213

三　档案内容挖掘与知识发现机制的构建思路…………… 224

第五章　面向数字人文的档案内容挖掘与知识发现机制运行与维护…… 244
　　一　面向数字人文的档案内容基础设施建设………………… 244
　　二　机制的功能与流程维护………………………………… 257
　　三　机制的共同体与管理保障……………………………… 268
　　四　机制的知识基础设施保障……………………………… 277

第六章　结论与展望………………………………………… 292
　　一　结论……………………………………………………… 292
　　二　展望……………………………………………………… 293

参考文献……………………………………………………… 296

后　记………………………………………………………… 321

绪　论

一　研究背景与意义

伴随"一带一路"建设、数字中国战略等的实施，新时代以来我国文化事业和文化产业快速发展，得到社会各界的广泛关注与重视。在新一代信息技术全面应用和人工智能蓬勃发展的背景下，围绕文化产业发展的一系列政策与文件相继提出要重视文化资源建设开发的宏观与微观管理。如2017年起开始施行的《公共文化服务保障法》提出"国家统筹规划公共数字文化建设，建设公共文化信息资源库"；2019年起开始施行的《机关档案管理规定》中反复提到"全文识别""数据分析""文本挖掘"等加大和拓展档案资源开发力度和深度的新方法；2021年《"十四五"全国档案事业发展规划》（以下简称档案事业"十四五"规划）也明确提出，档案工作的理念、方法、模式需要随其环境、对象、内容的巨大变化，完成全面数字转型和智能升级，在档案内容深层次加工和开放利用方面积极应用知识管理、人工智能、数字人文等技术；2022年党的二十大报告提出国家文化数字化战略，强调要健全现代公共文化服务体系。因此，如何加强社会存量档案资源管理及其内容深度开发，服务中国数字经济和智能社会建设已成为当下学术界的研究热点、实业界的关注焦点、各级政府数字化转型乃至智慧政府建设的工作重点。

首先，档案工作数字化和数智化转型是数字技术变革带来的档案工作理念、工作流程、工作模式等行业内容的质变，是适应数字中国发展战略、提高档案治理效能、实现档案事业高质量发展、发展档案工作新质生产力的必然选择和必经之路。《中华人民共和国国民经济和社会发展第十四个五年规划和2035年远景目标纲要》（以下简称国家"十四五"规划）中提出的数字中国建设，强调要在数字时代"激活数据要素潜能"，将数字化转型作为数字中国建设的重要组成部分和各行各业发展的新引擎。档案是构建国家文化大数据体系的战略组成部分，档案工作数字化转型是融入和服务智慧政府、推进国家治理体系和治理能力现代化的必然趋势，也是推进档案工作自身创新发展的必由之路，是档案事业发展面临的新挑战、新目标、新任务。

其次，在档案实践领域，档案信息资源因其承载着国家、族群、社群、个体的发展历程，而成为集体记忆追溯和留存的对象。[①] 在这一理念指导下，无论是国家档案局在2008年提出的"覆盖人民群众的档案资源体系"，还是档案事业"十四五"规划从微观角度提出的"提升内容管理水平"和"电子档案内容信息深度开发"等具体工作要求，都反映了在档案工作实践中，档案内容管理在存量和增量档案信息资源体系建设中的思想指导与理论引领作用。

最后，档案内容管理是电子政务建设、智慧政府发展过程中必不可少的基础性工作。只有通过对档案内容的智能化、深层次分析处理，才可以实现档案信息的深度关联，形成档案知识库，支撑政府决策过程、行为中的信息与知识需求，以发挥档案信息资源服务政府决策的资政作用。[②]

（一）学术价值

社会科学与自然科学之间的传统边界正被无处不在的数据和计算所打破，传统人文社会科学在与自然科学交叉融合的过程中极大地拓展了自身的研究空间。立足于海量数字资料，数字技术和计算机量化方法正逐渐成为人文研究的必要手段和工具，重塑着人文知识的生产与流通方式。[③] 数字

---

① 冯惠玲：《档案记忆观、资源观与"中国记忆"数字资源建设》，《档案学通讯》2012年第3期。
② 陈永生等：《电子政务系统中的档案管理：查询利用》，《档案学研究》2015年第5期。
③ 任明：《数字人文领域知识图谱构建方法与实践》，中国人民大学出版社，2022，第4～5页。

人文开启了一个更加广阔的混合领域，在超越学科界限的同时，也打破了理论与实践、技术实施与学术反思之间的传统壁垒，形成了促进知识流动的内部联系和合作路线。作为一个新兴的学科和研究领域①，数字人文为学术界提供了描述信息技术和人文学术相关活动和结构的整体视角与分析工具。

数字人文的产生开启了研究范式和研究方法层面的创新。它在发展过程中形成了围绕自由文本和格式化数据等可计算的数据对象以及围绕这些内容展开的文本分析、数字绘图等核心活动。档案内容挖掘与知识发现是这些核心活动的重要构件，特别是在面向族群历史和社会整体记忆追溯、留存、传播过程中，必然成为档案工作"存史、资政、育人"的重要技术工具，并承担起部分数字人文基础设施的作用，也因此成为数字人文研究的重要组成部分。

然而，数字人文自诞生之日起，其内涵、外延、意义与价值始终处于所有新兴学科都会遭遇的怀疑和质询之中。美国硅谷盛行的高科技公司发展的"炒作周期"（hype cycle）：技术诱因（technology trigger）—期望膨胀的高峰（peak of inflated expectations）—失望的低谷（trough of disillusionment）—启明的山坡（slope of enlightenment）—生产率的高原（plateau of productivity）②在某种程度上恰好可以被借用来形容数字人文当下的境遇。目前正处于高速蓬勃发展的数字人文恰好处于"期望膨胀的高峰"。它产生和积淀的累累硕果，既包括巨量专著、论文、图像、数据和编码等研究产出，又体现为包括专业协会、研究中心等学科共同体与学术刊物、数字资源平台等学科阵地在内的学科制度化建设。但一个学科成熟的决定性标志在于有效的研究成果及其影响力，而不仅是制度化建设的成功。美国现代语言协会（Modern Languages Association）于2000年发布，并于2012年更新的《数字人文和数字媒体工作评估指南》提出，数字人文代表的方法和理念应该塑造一种新的承续和弘扬人文信仰的知识流通渠道，拓展传统学术评价规则框架能够包容的研究成果形式，如图像、网站、电子出版物等原生数字内

---

① 〔美〕安妮·伯迪克、约翰娜·德鲁克、彼得·伦思费尔德等：《数字人文：改变知识创新与分享的游戏规则》，马林青、韩若画译，中国人民大学出版社，2018，第7~8页。

② 李点：《数字人文的工具理性、学术价值与研究成果的评估》，《社会科学文摘》2022年第2期。

容和各种档案编研成果等次生数字内容。①

虽然工具对于任何一项数字人文研究的重要性不言而喻，但能够指向和代表人类对经验超越和对未来构想的问题更加重要。特别是能够指向增进理解、培育人类共情等人文要素，并包含待发掘的学术内容的问题发现，恰恰是对承载人类记忆与文化的档案进行内容挖掘与知识发现所追求的，并经得起现有学术评估体系的考验。

在欧内斯特·博耶提倡的学术文化体系中，"发现的学术"居于榜首。它指向新知识的产生、创造、发明和传递，是彰显一切科学话语权的核心价值标志。但数字人文目前在这方面的表现可能尚处于"失望的低谷"，它亟须将重心从工具理性的自我把玩转向可传达的发现性学术研究。这种转向提醒我们在档案学术研究与实践过程中，要重新审视数据尤其是档案数据本身的价值，挖掘存量的档案数据在人文研究中的应用场景与价值，在不迷信它作为数据而成为社会现实的绝对、唯一的再现②的同时，拥护它的凭证价值和场景还原价值。

（二）应用价值

本书通过总结目前国内外档案数字化与公共文化服务建设的经验，旨在推动我国档案领域数字人文项目的开展，其应用价值主要有两个方面：其一，总结国内外数字人文项目中关于档案内容采集、萃取、挖掘等相关经验，厘清目前数字人文项目中档案内容挖掘与知识发现的意义、作用与价值定位；其二，推动档案学术共同体参与"国家数字人文基础设施建设工程"（NDHI），推动我国档案领域数字人文项目的协作体系发展，激励我国档案馆及其他公共文化服务机构依托资源优势开发基于档案内容挖掘与知识发现的数字人文项目，发挥其在历史文化遗产保护③、人类艺术活动开源工具创建④、

---

① MLA,"Guidelines for Evaluating Work in Digital Humanities and Digital Media", https://www.mla.org/About-Us/Governance/Committees/Committee-Listings/Professional-Issues/Committee-on-Information-Technology/Guidelines-for-Evaluating-Work-in-Digital-Humanities-and-Digital-Media.
② 李点：《数字人文的工具理性、学术价值与研究成果的评估》，《社会科学文摘》2022年第2期。
③ UCL,"Deep Imaging Egyptian Mummy Cases", https://www.ucl.ac.uk/digital-humanities/projects/Deepimaging.
④ Levy F., Murnane R.,"Dancing with Robots: Human Skills for Computerized Work", https://dusp.mit.edu/uis/publication/dancing-robots-human-skills-computerized-work.

社会和自然环境的变化关系分析①、艺术学习者的知识网络体系和内容创作②、群体命运和认同等方面的历史、文化、技术作用。

目前数字人文项目中档案内容挖掘与知识发现的战略定位，仍然主要集中于档案内容管理的三个主要协同演化层次上，但其价值仍未得到数字人文研究的充分挖掘。

在微观层面的数据操纵层次上，面向数字人文研究所需的内容挖掘与知识发现过程，要通过多种渠道采集信息，并将其转换为某种主流格式的内容原件，实现档案内容的增值和利用。例如，应用仿人脑识别图像模型等技术，识别和抓取能够展示人类真实情感与心理倾向的图形图像等人文研究素材；使用数据可视化技术挖掘和开发原始档案，增加数字人文素材的单位价值密度和应用维度；采用文本对照比较算法、图像及视频检索系统等技术，拓展面向数字人文应用的多模态档案内容的关联挖掘与开发深度。

在中观层面的应用场景上，研究如何完成各种馆藏资源的内容管理、组织机构的档案内容管理（如企业内容管理系统、数字档案室系统或企业数字文化产品开发）、Web档案内容管理（如基于内容管理的档案网站建设）等。

在信息资产及其生命周期的宏观层次，针对组织机构的全部档案资产及其完整生命周期展开的战略或战术（元数据）管理，以实现组织内部资产的增值③，同时回应数字时代数据作为生产要素的社会共识，加强数据汇聚融合、共享开放和开发利用，促进数据依法有序流动；为智慧城市、历史研究、社会治理、数字人文等领域提供高质量的档案数据支持，全面提升未来的档案数据利用服务方式和服务水平④。《中华人民共和国档案法》

---

① Standford University, "Between the Tides", http://web.stanford.edu/group/spatialhistory/cgi-bin/site/project.php?id=1005.
② MIT, "Hyperstudio Digital Humanities at MIT", http://hyperstudio.mit.edu/projects/german-radio-art/.
③ 丁家友、李慧珺：《面向数字人文的档案内容管理问题及对策分析》，《山西档案》2020年第6期。
④ 《国务院办公厅关于印发全国一体化政务大数据体系建设指南的通知》，中国政府网，https://www.gov.cn/zhengce/zhengceku/2022-10/28/content_5722322.htm?eqid=edc23cad00032216000000066465a1f0。

（以下简称《档案法》）明确提出，要推进建设档案信息资源共享服务平台，推动跨区域、跨部门共享利用档案数字资源，从国家层面整体上回应档案数据作用与价值发挥服务社会治理功能的要求。

基于档案的数据基础设施（Archive-Based Data Infrastructure，ABDI）是充分利用数据科学方法，依托档案馆藏向社会提供综合性资源服务，规模性地发挥档案数据的生产要素功能[①]的一种生产、组织和整合异构资源与知识的方式。跨文化的连接性与包容性问题是档案数据基础设施和数字人文基础设施共同面临的挑战，它们不仅作用于更大的知识生态系统的连接，也作用于它的反连接。[②] 本研究试图从社会网络、科学共同体、协同治理等角度初步探讨面向数字人文的档案数据基础设施的构建策略与路径机制。

二 研究思路与方法

（一）总体框架

数字人文的方法论基础是随信息系统、数字技术、大数据等技术发展不断升级迭代的，因此有必要在梳理相关理论与方法基础上，对数字人文和档案内容挖掘与知识发现的内涵与发展逻辑结合点、技术发展脉络进行分析，探索档案内容数字化发展趋势中与数字人文及智能内容发展紧密关联部分；再结合国内外档案领域数字人文项目的建设经验和教训，讨论档案内容挖掘与知识发现的相关制度建设、协同治理机理及其所包含的要素（见图0-1）。

本研究的技术路线如图0-2所示。首先，本研究在查阅文献进行理论梳理的基础上，分析档案内容挖掘与知识发现的科学内涵、特点，阐述本研究的相关概念、理论基础及概念模型；其次，开展网络调查与数据采集，

[①] 钱毅、苏依纹：《基于档案的数据基础设施（ABDI）的概念内涵与构建策略》，《档案学通讯》2023年第6期。

[②] 乌尔苏拉·波利卡-德格尔、郭佳楠：《数字人文基础设施与全球学术体系的"中心—边缘"模式》，《数字人文研究》2023年第1期。

```
┌─────────────────────────────────────────────────────────────────┐
│           面向数字人文的档案内容挖掘与知识发现研究                │
├──────────────┬──────────────┬──────────────┬──────────────────┤
│  理论基础分析 │ 档案内容数字化的│ 档案领域数字人文│ 面向数字人文的档案│
│              │   现状调研    │   项目建设    │ 内容挖掘与知识发现│
│              │              │              │   的机制探索     │
├──────────────┼──────────────┼──────────────┼──────────────────┤
│ 档案内容挖掘与│ 东部地区档案数字│ 档案领域数字人文│ 面向数字人文的档案│
│ 知识发现的内涵│ 化内容建设现状 │ 项目实践进展  │   内容管理制度   │
│              │    调研       │              │                  │
├──────────────┼──────────────┼──────────────┼──────────────────┤
│ 档案内容管理的│ 中部地区档案数字│ 档案内容数据库及│ 面向数字人文的档案│
│ 理论与技术支撑│ 化内容建设现状 │ 数据集建设研究 │ 内容协同管理机制 │
│              │    调研       │              │                  │
├──────────────┼──────────────┼──────────────┼──────────────────┤
│ 数字人文与智能│ 西部地区档案数字│ 档案智能内容建设│ 面向数字人文的档案│
│ 内容发展沿革  │ 化内容建设现状 │     探索      │  基础设施建设    │
│              │    调研       │              │                  │
└──────────────┴──────────────┴──────────────┴──────────────────┘
```

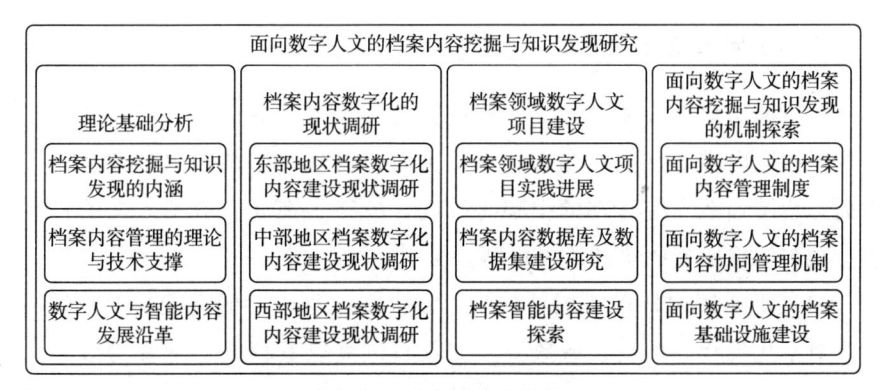

图 0-1 本研究总体框架

收集整理国内外档案领域数字人文项目的最新发展状况，归纳总结国内外档案内容挖掘与知识发现在数字人文项目中的作用模式；再次，对我国东、中、西部地区的数字档案资源进行实地走访和网络调研，掌握我国档案资源内容数字化开发和应用现状，分析面向数字人文的档案内容管理过程中面临的实际问题和制度上的障碍；最后从技术基础设施建设、共同体与价值观维护、要素与流程设计等框架维度尝试构建面向数字人文的档案内容挖掘与知识发现的协同治理机制。

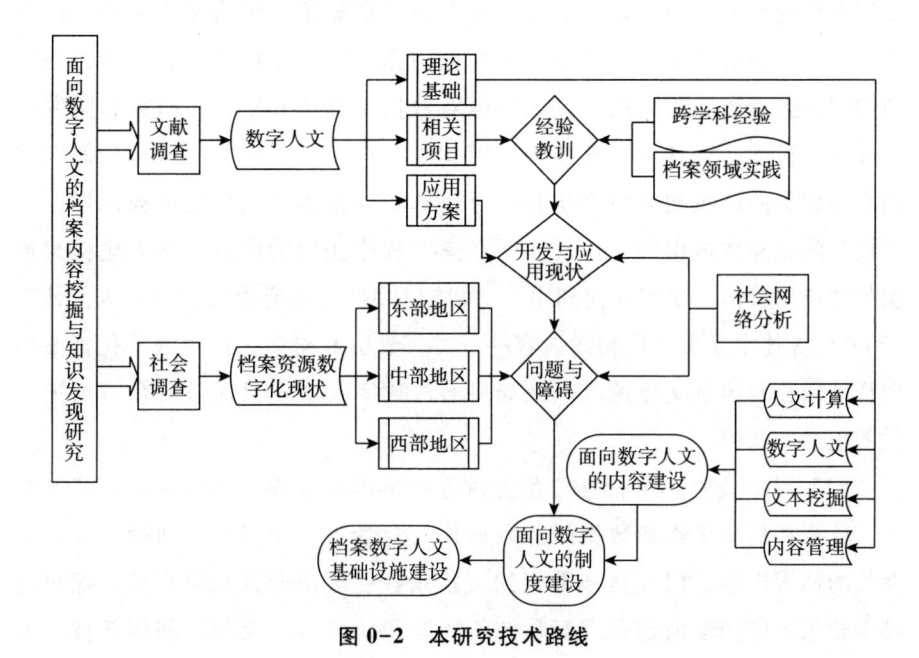

图 0-2 本研究技术路线

（二）研究的主要内容

针对面向数字人文的档案内容挖掘与知识发现的研究，不仅从理论层面剖析档案内容与挖掘与知识发现的关系，更从我国档案内容数字化实践中提炼总结档案内容管理的框架与维度，最终实现面向数字人文的档案内容挖掘与知识发现的协同治理机制。

（1）调查国内外档案领域参与数字人文项目建设的进展情况。从档案内容数字化现状、档案领域数字人文项目进展以及档案领域参与数字人文项目的问题与挑战入手，初步探索总结该领域所面临的法律与伦理、技术与应用、跨学科协同治理等议题。

（2）围绕服务于数字人文的档案内容管理，从数字人文基础设施入手，探讨档案内容数据库、数据集、知识库在数字人文中的应用以及档案智能内容建设，进一步阐述档案内容挖掘与知识发现在数字人文中的价值。具体来说，本部分内容包括但不限于：探讨如何构建档案内容数据库，包括数据收集、整理、描述和存储的最佳实践；分析不同的元数据标准（如EAD、ISAD、TEI等）在档案领域的应用及其对数字人文项目的影响；研究如何将传统档案转换为适合数字人文分析的数据集；探索文本分析、网络分析、时空分析等方法在数字人文中的应用；研究数据可视化技术，如何通过图表、地图和交互式元素来增强对数据的理解和解释；研究档案领域与计算机科学、统计学、社会科学等其他学科的合作模式，探讨如何实现档案数据集的跨机构共享和协作；分析档案数据集应用中的法律问题，如版权、隐私和数据保护，探讨如何在遵守法律法规的同时，最大化档案数据集的应用价值；研究如何利用人工智能（AI）、机器学习、自然语言处理（NLP）等技术来自动化档案内容的分类、索引和检索；探讨数字化档案如何帮助保存和传承文化遗产以及如何通过数字人文项目促进公众对历史文化的理解和认识。

（3）从必要性、可行性等角度讨论档案内容管理机制构建的框架与维度。分析在信息爆炸和数据量急剧增长的背景下，如何有效地管理和组织海量的档案内容，保证档案数据的可检索性、可访问性和可用性；探讨新技术背景下的档案内容管理面临的新挑战和新机遇以及如何利用新技术来优化档案内容的管理流程和策略；分析档案内容管理在确保合法性方面的作用及其在维护公共利益、尊重个人隐私等方面所承担的社会伦理责任；研究用户对于档案内容管理服务的期望以及如何满足用户多样化和个性化的需求，提升用户对于档案内容服务的参与度与满意度；从技术、经济、法律政策、组织操作等层面评估档案内容管理机制构建的可行性；并从这几个维度讨论如何构建档案内容管理的机制。

（4）讨论面向数字人文的档案内容挖掘与知识发现机制构建。在档案内容管理机制基础上，进一步明确档案内容挖掘与知识发现机制构建的目标——提高档案资料的可访问性和可用性，增强对档案内容的分析和解释能力，促进面向数字人文的跨学科研究与合作乃至新文科建设，支持和发展档案资源体系建设中的教育和公众参与；分析和确立档案内容挖掘与知识发现机制构建的用户导向原则、开放性与互操作性原则、可持续性原则、伦理与合法性原则；在此基础上提出面向数字人文的档案内容挖掘与知识发现机制的五个维度：用户、技术、数据、组织、价值观，并遵循这五个维度，进行面向数字人文的档案内容管理制度阐释与分析。

（5）讨论面向数字人文的档案内容挖掘与知识发现机制的运行与维护。在前文分析基础上，提出从档案内容基础设施建设、档案内容挖掘与知识发现机制功能与流程维护、档案内容挖掘与知识发现机制的共同体及管理和保障、知识基础设施保障等方面，确保该机制的长期可持续性。

三　创新之处

（一）学术思想方面的特色与创新

数智时代的人文科学研究面临日新月异的新技术和新媒介所带来的极大机遇与挑战。智能社会发展的趋势越来越要求在数据要素视角下，将文件、档案与内容管理共同置于数据管理框架的显要位置，促进数字档案资源的开发，产生大量面向数字人文的特色科研数据或公共文化服务产品。

因此，本研究提出面向数字人文的档案内容挖掘与知识发现概念，并结合档案内容管理概念分析其内涵，以此作为研究的基础。从档案内容管理、档案领域数字人文项目开展、档案内容数字化等角度，探索面向数字人文的档案内容建设与协同治理发展路径，以及在此过程中档案学术共同体角色定位转变在相关制度上的障碍及机制建设。

档案内容，尤其是数字化档案全文数据的积累为档案的知识化开发与内容深度融合利用提供了良好的资源保障，信息技术的快速迭代也催生了大量档案数字化技术工具的开发与应用。档案学科在学科转型升级和新文科建设的外部环境推动下，亟须建立与之相匹配的档案内容挖掘与知识发现理论与技术体系，积极融入数字人文实践，高效满足社会公共文化需求，主动服务数字经济社会发展。

技术衍化视角下的数据库、档案库、知识库、档案知识库、档案智库发展一脉相承，都是在融合化的档案规模思维理念指导下，通过对档案资源的内容管理或知识管理，实现档案内容挖掘与知识发现，完成技术理性加持下的人文内涵的显性呈现，而这恰恰形成了数字人文研究框架下的档案学研究实现突破和档案学科转型升级的重要契机。

档案学术共同体成员在面向数字人文项目实践和学术研究时所开展的档案内容挖掘与知识发现，无论是理论假设前提的选择，还是技术工具的应用，都应从档案学知识本体或档案学知识网络中汲取相应的规则或知识元素。它们或许是档案学中不可再分的语词的规范表达形式及其权威解释，或是档案学领域或数字人文研究主题的规范化的概念层次结构和关系体系，从而为数字人文学者提供可以依托的知识网络，帮助他们展开筛选、聚类、联想、推理等知识运算。

（二）研究视角的创新

本研究尝试超越传统的档案管理和知识管理层面，将文档管理、知识管理、内容管理置于社会网络理论、媒介记忆理论框架内，从学术共同体协同治理的视角，探讨档案内容数据库、知识库、智能内容建设，以及如何使其服务于档案领域数字人文项目实践及研究发展，服务于档案学科在新文科建设等背景下完成转型升级。

绪 论

在数字人文逐渐成为一种新的文化开发能力体系①的背景下，整个社会对优质信息资源开发、共享、分析、解释和重用的需求必然会越来越强烈，将逐渐改变目前数字人文领域中资源使用和重用水平低下②的窘境。对文本、图像、音频等的内容管理，以及针对深度标引、元数据等开展的内容挖掘，必然会与本体、关联数据等资源语义化组织技术一道，成为推动文本化数字人文资源重构和知识要素抽取、融合的重要助推力，帮助人文学者了解那些无法了解的知识，推测那些他们不知道的信息，进而形成一个相对完整的人文素材知识体系。③

（三）需要进一步研究的问题

1. 人工智能及大模型驱动的档案内容挖掘与知识发现技术方法

人工智能技术的发展极大地促进信息检索、信息计量、知识发现等领域的进步与革新，受这些领域影响，档案内容挖掘与知识发现的技术方法必然得到极大发展。2023年和2024年的国家档案局科技计划项目都凸显了智能技术的重要性，提出要围绕档案工作数字化转型的实施路径、人工智能等新一代信息技术在档案工作中的应用等方面开展研究。④

针对档案内容全文本的知识发现方法，包括简单规则、统计机器学习和各类深度学习内容挖掘技术方法，本书在相关案例中均有所论述，但在面向数字人文的档案内容挖掘的具体应用情境，如档案知识主题发现、档案文本结构识别、档案学科交叉融合及学术创新评价等方面还需要开展进一步的研究。特别是基于深度学习的内容挖掘需要利用大规模数据来发现知识特征，如何最大化发挥数据与算法、算力融合的效力，使深度学习驱动的档案内容挖掘向档案分类、索引、编研等档案内容管理子领域落地，

---

① Martin-Rodilla P, Gonzalez-Perez C., "Metainformation Scenarios in Digital Humanities: Characterization and Conceptual Modelling Strategies", *Information Systems*, 2019, 84: 29-48.
② Eschenfelder K. R., Caswell M., "Digital Cultural Collections in an Age of Reuse and Remixes", *Proceedings of the American Society for Information Science and Technology*, 2010, 47 (01): 1-10.
③ 欧阳剑、彭松林、李臻：《数字人文背景下图书馆人文数据组织与重构》，《图书情报工作》2019年第11期。
④ 《国家档案局关于开展2024年度国家档案局科技项目立项工作的通知》，https://www.saac.gov.cn/daj/tzgg/202403/0af6b35f16e74aa7a738eb2874368945.shtml。

成为重要的待探讨议题。此外，近年来蓬勃涌现的大规模预训练模型研究，包括BERT及其变形体①、ERNIE、GPT②等巨量参数大模型对档案文本挖掘等细分领域也必将带来研究范式级的革新。

2. 多源异构档案数据挖掘与知识发现问题

档案内容挖掘与文献计量学、计算机科学、NLP技术、科学学研究、学术评价等不同研究领域交织在一起，学科交叉和融合逐渐深化。全文本的档案内容挖掘支持萃取更细粒度的知识，但是当下基于档案数据库、数据仓库、知识库的档案内容挖掘本质上仍然未脱离传统的KDD模式。而随着学科交叉融合的深入发展，未来这一领域将更加注重多源异构数据、元数据、细粒度知识点的有机融合，提升多源异构档案内容的解构、映射、重组与可视化呈现效果和效率。

3. 面向数字人文的开放知识网络与集成知识服务

本研究初步讨论了数字人文视野下的图档博馆藏内容数字化——数据化——数智化的发展历程，以及基于领域本体的情境化、可认知、可预测、支持推理的智慧数据，基本满足数字人文研究构建知识网络的需要；也探讨了档案内容数据库、知识库等数字人文基础设施，但并未从多模态数据集成层面讨论发达国家正在建设的开放知识网络（Open Knowledge Network，OKN），因为它能实现多源异构数据的松耦合（数据编织，Data Fabric），最大限度打通数据通道，实现内容数据共享、挖掘、管理。③ 例如美国自然科学基金会（NSF）于2023年9月宣布构建全球首个开放知识网络原型，支持跨学科、跨部门团队生成知识图谱、建立连接和创建教育资料，作为重要的AI时代公共数据基础设施，保障数据的开放、多样、包容④；欧盟于2023年11月拨款建设欧洲文化遗产共用数据空间，涉及EUreka3D、5DCulture、

---

① Xia P., Wu S., Van Durme B., "Which* BERT? A Survey Organizing Contextualized Encoders", *Association for Computational Linguistics*, 2020, 11: 7516-7533.

② Floridi L., Chiriatti M., "GPT-3: Its Nature, Scope, Limits, and Consequences", *Minds and Machines*, 2020, 30 (04): 681-694.

③ 范炜、曾蕾：《AI新时代面向文化遗产活化利用的智慧数据生成路径探析》，《中国图书馆学报》2024年第2期。

④ National Science Foundation, "Open Knowledge Network Roadmap: Powering the Next Data Revolution", https://nsf-gov-resources.nsf.gov/2022-09/OKN%20Roadmap%20-%20Report_v03.pdf.

DE-BIAS、AI4Europeana 等项目，通过共同开发 AI 工具集和数据集共享①。

人工智能时代，档案知识工程需要综合应用文本分析、机器学习、神经网络等技术，探索建立不同资源之间特征描述与深度关联多类型知识推送服务。如面向档案学术共同体提供数字人文知识成果的数据共享、选题与评审等智能知识发现服务以及其他拓展型知识服务。② 智能技术对大量数据进行机器学习形成自己的知识或是由机器感知外部环境数据来发现知识③，形成自动化、智能化知识发现以及趋势预测；大量长期存储于各类智能系统中的科学数据或信息使知识更多通过数字化和数据化的表达方式来呈现；知识生产速度的指数级提升，在加剧知识生产量级的同时，也促使知识的内涵发生相应的改变，从人类对世界和自我认识实践中发现成果，扩展到人类和机器从镜像数据世界中发掘和认知现实世界的成果。

---

① Europeana, "Over €4.4 Million Granted to Four New Projects to Enhance the Common European Data Space for Cultural Heritage", https://pro.europeana.eu/post/over-4-4-million-granted-to-four-new-projects-to-enhance-the-common-european-data-space-for-cultural-heritage.
② 罗星华：《国际图情领域人工智能应用研究进展与趋势》，《图书馆工作与研究》2023 年第 8 期。
③ 郝祥军、贺雪：《AI 与人类智能在知识生产中的博弈与融合及其对教育的启示》，《华东师范大学学报》（教育科学版）2022 年第 9 期。

第一章
研究基础

数字时代，人类文明发展的方方面面以更细粒度的数据形式呈现出来。数据在人类社会众多领域展现出不可估量的经济价值和文化价值。数字化转型背景下的内容管理和运营甚至被埃森哲首席执行官 Pierre Nanterme 上升到"第四次工业革命"[①] 的高度。对海量数据和信息的收集、共享、挖掘、利用，正重塑着人类发展生产力、提高竞争力、增强创新力的工作形态。传统的人类社会管理或治理正在完成一次数据化的转向。[②] 作为集成了社会、经济、文化、政治等多维"镜像"的档案数据，为社会治理提供最重要的历史数据基础，是大数据的重要组成部分，是决定社会数据资源利用能力和管理决策水平的一种新的生产要素和推动经济发展、社会治理和科技创新的一类重要基础性战略性资源。

大数据作为社会经济生活的记录，蕴含着海量的具有珍贵价值的信息。当然，要将其转化为有用的知识仍然面临诸多挑战。[③] 其一，要解决数据的多源异构问题，具体涉及领域数据库、知识库、Web 页面信息等因物理分散而形成的数据孤岛、大数据分析处理等挑战；其二，数据规模所带来的数据存储以及数据关联分析、自动识别等处理能力，即算力问题；其三，具有动态演化性的实体和关系的识别以及数据不一致性

---

① Nanterme P., "Digital Disruption has Only Just Begun", https://www.weforum.org/agenda/2016/01/digital-disruption-has-only-just-begun/.
② 陈国青等：《管理决策情境下大数据驱动的研究和应用挑战：范式转变与研究方向》，《管理科学学报》2018 年第 7 期。
③ 孟小峰、杜治娟：《大数据融合研究：问题与挑战》，《计算机研究与发展》2016 年第 2 期。

等带来的隐性人文知识的显性化，理解与抽象、归纳等数据挖掘与知识发现问题。

一 相关概念界定

（一）数字人文

"数字人文"（Digital Humanities，DH），港台学界也将其译为"数位人文"或"数位人文学"。数字人文目前虽然已成为一门显学，且有着相对清晰的历史发展脉络，并形成了一批相对成熟的理论型和应用型成果，但并未形成统一确切的定义，仍处于不断演化、延伸与发展进程之中[1]，并呈现越来越广阔的开放性趋势以及应用和发展前景。数字人文学者马修·基申鲍姆将其描述为"一种重视协作、开放、无等级关系和敏捷的文化"。[2]

对于数字人文的基本内涵，学界已达成一些共识。它指向一个计算或数字技术（computing or digital technologies）与人文学科（the disciplines of the humanities）交叉的，且包含人文学科中数字资源的系统运用及其反思的学术研究范畴[3]；抑或位于人文学科与计算技术交叉地带的、旨在考察数字技术如何用以提高和转化艺术与社会科学，或者运用人文技巧分析当代数字制品（digital artefacts）、考察当代数字文化的跨学科研究领域[4]。"数字人文之父"罗伯特·布萨（Roberto A. Busa）也对数字人文的前身——人文计算做过类似的论述，认为它是对人类表达（human expression）进行书面文本话语（written texts）所包含的人文主义（humanistic）可能性分

---

[1] Klein L. F., Gold M. K., *Debates in the Digital Humanities 2016*, Minneapolis: University of Minnesota Press, 2016: 4-35.

[2] Rockenbach B., "Digital Humanities in Libraries: New Models for Scholarly Engagement", *Journal of Library Administration*, 2013, 53 (01): 1-9.

[3] Drucker J., "Introduction to Digital Humanities: Course Book: Concepts, Methods, and Tutorials for Students and Instructors", http://dh101.humanities.ucla.edu/wp-content/uploads/2014/09/IntroductionToDigitalHumanities_Textbook.pdf.

[4] ANU, "Digital Humanities Major", https://programsandcourses.anu.edu.au/major/DIHU-MAJ.

析的自动化（automation）体现，涵盖了从音乐到戏剧，从设计、绘画到语言学等各个人文学科相关领域。①《数字人文指南》主编史苏珊·雷布曼（Susan Schreibman）等将数字人文定义为运用信息技术照亮人类历史记录（human record）的过程，并强调该过程反过来施加于信息技术发展与应用②，证明"数字"与"人文"在人类文明层次上碰撞结合的重要价值。

这种价值在学术研究与人类实践层面表现为，数字人文是一种将新的技术工具与方法运用到传统的人文学科的教学、科研、服务以及其他创造性工作中的新兴学科，它具备文理结合、学科交叉、改变知识流通和拓展传统人文学科领域四个基本特征③，经历了苏珊·霍基（Susan Hockey）述及的四阶段发展论④；或者五阶段论，即布萨团队1949年到20世纪70年代早期将文本与计算相结合的初始阶段，以语料库建设为显著特征的20世纪70年代到80年代中期的巩固阶段，以PC机应用为契机的20世纪80年代中期到90年代中期的新发展时期，20世纪90年代早期到2003年以互联网成熟并大量应用为背景的互联网阶段，2003年至今以学术团体、学科专业蓬勃兴起为标志的成熟与活跃阶段。

数字人文＝大人文＝生成式人文。二战之后的学术界，新生领域及分支领域激增，而数字人文学科则是关于整合和生成性实践的：从专家知识的镶嵌中构建更大的图景。它强调跨专业领域的知识协作和创造，要对日益增长的专业化程度的需求施加横向、跨学科、创新思维的持续压力。⑤

---

① Busa R.A., "Foreword: Perspectives on the Digital Humanities", *A Companion to Digital Humanities*, Oxford: Blackwell Publishing Ltd., 2004: 16-21.
② Schreibman S., Unsworth J., "The Digital Humanities and Humanities Computing: An Introduction", *A Companion to Digital Humanities*, Oxford: Blackwell Publishing Ltd., 2004: 23-27.
③ 郭英剑：《数字人文：概念、历史、现状及其在文学研究中的应用》，《江海学刊》2018年第3期。
④ Hockey S., *The History of Humanities Computing a Companion to Digital Humanities*, Oxford: Blackwell Publishing Ltd., 2004: 3-19.
⑤ Presner T., "Digital Humanities Manifesto 2.0", http://www.humanitiesblast.com/manifesto/Manifesto_V2.pdf.

（二）内容管理

数字时代，所有类型的信息或数据几乎都存在或流通于网络上[1]，且其中85%的部分是以纸质文件和音视频等非结构化形式存在的。从个体或组织管理的角度，它们都属于人类管理的对象或者内容，包括文件、表格、图片、数据库中的数据、视频等一切在Internet、Intranet以及Extranet上发布或流通或生产的信息，成为人类在信息爆炸背景下最重要的工作对象与内容。

"内容"是一个包括数据、文档和信息甚至知识但不限于此的概念，是结构化数据和非结构化文档的信息聚合[2]，在社会实践中通常指向具有价值的易数字化、方便进行安全管理（权限控制）、可迅捷操作（元数据管理）以及共享和利用的信息资产。它既可以是文本、图形图像、Web页面、视频、声音文件等单独的文件类型，也可以是多种类型数字信息结合体。由此，内容管理可定义为：对多种媒介类型与文件格式的信息资源（通常称为信息资产）内容的采集、组织、分类、定位、传递、更新、存档等有序化的价值链整合过程。它具体包括内容域、内容构件、出版、元数据管理[3]四个核心概念，内容管理系统是围绕这四个要素完成内容管理任务的工具或工具组合[4]。内容管理的关键技术主要包括XML和元数据技术、异构资源整合和检索技术、工作流管理技术、应用集成技术、文本挖掘技术、信息可视化技术等。

（三）内容挖掘

从概念和实际应用及相关技术的角度来看，内容挖掘是内容管理的重要环节。数字环境中的内容挖掘通常指向Web挖掘（Web Mining）或Web

---

[1] Liu B., Chen-Chuan-Chang K., "Special Issue on Web Content Mining", *Acm Sigkdd Explorations Newsletter*, 2004, 6 (02): 1-4.

[2] 吴国仕、傅湘玲、艾莉莎：《全球化内容管理系统框架的研究与设计》，《重庆大学学报》（自然科学版）2006年第7期。

[3] 史宝慧、张晓昉、麦中凡：《从数据管理到内容管理——企业门核心技术研究》，《计算机工程与应用》2001年第17期。

[4] 金花、曲俊华、谢萍：《内容管理系统的研究》，《计算机与数字工程》2006年第8期。

内容挖掘（Web Content Mining），是上述价值链整合过程的重要环节，需要使用数据挖掘技术，自动地从 Web 文档和服务中发现和提取信息和知识，并从相关数据中创建新的知识①，具体包括资源查找、信息选择和预处理、泛化、分析和可视化五个子任务②，可应用于信息过滤、知识抽取、网络文档分类等方面③。致力于维护内容挖掘和获取知识权利的《数字时代知识发现海牙宣言》于 2015 年 5 月 6 日正式对外发布，它在标题中使用"知识发现"（Knowledge Discovery）这一术语，但在正文中多次使用"内容挖掘"（content mining）的表述，又同时出现"文本与数据挖掘"（Text and Data Mining），都指"基于计算机的从文本或数据中提取、组织数据的过程；通过大量复制素材、提取数据并重组其识别模式、趋势和假设；或通过一定的方式重组挖掘信息"④。

但从广义上理解，内容挖掘除了文本与数据两个指涉对象外，还应包括图像、视频等结构化存储的数据信息。⑤ 国际图联认为内容挖掘是指从机器可读的材料中得到信息的过程，其流程为复制大量材料，精炼数据，并重新组合数据以预测新的发展趋势；其核心在于利用自动程序对文本进行分析，增进对于未发现的公共知识的可及性，可被视为经数据精炼过的特殊算法模型。⑥

由此，本研究所称的内容挖掘，是指在具体文件操作层面，对文本文档（Text、HTML、XML 等）和多媒体文档（Image、Audio、Video 等）进行挖掘，用以抽取知识或者创建新知识，满足用户信息需求的过程。不同于从 Web 中获取相关文档的信息检索，它的核心过程是完成信息的抽取（Information Extraction），即把信息检索获得的文档集合转换成利于摘要和分

---

① Johnson F., Gupta S. K., "Web Content Mining Techniques: A Survey", *International Journal of Computer Applications*, 2012, 47（11）：7236-7266.
② Bharanipriya V., Prasad V. K., "Web Content Mining Tools: A Comparative Study", *International Journal of Information Technology and Knowledge Management*, 2011, 4（01）：211-215.
③ 朱丽红、赵燕平：《Web 挖掘研究综述》，《情报杂志》2004 年第 7 期。
④ UK Government, "Text Mining and Data Analytics in Call for Evidence Responses", http://webarchive.nationalarchives.gov.uk/20140603093549/http://www.ipo.gov.uk/ipreview-doc-t.pdf.
⑤ 孙益武：《〈数字时代知识发现海牙宣言〉述评》，《图书情报工作》2015 年第 19 期。
⑥ 赵力：《〈数字时代知识发现海牙宣言〉之借鉴——以内容挖掘为核心》，《图书馆》2015 年第 9 期。

析的信息，侧重从文档中抽取有关事实、知识结构及其表达。

内容挖掘相关技术主要包括文本分类、文本聚类、自动摘要和文本可视化等。早期比较典型的 Web 内容挖掘工具包括 IBM 推出的 Web 文本挖掘工具 Intelligent Miner for Text、Semio 公司开发的文本信息挖掘软件 SemioMap、Megaputer 公司开发的智能文本信息挖掘和语义信息检索系统 TextAnalyst 等。其中涉及的智能内容（英文为"Intelligent Content""Smart Content""Content Intelligence"）是指利用人工智能进行内容挖掘（生产/消费）的过程，一般被认为是内容挖掘的第四阶段。前三个阶段分别是 1956~1968 年依靠计算机简单辅助进行内容生产、编辑和呈现的阶段，1969~2005 年利用互联网搜索引擎驱动查找内容的阶段，2006~2010 年以 UGC 为主导的社交网络阶段。2010 年至今的以机器学习驱动变革[1]的智能内容时代，用户的网络行为分析与内容生产者的内容策划整合相结合，共同受机器学习支配，面向内容受众群体开展个性化定制，通过主题内容聚合、推送与呈现等方式，实现"内容即服务""所想即所得"[2]，智能内容比我们更懂人类的效果[3]。例如 Twitter、Facebook、美联社、今日头条、新华社等近年来先后采用自然语言处理技术和智能推荐技术进行自动数据采集、内容加工和智能内容推送，极大提升了内容产品与用户需求的匹配度。

2017 年的百度云智峰会、2018 年的搜狐 WORLD 大会等知名互联网大会都涉及智能内容主题，并将智能内容技术作为新一轮产业革命的核心驱动力，强调通过内容的数据结构化、语义化、可视化等手段实现可及时查找性的重要性。[4] 例如美国日立数据系统推出的内容智能管理工具集 HCI，目前已应用于美国国家档案馆、荷兰银行、中国电信等内容平台，在异构数据孤岛、多位置和个性化定制数据服务连接访问方面取得显著成效。[5] 江

---

[1] Onal K. D., Zhang Y., Altingovde I. S., et al., "Neural Information Retrieval: At the End of the Early Years", Information Retrieval Journal, 2018 (21): 111-182.

[2] Arora S., "Smart Cars, Smart Thermostats—Now Here Comes Smart Content", https://venturebeat.com/2016/02/22/smart-cars-smart-thermostats-now-here-comes-smart-content/.

[3] 王思丽、祝忠明：《面向数字知识管理的智能内容研究进展》，《情报杂志》2019 年第 2 期。

[4] Jones C., "5 Content Predictions for 2018 (and a Roundup)", https://review.content-science.com/2018/01/5-content-predictions-for-2018-and-a-roundup/.

[5] "Hitachi Content Platform Anywhere", https://www.hitachivantara.com/en-us/products/cloud-object-platform/content-platform-anywhere.html.

苏省广播电视总台探索建设的融媒体智能内容管理系统聚合了人脸、语音、文字、物体、场景识别，以及文字校对、场景切分、语义分析等AI能力，可完成融媒体内容数据的筛选整理，并辅助人工编目和智能标签生成等数据服务，并建立了多个跨模态算法模型，实现了素材内容的结构化分析。① 此外，还有包括 Greenstone、DSpace、Fedora、TRSWCM、CDICM、TPIWCCM 等在内的众多图书馆内容管理系统。②

（四）知识发现

宇宙万物都具有"物质—信息二重性"，它们在逻辑上一分为二，在物理上合二为一。③ 自然地，从文化角度、历史角度和管理角度对档案的审视理解，也就需要重新评述和重新讨论。物质文化是以人类创造的物质实体为载荷的文化；只有对信息文化，即非物质文化，再加之形式逻辑的思维方式和建构理论的不懈追求，我们人类才最终得以建成与动物之间的藩篱。信息的本质特征是"物质—信息二重性"，信息只有在成为具体的人类可以操作的对象之后，以信号或符号形式"物化"在通信、计算和控制工具中，才能进行数量化和公式化的处理。当我们打破物质主义思维框架的束缚之后，就实现了原则性的超越，承认信息的载体，更加强调那种不是载体而是载体的内容的"纯粹"信息。④ 这是本研究关于档案内容挖掘与知识发现的重要基础与概念前提。

数据挖掘与数据库知识发现（Knowledge Discovery in Database，KDD）基本同义，一般是指从大型数据库中提取人们感兴趣的，往往是未知、隐含、潜在的有用信息。传统上常把知识发现与文献检索和获取画等号，因此它是不脱离物质载体的。而当下基于大数据和机器学习技术的智能检索

---

① 孙谦诚、顾国颖：《基于"云+边缘"架构的融媒体智能内容管理系统建设探索》，《广播电视信息》2022年第10期。
② 陈永生等：《电子政务系统中的档案管理：查询利用》，《档案学研究》2015年第5期。
③ 〔美〕维纳：《控制论：或关于在动物和机器中控制和通信的科学》，郝季仁译，北京大学出版社，2007，第76页。
④ 李宗荣：《理论信息学概论》，中国科学技术出版社，2010，第153页。

已经取而代之。[1] 谷歌学术、必应学术、EBSCO 和 Ex Libris 等商业集成检索平台，支持知识关系发现的 Semantic Scholar[2] 和 Yewno[3]，支持基于知识图谱的文献挖掘的 Meta[4]，国家科技图书文献中心的智能搜索引擎[5]等，都提供与检索对象相关的其他知识对象的揭示和关联检索；再结合文献计量、文本分析、机器学习等方法，甚至可以开展深度的知识发现。

知识发现旨在解决信息过载问题，因此它本身要求具备智能化、自动化特征[6]；且区别于学科领域的基础研究和应用研究中的新知识发现，它强调面向人类决策或知识活动，进行正确可信的且在意料之外的、未知或隐含的知识模式、规则的发现、提取以及以人类易理解方式的呈现[7]。知识发现一般包含问题定义、数据提取、数据预处理、数据挖掘、知识评估五个步骤。首先要了解相关领域的有关情况，熟悉背景知识，把握用户需求；其次，根据要求从数据库中提取相关数据；再对提取的数据进行完整性及一致性检查、噪音数据和丢失数据处理；之后运用选定的知识发现算法，提取所需知识并进行表示；最后进行知识呈现方式的优化，直到满足要求。

数据挖掘是知识发现过程中最重要的一个步骤，两者常常不加区别地使用。工程领域惯用数据挖掘，研究领域常称知识发现，是从数据集中识别出有效的、潜在的、有用的并最终可理解的模式的，有一定程度的智能性、自动性、新颖性的过程。[8] 机器学习、模式识别、人工智能以及统计学等构成了知识发现的基础。概念、规则、规律、模式、约束、可视化等是

---

[1] Luther J., "Discovery in an Age of Artificial Intelligence", *Learned Publishing*, 2016, 29 (02)：75-76.
[2] AI2, "Semantic Scholar", https://www.semanticscholar.org/.
[3] MIT, "Yewno Search", https://libraries.mit.edu/news/yewno-discover/22943/.
[4] Meta, "Meta", http://www.meta.com/.
[5] 国家科技图书文献中心：《NSTL 智能检索界面》，http://smartsearch.nstl.gov.cn/。
[6] 李楠：《基于关联数据的知识发现研究》，中国农业科学院博士学位论文，2012，第 43 页。
[7] Brodley C. E., Lane T., Stough T. M., "Knowledge Discovery and Data Mining: Computers Taught to Discern Patterns, Detect Anomalies and Apply Decision Algorithms can Help Secure Computer Systems and Find Volcanoes on Venus", *American Scientist*, 1999, 87 (01)：54-61.
[8] Fayyad U., Piatetsky-Shapiro G., Smyth P., "From Data Mining to Knowledge Discovery in Databases", *AI Magazine*, 1996, 17 (03)：37-54; Silberschatz A., Tuzhilin A., "What Makes Patterns Interesting in Knowledge Discovery Systems", *IEEE Transactions on Knowledge and Data Engineering*, 1996, 8 (06)：970-974.

知识发现成果的常见表达形式，常常被直接提供给决策者，用以辅助决策过程；或者提供给领域专家，修正专家已有的知识体系；或者作为新的知识转存到应用系统中作为决策的依据。

通过知识发现活动，知识可以被更好地传播和吸收，并在此过程中逐步求精和完善，完成知识的衍生和更新，这样就形成了知识发现的螺旋上升的认知过程，即经历知识辨识、建模、评价与确认、选择、转换、传播与利用等几个过程，形成闭环的知识生命周期。

在开放、共享和互联的结构化知识库中，知识发现主要通过关联数据的手段，使用 URIs 和 RDF 揭示、共享和连接网络上可用的数据、信息和知识片段来完成。而泛在知识环境强调对异构系统和异构数据库[①]的统一建模和语义方面的深层次知识发现，通过关联分析和趋势预测[②]，对诸如电子资源数据库中的文献等静态数据和用户访问形成的日志等动态数据进行处理和挖掘。

（五）知识图谱与大模型

依托实体资源及其数字化，并通过元数据完成数字化资源的描述与组织，是传统人文研究积累和利用人文素材的基本方式。其弊端是仅能完成资源的浅层、粗粒度特征提取，难以实现对资源的深度分析与有效利用。[③]计算机可读、可高效处理的高质量数字人文资源在信息技术和人工智能技术高速发展迭代的背景下，借助各种知识库提供的智能化语义检索功能，迅速落地成为现实。以网络数字资源为基础的大规模知识库，如 YAGO、DBpedia、Freebase 等，利用语义网技术与众多知识库建立关联，可形成规模巨大的关联数据网络。

关联数据的迅速增长，催生了知识图谱（Knowledge Graph）的快速发展和应用。知识图谱吸收了本体、语义网等在知识组织和表达方面的优势，是

---

① 张玉峰、胡风、董坚峰：《泛在知识环境中数据挖掘技术进展分析》，《情报学报》2010年第2期。
② 张计龙：《泛在知识环境下图书馆知识发现技术及应用研究》，复旦大学出版社，2019，第12~21页。
③ 左丹、欧石燕：《人文信息资源语义描述、语义组织研究与实践述评》，《图书馆论坛》2019年第8期。

方便知识在计算机之间、人机之间更易交换和流通的，一系列具代表性的知识工程技术。[①] 它使用本体对领域知识进行语义知识表示，使用机器学习、自然语言处理技术完成资源中的知识要素提取，可实现知识的数据化及语义化共享与重用，促进多种来源的知识相互融合，便于新知识的发现、隐含规律的挖掘。

简言之，相比传统知识库，知识图谱可呈现为结构化有向图的形式；可将概念、实体及其关系结构化组织起来，从而具备高效的检索能力；可从已有知识中挖掘和推理多维的隐含知识，即拥有智能化推理能力。知识图谱的定义和发展历程如图1-1和图1-2所示。

知识图谱表示概念（例如人、地点、事件）及其语义关系。作为一种数据结构，它支撑着数字信息系统的导航和可视化，支持用户进行资源发现检索和搜索。在数字人文领域，知识图谱根植于随网络和关联数据出现的知识组织系统，并和元数据一起促成分布互联的、由共同体驱动编辑的可管护和可增强的全球知识网络。[②] 知识图谱可以广泛应用于各个通用领域，也可以针对特定领域或应用情境进行定制。它们通常集成来自多个异构数据源的数据，如人类可解释的机器可读数据库，（潜在的）语义索引、分类或查询推荐等。公开可用的通用知识图谱包括 DBpedia[③]、Freebase[④]、Wikidata[⑤] 等。在数字人文领域中，知识图谱与知识组织系统中的分类主题词表、同义词典、词汇表等概念高度相关。

数字人文领域内信息技术的可用性提升了用户获取信息和传播技术的体验，缩小了学者和各个层面上数据生产者、学生、其他参与者之间的距离。[⑥] 一个明显的表现是传播人文学科及其研究者的信息/知识数据库/网站

[①] 肖仰华：《知识图谱：概念与技术》，电子工业出版社，2020，第13~15页。

[②] Haslhofer B., Isaac A., Simon R., "Knowledge Graphs in the Libraries and Digital Humanities Domain", arxiv preprint arxiv: 1803.03198, 2018.

[③] Auer S., Bizer C., Kobilarov G., et al. "Dbpedia: A Nucleus for a Web of Open Data", International Semantic Web Conference, Springer Berlin Heidelberg, 2007: 722-735.

[④] Bollacker K., Evans C., Paritosh P., et al. "Freebase: A Collaboratively Created Graph Database for Structuring Human Knowledge", Proceedings of the 2008 ACM SIGMOD International Conference on Management of Data, 2008: 1247-1250.

[⑤] Vrandečić D., Krötzsch M., "Wikidata: A Free Collaborative Knowledgebase", *Communications of the ACM*, 2014, 57 (10): 78-85.

[⑥] Rodrigues A., Correia N., "Using Technology in Digital Humanities for Learning and Knowledge Dissemination", *Revista EducaOnline*, 2021, 15 (02): 27-44.

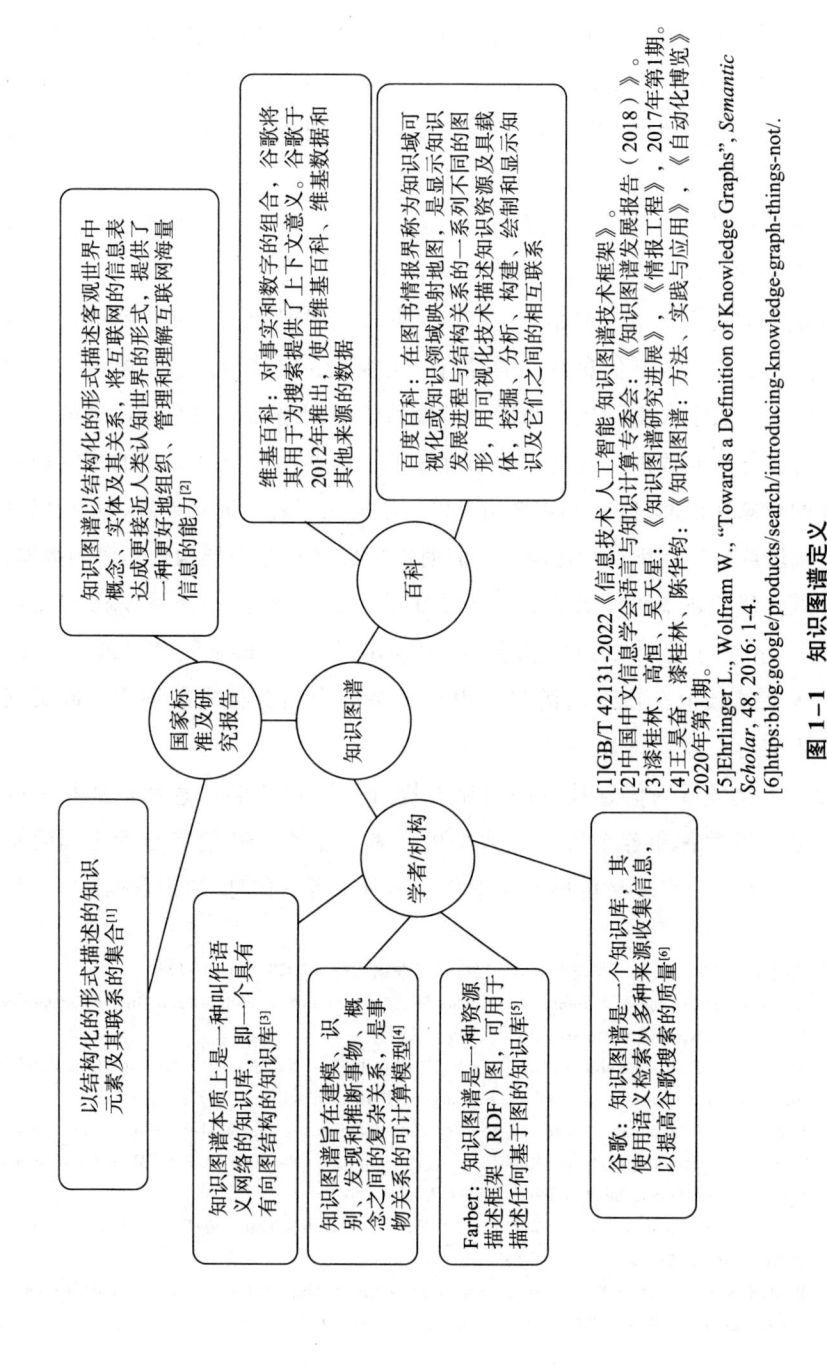

面向数字人文的档案内容挖掘与知识发现

知识图谱以结构化的形式描述客观世界中概念、实体及其关系，将互联网的信息表达成更接近人类认知世界的形式，提供了一种更好地组织、管理和理解互联网海量信息的能力[2]

维基百科：对事实和数字的组合，合歌将其用于搜索提供了上下文意义。维基百科于2012年推出，使用维基数据和其他来源的数据

百度百科：在图书情报界称为知识域可视化或知识领域映射地图，是显示知识发展进程与结构关系的一系列不同的图形，用可视化技术描述知识资源及其载体，挖掘、分析、构建、绘制和显示知识及它们之间的相互联系

国家标准及研究报告

百科

知识图谱

以结构化的形式描述的知识元素及其联系的集合[1]

知识图谱本质上是一种叫作语义网络的知识库，即一个具有有向图结构的知识库[3]

知识图谱旨在建模、识别和推断事物、概念之间的复杂关系，是事物关系的可计算模型[4]

Farber：知识图谱是一种资源描述框架（RDF）图，可用于描述任何基于图的知识库[5]

合歌：知识图谱是一个知识库，其使用语义检索从多种来源收集信息，以提高合歌搜索的质量[6]

学者/机构

[1]GB/T 42131-2022《信息技术 人工智能 知识图谱技术框架》。
[2]中国中文信息学会语言与知识计算专委会：《知识图谱发展报告（2018）》。
[3]漆桂林、高桓、吴天星：《知识图谱研究进展》，《情报工程》，2017年第1期。
[4]王昊奋、漆桂林、陈华钧：《知识图谱：方法、实践与应用》，《自动化博览》，2020年第1期。
[5]Ehrlinger L., Wolfram W., "Towards a Definition of Knowledge Graphs", *Semantic Scholar*, 48, 2016: 1-4.
[6]https:blog.google/products/search/introducing-knowledge-graph-things-not/.

图 1-1 知识图谱定义

第一章 研究基础

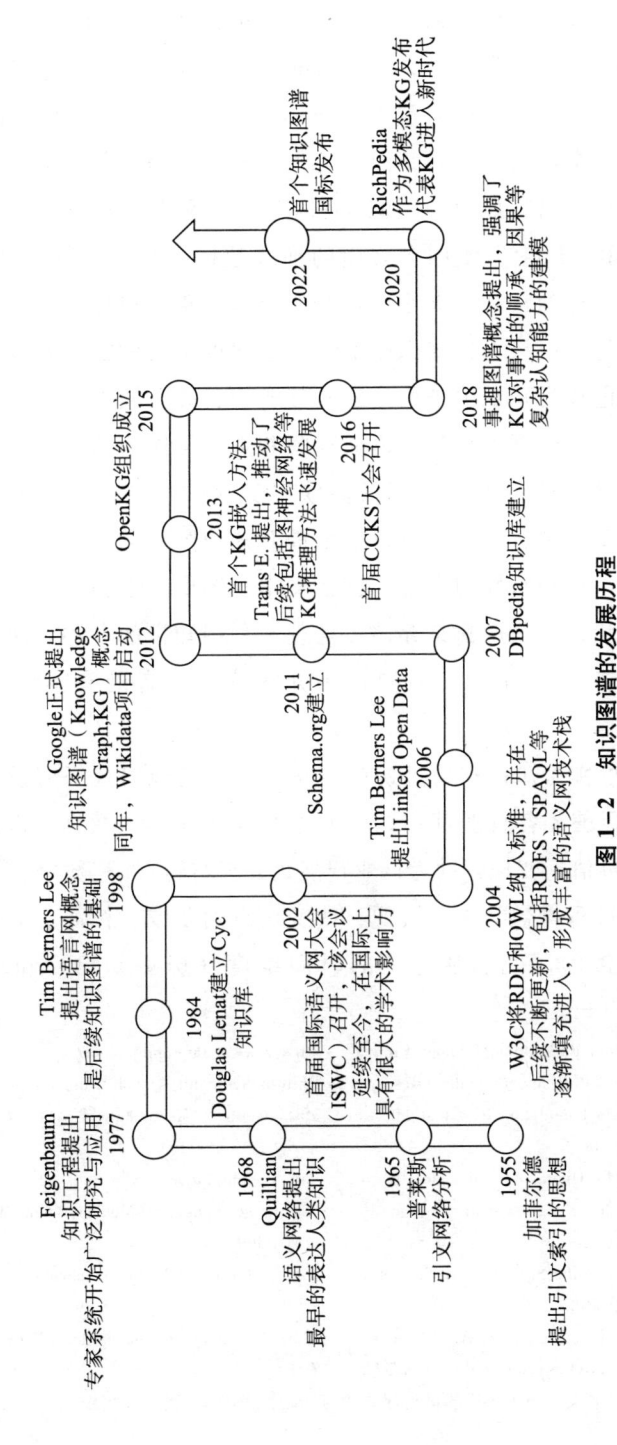

图 1-2 知识图谱的发展历程

资料来源：马忠贵、倪润宇、余开航：《知识图谱的最新进展、关键技术和挑战》，《工程科学学报》2020年第10期。

的增长，比如 InPho①、PhilPapers②、Homo Faber Guide③、tDAR④ 等。

大模型又称大语言模型（Large Language Model，LLM），包含数百亿乃至数千亿个参数，并且具备涌现能力。⑤ 广义上大模型是指参数数量大、结构复杂的深度学习模型，具备涌现能力、通用能力，并能够处理复杂的下游任务，如自然语言处理、图像识别等。⑥ 狭义上大模型是指参数规模在 100 亿（10B）以上，使用大规模的训练数据，具有良好的涌现能力，并在各种任务上达到较高性能水平的模型。⑦ 大模型和知识图谱是相互依赖的知识处理与应用技术，知识图谱激发了深度学习的需求和发展，深度学习和大模型也成为知识图谱构建的基础能力，并共同面对未来多模态知识相关的挑战。大模型可以利用语义理解和生成等能力抽取知识，提高知识抽取的准确性和覆盖度，也可以抽取出隐含的、复杂的、多模态的知识，降低知识图谱构建成本；可以辅助提升知识图谱的生成效果，生成更加合理、连贯、有创新性的内容，例如文本、图像、音频等。从知识库角度看，大模型和知识图谱都是存储、处理、利用知识的方式。两类知识库虽在知识表示形式上不同，但同作为知识库，二者既有不同又可相互协同。

知识图谱可作为知识和信息访问的接口，在智能时代必将发挥越来越重要的作用。目前，各行业都在试图通过行业积累的大数据，借助知识图谱来完成数据价值的变现，助力行业智能化升级与转型。⑧ 数字人文领域借助知识图谱，可重构数字人文资源，改变信息的获取、标注、取样、阐释与呈现方式，帮助研究者从宽广的时间维度（历史知识）和空间维度

---

① "The Internet Philosophy Ontology Project"，https://www.inphoproject.org/.
② David B.，"PhilPapers：Online Research in Philosophy"，https://philpapers.org/.
③ Michelangelo Foundation for Creativity and Craftsmanship，"Homo Faber"，https://www.homo-faberguide.com/.
④ tDAR，"The Digital Archaeological Record"，https://core.tdar.org/.
⑤ Trott S.，Jones C.，Chang T.，et al.，"Do Large Language Models Know What Humans Know?"，*Cognitive Science*，2023，47（07）：E13309.
⑥ Achiam J.，Adler S.，Agarwal S.，et al.，"Gpt-4 Technical Report"，arxiv preprint arxiv：2303.08774，2023.
⑦ Bommasani R.，Hudson D. A.，Adeli E.，et al.，"On the Opportunities and Risks of Foundation Models"，arxiv preprint arxiv：2108.07258，2021.
⑧ 任明：《数字人文领域知识图谱构建方法与实践》，中国人民大学出版社，2022，第 4 页。

（地理知识）的视野知识关联中获得类似当下人工智能大模型的优势，推动人文世界更多隐含的规律、脉络和趋势的涌现，并方便学者更加快捷地验证。

在数字人文实践和档案资源知识服务进程中，可利用语义知识图谱进行档案资源的细粒度开发，从知识角度对档案内容进行获取、重组与关联。这方面的实践已从档案馆馆藏资源扩展到图书馆、博物馆以及网络的其他数字资源和文化遗产资源等，形成更大范围社会协同的档案内容挖掘合作。图情档领域的知识图谱一般构建过程如图1-3所示。

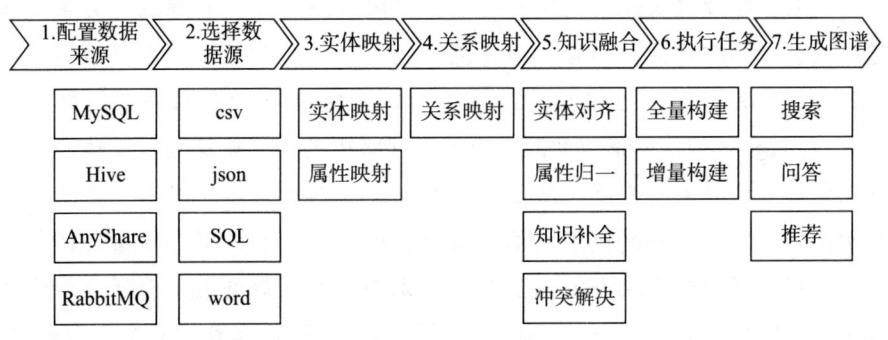

1.配置数据来源	2.选择数据源	3.实体映射	4.关系映射	5.知识融合	6.执行任务	7.生成图谱
MySQL	csv	实体映射	关系映射	实体对齐	全量构建	搜索
Hive	json	属性映射		属性归一	增量构建	问答
AnyShare	SQL			知识补全		推荐
RabbitMQ	word			冲突解决		

图1-3　知识图谱构建过程

资料来源：陈烨、周刚、卢记仓：《多模态知识图谱构建与应用研究综述》，《计算机应用研究》2021年第12期。

二　理论基础

档案学科本质上是一个开放演化、具有耦合作用和适应性的复杂网络系统，面向数字人文的档案内容挖掘知识发现是一项庞大而复杂的系统工程。治理创新是数字人文学科化发展以及新文科建设背景下档案学科转型的内在要求，即完成由学科导向到产业需求导向的转变，从后工业时代的过度专业细分到学科跨界融合的转变，这个过程需要构建开放的学科合作网络，要素能够自由流动和跨界的资源整合体系，以及多元化制度逻辑和治理机制的混合协同。[①]

[①] 胡文龙：《论新工科建设中治理机制的混合协同》，《高等工程教育研究》2019年第2期。

（一）社会网络理论

1940年，英国学者率先提出社会网络（Social Network）这一社会学概念：一个包含社会行动者（个人、组织或国家等）及其之间关系的集合；"关系"是指行动者之间的具体连接内容或行为表现方式，例如行动者之间的友谊或搭档关系、信息交流、利益交换、相互之间的评价或尊重等。[1] 其中的非正式联系在复杂人际关系网中具有重要地位。[2]

社会网络理论包括关系和结构两大对信息和知识流动有着重要影响的分析要素，以及强弱联结、社会资本、结构空洞三大核心理论。关系要素通过社会联结的特征，彰显参与者之间的行为过程和社会关系；结构要素讨论参与者和第三方之间的关系结构（即网络参与者在网络中所处的位置），以及这种结构的形成和演进模式。网络中的强弱联结表示群体中的个体与外界发生联系的程度。从信息源的角度，弱关系体现的是个体的信息桥价值，因为它需要跨过不同信息源，将群体的信息、资源带给群体外的个体，但弱联结往往成为无冗余的新知识的重要获取通道；而强联结则体现个体在网络中获得信任、合作的更大可能性，往往起到对复杂、高质量、隐性知识的传递作用[3]，但过于封闭的强联结也可能限制网络输入新知识，即产生信息茧房效应，使拥有同质知识和技能的行动者局限在自己的小圈子当中。

知识链是知识流转移与扩散形成的知识的集成与创新所带来的价值增值网链结构。[4] 其中，知识流动由知识的应用与创新需求所驱动，即知识链在知识的供需双方之间形成有机连接，通过知识的获得、选择、生成、内化、外化5个阶段完成链条构筑。比较典型的如企业供应链联盟和以大学和科研机构为中心的产学研协同体系等本质上都是知识链，知识链各节点知

---

[1] DeTienne K. B., Dyer G., Hoopes C., et al., "Toward a Model of Effective Knowledge Management and Directions for Future Research: Culture, Leadership, and CKOs", *Journal of Leadership and Organizational Studies*, 2004, 10 (04): 26-43.

[2] 刘军:《社会网络分析导论》，社会科学文献出版社，2004，第30~33页。

[3] Granovetter M. S., "The Strength of Weak Ties", *American Journal of Sociology*, 1973, 78 (06): 1360-1380.

[4] 温有奎、徐国华:《知识链管理研究》，《情报学报》2004年第4期。

识优势的集成和系统化,有利于组织机构运行效益和创新能力的提升。① 包括知识链在内的社会网络分析在社会关系挖掘、信息流跟踪等领域已得到广泛应用。

(二)媒介记忆理论

数字媒介浪潮虽然极大地加快了文档的搜索和检索速度,增强了信息访问存取能力,并改变了人们的心理习惯,但它本质上只是复刻了传统媒介在过去五个世纪中所代表的学术世界编纂化交流趋势——文本作为主要的表现形式,视觉和声音居于从属地位。②

媒介记忆最早在 2005 年由美国学者卡罗琳·凯奇提出,2011 年莫蒂·内格等三位以色列学者的著作《论媒介记忆:新媒介时代的集体记忆》首次对媒介记忆理论做了系统论述。媒介对信息的采集、编辑、存储、提取的记忆过程,关乎其在整个媒介生态环境中能否获得竞争优势与长久生存。根据媒介组织的运作过程,媒介记忆通常分为浅层记忆、深层记忆与底层记忆三个区层。媒介浅层记忆来自外部社会的信息刺激,类似人类个体记忆对外部信息的有限感知,只有部分刺激信息能够转化为感知进入记忆系统。而媒介深层记忆在物质层面上可视为媒介浅层记忆的历史化和档案化,即媒介产品从一种信息即时消费产品转化为具有社会和历史价值与研究意义的文献资料或档案③,因此具有长期性、内隐性和累积性的特点,且有必要建立媒介记忆的"归档系统",使信息的及时提取成为可能。

媒介技术的更新换代,使媒介记忆理论的研究在经历了个体记忆、集体记忆、社会记忆、媒介记忆阶段之后,进入数字记忆时代。传统的媒介记忆的研究主要关注集体记忆和社会记忆之间的关系,而数字记忆则指向技术发展所带来的个体记忆的变化,媒介记忆的主体、主题、场域等也伴随媒介技术的变化而不断发展完善。④

---

① 王夏洁、刘红丽:《基于社会网络理论的知识链分析》,《情报杂志》2007 年第 2 期。
② Presner T., "Digital Humanities Manifesto 2.0", http://www.humanitiesblast.com/manifesto/Manifesto_V2.pdf.
③ 邵鹏:《媒介作为人类记忆的研究——以媒介记忆理论为视角》,浙江大学博士学位论文,2014,第 49 页。
④ 俞燕琳、刘毓歌、杜盛维:《媒介记忆理论的发展脉络研究》,《青年记者》2021 年第 10 期。

数字时代，数字人文这一跨学科领域为人文研究取得重要突破提供了历史性机遇。人类的记忆方式也被与数字人文相融共生的数字记忆变革着，处于数字人文领域创新性破坏和建设[1]的境遇之中。数字记忆强调从数据的采集到记忆呈现与传播的全流程的数字技术应用，对承载记忆属性的资源进行开发利用[2]和可保存、可关联、可再生、可共享[3]，以及要素全息数字化[4]，并提供事实、关联、依据和理性[5]，并能捕获、保存、重现社会记忆，实现对文化的保护和传承等。

人类在数字化环境下生存所形成的数字记忆，表现为人类活动所留下数字化痕迹。这些以数据形式保存的痕迹极大地拓展了人类记忆的空间、容量和表现形式。建构数字记忆的过程就是要合理选择离散的痕迹数据，经过标准化编码和深入挖掘、智能关联，再以可视化知识图谱的形式进行全面激活和呈现，满足纵横交错的记忆信息的有效联通和提炼需求，从而帮助个体、组织、群体确立其在社会网络中的位置和文化认同定位，以数字形式保存人类文明。

人类媒介记忆实践中数字技术的大量应用，催生了诸如数字图像、文本、三维模型、VR全景影像等大量形式多样的原生数字内容。原有的实体或模拟形态的记忆资源也逐渐信息化和数据化，转化为更易长期保存、灵活开发和永续利用的数字内容。一批类似国家记忆计划之类的记忆项目，完成了记忆资源在文化性质、发展脉络、结构特征等多维度拓展和知识网络关联及本体建构，结合标准化的数字化加工流程，完成元数据集的构建和时空维度的整合，实现记忆的长期数字存取。

因此，数字时代的信息管理自然地转向对知识的探求、生成与传递，

---

[1] 朱本军、聂华：《跨界与融合：全球视野下的数字人文——首届北京大学"数字人文论坛"会议综述》，《大学图书馆学报》2016年第5期。

[2] 牛力、曾静怡、刘丁君：《数字记忆视角下档案创新开发利用"PDU"模型探析》，《档案学通讯》2019年第1期。

[3] 加小双、徐拥军：《国内外记忆实践的发展现状及趋势研究》，《图书情报知识》2019年第1期。

[4] 周文泓等：《进展与展望：面向数字记忆资源建设的网络信息存档》，《图书馆论坛》2020年第9期。

[5] 冯惠玲：《档案记忆观、资源观与"中国记忆"数字资源建设》，《档案学通讯》2012年第3期。

操作方式也从传统数据库转向知识库的建立，知识工程的角度也更强调从数据挖掘转向对知识乃至智慧的发现与传播；并将数字记忆的建构作为支撑学术研究、教育教学和知识创新的重要信息来源，例如美国互联网档案馆的格言"普及所有知识"，美国国会图书馆在2010年启动的社交网络原生数字资源保存计划中提出的"获取并保存国会和美国人民知识与创造力的记录"等。

数字人文当下正在成为一种"超越历史、跨越媒介"的知识生产与集成方式。在与Web页面、超文本、音视频、地图、融入了虚拟现实或三维模型的多媒体产品等对象产生链接和网络效应的进程中，它逐步完成了与博物馆、图书馆、档案等领域的跨界融合[1]，从记忆资源的文本编码、数据聚合、知识挖掘、信息可视化、数字保存等方面，探索文化遗产可视化与知识创新、人类记忆能力与范畴拓展的路径[2]。

（三）协同治理理论

协同治理（synergetic governance），是在开放系统中寻找有效治理结构的过程，协同治理理论就是在开放系统中寻求有效治理结构而形成的研究范式，是用协同论的知识基础和方法论来重新检视治理的理论。[3] 自然科学和社会科学领域都在广泛地应用协同理论，并从不同角度研究各类协同现象，探索从混沌中产生有序现象的机制和规律；治理则是一种依赖于主体间同意的规则体系，可视为一种在社会政治体系中出现的模式或结构，是所有行为者互动[4]式参与努力的共同结果或者后果。协同治理就是不同参与方通过比较正式、紧密的关系集体行动并共同担责，寻求有效治理结构的过程。联合国全球治理委员会认为，协同治理是个人、机构管理其共同事务的诸多方式的总和，包括具有法律约束力的正式制度和规则，也包括各种促成协商与和解的非正式的制度安排[5]，是调和不同主体间利益冲突，并

---

[1] 加小双：《档案学与数字人文：档案观的脱节与共生》，《图书馆论坛》2019年第5期。
[2] 周耀林、刘晗：《数字记忆建构：缘起、理论与方法》，《山东社会科学》2020年第8期。
[3] Kooiman J., "Social-political Governance: Overview, Reflections and Design", *Public Management*, 1999, 1 (01): 67—92.
[4] Kooiman J., *Modern Governance: New Government-Society Interactions*, London: Sage, 1993: 50.
[5] 张仲涛、周蓉：《我国协同治理理论研究现状与展望》，《社会治理》2016年第3期。

促使其采取联合行动的持续性过程。

协同治理在实践中需要考虑协同优势（collaborative advantage）问题，它的核心逻辑是协同优势和协同惰性这两个相反概念。协同惰性指的是协同行为取得的成效较低或者代价过大。① 协同优势代表的是潜在协作利益，即超越组织自身能力范围的产出；协同惰性代表的是协同参与方只能做出缓慢、困难和微小的进展，这是实际中更可能发生的情况。② 具体的影响因素包括文化语言交流、领导力、成员结构、工作过程、资源、承诺和决心、民主与平等、社会资本等。优势影响因素可分为动因、思想和能力三个层面。其中，动因是指促成协同行为得以实现的领导力、相互依赖等因素；思想层面因素主要有共同目标、信任、权力、自主性和妥协等；能力层面因素主要有领导力、成员结构、社会资本等。③

（四）科学共同体思想

科学共同体是指具有共同信念、价值观和规范的从事科学研究的社会群体。④ 学科共同体是基于学科归属而形成的科学共同体。档案学共同体是从事档案学研究、学习与实践的学科共同体，或称为档案界，是指在档案原则和实践方面接受过培训并具有专业知识的档案工作者。⑤ 良好的学科生态需要学术共同体持续不断地通过学术争鸣、战略布局、人才培养等手段增加其内部凝聚力来实现。⑥ 数字人文、新文科建设和一级学科更名等外部机遇与挑战，为档案学与其他二级学科的协同融合创造了更多机会，促进档案学科与不同学科知识的交流及互动，构建新的学科范式⑦，达成更广范

---

① Huxham C., Vangen S., *Managing to Collaborate: The Theory and Practice of Collaborative Advantage*, London: Routledge, 2013: 7.
② Parise S., Casher A., "Alliance Portfolios: Designing and Managing Your Network of Business-partner Relationships", *Academy of Management Executive*, 2003, 17: 25-39.
③ 田培杰：《协同治理：理论研究框架与分析模型》，上海交通大学博士学位论文，2014，第101~103页。
④ Polanyi M., *The Logic of Liberty*, London: Liberty Fund Inc., 1998: 64.
⑤ Society of American Archivists, "SAA Core Values Statement and Code of Ethics", https://www2.archivists.org/statements/saa-core-values-statement-and-code-of-ethics.
⑥ 卢思佳、陈晓婷：《守正与创新：一级学科更名背景下档案学科发展路径》，《档案学研究》2024年第1期。
⑦ 吴建华：《一级学科更名后的三大变化》，《档案学通讯》2022年第6期。

围的共识。这种共识还需要通过一个学科在科学共同体中的地位提升与学科自主性的张扬来体现①。具体来讲，档案学科共同体需要在融入信息资源管理一级学科的同时，通过辨明与邻近学科间的区别和联系提炼学科比较竞争优势，从而形成一级学科下的学科间相互认同和尊重以及学科外的、在学科共同体中的学科影响力、辐射力，从而跳出"就档案学论档案学"的窠臼②，实现档案学科的内外延伸与融合。

知识生产是人类探索客观世界、满足自身精神需求的创造性活动，是个人、团队或组织创造或生产新知识和实践的情境。③那么档案学知识生产就是档案学共同体生产档案学知识和实践的情境。它包括档案学新知识的原创性生产，即档案学知识创新以及档案学存量知识的复制性生产，即档案学知识传播。档案学共同体对档案学知识发现优先权的"承认"是档案学共同体进行档案学知识生产与创造的原动力，在档案学范式演变和档案学知识生产模式发展变革中起主导作用。④

新技术催生出大量新知识和存量知识的复制性传播，在新的档案学知识生产模式的形成过程中，逐步形成了更加庞大的档案学知识网络、更加精细的学科结构、更加完善的知识生态体系。而根据资源依赖理论（Resource Dependence Theory）的假设，没有任何一个有机体是自给自足的，从外部获取资源的动机决定了档案学术共同体的对外依存。资源的稀缺性和期望价值则决定了档案学术共同体对外依存的程度和范围。档案与数字人文以及档案与数字记忆等知识都从属于大数据、云计算、区块链、人工智能等信息技术应用于档案领域而形成的应用于档案学领域的新技术知识。⑤

---

① 王建华：《学科承认的方式及其价值》，《中国高教研究》2012年第2期。
② 李财富：《一级学科更名对档案学的发展利大于弊》，《档案学通讯》2022年第6期。
③ 吕晓赞：《文献计量学视角下跨学科研究的知识生产模式研究——以大数据研究为例》，浙江大学博士学位论文，2020，第27页。
④ 〔美〕托马斯·库恩：《科学革命的结构》，张卜天译，北京大学出版社，2022，第40~48页。
⑤ 程亚萍、周小李：《中国档案学知识生产模式变革：历程、动力及规律》，《档案学研究》2024年第1期。

三　档案内容挖掘与知识发现模型

数字人文理论与实践的蓬勃发展正极大地引领和改变着传统档案文献资源的开发和利用方式，推动档案工作的数智化转型。馆藏档案、文物、文化遗产的活化利用问题，与数字人文相关理论与技术引领下的档案内容挖掘与知识发现逐渐成为学界关注的热点。

数据科学成为一门独立学科，聚焦如何实现从数据到信息、从信息到知识、从知识到决策的形变过程，暗含着一个以数据为出发点的知识创造过程。最早的DIKW金字塔模型形象地诠释了这一过程。知识是通过信息的合成、相关性、演绎和推理获得的，并且已被验证为准确和可信的信息①，这一套完整的增值过程就是数据挖掘或知识发现。

协同治理理论与科学共同体思想结合，作用于档案内容管理与知识发现，内容管理演化为协同内容管理是内容管理理论发展的需要，也是面向数字人文的档案内容挖掘与知识发现实践的需要。例如，在一项基于BIM技术的大型跨海工程电子档案协同管理项目（获2023年度国家档案局优秀科技成果二等奖）中，利用基于电子档案的业务协同管理平台和BIM协同编码体系，实现了核心业务的协同管理，通过将业务管理过程中生成的电子档案文件自动关联到构件模型上，首次实现三维化的档案管理，通过对结构化的数据进行分析，充分挖掘电子档案数据，更好地服务项目建设、运行和管理；实现业务-档案系统协同创新，将电子档案信息与构件关联，实现以构件为单位的检索与利用，突破传统电子档案利用方式，实现立体、直观的模型可视化呈现，对档案数据进行抽取、分析和利用，让档案参与业务活动的评价和决策成为可能，实现电子档案服务利用方式创新。

大量不易表达和转移的隐性知识及非结构化内容内化于档案学术共同体成员大脑之中。因此，协同档案内容管理应是档案学术共同体成员协作与内容管理的结合，形成自适应的协作链条与方法体系，成为档案内容管理与知识发现机制的重要构件。协同档案内容管理包括目标、结构、过程、

---

①　Xu Z., "Four Major Tasks of Data Science", *Data Science and Management*, 2021, 03: 1-2.

平台四个链条,从档案文化、档案学术共同体成员结构优化、档案内容挖掘的过程控制及技术方法体系、档案数字人文平台四个方面为档案内容管理机制提供思想支撑。协同档案内容管理以信息爆炸、IT技术进步、信息资源学科转型及新文科建设为外部推力,以档案学术共同体、数字人文、知识生长为理论基石,以数据密集型规范学科范式为最终目标。这种数据密集型学科将以自主知识体系为基础,以知识发现为核心,通过学术共同体协作实现档案学科的持续革新和健康成长。

(一) 协同档案内容管理与知识发现的理论基石与外部推力

人类迈入数据时代,信息和知识爆炸对人类整合及应用知识的能力提出了更高的要求,也直接关系到一个学科的知识创新能力。档案学术共同体面临着打造档案学科服务社会能力、快速响应社会文化需求、营造知识创新氛围、完成学科转型升级、建立学科比较竞争优势等多方面的挑战。另外,信息技术进步改变了人们的生活与工作方式,信息资源流通速度的加快打破了人类时空的界限,信息技术和互联网催生的各种知识和内容付费产品的盛行,昭示着知识工作者普遍化成为一种趋势。

发展质量和速度、知识创新和服务成为学科间竞争的关键,人才成为建立学科核心竞争力的基石。档案学科是档案学人才培养的基本单元,是档案学知识创新的源头,也是提升档案学自主创新能力的决定性因素。更大包容度的学科转型(信息资源管理学科)与更广阔的发展思路(新文科建设)推动着围绕档案内容开展的学科实践工作走向更深层次与更大广度的协同,也是档案学在走向规范成熟学科过程中,通过文化、学术、学者间的三体联动,必然要追求的学科资本——话语体系与学科思维的成型。[1]在这一过程中,档案学知识生产,即各种类型的档案学知识,如各类原则、思想、信息等的发明、创造、创新和复制过程[2],在数字人文的框架下,可实现原创式、融合式与定制式生产[3]三类方式的统一。尤其会推动融合式生产方式的大放异彩,因为数字人文恰恰也是不同类型知识在跨学科、跨领

---

[1] 龙宝新:《论学科的存在与建设》,《高等教育研究》2018年第5期。
[2] 宣勇:《大学学科建设应该建什么》,《探索与争鸣》2016年第7期。
[3] 龙宝新:《论面向知识生产力提升的一流学科建设逻辑》,《南京社会科学》2018年第9期。

域应用中生产出复合知识、横断知识的活动;协同档案内容挖掘与知识发现亦是相关学科围绕同一实践问题或同一专门领域联合开展的知识创造活动。

(二)协同档案内容管理与知识发现的模型

协同档案内容管理与知识发现的目标是形成一种多模齐驱的知识生产方式,具备多形态、多主体、多层次、多节点的组织结构特征,遵循共同演进和竞合的逻辑运行机理①,使档案学术共同体以多维协同创新体的形态出现,不仅关注档案学自身的纵深发展,更强调与毗邻学科间的横向协作,致力于构筑一种纵横交错的学科共生体,持续提升档案学的知识生产力。

协同内容管理使档案学术共同体成员之间的交流、知识的流动变得更加便利,避免知识的重复生产,使高校档案学科之间或档案学术共同体成员之间能以较低的成本来共享知识资源,同时发挥错误经验起到的警示作用。档案学术共同体通过对新知识的学习,了解技术的进步、社会需求的变化,形成有效的学习机制,有利于培养创新意识,提高创新能力。协同档案内容管理与知识发现模型包括目标链、结构链、过程链、平台链四个模块。

1. 目标链

协同档案内容管理的核心目标是深度服务于数字人文项目与研究。这一管理目标链不仅是档案学术共同体协同内容管理的文化基石,更是推动形成高效协同的档案内容管理生态的驱动力。它通过将档案学术共同体的协同内容管理整合为一个有机系统,确保了档案学术共同体在战略目标和使命的实现上达到高度统一。

在档案学术共同体的构建与发展中,文化塑造和学科认同成为协同档案内容管理的重中之重。通过深入分析与评估,我们明确当前档案学术共同体文化和学科认同的现状,提炼出共同体的核心价值理念体系,并据此制定文化发展和学科认同强化策略。借助学习研讨、典型人物引领等方式,

---

① 武学超:《模式 3 知识生产的理论阐释——内涵、情境、特质与大学向度》,《科学学研究》2014 年第 9 期。

我们将这些学科理念进行广泛传播，通过学科平台和渠道，形成强大的文化传播机制。与此同时，目标链与结构链、过程链、平台链紧密交织，在共同体组织结构、运行机制、团队文化、成员行为规范等方面，强化学科共同体的理念渗透，构建强有力的档案学术共同体文化和学科认同。这种理念与文化的渗透，不仅使共同体成员深刻理解档案学术共同体的理念与文化，还促进了共同体的高效运作。

在整个体系中，目标链扮演着战略引领的角色，决定了结构、过程和平台的建设方向。共同体结构的构建，以及成员关键业绩指标、运行机制、团队建设、职业生涯管理等的设计，都基于共同体的理念与文化，旨在激发成员的潜能，促进档案学术共同体的持续健康成长。通过内容门户的构建，我们展示档案学术共同体文化和理念的具体内容，并适时评估文化成熟度，为知识创新过程营造一个和谐的文化氛围，从而更好地服务于数字人文项目与研究。

2. 结构链

协同档案内容管理的结构链，作为服务于档案学术共同体目标链的核心架构，其设计旨在引领档案领域的数字人文研究，推动档案学科向新文科方向转型与升级。这一结构链不仅是管理的框架，更是档案学术共同体实现其宗旨、愿景与发展目标的战略支撑。精心设计的结构链可优化档案学术共同体的组织结构，确保其既紧凑又富有弹性，以适应快速变化的研究环境和挑战。这一优化过程不仅提升了共同体的创新能力、反应速度和协作效率，还为成员提供了更大的自主权和更广阔的发展空间，使其成为档案学术共同体不可或缺的组成部分。

结构链的构建过程需要深入分析档案学术共同体的理念与文化，确保其宗旨目标、学科发展愿景与共同体的结构化运行相契合。通过规划设计、人员重组和优化，进一步明确档案学术共同体的运行流程和协作机制，确保各项工作的顺利开展。通过内容管理系统的设计、开发和应用，为档案学术共同体提供强大的团队协作、资源优化、信息共享等基础性支撑，助力成员在教学、科研、社会服务等方面实现方式的转变与升级。

总之，协同档案内容管理的结构链是档案学术共同体实现其目标链的关键所在，其设计不仅体现了对档案学科未来发展的深刻洞察，更彰显了档案学术共同体在新文科转型升级过程中的引领作用。

3. 过程链

协同内容管理过程链是从档案学术共同体成员的选拔、培养等一系列过程的角度，探索如何培育有志于、有利于实施面向数字人文项目和数字人文研究的协同档案内容管理的共同体团队。档案学术共同体的成长壮大是一个渐进的过程，具体包括学科阶段目标的制定和分解、档案事业发展过程的反馈与控制、学术共同体成员的角色评价、档案人才培养机制的到位和完善等。其中每一步都需要科学的管理方法和工具体系支撑，以形成高效的执行能力和良好的过程控制保障，因此而形成的协同档案内容管理过程链成为档案学术共同体运行过程中的关键环节。

4. 平台链

协同内容管理平台链就是协同档案内容管理实施的技术条件、技术平台等。档案内容管理平台是基于Web的信息系统解决方案，集资源存储、协作开发和个人服务于一体，是档案学术共同体内容管理基础设施建设的基本构件。它以内容管理平台软件为应用核心，实现对档案内容挖掘和档案学知识的共享、应用和创造；创建适当的虚拟空间，让共同体成员能够在特定的时间通过线上方式一起协同工作；提升档案学术共同体的执行能力、沟通能力、管理运行效率、知识创新能力和团队协作能力，为档案学术共同体成员的成长提供有效的技术支撑。

目前比较知名的内容管理平台服务商主要分为面向企业级用户提供专业解决方案的厂商，如ATG、Allaire、Hummingbird等；聚焦内容管理阶段性功能的厂商，如提供内容创作平台的Micromedia和提供知识检索功能的Verity等；以及提供通用平台性CM解决方案的厂商三类。具体产品信息见表1-1。

表1-1 主流内容管理工具服务商信息

CMS服务商	CMS产品	产品主要特征
TX Vignette公司	StoryServer 3	面向企业级用户，为内容或知识门户、B2C和B2B市场需求提供内容管理
Documentum公司	4i网站内容管理（WCM）	可扩展的网站内容管理解决方案

续表

CMS 服务商	CMS 产品	产品主要特征
Eprise 公司	Participant Server 2.6.6	主要组件包括内容中心、操作中心、共享中心和内容分配套件
Interwoven 公司	TeamSite 4.5	横向聚焦的网站内容管理解决方案，支持用户通过 Windows Explorer 把内容拖放到存储库中
Xpedio	Xpedio CMS 4.0	提供具有分布式管理能力的创作工具和具有安全、发布的灵活性与完全基于浏览器的界面
Openmarket	Content Server 3.1	J2EE 兼容的内容管理解决方案，提供个性化的引擎和用于发布的应用软件服务器
IBM	FileNET	通用平台 CM 解决方案，支持对关键业务内容进行捕获、创建、整理、管理、通过工作流传送、存档并进行生命周期管理
微软 Ncompass 子公司	Resolution 3.1	内容管理服务器
Oracle	WebCenter Content	全面的文档和记录管理解决方案，提供自动化识别表单、捕获图像和提取数据功能

基于对协同档案内容管理的外部推力、理论基石与目标要求以及功能链条的探析，按照档案学术共同体协同内容管理与知识发现的特点，本研究构建了清晰合理的协同档案内容管理与知识发现模型（Collaborative Archival Content Management & Knowledge Discovery Model，CACMKDM）（如图 1-4 所示）。

（三）协同档案内容管理与知识发现模型的价值

人类进入大数据时代，来自互联网、手机、可穿戴设备、计算机和记录设备的数据的量级和复杂性都呈现指数级增长，为研究人类行为、话语和互动交流提供了新的机会，传统的科学研究和知识发现的范式也面临着转变的挑战。大量隐藏在数据背后的知识需要数据挖掘技术提供更多有趣、有意义和强有力的知识发现模式。知识发现和数据挖掘作为一种研究范式已经在推动社会科学研究发生本质上的结构性转变。知识发现项目越来越需要社会学家、心理学家、经济学家、政治学家和语言学家等领域专家在领域知识、数据处理、统计和计算算法等方面的专业知识协同管理，以发现有效和有意义的知识，帮助我们揭示以前隐藏的模式，创新和发展新理

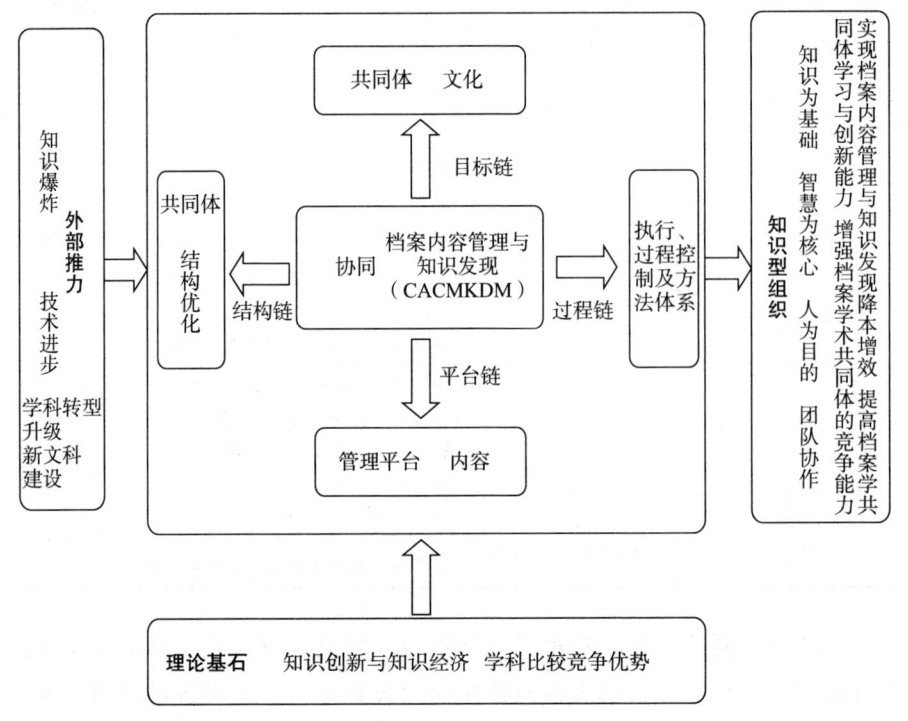

面向数字人文的档案内容挖掘与知识发现

图 1-4　协同档案内容管理与知识发现模型

论，继而对学科发展产生革命性影响。[①]

知识发现是一个既演绎又归纳的辩证研究过程。演绎方法是"自上而下"的方法，从理论开始，关注研究假设；而归纳研究需要更加开放地从数据中获得模式。大多数社会研究在项目的某个阶段涉及演绎和归纳的过程。这两个过程通常结合在一起，形成一个从理论到数据，再回到理论的循环。这个循环也是知识发现所遵循的过程。例如作为通用方法的扎根理论就是使用系统研究来产生涉及演绎和归纳阶段的系统理论[②]，使研究人员能够使用严格的研究程序来收集和分析数据，以发展概念类别。研究人员首先沉浸在数据中，并应用归纳方法从数据中生成实质性的模式；通过不

[①] Shu X., Ye Y., "Knowledge Discovery: Methods from Data Mining and Machine Learning", *Social Science Research*, 2023, 110: 102817.

[②] Holton J. A., Walsh I., *Classic Grounded Theory: Applications with Qualitative and Quantitative Data*, London: Sage, 2016.

断比较的过程，从特定研究领域的观察数据中识别和概念化隐藏的社会模式和结构；从这个新发展的理论开始，通过设计新的研究，收集数据，分析数据，测试理论，转向基础理论过程的第二阶段。

数据挖掘通过定义严格的程序，指导用户启动和建立知识发现过程（KDP）模型。协同档案内容管理与知识发现模型也是从理解档案领域知识开始，接下来选择档案数据集，进行档案数据预处理、数据压缩，选择档案内容挖掘方法和挖掘算法，再进行档案内容的数据挖掘，并解释模式和整合已发现的知识。与理论和数据之间的辩证关系类似，这个过程可以逆转到早期的步骤，根据新的见解进行修正和重新考虑。可参考计算扎根理论的研究程序[①]，首先使用一种归纳的方法来发现有趣和有效的模式，再在大型文本语料库中使用无监督的学习方法完成诸如词法选择或主题建模等活动，然后由领域内研究人员对文本数据进行有监督的深度阅读，以确认计算机检测到的模式是否有效，之后研究就转向了演绎的自然语言处理。

数据挖掘技术和术语来自数理统计、机器学习、数据库系统三个学术领域。数理统计负责提供定义良好的技术来系统地识别档案内容变量之间的关系；机器学习负责"训练"计算机来识别档案内容数据中的模式，人工神经网络模型提供许多相互关联的处理元素组成的结构来协同处理档案内容信息[②]；数据库系统负责存储、访问和检索大量的档案内容数据，从而为档案内容信息处理和挖掘平台提供支持。

在社会科学领域，计算社会科学（CSS）是一个新的跨学科研究领域，涉及社会科学领域的知识管理、信息技术、大数据管理、社会计算等学科[③]，需要来自不同学科领域的学者之间的合作和协调：社会科学家提供关于研究知识的见解，决定数据来源和收集方法，而统计学家和计算机专家开发适当的算法模型和数据挖掘方法，并提供计算知识和技能。CSS 基于

---

① Nelson L. K., "Computational Grounded Theory: A Methodological Framework", *Sociological Methods & Research*, 2020, 49 (01): 3-42.

② Shu X., *Knowledge Discovery in the Social Sciences: A Data Mining Approach*, Berkeley: University of California Press, 2020: 191-206.

③ Mason W., Vaughan J. W., Wallach H., "Computational Social Science and Social Computing", *Machine Learning*, 2014, 95: 257-260; Lazer D., Pentland A,, Adamic L., et al., "Computational Social Science", *Science*, 2009, 323 (5915): 721-723.

大数据收集和分析,通过社会计算、社会建模、社会模拟、网络分析、在线实验和人工智能等数字化工具和方法来研究人类行为、集体交互和复杂组织[1],为我们提供了一种前所未有的能力来分析大量档案内容数据的广度和深度,是一种新的理解个体行为、群体互动、社会结构和社会转变等带有鲜明人类社会记忆特征的研究方法。

计算社会科学方法主要由社会计算、在线实验和计算机模拟组成[2],使用信息处理技术和计算方法来进行数据挖掘和分析,以揭示隐藏的集体和个人行为模式;并打破传统实验方法的限制,将网络世界作为超越时间和空间的实验的自然环境[3],使用数学建模和仿真软件来设置和调整程序参数,以模拟社会现象和检测社会行为的模式。

数据挖掘为计算社会科学提供了社会计算、在线实验和计算机模拟的方法,并提供了预处理非结构化数据的工具,以及挖掘非数值数据的各种方法和模型;知识发现方法除了揭示集体和个人行为的隐藏模式外,还为因果关系的发现和理论创新提供新的思路。在过去的几十年里,对数字化书籍[4]、期刊目录、在线搜索、新闻门户、印刷媒体、电视广播、在线媒体和在线论坛的文本等广义的档案文本的挖掘和语言分析已经成为社会科学和人文学科中最具创新性和刺激性的研究领域[5]。这些数据类型非常复杂,长度各异、顺序和结构混乱、语法和拼写错误、意想不到的缩写、随机使用的标点符号、特定领域的术语和上下文等问题困扰着如今的档案内容挖掘与知识发现工作,也是协同档案内容管理与知识发现模型要关注和解决

---

[1] Edelmann A., Wolff T., Montagne D., et al., "Computational Social Science and Sociology", *Annual Review of Sociology*, 2020, 46: 61-81.

[2] Lazer D. M. J., Pentland A., Watts D. J., et al., "Computational Social Science: Obstacles and Opportunities", *Science*, 2020, 369 (6507): 1060-1062.

[3] Bond R. M., Fariss C. J., Jones J. J., et al., "A 61-million-person Experiment in Social Influence and Political Mobilization", *Nature*, 2012, 489 (7415): 295-298; Kramer A. D. I., Guillory J. E., Hancock J. T., "Experimental Evidence of Massive-scale Emotional Contagion Through Social Networks", *Proceedings of the National academy of Sciences of the United States of America*, 2014, 111 (24): 8788.

[4] Moody J., "The Structure of a Social Science Collaboration Network: Disciplinary Cohesion from 1963 to 1999", *American Sociological Review*, 2004, 69 (02): 213-238.

[5] Vicario G., Coleman S., "A Review of Data Science in Business and Industry and a Future View", *Applied Stochastic Models in Business and Industry*, 2020, 36 (01): 6-18.

的问题。在对它们的探索过程中所产生的数据挖掘算法，比如将单个单词视为术语（单词包），将相邻的作品序列视为术语（N-GRAM 序列），识别常见的命名实体（条目提取），将主题集建模为单词簇（主题模型），或者基于微博图像数据库预处理而形成的聚类分析算法，对面向数字人文的档案内容挖掘与知识发现具有重要的借鉴价值。

四　国内外研究进展与述评

以文本为基础的人文学科传统的研究方法主要是通过仔细阅读经典官方文件和代表人物的学术著作，开展定性研究，即人文研究主要处理与文字的联系，而不是与数字的联系。然而，从 20 世纪 50 年代开始，人类自身观点的不断变化伴随着新的数字技术的发展，改变了人文研究者研究人类个体和向共同体表达内容的方式。在此过程中，解释性研究和科学实证研究之间的清晰边界以令人惊讶和不可预测的方式被打破。越来越多的人文学者开始与统计学和计算机科学等学科的学者合作，跨学科研究也越来越多地扩展到校园以外的合作伙伴，包括 IBM、Microsoft 和 Google 等公司以及各级政府机构。[①]

（一）档案内容管理研究进展及述评

档案管理在过去的几十年中经历了显著的演变。从 20 世纪 80 年代吴宝康先生提出档案现代化管理理念开始，档案工作的重点逐渐在理念、技术、应用等方面一步步从传统的实体保管转变为更加注重内容的深入分析和利用。在今天大数据和人工智能背景下，档案内容管理成为档案工作和档案学研究的重点领域，也成为档案工作回应人类社会记忆、公共文化服务、资政育人等需求的重要突破口。相关方面的学术成果形成了围绕档案内容资源建设的体系与技术，以及围绕内容管理的宏观、中观和微观层次的研究体系。

---

① Gaffield C., "Words, Words, Words: How the Digital Humanities are Integrating Diverse Research Fields to Study People", *Annual Review of Statistics and Its Application*, 2018, 05: 119-139.

1. 档案内容管理发展脉络回顾

吴宝康先生在 20 世纪 80 年代就提出，档案工作的现代化管理离不开人们对档案的内容或各专业档案的内容的投入与管理；90 年代，他进一步从研究对象和范围角度将档案学划分为管理、保护与内容，强调将档案内容作为档案学的研究对象，档案学共同体要深入档案内容的研究，由此还可衍生出明清档案学、民国档案学、党史档案学等学科。[1] 档案内容是信息的集合体；档案的利用，通常主要是指档案内容的利用；开发档案中蕴含的丰富内容，也因此成为档案工作的目标和宗旨。[2] 谢觉哉先生的档案两步整理论[3]，也指出档案工作者要从档案内容着手去从事档案编纂等工作。档案界要适应信息资源管理的大潮，重视把握档案信息资源的内容，而不仅仅关注档案的形式特征或者某些片面的内容特征，从而发挥档案内容的功能和作用，实现档案的社会价值[4]。基于内容管理，搭建数字档案馆模型，将机构的业务工作流管理与档案内容创建与提取有机整合[5]，例如 2005 年杭州市就采用 IBM 内容管理系统实现了在线档案资源的共享[6]，吉林网通采用类似的内容管理方案搭建完成国内首个电信运营企业的档案 IT 系统[7]。这些档案内容管理的有益尝试，极大地推动了档案工作的现代化进程。

档案工作现代化的实现过程，要完成三阶段（档案史料管理阶段、档案实体管理阶段、档案信息资源管理阶段）或四阶段（档案的物理控制阶段、档案信息的技术管理阶段、档案信息资源管理阶段、档案知识管理阶段）[8] 的过程转变。这个过程需要从实体管理转向信息管理，即从载体管理转向内容管理。亦即在信息资源管理、知识管理理念指导下，档案内容管

---

[1] 吴宝康：《档案学研究中的一些想法》，《档案学通讯》1996 年第 3 期。
[2] 刘国能：《档案管理上的一场革命——从档案管理到档案信息管理》，《中国档案》2001 年第 11 期。
[3] 刘耿生：《档案开发与利用教程》，中国人民大学出版社，2001，第 22~28 页。
[4] 刘永、常金玲：《知识管理与档案管理》，《档案管理》2000 年第 4 期。
[5] 金更达：《基于内容管理的数字档案馆集成模型探讨》，《档案与建设》2004 年第 11 期。
[6] 魏桂英：《网上档案馆可全文检索——杭州市采用 IBM 内容管理方案实现在线档案资源共享》，《每周电脑报》2005 年第 15 期。
[7] 郑宏：《从实物档案到数字档案 IBM DB2 帮助吉林网通提升企业内容管理水平》，《通信世界》2006 年第 14 期。
[8] 丁华东、李珍：《信息资源管理：当代档案管理之主流范式》，《档案学通讯》2006 年第 4 期。

理得到更多关注，档案知识资源的作用受到更多重视；档案学研究重点从档案载体形态转向揭示和发掘档案所承载的社会实践活动内容，更加强调面向社会、服务社会的档案信息资源开发利用。例如，基于内容管理系统，IBM 公司开发出数字图书馆系统，MIT 开发出数字空间（Dspace）系统，通过 IBM 内容管理中间件产品实现的高校学籍档案管理系统①，都是适用于特定领域的内容管理系统。

这样，20 世纪 80 年代至 2000 年之后，内容管理先后经历了非结构化信息管理、面向特定领域的内容管理以及通用内容管理平台三个阶段，且越来越明显地出现标准化、异构化、智能化等多种发展趋势。② 当时的内容管理仍然以 Web 内容管理为主，围绕自动化或者智能化，形成了包括文档管理、记录管理、资料库服务与存档管理在内的六大核心功能子系统。③ 山东省 2010 年开始建立的服务山东省各级工商机关的业务影像内容管理平台，支持企业影像文件及局内办公系统收发文等资料内容管理，并对外提供多种手段的利用和数据共享④；三门核电基于 ECM Documentum 开发的内容管理平台，支持从内容协同创建、流转、发布、归档直至销毁的全面自动化、流程化、规范化管理⑤；广东移动开展的基于知识服务的档案管理模式探索，建立数字档案馆系统与主要业务系统的接口与集成，实现数据自动归档导入；增加数字档案馆的内容管理功能，实现对各业务系统产生的各种各类数据、文档等的自动获取、充分集成⑥。

将成熟的元数据技术和 XML 文档相结合，可方便档案利用者按需定制，在集成化的档案内容管理平台上，提取和回溯相关内容，推进档案信息资源的开发利用，这就为档案信息内容产业的发展提供了重要的技术与资源支持，从而促进档案信息服务的深入，这就使得档案内容管理开始成为我

---

① 董平军、王东明、王宁：《内容管理技术在高校学籍档案管理中的应用》，《现代图书情报技术》2007 年第 3 期。
② 李珍、张玉影：《内容管理及其在档案学领域的应用研究》，《浙江档案》2007 年第 5 期。
③ 果大军、付晓琳：《企业内容管理的研究与应用》，《工业技术经济》2009 年第 9 期。
④ 山东省工商行政管理局：《山东省业务影像内容管理平台》，《山东档案》2011 年第 5 期。
⑤ 刘российских勇：《核电企业内容管理平台建设项目的实证研究》，《项目管理技术》2010 年第 8 期。
⑥ 兰祝刚、周艳华、李刚：《基于知识服务的档案管理模式的实践与思考》，《中国档案》2011 年第 7 期。

国信息服务产业和信息内容产业健康、有序发展的助力器。① 这个过程必然伴随着档案管理与内容管理在技术和系统等层面的融合发展,即档案管理与内容管理应用之间逐渐呈现线性发展的趋势。② 例如田湾核电站的企业内容管理系统中嵌入了文档中心模块,通过构建完善的文档管理体系,对文档实行无缝衔接的全生命周期管理,并构建了完整的档案资源目录③;秦山一期ECM系统也集成了包括声像档案在内的档案管理、档案利用、全文检索等功能模块,实现了从文件生成、办理到归档的全过程管理,以及文档的一体化实体生成和信息利用;江苏核电基于FileNet产品构建的企业内容管理平台和业务流程管理平台,集成了企业内容管理、文档管理与EAM、ERP等企业级业务流程④。从档案全生命周期和企业业务流程管理的角度,内容管理和档案连续体模型(RCM)框架相结合,从档案的创建、捕获、组织和多元化四个维度,再融入企业架构、协作、系统集成、信息再利用、变更管理、知识管理和信息生命周期管理等ECM的相关因素,还可以解决档案长期保存的问题⑤;或者利用FileNet优秀的内容引擎,建成数字文档中心等大型集成的文档管理平台,系统科学存储与管理企业全业务流程中产生的文档⑥;在Gartner 2015年的"企业内容管理的神奇象限"这一案例中,除了通过三个企业内容管理系统所探讨的知识工作者使用的集成式方案外,档案管理者对于企业流程的贡献也得到讨论⑦。档案工作者在知识经济时代的角色转变或者档案学术共同体的职业认同⑧也因此可与档案内容管

---

① 聂云霞:《基于内容管理的档案信息服务》,《档案管理》2012年第6期。
② Kulcu O., Cakmak T., "Convergence of the Records Management and Enterprise Content Management in the Digital Environment", *Procedia-Social and Behavioral Sciences*, 2012, 62: 194-197.
③ 何静:《核电企业文档知识资源建设探索》,《国家档案局档案科学技术研究所主办"档案管理与利用——方法 技术 实践"会议论文集》,2013,第7页。
④ 蔡灿银、吴建刚:《核电厂企业内容管理信息系统建设》,《中国核电》2013年第2期。
⑤ Svärd P., "Enterprise Content Management and the Records Continuum Model as Strategies for Long-term Preservation of Digital Information", *Records Management Journal*, 2013, 23 (03): 159-176.
⑥ 孙岳等:《FileNet企业内容管理解决方案在石油企业的应用》,《计算机系统应用》2014年第11期。
⑦ Franks C. P., "Integrated ECM Solutions: Where Records Managers, Knowledge Workers Converge", *Information Management*, 2016, 50 (04): 18-22.
⑧ 李侃:《内容管理:企业档案管理的新理念》,《机电兵船档案》2018年第4期。

理相联系。档案内容管理也必然为档案共同体带来更大的发展空间,例如可构建一个面向档案文化资源整合的内容管理系统,实现各领域的数字文化资源的集成。①

总之,档案内容管理的发展脉络显示,包括全宗原则、文件生命周期、档案双重价值、电子文件、知识管理等在内的档案管理理念体系为内容管理理论体系提供了理论和实践的指导。全宗理论、文件生命周期理论为内容的创建、组织、保存提供流程框架;档案双重价值理论为档案内容的有效利用提供依据;全程管理、前端控制思想为内容的整合提供操作思路。②基于内容管理的系统模型从内容管理、扩展内容管理、创建与服务三个层次,实现资源从创建到服务的全过程管理,通过内容库、知识库等方法和工具,甚至可以上升到档案文化资源整合的层次。

2. 档案内容管理与知识管理

关于信息的认识,DIKW 模型在学界被反复讨论。有一条与人类文明发展相契合的暗含的线索或许从未被提及,那就是人类对于我们所处理的对象的定义与认知,不断地从实到虚,最终又回到虚实相伴,例如当下的数实融合、元宇宙等概念与实践。早期,人类更习惯使用较实体的"文件管理"或"数据管理",后来抽象为"信息管理",再发展到更加抽象的"知识管理",以及一定程度上虚实融合的"内容管理"。有学者认为,信息管理是知识管理的基础和重要组成部分,信息管理为知识管理提供信息技术与工具支持。而内容则侧重强调网络环境下有价值的信息资产,是结构化数据和非结构化文档信息的聚合物。

知识管理的对象包括显性知识和隐性知识。内容管理处理的主要是其中静态的显性知识,是对知识关联化过程的管理,即将分散混乱的数据、信息转化成有组织的知识和信息的过程,基本等同于知识管理中的显性知识管理,但其处理的对象范围又超出显性知识管理的范畴,更加偏向于实体对象和微观对象的管理,这一点区别于信息资源管理与知识管理对宏观

---

① 陆璐、张卫东、何蕾:《基于内容管理的档案文化资源整合研究》,《兰台世界》2018 年第 2 期。
② 胡涛:《档案内容管理模式研究》,《档案学研究》2015 年第 4 期。

方面的重点关注。① 例如，在数字档案馆实践中，档案内容管理侧重整合、加工和挖掘档案信息内容，将分散混乱的数据和信息转化为有组织的内容和知识，并在从档案内容获取、转换、整合形成档案内容库和后续的发布、检索、挖掘过程中，实现有价值增值的档案内容服务。②

在档案管理实践中，以档案知识为核心的知识管理有一系列相关标准与规范可以遵循，其中包括《欧盟知识管理良好实践指南》、中国国家标准GB/T 23703《知识管理》、美国生产力与质量中心的知识管理模型（KPE）以及日本著名学者野中郁次郎的知识螺旋创造模型（SECI）等。核电企业以这些标准为依据，形成了具有行业特色的知识管理体系架构和管理模型，明确了企业知识管理的职责与岗位角色，建立起知识识别、评估、获取、分享、转移等管理流程和知识安全、创新、应用、互动、激励等保障措施，实现了支持显性-隐性知识相互转换的企业知识管理良性闭环；以知识属性、服务战略等为基础，建立了自主研究、产学研合作等多种知识的获取渠道；针对不同类型的文件进行知识建模，形成了基于大数据技术的核电文档管理专题知识库。③

因为标准化、规范化的档案内容管理或知识管理在操作层面往往以档案专题知识库的形式，完成从浅层、零散的档案查阅、复制等被动实体服务，到深层、系统的信息、知识主动服务的跃迁；并在此过程中，提升机构业务系统的异构数据集成管理、数据导入与归档、筛选与抓取、全图文检索、关键词搜索、RSS订阅、知识推送等方面的能力。除了档案知识库构建原则及方法④、理论模型外，面向知识服务、政府决策⑤等实践应用的相关议题也得到了学界普遍关注。例如近年来，以国内重特大突发事件档案资源整合而形成的各类档案专题知识库为代表，档案知识管理为政府⑥及公

---

① 郝琦、魏扣：《档案内容管理及其对现代档案工作的启示》，《北京档案》2016年第5期。
② 张勇：《档案内容管理：档案信息资源管理的前沿课题》，《数字与缩微影像》2016年第1期。
③ 邱杰峰：《档案知识管理：核电企业档案信息化建设战略方向》，《中国档案》2022年第10期。
④ 徐拥军：《"档案知识管理"系统构建的原则与策略》，《档案学通讯》2009年第2期。
⑤ 魏扣、郝琦、张斌：《面向政府决策的档案知识库构建需求分析》，《档案学研究》2016年第5期。
⑥ 魏扣：《面向决策的档案知识库构建研究》，《档案学通讯》2014年第5期。

共决策[①]部署及应急方案制定提供了可靠的知识服务，充分展现出档案的资政价值，为科研机构管理[②]、科技发展[③]、高等教育管理[④]、社会应急管理[⑤]等领域提供了有力支撑。

3. 档案内容管理的方法工具体系

如前所述，内容管理是一种以各种类型内容为对象的应用集合，采用协同计算和内容索引、编码、存档、恢复和个性化发布服务等先进的技术手段。它涵盖企业内容管理系统，文档管理系统，内容协作系统，以及网页、文档、影像、合同、质量体系文件等方面的管理系统和内容安全保护、内容智能应用方面的软件和系统。内容管理系统主要用于非结构化信息的存储、管理、发布、检索和共享，是门户信息发布和公文库的后台支撑技术，要提供企业级的扩展、完整的数据和可靠的系统、灵活和强劲的数据模型等。[⑥] 其中的企业内容管理系统功能最为强大，用于支持企业的知识创新和决策辅助，帮助企业业务在低代码内容服务平台上深度融合，通过非结构化数据平台和全方位的数据保护技术，实现对各种形态内容的全生命周期管理。内容协作系统提供灵活的跨硬件平台和访问终端限制的全场景团队内容协作和共享利用体验与交互功能；文档管理系统支持对邮件、账单、会议纪要、合同、音视频素材文件和档案进行统一存储、保管、编目、检索、编研等操作。[⑦]

在数据管理服务层面，所谓的数据内容管理服务，本质上使用的就是内容管理技术，如内容检索、工作流管理、应用集成、文本挖掘等技术方法。[⑧] 已被许多学者广泛接受和应用的内容管理框架也将技术与企业、内容、流程

---

① 唐长乐、张晓庆：《面向公共决策的重特大事件档案专题知识库构建研究——以地震档案为例》，《档案与建设》2024 年第 2 期。
② 周楠：《面向科研机构决策的档案知识库构建研究》，《资源信息与工程》2019 年第 3 期。
③ 崔鑫：《科技档案知识库运行动力机制研究》，《南京航空航天大学学报》（社会科学版）2018 年第 4 期。
④ 李琴等：《高校机构知识库在学术档案管理中的应用》，《兰台世界》2021 年第 3 期。
⑤ 耿志杰、陈佳慧：《突发事件档案知识库构建设想》，《档案学通讯》2021 年第 3 期。
⑥ 梁凯：《知识管理在电子政务建设中的应用研究——以杭州市网上档案馆为例》，浙江大学硕士学位论文，2005，第 33~35 页。
⑦ 中国人民大学电子文件管理研究中心：《数据管理中的文件档案与内容管理白皮书》，2023，第 9 页。
⑧ 关国华：《电子政务背景下档案数据服务新探》，《档案学研究》2007 年第 3 期。

并列，用以指导和刺激企业内容管理领域的研究①，详见图1-5。在档案内容管理的四个理论体系中，除了档案内容管理服务外，技术衍生融合、档案内容管理系统及其应用、档案内容管理本体，也是在信息资源管理理论框架内强调档案内容管理的技术实现路径。②例如美国西屋公司、法国电力公司、中国广核集团、中核集团、国家核电技术公司以EMC的Documentum平台为基础，搭建核电企业内容管理平台，实现元数据管理、版本格式管理、文件存储管理以及用户管理与组织管理、访问权限与安全日志管理等功能。③

实践中，除了知识库和内容管理相关系统外，还有各种通用工具和技术有助于组织有效地管理知识，如专家系统等④，以及智能代理、统一搜索平台等先进技术⑤。其中的本体、数据库等技术在档案资源整合、知识组织与挖掘方面起到重要作用，例如在政务档案管理中，进行政务档案的隐含知识以及关联关系挖掘等。⑥在档案内容管理流程逐步实现三维正交分解架构——纵向延伸、横向拓展、深向整合⑦的过程中，如何构建多元化的数字档案信息服务体系，充分发挥档案管理部门数字档案信息的资源优势，在完善知识数据库的基础之上开发与之相匹配的共享平台一直是重要的技术突破口，如图1-6所示。前述的广东移动通过建立与各主要业务系统集成的数字档案馆系统，实现业务数据的自动归档导入；基于内容管理技术建立了统一的企业知识库；基于NLP文本处理技术，完成电子文件归档和保存过程的四性检测；使用不可替代令牌（NFTs）技术进行数字资产确权。⑧

---

① Alalwan J. A., Weistroffer H. R., "Enterprise Content Management Research: A Comprehensive Review", *Journal of Enterprise Information Management*, 2012, 25 (05): 441-461.
② 丁家友、方鸣、冯洁：《论档案内容管理的理论体系与技术路径》，《档案学研究》2020年第1期。
③ 白鹤：《基于Documentum的核电企业内容管理平台研究》，上海交通大学硕士学位论文，2020，第2页。
④ 何颖、夏倩、马超：《以知识管理思维引领档案资源开发利用》，《机电兵船档案》2024年第1期。
⑤ 兰祝刚、周艳华、李刚：《基于知识服务的档案管理模式的实践与思考》，《中国档案》2011年第7期。
⑥ 刘雨薇：《基于本体的政务档案知识库构建》，《兰台世界》2024年第4期。
⑦ 丁家友、周涵潇：《数字叙事视域下档案内容管理的发展趋势——档案数据资源生态圈的构建探索》，《档案学研究》2022年第6期。
⑧ Ko H., Oh J., Kim U. S., "Digital Content Management Using Non-Fungible Tokens and the Interplanetary File System", *Applied Sciences*, 2023, 315 (14): 1-18.

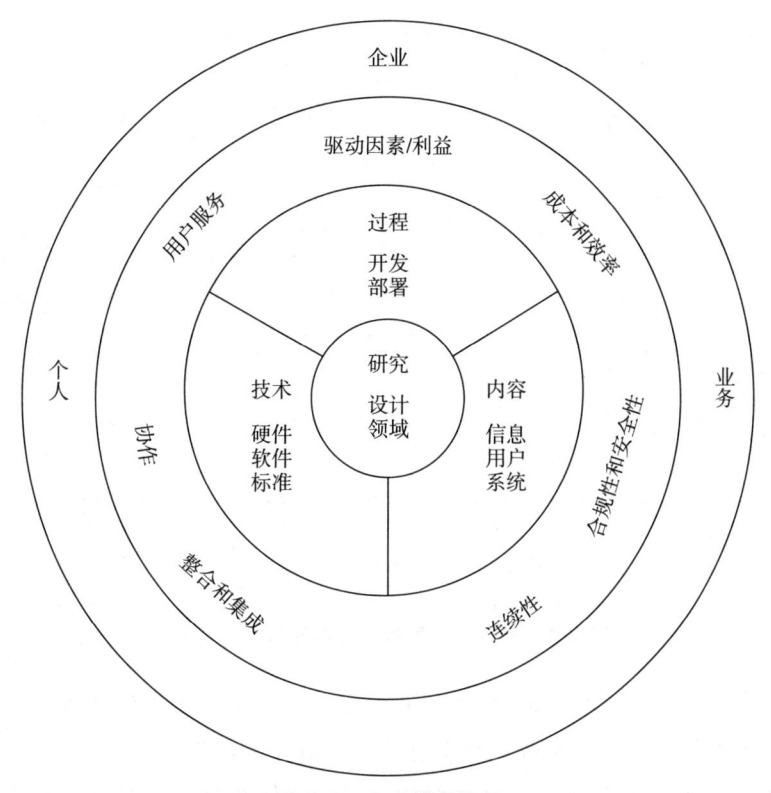

图 1-5 内容管理框架

（二）档案内容挖掘与知识发现研究进展及述评

如前所述，档案内容挖掘是利用数据挖掘、文本挖掘、语义分析等方法和技术，对档案资料进行深入分析和挖掘，从而发现有价值的信息和知识的研究领域，旨在挖掘档案资源中隐藏的模式、趋势、关联关系和潜在价值，支持历史研究、决策制定、文化传承等多种应用。其技术维度与实践包括档案内容资源语义描述，图像档案内容处理，档案数据关联、本体和知识图谱等角度，以及数据、算法、智能驱动的档案知识发现活动。

1. 档案内容资源语义描述

档案内容资源语义描述是给语言、文字和符号注入具体含义，并在档案资源之间或档案资源内部建立同义、含蓄、反义等各种逻辑联系的过程。

图 1-6　基于内容管理的档案知识共享平台

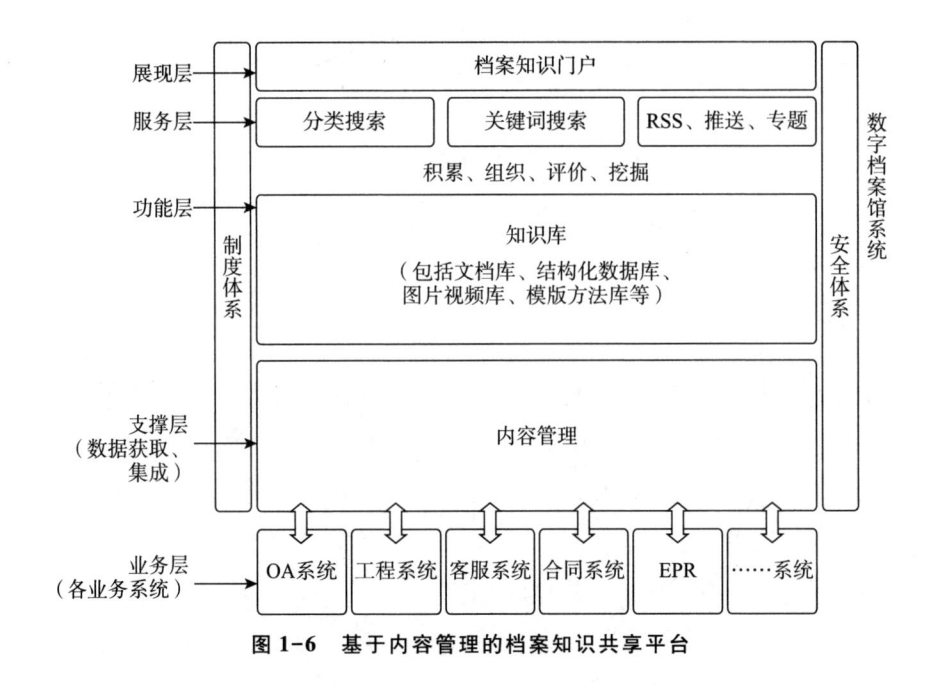

这一过程不仅要赋予档案内容资源明确的语义信息，还要构建资源间或资源内部的网络化联系，从而实现信息的深度组织和互联。

语义描述依赖于对档案内容进行深层的语义理解，包括建立档案资源的本体论、语义网络和知识图谱。这些技术使得档案内容的检索不仅基于关键词匹配，而是能够理解查询和档案资料之间的语义关系，从而提供更准确、更相关的检索结果。语义描述同样涉及对档案内容的结构化表示，使档案资料不仅对人类用户友好，也能被计算机程序有效地理解和处理。在数字化和网络化的背景下，档案内容资源语义描述成为提升档案管理效率和利用价值的关键手段。例如针对数字档案资源构建的 Nanopublication 语义描述框架和 THBO 语义组织模型①，为跨媒体及多模态档案资源的聚合、数字档案资源语义异构和描述问题的解决提供有力支撑②。档案信息的语义网络表示，包含 ISAD（G）强加的刚性结构，将能够以不同的视图重新组

---

① 鲁晓明、张澍雅：《"中华老字号"本体档案资源库的构建研究》，《创新科技》2016 年第 5 期。
② 吕元智：《基于 Nanopublication 框架的数字档案资源语义描述研究》，《档案学通讯》2015 年第 3 期。

织信息，例如按时间顺序排列的生产日期、生产地理位置、信息所关注的人员等。[1]

在对现有档案描述方法进行优化过程中，档案搜索和浏览功能的粒度级别进一步下沉，档案资源的大规模元数据集分析的机器可读性[2]得以提升；使用事件组织和描述档案信息的可能性大大提高，档案信息组织和档案元数据的重新设计有了新的可能[3]。以元数据或主题词表为依据的档案语义描述为档案内容挖掘、档案资源深度利用和增值提供了重要技术支撑。

元数据，作为描述档案资源内容、性质、结构和管理信息的数据集，以及主题词表。作为规范化档案描述术语的工具，共同构成了档案语义描述的基础框架。这种描述不仅涉及档案资料的基本属性标注，还包括档案内容的深层次语义关系，如主题之间的关联、档案之间的联系等。国内外学者在档案语义描述领域进行了广泛的研究和实践，针对不同维度（如时间、空间、主题等）和不同形式（如文本、图像、视频等）的档案资源，构建和改善了多种语义描述框架和描述方法，使档案资源的描述从表层信息的记录深入档案的语义层次，揭示档案资料之间的内在联系和逻辑结构；促进了档案资源跨地区、跨机构、跨语言的互联互通，极大地提高了档案资源的可发现性和可访问性，使用户可以跨越物理和语言的界限，便捷地检索和利用分散在全球各地的档案资源。

2. 图像档案内容处理

图像档案是档案领域进行数字人文研究的重要对象，是研究者探索历史、文化和社会变迁的重要资源。这些档案既包括以照片为主的原生图像档案，直观地记录了过去的人物、事件和景观，也包括那些通过扫描技术数字化、存储于计算机系统中的图像档案。这两种形式的图像档案都富含历史价值和信息内容，能够为研究提供直接的视觉资料。图像档案的标注和语义描述是使这些档案资源发挥最大价值的关键步骤。对图像内容的详

---

[1] Melo D., Rodrigues I. P., Varagnolo D., "A Strategy for Archives Metadata Representation on CIDOC-CRM and Knowledge Discovery", *Semantic Web*, 2023, 14（03）：553-584.

[2] Gartner R., "An XML Schema for Enhancing the Semantic Interoperability of Archival Description", *Archival Science*, 2015, 15（03）：295-313.

[3] Niu J. F., "Event-based Archival Information Organization", *Archival Science*, 2015, 15（03）：315-328.

细标注可以大大提高图像档案的可检索性和可访问性。而深入的语义描述则进一步提升了图像档案的研究价值，使研究者能够理解图像背后的文化、社会和历史语境，探索图像与其他档案资料之间的关联，以及它们在历史叙事中的作用和意义。

图像档案的这种标注和语义化处理不仅支持了对历史事件的深入分析和理解，还促进了跨学科的研究方法，如计算机视觉技术的应用使自动识别图像内容和提取相关信息成为可能。此外，这些工作为图像档案的数字化展示和在线共享奠定了基础，允许更广泛的公众访问和利用这些宝贵的历史资源，从而在全球范围内促进了文化遗产的保护和传播。例如围绕清代祭祀礼器图像档案构建的知识图谱，发现了颜色与祭祀地点的间接联系[1]；针对数字图像档案标注信息质量偏差和结果不统一的现实问题，探索出数字图像语义描述框架（SDFDI）[2]及其有效性评价[3]；使用 IIIF 和关联数据技术实现的图像资源精准关联成果及"IIIF+AI"复合应用框架[4]等。

图像档案内容挖掘涉及提取隐性知识、图像数据关系或图像隐形存储的其他模式。图像挖掘不仅是从数据挖掘到图像域的扩展，而且是一个需要借鉴计算机视觉、图像处理、图像检索、数据挖掘、机器学习、数据库和人工智能方面的专业知识的跨学科领域。[5]在具体应用方面，可建立由图像库、特征库和知识库三部分组成的图像数据库系统，对图像的颜色、形状、纹理等进行特征提取，组成特征空间向量，由此建立档案内容检索模型，提升图像内容检索和匹配效率。[6]对于地图档案内容和质量可变性的先验性知识的挖掘，可采用从纯元数据分析到基于描述符的视觉数据挖

---

[1] 宋雪雁、张伟民、张祥青：《基于档案文献的清代祭祀礼器知识图谱构建研究》，《图书情报工作》2022 年第 3 期。

[2] 王晓光、徐雷、李纲：《敦煌壁画数字图像语义描述方法研究》，《中国图书馆学报》2014 年第 1 期。

[3] 郭精卫、宋宁远、王晓光：《用户视角下的敦煌壁画数字图像语义描述方法评价》，《图书情报知识》2018 年第 3 期。

[4] 陈涛、刘炜、孙逊：《IIIF 与 AI 作用下的文化遗产应用研究新模态》，《中国图书馆学报》2021 年第 2 期。

[5] Dey N., KarÁ¢a W. B. A., Chakraborty S., et al. "Image Mining Framework and Techniques: A Review", $International\ Journal\ of\ Image\ Mining$, 2015, 1 (01): 45-64.

[6] 姬凤英等：《基于内容的数字档案图像检索技术应用》，《中国档案》2014 年第 12 期。

掘技术[1]，在此基础上发展出一系列基于内容的地图档案挖掘方法。例如，基于图像描述符的索引技术可在原型地图挖掘框架中进行测试，从而促进在大型地图档案中检索相似的地图图纸[2]；或从历史地图档案中大规模提取回顾性地理信息，获取有助于更好地了解人类住区、交通基础设施、森林覆盖率或水文特征的时空演变的知识[3]。

  图像档案挖掘是数据挖掘的一个扩展分支，涉及用数据提取隐含的知识和图像结构关系或其他模式。相关技术方法包括将 EMD 应用于纹理提取和图像过滤的方法[4]，图像分析算法和可视化方法[5]，弹性束图匹配、主动外观和三维变形等模型方法，用来提取图像局部特征的克劳特库克矩阵[6]，用于图像挖掘应用的各种技术，如图像检索、匹配、模式识别等[7]，从大量图像档案中提取高识别度特征和知识，对图像档案进行分类的特征挖掘范式[8]，从视频中高频挖掘对象和场景的方法[9]，使用视点不变区域进行视频数据挖掘，并通过确定空间配置的出现频率来提取视频中的重要对象、字符和场景的方法[10]，基于最优聚类的图像检索技术和基于内容的图像

---

[1] Uhl J. H., Leyk S., Chiang Y. Y., et al., "Map Archive Mining: Visual-analytical Approaches to Explore Large Historical Map Collections", *ISPRS International Journal of Geo-information*, 2018, 7 (04): 148.

[2] Laycock S. D., Brown P. G., Laycock R. G., et al., "Aligning Archive Maps and Extracting Footprints for Analysis of Historic Urban Environments", *Computers & Graphics*, 2011, 35 (02): 242-249.

[3] Leyk S., Chiang Y. Y., "Information Extraction Based on the Concept of Geographic Context", Proc. AutoCarto, 2016: 100-110.

[4] Nunes J. C., Bouaoune Y., Delechelle E., et al., "Image Analysis by Bidimensional Empirical Mode Decomposition", *Image and Vision Computing*, 2003, 21 (12): 1019-1026.

[5] Van der Walt S., Schönberger J. L., Nunez-Iglesias J., et al., "Scikit-image: Image Processing in Python", *PeerJ*, 2014, 2: e453.

[6] Zhi R., Cao L., Cao G., "Translation and Scale Invariants of Krawtchouk Moments", *Information Processing Letters*, 2018, 130: 30-35.

[7] Hema A., Annasaro E., "A Survey in Need of Image Mining Techniques", *International Journal of Advanced Research in Computer and Communication Engineering*, 2013, 2 (02): 1238-1240.

[8] Nixon M., Aguado A., *Feature Extraction and Image Processing for Computer Vision*, New York: Academic Press, 2019: 35-81.

[9] Li X., Shi M., Wang X. S., "Video Mining: Measuring Visual Information Using Automatic Methods", *International Journal of Research in Marketing*, 2019, 36 (02): 216-231.

[10] Vijayakumar V., Nedunchezhian R., "A Study on Video Data Mining", *International Journal of Multimedia Information Retrieval*, 2012, 01: 153-172.

检索（CBIR）[1]，加强相关子图模式的挖掘[2]，通用的分层图像分类器方法[3]，在知识驱动的基于内容的信息挖掘系统原型上可开发用于探索诸如遥感图像数据的大型图像档案系统[4]，利用项集挖掘的图像分类方法[5]，利用简单的混合模型结合概率推理和图挖掘的方法[6]等。

以图像档案为重要纽带的多媒体档案数据挖掘是一个重要的研究领域，用于提取多媒体数据集的有趣信息，如音频、视频、图像、图形、语音、文本和几种类型的数据集的组合。对大量的多媒体信息进行分析，从而根据它们的统计关系来提取模式。[7] 而在其中，专注于图像挖掘的主要原因是它能够从图像数据中自动推断出知识，即从存储在大型数据库中的图像中提取有意义的隐性知识。[8] 可以通过使用各种技术和强大的工具来生成隐藏在不同图像特征背后的重要模式。[9] 其中，有助于理解人类对图像的高级感知和低级图像特征[10]之间相互作用的图像模式具有重要而广泛的应用价值。

---

[1] Kannan A., Mohan V., Anbazhagan N., "An Effective Method of Image Retrieval Using Image Mining Techniques", arxiv preprint arxiv: 1012.0223, 2010.

[2] Lee G., Yun U., "Mining Strongly Correlated Sub-graph Patterns by Considering Weight and Support Constraints", *International Journal of Multimedia and Ubiquitous Engineering*, 2013, 8 (01): 197-206.

[3] Brown R., Pham B., "Image Mining and Retrieval Using Hierarchical Support Vector Machines", 11th International Multimedia Modelling Conference, IEEE, 2005: 446-451.

[4] Datcu M., Daschiel H., Pelizzari A., et al., "Information Mining in Remote Sensing Image Archives: System Concepts", *IEEE Transactions on Geoscience and Remote Sensing*, 2003, 41 (12): 2923-2936.

[5] Fernando B., Fromont E., Tuytelaars T., "Effective Use of Frequent Itemset Mining for Image Classification", Computer Vision-ECCV 2012: 12th European Conference on Computer Vision, Florence, Italy, October 7-13, 2012, Proceedings, Part I 12, Springer Berlin Heidelberg, 2012: 214-227.

[6] Tsuda K., Kudo T., "Clustering Graphs by Weighted Substructure Mining", Proceedings of the 23rd International Conference on Machine Learning, 2006: 953-960.

[7] Waris M., Azam F., Muzaffar A. W., "A Survey of Issues in Multimedia Databases", *International Journal of Computer Applications*, 2012, 46 (07): 1-9.

[8] Petrushin V. A., Khan L., Yu J., *Multimedia Data Mining and Knowledge Discovery*, Heidelberg: Springer, 2007.

[9] Zahradnikova B., Duchovicova S., Schreiber P., "Image Mining: Review and New Challenges", *International Journal of Advanced Computer Science and Applications*, 2015, 6 (07): 242-246.

[10] Ordonez C., Omiecinski E., "Discovering Association Rules Based on Image Content", Proceedings IEEE Forum on Research and Technology Advances in Digital Libraries, IEEE, 1999: 38-49.

现有的大多数图像挖掘系统架构属于功能驱动的框架[1]，因为它们是根据模块功能进行组织的，例如用于图像挖掘的信息驱动框架[2]。在一种通过学习技术自动生成图像识别的方法中，领域专家知识是通过一组带有标记的示例隐式地捕获的[3]；多个图像中找到共同模式的可能性是存在的，这是图像挖掘的重要条件[4]。图像索引有两种突出的技术：文本技术和基于内容的技术。[5]

3. 档案数据关联、本体和知识图谱

在档案内容挖掘类的数字人文项目中，关联数据、本体和语义知识图谱等相关技术和概念被广泛应用，在档案资源的组织、管理、检索和利用中起着至关重要的作用，特别是在实现数据的互联互通和深层次语义分析方面。

关联数据是一种通过使用标准 Web 技术将数据相互关联起来的方法，它允许数据从一个文档链接到另一个文档，这样用户和计算机程序就能更容易地发现相关信息。其核心目标是利用统一资源标识符（URI）和本体知识，使机器能够理解知识，推动数据的公开，并建立数据间的连接，形成一个庞大的数据关系网（Web of Data）。[6] 在关联数据技术的基础上，知识图谱应运而生，它通过图形化的方式展示了档案资料中的实体、概念及它们之间的相互关系。这种方法不仅改进了档案资料的管理、分析和应用，

---

[1] Datcu M., Seidel K., "Image Information Mining: Exploration of Image Content in Large Archives", 2000 IEEE Aerospace Conference, Proceedings (Cat. No. 00TH8484), IEEE, 2000, 3: 253-264.

[2] Zhang J., Hsu W., Li Lee M., "An Information-driven Framework for Image Mining", Database and Expert Systems Applications: 12th International Conference, DEXA 2001 Munich, Germany, September 3-5, 2001, Proceedings 12, Springer Berlin Heidelberg, 2001: 232-242.

[3] Parihar V. R., Nage R. S., Dahane A. S., "Image Analysis and Image Mining Techniques: A Review", *Journal of Image Processing and Artificial Intelligence*, 2017, 3 (02): 1-18.

[4] Gibson S., Kreinovich V., Longpre L., et al., "Intelligent Mining in Image Databases, with Applications to Satellite Imaging and to Web Search", *Data Mining and Computational Intelligence*, 2001: 309-336.

[5] Ordenes F. V., Zhang S., "From Words to Pixels: Text and Image Mining Methods for Service Research", *Journal of Service Management*, 2019, 30 (05): 593-620.

[6] Heath T., Bizer C., *Linked Data: Evolving the Web into a Global Data Space*, Rafael: Morgan & Claypool, 2011.

而且提供了一种新的视角和工具来理解这些数据。①

语义知识图谱是关联数据概念的一种深化和扩展，它通过语义本体来实现。语义本体是构建语义知识图谱和关联数据模式的关键，它在档案内容挖掘中发挥着重要作用。通过定义档案资料中的实体类别和属性，并明确这些实体间的关系，语义本体不仅为数据间的深入关联提供了丰富的语义基础，而且建立了档案资源的语义框架。这个框架支持对档案内容的深入理解和智能化查询，促进了信息和知识的结构化表达，并实现了概念的标准化和语义的明晰化。

此外，语义本体的应用极大地提升了档案资料的存储与管理效率，实现了数据的高度互联互通。这种技术的进步不仅促进了跨学科研究的融合，还为探索人文社会科学领域中的复杂现象与规律提供了新的视角和工具。通过精确定义和关联档案资料中的实体与概念，语义本体使研究者能够更系统地分析和解读大量档案信息，推动了知识的发现和创新，为理解人类文化和历史提供了更为深刻和全面的理解。

在档案资源或知识的重新组织与链接、开放共享中，关联数据的作用非常明显。通过关联数据再形成语义本体，可以促成更多知识的发现。因此，关联数据和语义本体的技术发展和应用趋势，已经成为档案内容管理、共享和利用进程中的重要促进因素。关联数据技术通过为档案资源赋予统一的资源标识符（URI）和利用 HTTP 等标准 Web 技术，实现数据的互联网级连接和访问，从而极大地促进了档案数据的开放共享，跨越技术因素造成的数字鸿沟。通过将分散的数据资源以链接的方式重新组织和整合，关联数据技术不仅增强了数据的可发现性和可访问性，还为跨领域的数据整合与协作提供了坚实的基础。

基于关联数据构建的语义本体，是一种高级数据模型，为复杂数据关系和概念体系的表达提供了一种有效的方法。它通过定义一系列精确的概念、属性及其相互关系，构建一个结构化和规范化的知识框架，不仅帮助用户理解数据的内在结构，还显性呈现数据之间的隐含关联，从而促进了深层次知识的发现和利用。在档案学研究中，利用语义本体来组织和解释

---

① 陈涛等：《知识图谱在数字人文中的应用研究》，《中国图书馆学报》2019 年第 6 期。

档案资源,能够显著提高检索档案信息颗粒度与精准性,同时为档案资源的语义化标注和智能化处理提供了理论基础和技术支撑。从学术研究的角度来看,关联数据和语义本体的研究不仅是档案学领域的热点,也是当前数字人文、信息科学等多个交叉学科研究的重中之重。这些研究通过深入探讨数据的语义化组织、智能化管理和高效利用等问题,不仅为档案学科的理论发展和实践创新提供了新的视角和方法,也为数字时代人类知识的保存、传承和增值探索了新的路径。例如通过对爵士音乐项目的数字化整理、名称目录构建、精确映射和命名实体识别,结合众包工具进行分析,可成功构建包括复杂实体关系的音乐网络图[①];或者构建非物质文化遗产信息资源的本体模型[②];或者构建基于关联数据的视觉资源知识组织模型[③];或者在非物质文化遗产领域探索本体理论的重要性和适用性,并将其应用于具体文化群体,建立非遗知识的组织结构[④];或者设计并构建非遗本体模型,建立非遗关联数据集并开发知识服务平台[⑤]。

利用特定的馆藏档案内容或其他资源,开展相关方面的研究,也形成了一定的规模和影响力。如以上海图书馆手稿档案为对象,研究者提出"本体应用纲要",并基于历史和人文数据的基础设施,开发了集成本体和知识交流的模型,并验证了"本体应用纲要"的有效性和跨学科知识融合的可行性[⑥];以特定类型史料,如信件,日记[⑦]等为基础搭建的史料资源数据框架,并对史料资源所含知识内容的数据文本进行属性标注与语义化知

[①] 崔春、毕强:《关联数据在数字人文领域中的应用剖析——以关联爵士项目为例》,《图书情报工作》2014年第24期。

[②] 周耀林、赵跃、孙晶琼:《非物质文化遗产信息资源组织与检索研究路径——基于本体方法的考察与设计》,《情报杂志》2017年第8期。

[③] 曾子明、周知、蒋琳:《基于关联数据的数字人文视觉资源知识组织研究》,《情报资料工作》2018年第6期。

[④] 滕春娥、王萍:《非物质文化遗产资源知识组织本体构建研究》,《情报科学》2018年第4期。

[⑤] 侯西龙等:《基于关联数据的非物质文化遗产知识管理研究》,《中国图书馆学报》2019年第2期。

[⑥] 夏翠娟:《文化记忆资源的知识融通:从异构资源元数据应用纲要到一体化本体设计》,《图书情报知识》2021年第1期。

[⑦] 钟文敏:《〈谭延闿日记〉的内容挖掘与可视化》,吉林大学硕士学位论文,2021,第1~2页。

识组织[1]；基于条件随机场（CRF）和多种深度学习模型构建的古汉语植物命名实体识别模型，实现了关联知识的聚合与可视化呈现[2]；以及构建了清代职官知识本体模型[3]，方志物产知识的语义组织框架和相应的知识本体模型和关联数据集[4]；此外，还有学者尝试通过构建领域本体来设定档案学学科的知识单元描述框架[5]。还有基于链接数据转移，为用户提供集成化工具的语义门户建设相关研究，并指明了未来人工智能技术加持下的数字人文研究问题发现及有约束力的自动解决机制[6]。

总之，语义网是为了低成本地建立高效的数据共享、发现、集成和重用的方法和工具，业界早期对这一领域的研究兴趣也集中在将语义网技术应用于信息集成和管理；其核心是W3C标准RDF、OWL和SPARQL，它旨在研究本体、关联数据和知识图谱的基础和应用。[7] 学术界目前已经产生了大量将数据挖掘和知识发现的方法与语义网数据相结合的方法，大致可分为基于语义网方法技术和关联开放数据（LOD）的知识发现方法，使用数据挖掘技术的语义网挖掘方法，以及使用机器学习技术创建和改进语义Web数据的方法三大类。[8] 关联数据为档案领域数字人文研究者提供了一种生成符合结构化、集成、可互操作和可查询数据[9]要求的方法，可以帮助创建适合使用数字人文研究方法进行分析的机器可读档案数据。虽然越来越

---

[1] 姚天泓等：《基于CIDOC-CRM的数字人文史料资源语义化知识组织研究——以张学良史料资源为例》，《图书馆学刊》2019年第7期。

[2] 吴梦成等：《数字人文视域下先秦典籍植物知识挖掘与组织研究》，《图书情报工作》2023年第12期。

[3] 邓君等：《清代职官知识组织与关联分析——以〈长春县志·长春职官考释表〉为例》，《图书情报工作》2020年第17期。

[4] 徐晨飞等：《基于关联数据的方志物产史料语义化知识组织研究》，《大学图书馆学报》2020年第6期。

[5] 王应解、吕元智、聂璐：《档案学领域本体的构建初探》，《档案学通讯》2015年第6期。

[6] Hyvönen E., "Using the Semantic Web in Digital Humanities: Shift from Data Publishing to Data-analysis and Serendipitous Knowledge Discovery", *Semantic Web*, 2020, 11（01）: 187-193.

[7] Hitzler P., "A Review of the Semantic Web Field", *Communications of the ACM*, 2021, 64（02）: 76-83.

[8] Ristoski P., Paulheim H., "Semantic Web in Data Mining and Knowledge Discovery: A Comprehensive Survey", *Journal of Web Semantics*, 2016, 36: 1-22.

[9] Baierer K., Dröge E., Eckert K., et al., "DM2E: A Linked Data Source of Digitised Manuscripts for the Digital Humanities", *Semantic Web*, 2017, 8（05）: 733-745.

多的档案学术和实践机构已经探索了关联数据，但其向数字人文学科开放数字化和原生数字档案的潜力却没有得到充分研究。[①]

在档案数据化转变的过程中，它们从行政记录的集合转变为"待挖掘的数据集合"[②]，这种数字化方法——生成模拟对象的数字替代物的过程——通常会导致非结构化数据的产生，例如以数字图像、声音或移动图像文件的形式，从而给数字人文主义者带来了许多障碍。关联数据提供了一种可行的档案数据化手段，能够实施 FAIR 指导原则[③]，创建机器可读、可互操作、可扩展的档案链接数据，适合使用数字人文研究方法进行查询和分析。使用关联数据，档案数据（目录数据、元数据、从原生数字和数字化档案内容中提取的数据）可以嵌入网络，从而丰富和进一步将档案数据置于上下文中，并使其更易于发现、访问和利用[④]，形成了一批早期研究成果[⑤]。虽然目前对档案关联数据的批判性参与和评估的研究仍然较少，也很少考虑档案关联数据为数字人文研究和学术提供的好处，但在数字人文学术领域，越来越多的证据表明关联数据可大力支持专门领域的研究[⑥]，它以集成、协调和可互操作的大规模数据集的形式为数字人文学科提供动力。

外部数据关联涉及如何将档案数据与其他领域的数据资源进行有效链接，实现数据资源的跨界融合和应用，这对于拓展档案数据的应用场景和研究维度具有重要意义。因此，未来档案领域的研究和开发应当更加重视知识发布和外部数据关联。一方面，需要探索更加高效和广泛的知识发布策略，利用现代信息技术提升档案数据的网络传播能力，增加公众对档案资源的接触和利用机会。另一方面，应当加强与其他领域数据资源的链接

---

① Hawkins A., "Archives, Linked Data and the Digital Humanities: Increasing Access to Digitised and Born-digital Archives via the Semantic Web", *Archival Science*, 2022, 22 (03): 319-344.

② Moss M., Thomas D., Gollins T., "The Reconfiguration of the Archive as Data to be Mined", *Archivaria*, 2018, 86: 118-151.

③ Wilkinson M. D., Dumontier M., Aalbersberg I. J. J., et al., "The FAIR Guiding Principles for Scientific Data Management and Stewardship", *Scientific Data*, 2016, 3 (01): 1-9.

④ Clough P., Tang J., Hall M. M., et al., "Linking Archival Data to Location: A Case Study at the UK National Archives", *Aslib Proceedings*, 2011, 63 (2/3): 127-147.

⑤ Ruddock B., "Linked Data and the LOCAH Project", *Business Information Review*, 2011, 28 (02): 105-111.

⑥ Aljalbout S., Falquet G., "A Semantic Model for Historical Manuscripts", arxiv preprint arxiv: 1802.00295, 2018.

和整合，通过构建开放的数据生态，实现档案数据与外部知识资源的无缝对接和互补，以促进知识的创新和价值最大化。通过这些努力，可以真正实现全网开放的档案数据互联互通，为档案资料的广泛应用和知识的深度挖掘开辟新的路径。

语义知识图谱本质上属于语义网络，不仅是实现档案资源高效管理和组织的工具，也是推动档案资源智能化利用，如语义检索和智能问答等应用的关键技术。语义知识图谱能够通过精确的概念和关系定义，提高检索的准确性和相关性。这种基于语义的检索方式，相比传统的基于关键词的搜索方法，能够更有效地满足用户对于深层次信息需求的探索。而在智能问答技术的实践过程中，通过不断地扩展和更新知识图谱，智能问答系统能够学习更多的信息，不断提高和增加其回答问题的准确性和深度。例如可通过构建知识图谱来详细描绘特定朝代的学术师承和家族纽带关系，并开发相应的学术语义网络平台①或专注于中国历代人物传记资料的关联数据平台②，或特定群体的档案知识图谱③，或基于领域本体和实例的知识库④。

语义知识图谱是一种新的知识表示和挖掘系统，其核心是利用倒置索引和互补的未倒置索引来表示节点（术语）和边缘（多个术语/节点的交叉发布列表中的文档）之间的关系，旨在从代表该领域的文档语料库中自动提取和表示该领域的知识。⑤ 例如一种用于文化领域的多模态知识图谱推理方法，建立了多模态数字资源定义的语义知识图谱模型。⑥

---

① 杨海慈、王军：《宋代学术师承知识图谱的构建与可视化》，《数据分析与知识发现》2019 年第 6 期。
② 陈涛等：《知识图谱在数字人文中的应用研究》，《中国图书馆学报》2019 年第 6 期。
③ 孙鸣蕾、房小可、陈忻：《数字人文视角下名人档案知识图谱构建研究——以作家档案为例》，《山西档案》2020 年第 6 期。
④ Dou J. H., Qin J. Y., Jin Z. X., et al., "Knowledge Graph Based on Domain Ontology and Natural Language Processing Technology for Chinese Intangible Cultural Heritage", *Journal of Visual Languages and Computing*, 2018, 48: 19-28.
⑤ Grainger T., AlJadda K., Korayem M., et al., "The Semantic Knowledge Graph: A Compact, Auto-generated Model for Real-time Traversal and Ranking of Any Relationship within a Domain", 2016 IEEE International Conference on Data Science and Advanced Analytics (DSAA), IEEE, 2016: 420-429.
⑥ 杨洋等：《一种用于文化领域的多模态知识图谱推理方法》，专利号：CN202211103543.7, 2023。

第一章　研究基础

档案文本挖掘这一领域关注从大量档案文本数据中自动提取有用信息和知识，它包括但不限于自然语言处理（NLP）、信息提取、文本分类和聚类、主题建模等技术。文本挖掘可以揭示档案文本中的模式和趋势，如通过时间序列分析跟踪特定主题的演变，或通过情感分析理解历史文献中的情绪变化。数据挖掘则是通过应用统计学、机器学习和模式识别技术，发现档案非结构化数据间未知的关联，预测未来趋势，帮助研究者发现历史事件之间的因果关系，分析人物网络或社会经济数据，揭示历史进程中的关键因素。基于数据挖掘理论，PMC指数模型可以对智库政策文本进行量化评价[1]，BERTopic模型可对档案等文献进行主题识别与知识结构提取[2]。中国历代人物传记资料库CBDB成为历史档案文本挖掘的重要阵地[3]，进行一系列社会网络分析，构建具有统一视图的历史人物关系数据集，并进行历史人物关系网络分析[4]。

4. 数据、算法、智能驱动的档案知识发现

国际档案理事会（ICA）将档案定义为具有长期价值而保存下来的人类活动的文献副产品。ICA委员会制定的通用国际标准档案描述内容模型［ISAD（G）］为档案实体的描述提供了一般的内容指南，其中包括内容和结构要素。[5] 如前所述，档案知识发现是在知识发现理论和技术框架下对档案资源实体进行深度挖掘、萃取隐性知识的过程。利用关联分析、预测分析和聚类分析等数据挖掘方法，可以识别档案资源中的关键词、主题和关系网络，实现从档案数据到档案知识的转换。这有利于用户全面和深入理解档案信息，也可以将其应用于决策支持等领域。同时，在保护个人隐

---

[1] 黄平平、刘文云：《中国特色新型智库政策文本量化评价——基于PMC指数模型分析》，《情报科学》（网络首发），2024年1月29日，http://kns.cnki.net/kcms/detail/22.1264.G2.20240126.1812.012.html。

[2] 徐汉青、滕广青：《机遇与挑战：基于BERTopic的AI环境下图书馆主题文本挖掘》，《情报科学》2024年第4期。

[3] 严承希、王军：《数字人文视角：基于符号分析法的宋代政治网络可视化研究》，《中国图书馆学报》2018年第5期。

[4] 潘俊：《面向数字人文的人物分布式语义表示研究——基于CBDB数据库和古籍文献》，《图书馆杂志》2020年第8期。

[5] Shepherd E., Smith C., "The Application of ISAD（G）to the Description of Archival Datasets", *Journal of the Society of Archivists*, 2000, 21（01）: 55-86.

私的前提下，以统计分析的形式公开部分知识，可以实现档案知识的社会化应用。

数据驱动是知识发现的一个新的范式，其核心是围绕大规模、多样性强的原始数据进行迭代式分析，实现从数据到知识再到理论的不断转化，为实践提供决策支持。不同于传统方法，数据驱动具有利用大数据挖掘潜在价值的优势。在此背景下，档案知识发现需要探索数据思维指导下的档案数据转换。一方面可以采用数据可视化、建模等算法手段，深入挖掘和理解档案信息资源本身的内在规律与结构特征；另一方面也需要打破传统知识产出框架的局限，利用大数据分析归纳技术发现新知识。利用关联分析可以识别档案数据隐含的相关关系网络，利用预测分析可以洞察未来趋势，利用聚类分析可以发现知识主题的分类模式。这些信息分析手段可以帮助深入探究档案数据之间的因果机制。同时，需要开展知识整合与共享，形成知识库等服务平台，实现知识深层次挖掘。

其中，以用户为中心的知识发现处理模型，综合考虑档案内容与载体特征，形成数据化—结构化—语义化—网络化—智慧化的知识发现主轴[1]，支持从以知识关联、聚合、共享等手段为支撑的知识体系中[2]，进行知识迭代挖掘与应用，并为档案知识服务提供参考。档案、数据和知识在数据驱动下形成一个有机整体：档案作为信息源头，数据作为二次加工载体，实现档案内容的再整理与可视化；知识通过数据分析挖掘档案隐含价值，产出结构化结果。

采用多视角融合等技术，综合不同源头和视角下的数据，形成完整的知识图谱，可构建一个完整的档案数据整合与规范体系，为后续知识发现奠定坚实基础。[3] 通过有效的知识计算，可实现档案知识的多维深度语义关联，进而完成精准度高的知识发现。[4] 知识计算的开放性、一致性、完备性、上下文等重要性质使发现和提取在逻辑推理、存在、否定等多种复杂

---

[1] 牛力、袁亚月、韩小汀：《对档案信息知识化利用的几点思考》，《档案学研究》2017年第3期。

[2] 朱令俊：《数据驱动下档案知识发现的路径研究》，《档案与建设》2020年第2期。

[3] Jia Y., Wang Y., Cheng X., et al., "OpenKN: An Open Knowledge Computational Engine for Network Big Data", 2014 IEEE/ACM International Conference on Advances in Social Networks Analysis and Mining (ASONAM 2014), IEEE, 2014: 657-664.

[4] 李旭晖等：《从计算角度看大规模数据中的知识组织》，《图书情报知识》2018年第6期。

语义网络中的档案知识成为可能。① 一个名为声音数据挖掘加速器的算法被开发用于挖掘大规模音频档案中的各类信号。②

数字化时代，档案领域正面临着前所未有的机遇和挑战。数据驱动下的档案数据化转型，不仅为档案资源的深度挖掘和广泛应用提供了可能，更为档案领域的主动服务和创新发展带来了新的动力。因此，档案领域需要积极拥抱数据、算法、智能驱动，主动适应和引领社会信息化的发展趋势，以档案数据为核心，发挥其在社会公共服务中的重要作用。

（三）数字人文研究进展及述评

2019~2021年，数字人文连续三年被列为中国图书情报档案学界的十大学术热点之一。自2021年开始，"新文科背景下的图情档与数字人文融合研究"更被列为重点研究方向。尽管如此，数字人文研究在全球范围内依然处于分散式探索阶段。关于其基本概念、学术范式、学科特点以及研究前沿等方面，学术界仍存在较大的争议和不确定性。这种现状呼唤对数字人文研究进行更深入、更系统的分析和整理。虽然数字人文领域的发文数量整体呈缓慢增长状态，但从2007年开始，尤其是2010年以后，该领域的发展速度明显加快。这种变化反映了学术界和研究人员对数字人文的日益重视和投入，同时也指出了未来研究可能需要关注的方向和领域。

数字人文围绕如何利用数字技术深化人文学科研究，是一个促进文理学科研究范式创新的研究领域，它利用数字技术和工具对人文学科领域进行研究和展示。相关项目实践则通过具体案例展现其应用。③ 在全球范围内，有200多个以"数字人文"为名称的研究中心、项目和团队，其中不乏一些标志性的实践项目④，例如，美国斯坦福大学的人文中心开展了多个

---

① 孙晓平：《大数据知识计算的挑战》，《情报工程》2015年第6期。
② Dugan P. J., Klinck H., Zollweg J. A., et al., "Data Mining Sound Archives: A New Scalable Algorithm for Parallel-distributing Processing", 2015 IEEE International Conference on Data Mining Workshop (ICDMW), IEEE, 2015: 768-772.
③ Wong S. H. R., "Digital Humanities: What can Libraries Offer?", Portal-Libraries and the Academy, 2016, 16 (04): 669-690.
④ 朱本军、聂华：《跨界与融合：全球视野下的数字人文——首届北京大学"数字人文论坛"会议综述》，《大学图书馆学报》2016年第5期。

数字人文项目,包括历史地理信息系统(GIS)的应用、文本挖掘和数据可视化等①。美国弗吉尼亚大学数字历史研究中心的"影谷"项目(Valley of the Shadow),基于时间和空间节点呈现了1860~1870年美国南北战争期间的信件、日记、报表、公告、报纸、演讲稿等各类档案文献,向读者展示了特定时空下历史生活的真实场景②;洛桑联邦理工学院和威尼斯卡福斯卡里大学的"威尼斯时光机"项目,旨在建立一个涵盖威尼斯一千多年历史文化遗产的数字档案馆,为公众提供了一种新的历史学习和研究的方法③。国内的张謇文旅知识服务平台,通过深入挖掘异构多源的张謇文旅资源,彰显其当代人文价值和以历史名贤为核心的文旅资源开发与利用的模式意义。④

1. 研究型图书馆角色

研究型图书馆通过建立数字人文与数字文化遗产工作组,不仅致力于传统的收藏保护和信息服务,还积极参与数字人文研究的前沿领域,推动跨学科合作和知识创新。这些图书馆工作组的任务包括整合和管理数字资源,如文本、图像和多媒体材料,以及开发适用于这些资源的技术和工具。通过举办研讨会和发布研究成果,这些工作组不仅促进了学术交流,还为图书馆员和研究人员提供了专业发展的机会,使他们能够掌握数字人文项目的最佳实践和最新趋势⑤,同时创建数字人文研究的图书馆网络,为图书馆与数字人文学者提供分享和交流平台,提高图书馆数字人文服务水平。⑥

在知识组织方面,数字人文研究要求图书馆不仅是信息的存储者和提供者,而且成为积极的参与者,通过知识图谱和其他高级分析工具发掘数

---

① Tsui L. H., Wang H., "Harvesting Big Biographical Data for Chinese History: The China Biographical Database (CBDB)", *Journal of Chinese History*, 2020, 4 (02): 505-511.
② The Valley of the Shadow, "The Story Behind the Valley Project", https://valley.lib.virginia.edu/VoS/usingvalley/valleystory.html.
③ Venice State Archives, "Venice Time Machine Project Current State of Affairs", https://www.timemachine.eu/about-us/.
④ 庞蔚淇等:《数字人文视域下张謇文旅资源开发与利用研究》,《图书馆学刊》2024年第1期。
⑤ 于平果、王月圆:《研究型图书馆参与和推动开放科学的策略研究——欧洲研究型图书馆协会年度报告解读》,《图书馆建设》2022年第6期。
⑥ 张亚姝:《图书馆推进开放科学的策略与实践——〈欧洲研究型图书馆协会2018—2019年度报告〉解读》,《图书与情报》2019年第4期。

据的深层次价值。[1] 这种做法强调图书馆在促进知识发现和学术研究中的主动作用，使其能够提供更加丰富和深入的信息服务。[2] 国外关联开放数据领域的数字人文项目大致可分为三种类型：将文化和艺术类数字馆藏转化为关联开放数据；整合与事件相关的异构数据、书目资源、语言信息资源以及音乐和音乐学数据；技术开发和基础设施项目，为国家数字人文系统奠定基础，强调了本体在关联数据项目实施中的作用。[3]

学术界对历史和文化遗产数据的需求引起了人们对图书馆、档案馆和博物馆（LAM）提供的数据的浓厚兴趣，近年来 LAM 越来越多地使用"语义增强"策略，以提高 LAM 数据支持数字人文研究的质量和可发现性。[4] 有学者考察了数字人文工作的现状，提出了图书馆和数字人文的文化信息学模型，并将数字人文工作置于以用户为中心的图书馆和信息科学范式中。[5] Poremski 对从事数字人文工作的 LIS 专业人员进行了调查，以了解他们进入角色的方式、培训范围和未来的培训需求、有哪些专业发展机会以及机构基础设施要求[6]；图书馆员正在通过将传统的实体馆藏转变为突出新见解的数字项目来发现学术机会，Tryon 提供了一个将图书馆员传统参考咨询技能与数字人文技术融合的案例[7]；Corlett-Rivera 介绍了一个从传统图书馆编目和数字化到数字故事网站建设与扩展的数字人文项目[8]；Gallant 和

---

[1] 司莉、郭财强：《基于内容分析的数字人文领域中知识组织价值体现研究综述》，《图书情报工作》2022 年第 13 期。

[2] 朱丽雅等：《数字人文领域的知识图谱：研究进展与未来趋势》，《知识管理论坛》2022 年第 1 期。

[3] Antopolsky A. B., "Linked Open Data in the Digital Humanities (Review of Publications)", *Scientific and Technical Information Processing*, 2022, 49 (02): 119-126.

[4] Zeng M. L., "Semantic Enrichment for Enhancing LAM Data and Supporting Digital Humanities", *El professional de la información*, 2019, 28 (01): 1-35.

[5] Sula C. A., "Digital Humanities and Libraries: A Conceptual Model", *Journal of Library Administration*, 2013, 53 (01): 10-26.

[6] Poremski M. D., "Evaluating the Landscape of Digital Humanities Librarianship", *College & Undergraduate Libraries*, 2017, 24 (02-04): 140-154.

[7] Tryon J. R., "The Rosarium Project: A Case of Merging Traditional Reference Librarian Skills with Digital Humanities Technology", in Christopher Millson-Martula, Kevin B. Gunn eds., *The Digital Humanities: Implications for Librarians, Libraries, and Librarianship*, Routledge, 2020: 38-54.

[8] Corlett-Rivera K., "Subject Librarian as Coauthor: A Case Study with Recommendations", *College & Undergraduate Libraries*, 2017, 24 (02-04): 189-202.

Denzer提供了一种使用Arduino boards方法开展互动式手稿展览的项目思路[1]；Bailey探索了图书馆员通过数字出版方式，在美国历史、艺术和艺术史、拉丁美洲文学和艺术三个学科中可以开展的数字知识生产实践[2]；Di Cresce等在一个关于手稿研究工具的数据协作项目中，为图书馆员与学者合作提供了最佳策略与实践指导[3]；Sabharwal探索了档案工作者、数字人文研究者、数据监护员之间的重叠关系和新型协作模式[4]；Giannetti讨论了图书馆员-教师协作进行数字人文教学的困难与挑战[5]。

Currier等认为，公共、技术和行政图书馆员已经具备了创建成功的数字人文项目所必需的项目管理技能[6]；Biando等探讨了规划少数族裔文化遗产记录项目的流程[7]；Sweeney等开展了支持共同体参与的数字人文学术知识库项目[8]；Risam等探讨了一个以学校图书馆为核心的合乎道德规范并支持本科生开展

---

[1] Gallant K., Denzer J., "Experiencing Medieval Manuscripts Using Touch Technology", in Christopher Millson-Martula, Kevin B. Gunn eds., *The Digital Humanities: Implications for Librarians, Libraries, and Librarianship*, Routledge, 2020: 69-81.

[2] Bailey D. R., "Creating Digital Knowledge: Library as Open Access Digital Publisher", in Christopher Millson-Martula, Kevin B. Gunn eds., *The Digital Humanities: Implications for Librarians, Libraries, and Librarianship*, Routledge, 2020: 82-91.

[3] Di Cresce R., King J., "Developing Collaborative Best Practices for Digital Humanities Data Collection: A Case Study", *College & Undergraduate Libraries*, 2017, 24 (02-04): 226-237.

[4] Sabharwal A., "Digital Humanities and the Emerging Framework for Digital Curation", in Christopher Millson-Martula, Kevin B. Gunn eds., *The Digital Humanities: Implications for Librarians, Libraries, and Librarianship*, Routledge, 2020: 104-122.

[5] Giannetti F., "Against the Grain: Reading for the Challenges of Collaborative Digital Humanities Pedagogy", in Christopher Millson-Martula, Kevin B. Gunn eds., *The Digital Humanities: Implications for Librarians, Libraries, and Librarianship*, Routledge, 2020: 123-135.

[6] Currier B., Mirza R., and Downing J., "They Think All of This is New: Leveraging Librarians' Project Management Skills for the Digital Humanities", in Christopher Millson-Martula, Kevin B. Gunn eds., *The Digital Humanities: Implications for Librarians, Libraries, and Librarianship*, Routledge, 2020: 137-155.

[7] Biando E., McCrea D., "A Community of Common Descent: Planning the Documentation of Diaspora Through the Electronic Irish Research Experience", in Christopher Millson-Martula, Kevin B. Gunn eds., *The Digital Humanities: Implications for Librarians, Libraries, and Librarianship*, Routledge, 2020: 156-165.

[8] Sweeney S. J., Flanders J., Levesque A., "Community-Enhanced Repository for Engaged Scholarship: A Case Study on Supporting Digital Humanities Research", in Christopher Millson-Martula, Kevin B. Gunn eds., *The Digital Humanities: Implications for Librarians, Libraries, and Librarianship*, Routledge, 2020: 188-202.

校内合作的数字人文共同体项目[1];Kong 等探讨了利用地理空间信息进行非裔美国人历史教育的项目[2];White 探讨了使用高等教育信息素养 ACRL 框架的英语等文科教育的数字人文实验室模型[3];Gerber[4] 和 Hauck[5] 分别验证了"作为对话的学术"框架在数字人文项目中的作用。

总之,出版学术数字作品、建立数字图书馆和数字馆藏、促进文本挖掘以及协作数字任务和数字教育在某种程度上是图书馆和研究人员合作的自然方式。虽然技术不断发展,但某些工具和技术已被证明对许多活动是有用的。数字人文学科使图书馆能够更好地将支持服务和基础设施与人文主义者的新兴研究和交流行为结合起来。在更极端的边界上,数字人文可以作为图书馆内的变革代理角色——帮助重新定义图书管理员的角色以及与教师和研究人员的关系。[6]

2. 数字学术视角

数字学术起源于 20 世纪 90 年代末的英国,是指将数字方法应用于创作、出版和保存,广泛涉及教育、出版、文学等领域。数字人文通常被视为数字学术服务的内容之一。数字化转型是运用一些新兴数字技术对组织的结构、运营模式、战略等进行全流程优化和根本性重塑的过程[7],对于包

---

[1] Risam R., Snow J., Edwards S., "Building an Ethical Digital Humanities Community: Librarian, Faculty, and Student Collaboration", *College & Undergraduate Libraries*, 2017, 24(02-04): 337-349.

[2] Kong N. N., Bynum C., Johnson C., et al., "Spatial Information Literacy for Digital Humanities: The Case Study of Leveraging Geospatial Information for African American History Education", in Christopher Millson-Martula, Kevin B. Gunn eds., *The Digital Humanities: Implications for Librarians, Libraries, and Librarianship*, Routledge, 2020: 243-258.

[3] White K., "Visualizing Oral Histories: A Lab Model Using Multimedia DH to Incorporate ACRL Framework Standards into Liberal Arts Education", in Christopher Millson-Martula, Kevin B. Gunn eds., *The Digital Humanities: Implications for Librarians, Libraries, and Librarianship*, Routledge, 2020: 259-283.

[4] Gerber K., "Conversation as a Model to Build the Relationship among Libraries, Digital Humanities, and Campus Leadership", *College & Undergraduate Libraries*, 2017, 24(02-04): 418-433.

[5] Hauck J., "From Service to Synergy: Embedding Librarians in a Digital Humanities Project", *College & Undergraduate Libraries*, 2017, 24(02-04): 434-451.

[6] Rockenbach B., "Digital Humanities in Libraries: New Models for Scholarly Engagement", *Journal of Library Administration*, 2013, 53(01): 1-9.

[7] 陈冬梅、王俐珍、陈安霓:《数字化与战略管理理论——回顾、挑战与展望》,《管理世界》2020 年第 5 期。

括研究型图书馆在内的一些研究和服务机构来说，开展数字学术服务或数字人文研究也需要依赖整个行业的数字化转型。"远读"（distant reading）是一个相对于传统的"细读"（close reading）而言的概念①，旨在使用量化分析研究大型数字化文本语料库，借助数字技术手段快速阅读和比较文学作品，被广泛应用于比较文学和世界文学研究领域，也是数字人文研究的一个重要方向。受大众参与和贡献活动的动机和意愿②驱动，数字人文与众包结合，形成如国内的盛宣怀档案抄录项目、中华书局古联公司的古籍整理项目等代表性著录校对实践，或如中国人民大学的"我的北京记忆"项目等参与者知识产出实践。

国外学者结合 ADHO 年会摘要集、数字人文领域独家期刊的汇编列表，检索了四个在线学术研究数据库（ACM Digital Library、IEEE Xplore、Springer Link 和 Web of Science、Science Direct）以及维基媒体社区博客 Diff，从中选取 50 个数字人文项目研究发现：在数字人文项目中，维基数据被广泛应用，它被理解为内容提供商、平台和技术堆栈；通常用于注释和丰富内容、元数据管理、知识建模和命名实体识别（NER）；大多数项目倾向于使用来自维基的数据，而将其用作平台和技术堆栈的潜力更大，以在维基上发布数据或创建数据交换生态系统。③

3. 开放科学视野

开放科学也称为开放研究，与开放创新、数字人文等概念共同描述了人类在数字时代科研变革的跨区域协同与资源聚合、大规模科学研究与社交网媒非正式交流，更加注重大众参与等发展趋势。④ 致力于开放获取、开

---

① 王宁：《科学技术与人文学术的辩证关系——兼论远读与细读的对立与互补》，《华东师范大学学报》（哲学社会科学版）2022 年第 4 期。
② Brabham D. C., "Motivations for Participation in a Crowdsourcing Application to Improve Public Engagement in Transit Planning", *Journal of Applied Communication Research*, 2012, 40 (03)：307-328.
③ Zhao F., "A Systematic Review of Wikidata in Digital Humanities Projects", *Digital Scholarship in the Humanities*, 2023, 38 (02)：852-874.
④ 樊文强、王志博、韩颖颖：《关键概念与网络时代的科研变革——以 E-Science、Science2.0、开放科学、开放创新、数字人文为例》，《江汉学术》2016 年第 2 期。

源和开放数据是学术交流和知识创造的道德和实用选择。① 开放性已成为制定原则和政策、建设基础设施和开展实践的口号，通过对方法、数据、工具、软件、出版物、工作流程以及学术和研究环境中所有其他形式的开放获取来推动公有领域研究的交流和共享，目标是提升研究成果的质量、效率和可信度，以推动发现和创新。② 开放科学为研究人员、政策制定者、从业者和民众提供了一个环境，使他们不仅可以从已经开发的研究成果、方法和数据中汲取、借用、重新利用和建立——履行创造、分享和传播知识的学术使命，还可以通过审查研究设计、计划、数据来检查其可信度，以及在开放平台上可用的分析。③ 数字人文学科涉及通过协作、跨学科和计算参与的研究、教学和出版实践来整合新的研究方式，要将科学和人文研究方法和数据结合在一起以推进在"开放研究"方面发挥核心作用。④

数字人文研究的蓬勃发展使开放科学从自然科学领域向人文学科渗透，人文学科研究在学术交流、信息共享、科研创新等方面步入一种更加开放的状态。数字人文项目成果通常以开放共享为建设目的，包括广泛的工具、应用程序、方法和资源，以数据为核心表现为各类人物或图像数据库、数字档案、在线词典等。⑤ 例如研究型图书馆成为这一趋势下创新学术交流的平台、数字技能和服务中心以及科研基础设施建设的合作伙伴。⑥ Open Methods 元日志为来自全球各地的数字人文专家提供了一个平台，通过提供方便的管理工作流和易于使用的（重新）发布平台来突出与数字方法和工

---

① Willinsky J., *The Access Principle: The Case for Open Access to Research and Scholarship*, Cambridge, Mass.: MIT Press, 2006.
② Lewis V., Spiro L., Wang X., et al., *Building Expertise to Support Digital Scholarship: A Global Perspective*, Washington DC: Council on Library and Information Resources, 2015: 17.
③ Dienlin T., Johannes N., Bowman N. D., et al., "An Agenda for Open Science in Communication", *Journal of Communication*, 2021, 71 (01): 1-26.
④ Longley A. P., Hearn L., "Toward Open Research: A Narrative Review of the Challenges and Opportunities for Open Humanities", *Journal of Communication*, 2021, 71 (05): 827-853.
⑤ Strange D., Gooch M., Collinson A., "Equality, Findability, Sustainability: The Challenges and Rewards of Open Digital Humanities Data", *International Journal of Performance Arts and Digital Media*, 2023, 19 (03): 348-368.
⑥ 于平果、王月圆：《研究型图书馆参与和推动开放科学的策略研究——欧洲研究型图书馆协会年度报告解读》，《图书馆建设》2022年第6期。

具相关的开放访问内容。①

由于文献数字化程度的提高,数字人文研究领域呈指数级增长,产生了大量数据,扩大了合作研究的范围,改变了科学生产链。② 数字人文项目并不局限于知识的可及性传播,更关注知识的生产和传播方式,即数字人文和信息科学之间的融合。③ 开放科学旨在共享和获取出版物和研究数据,促进科学进程的开放,协助知识转移,提出了新形式的信息、知识和文化的协作、互动和共享生产。最早涉及数字人文和开放科学的研究提及了数字北美考古学(DINAA)项目,该项目旨在开发模型和方法来发布和索引北美大片地区历史和考古遗址中现存的考古数据。④ Basset、Di Giorgio等将PARTHENOS项目作为"地平线2020"项目的一部分,以加强语言研究、文化遗产、历史、考古学和相关领域的研究,建立了一个跨学科的环境,使人文学科研究人员能够根据共同的政策、指南和标准访问数据、使用工具和服务⑤;2019年,Wuttke、Spiecker对这一项目在长期存档、知识产权管理、实施和制定共同标准、跨学科和后续使用的服务和方法等方面的标准化工具包进行了研究⑥。2018年,Hagmann展示了维也纳大学的支持在可持续标准环境中长期存储科学研究数据的PHAIDRA存储库。⑦ 2019年,Lathi等人提出了涵盖欧洲和其他地方印刷产品的600多万条的书目数据科

---

① Del Rio Riande G., Tóth-Czifra E., Wuttke U., et al., "Open Methods: A Compass for a More Open Digital Humanities", Preprints, 2020, https://www.preprints.org/manuscript/2020 03.0016/download/final_file.

② Führ F., Bisset A. E., "Digital Humanities and Open Science: Initial Aspects", International Conference on Data and Information in Online, Cham: Springer International Publishing, 2021: 154-173.

③ Koltay T., "Library and Information Science and the Digital Humanities: Perceived and Real Strengths and Weaknesses", *Journal of Documentation*, 2016, 72 (04): 781-792.

④ Wells J. J., Kansa E. C., Kansa S. W., et al., "Web-based Discovery and Integration of Archaeological Historic Properties Inventory Data: The Digital Index of North American Archaeology (DINAA)", *Literary and Linguistic Computing*, 2014, 29 (03): 349-360.

⑤ Bassett S., Di Giorgio S., Ronzino P., "A Data Management Plan for Digital Humanities: The PARTHENOS Model", *Digital Humanities*, 2017: 22.

⑥ Wuttke U., Spiecker C., Neuroth H., "PARTHENOS-Eine digitale Forschungsinfrastruktur für die Geistes-und Kulturwissenschaften", *Bibliothek Forschung und Praxis*, 2019, 43 (01): 11-20.

⑦ Hagmann D., "Überlegungen zur Nutzung von PHAIDRA als Repositorium für digitale archäologische Daten", *Mitteilungen der Vereinigung Österreichischer Bibliothekarinnen und Bibliothekare*, 2018, 71 (01): 53-69.

学项目。① 数字人文的发展必将影响信息机构的生命周期和发展，图书馆和其他信息机构将其注意力转移到文本的获取上来，并进行诸如 Prado 博物馆馆藏、边沁转录、eBird、Literali Catalā 地图等提升公民参与度的数字人文项目。② 奥地利的 Konde 项目依靠图书馆、档案馆和博物馆的研究人员和专业人士的参与来加强研究中心建设并影响参与者之间的合作，旨在开发和保护文化遗产。③

总之，数字人文项目涉及工具的使用、信息研究、组织、内容存储甚至整个数据库或计算工具的编程和使用。④ 开放科学将旨在实现数字化机会的战略和过程组合在一起，以使科学过程的组成部分易于访问和可重复使用，从而为科学、社会和商业带来新的机会。⑤ 透明度和开放存取是影响开放科学和参与、协作、同行网络和信息共享的因素。⑥ 开放科学不仅关注开放获取、开放创新、公民科学，还关注存档和存储、数据保存和管理以及社会带来的大规模数字信息的挑战。人文学科需要对跨学科知识的转移持开放态度，尤其是在数字人文学科方面，更需要一个跨学科的空间来塑造数字化和开放的未来。⑦

---

① Lahti L., Marjanen J., Roivainen H., et al., "Bibliographic Data Science and the History of the Book (c.1500-1800)", *Cataloging & Classification Quarterly*, 2019, 57 (01): 5-23.
② Anglada L. M., "Muchos cambios y algunas certezas para las bibliotecas de investigación, especializadas y centros de documentación", *Profesional de la información/Information Professional*, 2019, 28 (01): 1-9.
③ Stigler J., Klug H. W., "KONDE-Ein Netzwerk bringt Forschungs-und GLAM-Institutionen zusammen. Ein Projektbericht", *Mitteilungen der Vereinigung Österreichischer Bibliothekarinnen und Bibliothekare*, 2019, 72 (02): 431-439.
④ Rollo M. F. "Desafios e responsabilidades das humanidades digitais: preservar a memória, valorizar o patrimônio, promover e disseminar o conhecimento. O programa Memória para Todos", *Estudos Históricos (Rio de Janeiro)*, 2020, 33: 19-44.
⑤ Baum C. "'Digital gap' oder 'digital turn'? Literaturwissenschaft und das digitale Zeitalter", *Zeitschrift für GERMANISTIK*, 2017: 316-328.
⑥ Steinerova J., "Perceptions of the Information Environment by Researchers: A Qualitative Study", http://www.informationr.net/ir/23-4/isic2018/isic1812.html.
⑦ Knöchelmann M., "Open Science in the Humanities, or: Open Humanities?", https://www.mdpi.com/2304-6775/7/4/65/pdf.

第二章
档案领域参与数字人文项目现状调查

数字化在人类文明方面引导着世界文明的发展进程,是当今社会不可阻挡的发展趋势。联合国记录和档案管理部门于 2010 年指出,档案是一种组织高效和有效地开展其业务所需的重要资源。如果没有档案,任何公共和私人机构都无法成功地进行机构记忆、制定政策、合理决策、高效运作、合法合规运行、保护成员利益等。[①] 面对档案信息资源利用需求日益增长的趋势,档案数字化已成为社会信息化建设和数字人文研究的重要组成部分。数字化档案可以利用大数据和云计算技术,合理计算和调整实际需求,快速匹配相关资源,提供快速反馈,有效解决传统档案管理和服务的迟滞性问题,大幅提升档案利用率,助力数字人文项目和数字学术研究的开展。

一 档案数字化现状

数字化是指将任何类型的原始图像,包括纸张、摄影印刷品或幻灯片、三维物体或运动图像转换成数字格式。随着技术的进步,数字化已成为一种越来越流行的提供原件替代的方法。[②] 简言之,数字化是将模拟信号或代码转换为数字信号或代码的过程,是数字图书馆扩展馆藏和数字人文研究

[①] United Nations Archives and Records Management Section, "Records and Information Management Guidance", https://archives.un.org/zh/content/policy.
[②] Astle P. J., Muir A., "Digitization and Preservation in Public Libraries and Archives", *Journal of Librarianship and Information Science*, 2002, 34 (02): 67-79.

的基石。当前，大多数记忆机构创建和提供文化和历史文件、文物和图像的数字表示，以提升对馆藏内容的存取和多元文化理解。[1]

对档案数字化有广义和狭义两种理解。[2] 狭义的档案数字化又称数字化加工或数字化转换，是使用技术手段将模拟形态档案信息转化为以数字形态的过程、广义的档案数字化则是在数字化转换工作流程的基础上还囊括了存储、组织、检索和维护所有环节。狭义的档案数字化是广义的档案数字化的基础和核心。档案数字化是一项系统工程，即并非只是档案载体转化，还包括数字化的管理流程、人员组织、质量管理等内容[3]，可最大限度地实现档案资源的共享[4]。从档案管理服务的整体来看，档案数字化是档案管理服务即档案资源体系、档案利用体系和档案安全体系建设的全面数字化。[5] 档案内容数字化的本质是档案数字化，为贴合本书档案内容挖掘与知识发现的主题，本章所谈的档案内容数字化主要是指脱离了载体的档案数字化。

（一）档案数字化发展历程

数字人文项目的开展，首先要有数字化的材料，包括各种手稿、图像和音视频记录。这些材料可能是非常脆弱或稀有的，需要特殊处理，并且可能需要数字化的特定介质构件（例如照片背面的日期、注解等），可能是内容基本要素，也可能是以辅助格式记录并存储的元数据。研究中通常会采用各类型分析系统来处理这些数字化材料，从文本分析工具到可视化再到动态化的编程转换工具，并最终在网络上展示这些初始的数字化材料或者它们组合之后的新格式。[6]

---

[1] Terras M., "Digitization and Digital Resources in the Humanities", https://blogs.ucl.ac.uk/dh-in-practice/chapter-3/.
[2] 王英玮、陈智为、刘越男：《档案管理学》，中国人民大学出版社，2021，第456页。
[3] 马雪雯：《我国纸质档案数字化工作研究》，南京大学硕士学位论文，2020，第10页。
[4] 王学平：《浅议我国档案数字化建设实践与发展策略》，《档案学通讯》2011年第6期。
[5] 林婷婷、冯秀莲、林苗苗：《档案信息资源与数字化管理开发研究》，哈尔滨工程大学出版社，2022，第10页。
[6] Davies R., Nixon M., "Digitization Fundamentals", in Constance Crompton, Richard Lane, Ray Siemens eds., *Doing Digital Humanities: Practice, Training, Research*, Routledge, 2016: 199-212.

1. 国外档案数字化发展脉络

在信息全球化的背景下，世界各国的档案管理朝着网络化、数字化、智能化的方向发展。[①] 国外档案数字化起步于20世纪70年代中期机读电子目录取代卡片式目录等计算机工具的应用。20世纪80年代中后期，美国开始研究光介质的保存及如何使档案数字化；1984年，美国国家档案和记录管理局（NARA）启动了首批数字化项目之一的"光学数字图像存储系统（ODISS）"，完成了22万页文档的数字化，测试了数字图像和光盘技术在复制、存储和检索档案文件方面的效用，并给出了100年这样一个后来被证明过于乐观的数字化材料寿命预期[②]；学界对数字化和图像处理在艺术、人文、图书馆和档案领域的应用的兴趣开始增长，个别机构开始试验昂贵的新技术[③]。这一时期的许多数字化项目是由产业界，如柯达、IBM等公司资助进行的，其中包括柯达与犹他州的遗传学会进行的关于数以百万计的缩微胶卷数字化可能性的研究、IBM参与的西班牙档案项目、日本大阪的民族博物馆项目、耶鲁大学图书馆和梵蒂冈图书馆项目等。[④] 欧盟在20世纪80年代末资助发起的早期数字化项目，后来发展成为"DigiCULT"项目——一项旨在扩大欧洲丰富的文化和科研资源使用和访问、研究数字文化和数字图书馆前沿信息和通信技术的项目。这一时期恰恰是欧洲开始重视数字图书馆和文化遗产有效政策和资金支持、强调数字环境重要性、在第三和第四框架下培育图书馆技术应用研究项目的阶段。[⑤]

20世纪80年代末90年代初，人文学科和文化遗产部门对数字化的热

[①] 黄霄羽：《外国档案事业史》（第4版），中国人民大学出版社，2019，第83页。

[②] NARA, "Digital Imaging and Optical Media Storage Systems: Guidelines for State and Local Government Agencies", Washington, DC: National Archives and Records Administration and National Association of Government Archives and Records Administrators, 1991.

[③] González P., "The Digital Processing of Images in Archive and Libraries, Large Scale International Projects", in M. Thaller ed., *Images and Manuscripts in Historical Computing*, *Proceedings of a Workshop at International University Institute, Firenze, November 15th 1991*, Gött-ingen: Max Planck Institute, 1992.

[④] Mintzer F., Lotspiech J., Morimoto N., et al., "Safeguarding Digital Library Contents and Users", https://www.dlib.org/dlib/september97/ibm/09lotspiech.html.

[⑤] Manson P., "Telematics for Libraries: Actions and Initiatives of the European Union", *British Library Research and Innovation Report*, 1997: 53-58.

情高涨,产生了很多关于数字化的技术细节和可能性的试点项目,图像处理成为当时人文计算中最热门的话题。艺术、文化和遗产领域数字化内容的指数级增长实现了技术、想象力的前所未有的融合,不断地创造新的、改变人类文化的景象。这一时期,日本加强了光盘存储技术和多媒体技术研究,学界开始设想采取数字记录的方式来保存文化资产。[1]

20世纪90年代中后期,互联网技术发展促使档案内容数字化进入第二阶段,通过建立档案管理系统提升档案信息的管理水平和利用效率。美国档案与文件署建成的美国档案信息导航系统,通过档案馆藏数据库联网,率先实现档案信息网络一体化[2];英国国家档案馆也于20世纪90年代中期制订了档案信息化实施计划,建立档案信息检索工具,开发具有远程预约查档调卷功能的档案管理系统,以图像数字化形式远程提供档案数字信息和电子文件服务。数字化项目指数级的增长、网络技术可用性和性能的增长,使20世纪90年代被称为"数字化的十年"[3],数以百万计的资金涌向图书馆、博物馆和档案馆馆藏的数字化转换工作中[4]。这一工作可回溯到80年代昂贵的小规模数字化项目。例如,大英图书馆最早和最突出的项目是贝奥武夫手稿,不久之后,牛津大学图书馆开始在网上公开其馆藏的中世纪和凯尔特手稿材料的数字副本。这些早期的项目倾向于研究和探索最佳实践经验,包括利用其他领域新技术的经验,而不是发明数字化新技术,因为当时要进行大量实验来解决计算机存储性能和网络速度有限、捕获技术昂贵且不成熟、软件应用需要调适以符合存储机构需求等问题。[5] 1992年,法国启动了一项国家图书馆馆藏材料数字化项目,持续到2008年,成为欧洲最昂贵和规模最大的数字化工作之一,在网络上提供了超过100亿份文件(http://gallica.bnf.fr/)。[6] 这十年间,网络数字化和文档化在博物馆、

---

[1] 穆霁月:《日本档案数字化建设及对我国的启示》,山东大学硕士学位论文,2014,第11页。
[2] 向立文:《档案数字化建设中若干问题的研究》,湘潭大学硕士学位论文,2004,第9页。
[3] Lee S., *Digital Imaging, A Practical Handbook*, London: Facet Publishing, 2002: 38-39.
[4] Naughton J., *A Brief History of the Future: Origins of the Internet*, London: Phoenix Press, 2000.
[5] Terras M. M. "The Rise of Digitization: An Overview", *Digitisation Perspectives*, 2011: 3-20.
[6] Beagrie N., *National Digital Preservation Initiatives: An Overview of Developments in Australia, the Netherlands, and the United Kingdom and of Related International Activity. Strategies and Tools for the Digital Library*, Washington: Council on Library and Information Resources, 2003: 151.

图书馆和档案部门创造了丰富的文化和历史信息。

1998年，国际图联/联合国教科文组织开展了数字化调查，这是在大规模数字化时代开启时的第一次具全球视野的调查。[1] 调查显示，当时数字化的主要评价标准是可感知的历史或文化价值、促进访问存取、学术价值和意义、减少实体损害。这项工作还创建了数字化图书馆馆藏名录"Digicol"，后于2002年移交给联合国教科文组织，到2006年停止开发时，该目录共收入293个馆藏（现在可以通过互联网档案馆的Wayback Machine访问），其中包括欧洲和北美地区的12个档案馆馆藏，其余皆为世界各地的图书馆、博物馆和其他机构馆藏。经济学人智库（Economist Intelligence Unit）2016年的报告《文化的新时代》（A New Age of Culture）是全球数字化状况调查的最近一次尝试。受谷歌委托，它包括来自全世界各个国家的2016个遗产机构的数据[2]；并产生了一些大规模的商业或非营利性数字化项目，如Gutenberg（1971年启动，20世纪90年代开始大规模数字化）、互联网档案馆（1976年）、HathiTrust和Europeana（均为2008年）、Ancestry.com（1997年推出，2000年之后大规模数字化）、Google Books（2004年）和Google Arts and Culture（2011年）等[3]。

进入21世纪，人类持续创建数字化内容。2001年，英国政府彩票基金（NOF）资助了一项金额高达5000万英镑、涉及150个组织机构部门的数字化项目，旨在将反映英国科学、文化、社会多样性方面的资源数字化，以建立一个主要服务于公民学习，特别是针对"终身学习者"的互联网资源"社区银行"；2004年又启动了一项前后两阶段共投入3400万英镑的大规模数字化项目，针对英国的一批最具价值的馆藏内容，包括18世纪的议会文件、档案、录音，大英图书馆19世纪的报纸、历史人口报告等，方便所有

---

[1] Gould S., Ebdon R., Varlamoff M. T., "IFLA/UNESCO Survey on Digitisation and Preservation", https://repository.ifla.org/bitstream/123456789/3319/1/ipi2%20vers2.pdf.

[2] McCauley D., "A New Age of Culture. The Digitisation of Arts and Heritage", *Economist Intelligence Unit*, 2016.

[3] Zaagsma G., "Digital History and the Politics of Digitization", *Digital Scholarship in the Humanities*, 2023, 38 (02): 830-851.

用户不受时空限制可以在线访问一系列权威的数字化资源。[1]

遵循非数字内容并不存在，没有任何影响的数字内容也不太可能生存下来的逻辑，同时期，虽然伴随着诸如版权争议、商业化利益担忧等问题[2]，大型商业公司（谷歌、微软等）开始不加筛选地将一切可能的内容进行大规模数字化。伴随云计算、大数据和人工智能等新技术的不断涌现，档案内容数字化进入了第三阶段，即档案内容数字化的智能化应用，这一阶段主要是通过新兴技术和手段对数字化的档案信息进行深度挖掘和利用，以实现档案信息的智能化分析、深层次挖掘、广泛和便捷利用。如英国档案馆尝试运用人工智能与机器学习系统来管理数据、开发数据。[3]

档案内容数字化经过上述三个阶段的发展，不仅为档案管理与研究提供了丰富多样的信息资源，还使档案服务和利用迈上新台阶；但与此同时也面临着数据安全、隐私保护、技术不成熟、协同治理欠佳等问题，需要加强多方合作进一步研究和探索，以确保档案内容数字化的可持续发展。从模拟档案到数字档案的转变不仅仅是信息从一个地方到另一个地方的简单迁移；相反，它为存储和访问信息创造了新的和不同的实践，从而创造了一系列被数字人文[4]、数字历史[5]和数字监护[6]等学者广泛关注和研究的挑战。这一转变提出了关于新型数字数据、工具和方法的问题，并影响着人类如何保存过去以及如何构建和理解现在和未来[7]、互联网档案馆构建[8]、

---

[1] Joint Information Systems Committee, "Digitisation Programme", http://www.jisc.ac.uk/digitisation_home.html.
[2] Hafner K., "Libraries Shun Deals to Place Books on Web", *New York Times*, 2007, 22: 1-4.
[3] 黄蕊：《国外档案部门数字转型举措探析》，《中国档案》2020年第4期。
[4] Little G., "We are All Digital Humanists Now", *The Journal of Academic Librarianship*, 2011, 37 (04): 352-354.
[5] Cohen D., Rosenzweig R., *Digital History: A Guide to Gathering, Preserving, and Presenting the Past on the Web*, Philadelphia, PA: University of Pennsylvania Press, 2006.
[6] Poole A.H., "'A Greatly Unexplored Area': Digital Curation and Innovation in Digital Humanities", *Journal of the Association for Information Science and Technology*, 2017, 68 (07): 1772-1781.
[7] Brügger N., "When the Present Web is Later the Past: Web Historiography, Digital History, and Internet Studies", *Historical Social Research/Historische Sozialforschung*, 2012: 102-117.
[8] Brügger N., *Web Archiving-Between Past, Present, and Future*, Oxford: Blackwell Publishing Ltd., 2011: 24-42.

数字原生资源保存实践①等议题。

2. 国内档案数字化发展历程

20世纪后半叶，计算机和网络技术在档案行业逐渐得到越来越广泛的应用，极大地促进了档案信息资源的现代化管理和网络化传播及应用，使档案管理向着现代化、数字化建设的方向迅速发展。根据档案数字化发展的时间顺序，我国的档案数字化建设大体经历了萌芽与探索、基础设施建设、快速发展与成熟应用三个阶段。②

世界范围内的文档一体化催生了档案数字化的萌芽。20世纪80年代中后期开始的企业的信息化建设和90年代OA办公自动化系统的广泛应用，产生了大量的企业电子文件。我国一些大中城市档案数字化工作开始起步，一些市级档案馆开始进行档案数字化的规划与建设，产生了一些常识性的初级应用和一些前瞻性的研究工作，为档案数字化未来几年的发展奠定了一定的基础。

90年代中后期，我国的档案数字化工作进入了更大范围的基础设施建设阶段，重点围绕数字化基础设施建设和软件工具开发。各级档案馆开始建立档案目录数据库查询和检索系统，利用局域网提供档案目录信息资源服务。国家档案局在1999年发布了《CAD电子文件光盘存储、归档与档案管理要求》③，档案信息系统发展成为网络运行模式。但档案数字化的标准、规范化程度还相对落后；档案信息系统还处于目录数据集中管理与目录数据信息局域网内共享的初级应用阶段，不过也为全面的档案数字化建设工作奠定了必备的硬件基础。

进入21世纪以来，随着我国电子政务的实质性运行，档案的数字化建设进入了快速发展和成熟应用阶段。2000年，《全国档案事业发展"十五"计划》提出要加快档案的数字化进程，加快档案信息化基础设施建设，推动馆藏档案的数字化和数据库建设，并在多地开展档案工作应用数字化和

---

① Dougherty M., Meyer E. T., "Community, Tools, and Practices in Web Archiving: The State-of-the-art in Relation to Social Science and Humanities Research Needs", *Journal of the Association for Information Science and Technology*, 2014, 65 (11): 2195-2209.
② 王瑞霞：《现代档案数字化管理研究》，吉林人民出版社，2022，第2~5页。
③ 《CAD电子文件光盘存储、归档与档案管理要求》，全国标准信息公共服务平台，https://openstd.samr.gov.cn/bzgk/gb/newGbInfo?hcno=7D1A532A0CEFBC2132C3C4D0870EDBA3。

网络化技术试点工作①，档案数字化的理论与实践研究②开始逐渐增多。到"十五"末期，全国80%的市、县、区档案馆建立了局域网并接入地方政务网，实现了重要全宗纸质档案和照片、录音、录像档案的数字化。2000年5月，"深圳数字档案馆系统工程的研究与开发"项目③成为我国第一个将数字化工程列入档案信息化建设的项目；2002年制定的《全国档案信息化建设实施纲要》④提出要加快传统档案的数字化工作。这一时期，全国档案部门拥有计算机数量2.6万台，服务器数量1500台，各类软件1000多种⑤。

《2006—2020年国家信息化发展战略》推动档案数字化与电子政务相互配合，诸如《深圳市文件档案数字化工作规范》等一批早期档案数字化工作规范，推动了档案数字化工作的规模化、规范化发展。⑥这一阶段以档案信息资源的开发利用为目的，我国开展的档案数字化建设工作颁行了众多档案数字化规范标准，开展了档案数字化建设的科研工作，并产生了具有实际应用价值的科研成果。

国家"十四五"规划中提出，要加快数字化发展，建设数字中国，通过激活数据要素潜能，以数字化转型整体驱动生产方式、生活方式和治理方式变革。⑦《数字中国建设整体布局规划》提出要加快提升数据资源规模和质量，促进数据要素价值的有效释放。⑧在数字中国建设的背景下，档案数字化建设面临新的形势与新的任务。档案事业"十四五"规划明确提出要积极探索知识管理、人工智能、数字人文等技术在档案信息深层加工和利用中的应用，档案信息化建设进一步融入数字中国建设，档案工作基本

---

① 《中国档案数字化的策略与实施及电子档案管理情况》，中国档案资讯网，http://www.zgdazxw.com.cn/news/2020-03/13/content_303680.htm。
② 王学平：《浅议我国档案数字化建设实践与发展策略》，《档案学通讯》2011年第6期。
③ 王健：《创新与拓展档案管理e化之路》，中国档案出版社，2004，第221~222页。
④ 《国家档案局中央档案馆关于印发〈全国档案信息化建设实施纲要〉的通知》，https://www.saac.gov.cn/zt/2010-03/18/content_3205.htm。
⑤ 王英玮、陈智为、刘越男：《档案管理学》（第四版），中国人民大学出版社，2015，第326页。
⑥ 乔旭敏：《中国数字档案资源建设历程研究》，辽宁大学硕士学位论文，2016。
⑦ 《中华人民共和国国民经济和社会发展第十四个五年规划和2035年远景目标纲要》，https://www.gov.cn/xinwen/2021-03/13/content_5592681.htm。
⑧ 《中共中央国务院印发〈数字中国建设整体布局规划〉》，https://www.gov.cn/zhengce/2023-02/27/content_5743484.htm。

实现数字转型。① 2023年全国档案局长馆长会议提出，要以实现数字化战略转型为关键，努力建设与社会主义现代化强国相适应的档案强国。② 建设数字中国与实现档案事业现代化在建设目标上高度一致③，推动档案工作数字化转型，已成为我国档案事业发展的必然趋势。

（二）档案数字化相关政策与规范

书籍和非书籍材料从模拟到数字形式的大规模加速转换，伴随着互联网时代的数字洪流——几乎所有新信息的数字化创建、数字化交流和使用以及最终存储于数字化系统中。在这场数字洪流中，图书馆、档案和博物馆等泛文化遗产共同体领域的专家一直在探索如何将数字化技术整合到他们的转置工具套件中，迎接以数字形式保存信息的特殊挑战④，也因此形成了一系列的政策与规范。

1. 国外档案数字化政策与规范

发达国家十分重视档案馆战略规划的制定和更新，战略规划不仅反映了档案馆对当前与未来形势、内外环境的基本研判，也明确了未来特定时期的目标方向和主要任务。⑤ 美国、英国、澳大利亚、日本等国家制定的档案数字化相关的战略规划如表2-1所示。

表2-1 国外档案数字化政策

国家	档案内容数字化相关战略规划	发布时间
美国	《2006~2016年美国国家档案与文件署战略计划》	2005年
	《2007~2016年向公众开放的档案材料的数字化策略》	2008年

---

① 《中办国办印发〈"十四五"全国档案事业发展规划〉》，https://www.saac.gov.cn/daj/toutiao/202106/ecca2de5bce44a0eb55c890762868683.shtml。

② 《国家档案局：加快数字化战略转型建设档案强国》，http://cul.china.com.cn/2023-02/17/content_42263441.htm。

③ 《档案事业现代化与数字中国战略》，中国档案资讯网，http://www.zgdazxw.com.cn/news/2023-08/10/content_341809.htm。

④ Negroponte N., *Being Digital*, New York: Vintage, 2015; Tenner E., *Why Things Bite Back: Technology and the Revenge of Unintended Consequences*, New York: Vintage, 1997.

⑤ 章燕华、冯越男：《外国国家档案馆战略规划比较研究及启示》，《浙江档案》2015年第8期。

续表

国家	档案内容数字化相关战略规划	发布时间
美国	《2015~2024年开放档案材料的数字化战略》	2014年
	《数字档案资源长期保存战略》	2017年
	《2018~2022年美国国家档案与文件管理署战略计划》	2018年
	《M-19-21备忘录：向电子记录过渡》	2019年
	《2022~2026年战略计划》草案	2021年
英国	《国家档案馆在线战略》	2008年
	《国家档案馆档案数字化计划》	2009年
	"档案激励2015~2019"计划	2015年
	《英国数字化战略》	2017年
	《解锁档案》	2017年
	国家档案馆《数字战略》	2017年
	《档案馆数字能力建设战略》	2019年
	《档案为人人2019~2023》	2019年
	《档案为人人2023~2027》	2023年
澳大利亚	《联邦政府文件保管政策》	2000年
	《数字文件保存方法》	2002年
	《数字化保存：照亮过去，指引未来》	2006年
	《政府数字转型政策》	2011年
	《数字连续性2020政策》	2015年
	《战略2030：转型成为可信任的档案馆》	2021年
	《澳大利亚档案馆事业发展计划2022~2023至2025~2026》	2022年
	《数字与数据战略2022~2025》	2022年
	《2023~2025数据战略》	2022年
日本	"IT立国"&"IT基本法"	2000年
	"e-Japan战略"&"e-Japan计划"	2000年
	《独立行政法人国立公文书馆档案数字化建设推进纲要》	2004年
	《日本档案数字化建设的基本方向》	2017年
	《数字政府行动计划》	2018年
	《关于行政文件电子管理的基本准则》	2019年
	《数字改革关联法》	2021年

资料来源：作者整理制作。

美国国家档案与文件署（National Archives and Records Administration，

NARA）2005年提出《2006~2016年美国国家档案与文件署战略计划》，以指导数字化工作，实现馆藏档案的在线利用；2008年公布了《2007~2016年向公众开放的档案材料的数字化策略》，推进旨在扩大公众利用珍贵档案机会的馆藏档案数字化工作；2014年美国国家档案馆成立数字化管理委员会，负责数字化战略的升级，并在同年12月发布了《2015~2024年开放档案材料的数字化战略》（Strategy for Digitizing Archival Materials for Public Access, 2015-2024）①，通过数字化方式扩大公众对档案资料的获取，以期实现到2024年完成全部馆藏档案的数字化并向公众提供在线利用的总体目标；2018年，NARA发布了《2018~2022年美国国家档案与文件署战略计划》，提出将停止接收纸质档案；2019年6月，NARA和美国行政管理与预算局发布了《M-19-21备忘录：向电子记录过渡》，明确2022年12月后NARA停止接收纸质记录，以电子方式管理包括数字化文件在内的所有永久记录②；之后，为配合2021年底开始正式执行的单轨制计划，制定了《2022~2026年战略计划》草案，推动数字化档案服务实现新突破，计划到2026年完成5亿页档案的数字化和在线利用③。

2008年，英国国家档案馆（National Archives of UK，NAUK）为应对数字环境给档案工作带来的挑战与机遇，提出《国家档案馆在线战略》（Provide and Enable: The National Archives' Online Strategy）④，提出要面向数字环境下的用户新需求，开展数字化工作；《国家档案馆档案数字化计划》对英国2009~2013年的档案内容数字化进行了详细的时间节点规划⑤；2015年，NAUK启动"档案激励2015~2019"计划⑥，重申了数字化对于英国档案事业的挑战，规划了英国档案数字化的思路和具体的数字化战略目标⑦；2017年3月，英国政府出台的《英国数字化战略》，将数字化上升为国家

---

① National Archives and Records Administration, "Strategy for Digitizing Archival Materials for Public Access 2015-2024", https://www.archives.gov/digitization/strategy.html.
② 黄蕊：《国外档案部门数字转型举措探析》，《中国档案》2020年第4期。
③ 黄霄羽国外档案新闻工作室：《国外档案新闻集萃》，《中国档案》2021年第9期。
④ National Archives of UK, "Provide and Enable: The National Archives' Online Strategy", https://www.nationalarchives.gov.uk/documents/provide-enable.pdf.
⑤ 卢芷晴：《英国档案工作数字化转型研究及启示》，《浙江档案》2020年第8期。
⑥ 黄霄羽国外档案新闻工作室：《国外档案新闻集萃》，《中国档案》2015年第12期。
⑦ 寇京：《英国档案数字化战略的形成及其特点分析》，《北京档案》2018年第6期。

第二章　档案领域参与数字人文项目现状调查

战略①；2017 年 3 月公布的《解锁档案》(Archives Unlocked：Realizing the Potential)② 战略以数字化转型为核心，提出要发展档案部门的数字能力、长久保存数字档案、提升数字档案可发现性三大数字能力；2017 年 NAUK 发布的本馆《数字战略》(Digital Strategy)③ 进一步强调数字档案馆愿景、数字档案服务等要求；2019 年发布的《档案馆数字能力建设战略》(Plugged In，Powered Up：A Digital Capacity Building Strategy for Archives)④，指导英国各类档案馆在 2019~2022 年加强数字能力建设⑤，增加档案馆数字参与、数字利用等内容。

虽然日本档案事业发展较为滞后（日本直到 1971 年才建立国家档案馆⑥），档案数字化工作起步也相对较晚，但其发展十分迅速。日本政府为了实现国内信息化和数字化建设与国际接轨，2000 年提出了"IT 立国"的设想，并制定了"IT 基本法"、"e-Japan 战略"和"e-Japan 计划"等发展规划，日本国立以及地方公文书馆以此为契机，开始档案数字化工作。日本档案数字化建设构建了庞大的目录数据系统和档案图像数据库⑦，还于 2001 年 11 月建成了亚洲最大的数字档案馆——亚洲历史资料中心，其成为通过互联网提供电子化的资料图像和目录数据库的大规模数字档案馆，为学者、公众通过互联网使用亚洲历史资料数据库提供了最佳场所。

随着日本档案数字化工程的推进，日本国立公文书馆提出了日本档案数字化建设的基本理念，建立"无论何时、何地、何人都能自由利用的'Ubiquitous'（泛在网络）数字化档案信息系统"。⑧ 遵循该理念，2004 年 4

---

① 张云：《英国档案数字化进程解析——基于〈解锁档案〉与〈2017 年档案案例研究〉的调研》，《档案管理》2018 年第 4 期。
② National Archives of UK，"Archives Unlocked：Realizing the Potential"，https：//www.nationalarchives.gov.uk/archives-sector/projects-and-programmes/strategic-vision-for-archives/.
③ National Archives of UK，"Digital Strategy"，https：//www.nationalarchives.gov.uk/about/our-role/plans-policies-performance-and-projects/our-plans/digital-strategy/.
④ National Archives of UK，"Plugged In，Powered Up：A Digital Capacity Building Strategy for Archives"，https：//www.nationalarchives.gov.uk/archives-sector/projects-and-programmes/plugged-in-powerd-up/.
⑤ 章燕华、王力平：《数字化转型背景下的档案信息化发展战略：英国探索、经验与启示》，《档案学通讯》2021 年第 4 期。
⑥ 张玉芳：《日本档案工作概况》，《档案学通讯》1983 年第 Z1 期。
⑦ 穆霁月：《日本档案数字化建设及对我国的启示》，山东大学硕士学位论文，2014，第 8 页。
⑧ 李虹：《日本档案数字化建设进程分析》，《图书情报知识》2009 年第 6 期。

月，日本国立公文书馆发布了《独立行政法人国立公文书馆档案数字化建设推进纲要》①，明确提出了其数字化建设的工作目标。2017年4月，日本档案数字化相关省厅联络会及实务者协议会发布了《日本档案数字化建设的基本方向》②，提出要通过构建数字档案社会来促进各领域数字资源活化，使之成为社会技术革新和知识创造的基础③。2018年，日本政府出台了《数字政府行动计划》，该行动计划设定了实现行政服务100%数字化的目标。同年7月，日本政府提出允许完全以电子方式管理行政文件。④2021年5月，日本通过了《数字改革关联法》等6部相关法案，并决定于9月1日正式设立数字厅⑤，加快日本的数字化改革和档案数字化工作进程，规定未来移交到各公文书馆的文书档案由纸质转为数字形态⑥。

2. 国内档案数字化政策与规范

纵观我国档案数字化的相关策略，除了将档案数字化建设纳入中国档案事业发展规划外，还制定了档案数字化标准规范，以及通过数字档案馆建设加快推进传统载体档案数字化进程。具体相关策略如表2-2所示。

表2-2　我国档案内容数字化相关政策、规范

类别	相关政策、规范	发布时间
事业发展规划	《全国档案事业发展"十五"计划》	2000年
	《全国档案事业发展"十一五"规划》	2006年
	《全国档案事业发展"十二五"规划》	2011年
	《全国档案事业发展"十三五"规划纲要》	2016年
	《"十四五"全国档案事业发展规划》	2021年

---

① 国立公文書館. 国立公文書館デジタルアーカイブ推進要綱（PDF）. http://www.archives.jp/owning/d_archive/pdf/youkou.pdf.
② 日本档案数字化协作相关省厅联络会暨实务者协议会. 我が国におけるデジタルアーカイブ推進の方向性. https://www.kantei.go.jp/jp/singi/titeki2/digitalarchive_kyougikai/houkokusho.pdf.
③ 刘阳：《我国博物馆藏品数字资源活化的困境与对策——来自日本构建数字档案社会的启示》，《东南文化》2022年第6期。
④ 黄蕊：《国外档案部门数字转型举措探析》，《中国档案》2020年第4期。
⑤ 《日本审议通过〈数字改革关联法〉9月创设"数字厅"》，http://japan.people.com.cn/n1/2021/0512/c35421-32101312.html.
⑥ 王睿熙：《日本国立公文书馆档案工作者认证制度研究》，辽宁大学硕士学位论文，2023，第12页。

续表

类别	相关政策、规范	发布时间
标准规范	《电子文件归档与归档电子文件管理规范》	1999 年
	《纸质档案数字化技术规范》	2005 年
	《缩微胶片数字化技术规范》	2009 年
	《档案数字化外包安全管理规范》 《数码照片归档与管理规范》	2014 年
	《录音录像档案数字化规范》 《纸质档案数字化规范》 《纸质档案缩微数字一体化技术规范》	2017 年
	《实物档案数字化规范》 《电子档案移交接收操作规程》	2022 年
数字档案馆建设	《全国档案信息化建设实施纲要》	2002 年
	《数字档案馆建设指南》	2010 年
	《数字档案馆系统测试办法》	2018 年

从《全国档案事业发展"十五"计划》强调"档案信息化建设"和"档案的数字化进程"以来，推动中国档案数字化进程一直是其中的重要内容[1]，档案事业"十四五"规划继续强调加快档案资源数字化转型，继续做好"存量数字化"，中央和国家机关传统载体档案数字化率达到 80%，中央企业总部传统载体档案数字化率达到 90%，全国县级以上综合档案馆应数字化档案数字化率达到 80%；加快重要档案的数字化步伐，进行文字识别和语音识别[2]。

在标准规范方面，2005 年制定的《纸质档案数字化技术规范》和 2009 年制定的《缩微胶片数字化技术规范》强化对纸质档案数字化过程和数字化成果管理的过程控制和质量控制[3]；2014 年印发的《档案数字化外包安全管理规范》明确了档案部门与数字化服务机构的安全管理责任——数字化场所、数字化设备与网络及数据载体、档案实体、档案数字化成果的移交

---

[1] 张聪慧：《档案数字化管理研究——以山东省 X 市为例》，中共山东省委党校硕士学位论文，2022，第 29 页。
[2] 《中办国办印发〈"十四五"全国档案事业发展规划〉》，https://www.saac.gov.cn/daj/toutiao/202106/ecca2de5bce44a0eb55c890762868683.shtml。
[3] 刘芳：《中外档案数字化政策比较与启示》，《浙江档案》2010 年第 10 期。

接收与数字化任务完成后的设备处理等方面的安全管理原则与规范；2017年制定的《录音录像档案数字化规范》《纸质档案数字化规范》《纸质档案缩微数字一体化技术规范》，分别对不同的传统载体的档案数字化工作给予了详细的技术和流程指导；2022年4月，国家档案局发布12项行业标准之一的《实物档案数字化规范》规定了实物档案数字化的组织与管理①。

2010年国家档案局印发的《数字档案馆建设指南》将传统载体档案数字化作为数字档案馆建设的重要基础性工作②；2013年召开的全国数字档案馆（室）建设推进会确立了"存量数字化、增量电子化"的战略③；2018年印发的《数字档案馆系统测试办法》将馆藏纸质档案数字化率作为参加测试的重要依据④；2022年，以"建设高水平数字档案馆（室）"为着力点，国家级数字档案馆（室）、全国示范数字档案馆（室）建设全面推进，档案数字化的平台基础进一步夯实，档案信息化水平稳步提高⑤。此外，从现有的实践来看，我国各地的档案馆档案数字化建设已经取得了不少显著成就，除了各自门户网站的不断完善以外，还尽可能将馆藏档案进行数字化的处理，创建数字化档案信息数据库。档案信息逐步实现标准化、数字化、网络化。⑥

（三）档案数字化的应用和成果

1. 国外档案数字化应用和成果

国外档案内容数字化的应用与成果丰硕，涉及范围广，参与主体多。2017年，位于日内瓦的联合国图书馆启动了一项为期5年、耗资2500万美

---

① 《国家档案局发布12项行业标准》，https://www.saac.gov.cn/daj/yaow/202204/4197e74c699b435c9ad2a3dd3aa54b95.shtml。
② 《中国档案数字化的策略与实施及电子档案管理情况》，中国档案资讯网，http://www.zgdazxw.com.cn/news/2020-03/13/content_303680.htm。
③ 《数字档案馆引领服务变革》，https://www.saac.gov.cn/daj/c100202/201401/28b5e32781764d6788a70ee2cf7f2995.shtml。
④ 《数字档案馆系统测试办法》，https://www.saac.gov.cn/daj/daxxh/201807/6d6180ef50e246e9b552f6c289e96eb2.shtml。
⑤ 中国人民大学档案事业发展研究中心：《中国档案事业发展报告（2023）》，中国人民大学出版社，2023。
⑥ 王学平：《浅议我国档案数字化建设实践与发展策略》，《档案学通讯》2011年第6期。

元的国际联盟档案数字化项目,即国际联盟档案馆的全面数字访问(LONTAD)项目①,目前已经完成了国际联盟1919~1946年大约1500万页档案的数字化工作,产生了250TB的数据、超过250000个单位的描述性元数据,并面向社会公众和研究学者提供免费的在线利用服务②。

美国国会为美国电子查询系统项目(EAP)拨款450万美元用于档案文件的数字化,并通过此系统建立一个全国馆藏档案的在线目录。约翰斯·霍普金斯大学的"Peabody数字化工程"将该校档案馆保管的自1958年以来Peabody的共约10000盒经典演出录音档案数字化。芝加哥大学的照片档案数字化工程对包括个人与组织、建筑与场地、事件、学生活动和体育运动五个系列的活动材料进行了数字化。NARA的电子文件档案馆(ERA)项目是全球数字档案馆最佳实践项目之一,1997年立项,2015年正式启动ERA2.0项目,2018年上线核心功能模块,2020年实现全部系统功能开发③,收录超过500TB的数据④;通过吸引私人、公共、非营利、教育和政府机构参与贡献数字化内容,利用研究者和公众的兴趣开展众包数字化,并向研究人员和作者征集数字化材料,鼓励各个机构将它们扫描的数字副本提交到NARA目录中,投入资金对可能不适合或不适合合作的材料进行数字化等各种手段,美国国家档案馆已在其官方网站上完成了200万份馆藏的数字化及其访问获取。

2017年开始的Georgia Home PLACE DigiKits(简称DigiKits)项目⑤是最早的社区数字化存档项目之一,它以社区为基础,通过提供数字化设备和工具资源,实现现场数字化服务,为社区居民提供使用先进设备创建数字副本的平台,并在更广泛的公共平台上共享数字化副本,探索出了一条社区数字化存档的新路径。⑥加拿大魁北克省档案馆开展的人事档案数字化

---

① 《数字化项目》,https://www.ungeneva.org/zh/library-archives/archives/digitization-projects。
② 黄霄羽国外档案新闻工作室:《国外档案新闻集萃》,《中国档案》2021年第9期。
③ 祁天娇、刘越男:《ERA 2.0:美国联邦政府数字档案馆系统的新发展》,《档案学通讯》2018年第4期。
④ National Archives, "About ERA", https://www.archives.gov/era/about。
⑤ Georgia Public Library, "DigiKits", https://georgialibraries.org/digikits/。
⑥ 孙大东、孙一帆:《美国DIGIKITS社区数字化存档项目的特色与启示》,《档案管理》2023年第4期。

项目完成了2200万页人事档案的数字化。

如前所述，21世纪初期，欧洲地区也开展了诸多档案内容数字化建设相关的项目。例如，欧盟资助的欧洲音像档案馆项目对馆藏音像资料进行数字化并提供在线存取利用；丹麦国家档案馆和一些政府部门对纸质文件进行扫描，转换成数字形式，刻录入光盘；牛津档案馆运用多媒体技术进行"NOF数字化工程"，其一期工程建成"虚拟牛津政府楼广场"，展示政府楼在1890年前的历史和当代建筑状况；英国"爱尔兰网关工程"将埃默里大学档案馆和波士顿大学档案馆收藏的主要文学艺术档案数字化；英国"劲风组织"（Gale Group）联合英国国家图书馆和档案馆，将18世纪出版的2000多万页英文文献和12000份缩微胶片数字化，并建成全文检索数据库，以数字图像方式提供档案原文在线查阅服务。[①] 2009年，欧盟启动卓越欧洲档案馆门户网络计划（Archives Portal Europe Network of Excellence，APEx Project），同时建立统一的档案信息共享平台——欧洲档案平台（Archives Portal Europe）[②]，集成30多个欧洲国家及相关5700多个机构的2.45亿条档案文献、人物和专题等数字档案资源。2009年5月，伦敦大学学院图书馆作为主要合作伙伴之一，开展了一个为期两年的数字化项目——Europeana Travel，与来自欧洲各个国家和大学图书馆建立合作伙伴关系，项目涵盖了欧洲旅行和旅游相关主题的非常广泛的数字化内容，包括历史地图、明信片、旅行故事、日记、相册、民歌、稀有书籍和档案等没有知识产权问题的材料；伦敦大学学院历史系完成了1200份以楔形文字刻成的泥板形式的原始文本的数字化项目，建成关于古代世界已知最大的国家信件语料库，并形成被全世界认可的楔形文字资源在线呈现和管理的学科标准。[③] 澳大利亚国家档案馆利用政府提供的1000万澳元和100万美元的慈善捐款，完成了超过100万份二战档案（包括部分肖像照片）的数字化工作。[④]

截至2012年，日本的亚洲历史资料中心保存的数字化图像数据，已扩

---

① 向立文：《档案数字化建设中若干问题的研究》，湘潭大学硕士学位论文，2004，第10页。
② Archives Portal Europe Foundation，"Archives Portal Europe"，https://www.archivesportaleurope.net/.
③ Terras M.，"Digitization and Digital Resources in the Humanities"，*Digital Humanities in Practice*，2012，47：70.
④ 陕西档案编辑部：《澳大利亚：国家档案馆完成超100万份二战档案的数字化工作》，《陕西档案》2023年第6期。

第二章　档案领域参与数字人文项目现状调查

展至 3000 万张，2013 年，亚洲历史资料中心通过高清晰图像压缩技术 JPEG2000 格式已向日本以及亚洲邻国提供了超过 115 万件、1740 万份数字化图像资源，实现了档案资源的大规模共享[①]；日本国家档案馆档案数据目录就有 22 万条和近 400 万份图像档案[②]；截至 2022 年，国立公文书馆馆藏约 150 万册纸质文献，已经完成了占馆藏总数的 23%、近 35 万册的数字化工作[③]，于 2021 年开工建设的新馆竣工后将使馆藏文献数字化比重从 23% 提高到 50%[④]。2019 年在东京召开的第 14 届国际档案理事会（ICA）东亚地区分会（EASTICA）上，蒙古国代表发表题为《档案的数字化：现状以及数字化进程的措施》的演讲[⑤]，提到 2006 年蒙古国颁布了"文件档案管理进程中加强新技术应用的国家项目"，2013 年正式开始档案的数字化进程。截至 2019 年，蒙古国已经完成 20% 的纸质档案数字化，并持续推进蒙古国在线档案服务的数字转型，在未来希望通过与韩国政府合作的"蒙古国国家档案馆的现代化发展"项目，继续推进国家档案管理集成系统和门户网站服务的开发与应用。

2011 年 6 月，以色列国家图书馆与加州大学洛杉矶分校合作，推出了一个名为"时间旅行"的数字化项目，旨在"收集和扫描以色列的历史瞬间并向公众开放"，项目汇集图书馆和其他地方存在的蜉蝣收藏，并完成物品编目、项目扫描、系统设计和开发、物品的数字保存和访问存取等。2011 年 6 月至 2014 年 6 月，图书馆收集并扫描了大约 15 万份文件。[⑥] 2024 年 2 月，印度旧教科书数字存储库正式上线，面向互联网提供由印度国家教育研究与培训委员会图书馆完成的 150 万页、共 1258 本 19 世纪至今出版的印度一至十二年级的教科书数字化副本的访问、下载和打

---

① 曹琴仙：《日本档案馆数字化建设略论》，《兰台世界》2011 年第 2 期。
② 王欣：《日本档案馆现状及发展研究》，《传媒论坛》2019 年第 4 期。
③ 加藤丈夫. アーキビストへの期待：記録を守る，未来に活かす. GCAS Report：学习院大学大学院人文科学研究科アーカイブズ学専攻研究年報，2022（11）：14.
④ 孙肖：《日本国立公文书馆新馆建设及启示》，《中国档案》2021 年第 10 期。
⑤ 《国际视阈｜ICA 东亚地区各国/地区如何实现数字转型？模式？举措？》，https：//mp.weixin.qq.com/s/3TM_PlH0aAqyENd0MqByRw。
⑥ Ringel S., "Interfacing with the Past：Archival Digitization and the Construction of Digital Depository", *Convergence*, 2021, 27（05）：1308-1323.

印服务。①

2. 国内档案数字化应用和成果

2023年4月，国家互联网信息办公室会同有关方面系统编制发布的《数字中国发展报告（2023年）》指出，数字中国建设基础加快夯实，数字基础社会化规模能级大幅提升，数据资源体系建设加快。② 2024年1月底召开的全国档案工作暨表彰先进会议指出，2024年，国家档案局将加大档案工作数字化转型工作。③

经过20多年的努力，中国档案数字化取得了显著成果。根据《全国档案事业基本情况年报》，截至2023年底，馆藏电子档案2289.6TB，其中数码照片211.4TB，数字录音、数字录像1207.6TB。馆藏档案数字化成果28849.2TB。④中国第一历史档案馆已完成全部馆藏资源1000万件中的约800万件、8000万页档案数字化工作，并向公众开放44个全宗的近470万件数字化档案；省级档案馆中，浙江省档案馆全部馆藏资源的数字化比例达70%，约6000万页；云南省档案馆为80%，约1.12亿页；市县级档案馆中，青岛市档案馆、江苏省太仓市、内蒙古自治区伊金霍洛旗、湖北省十堰市档案馆等基本全部实现馆藏数字化。

东部地区的上海市档案局在认真贯彻落实全面推进城市数字化转型这一重大战略决策过程中，全力推动全市档案工作数字化转型发展⑤，把档案信息化和电子档案单套制管理作为《上海市档案条例》⑥修订的重要条款，把数字化转型列入"十四五"期间档案事业发展重点项目和远景目标的各项任务之中⑦；并在2021年9月印发的《上海市档案事业数字化转型工作

---

① 黄霄羽国外档案新闻工作室：《国外档案新闻集萃》，《中国档案》2024年第3期。
② 《国家互联网信息办公室发布〈数字中国发展报告（2022年）〉》，http://www.cac.gov.cn/2023-05/22/c_1686402318492248.htm。
③ 《国家档案局将加大档案工作数字化转型》，https://www.gov.cn/lianbo/bumen/202401/content_6928992.htm。
④ 《2023年度全国档案主管部门和档案馆基本情况摘要（二）》，https://www.saac.gov.cn/daj/zhdt/202409/a277f8b3bfe942ca88d3b7bcf6ddf120.shtml。
⑤ 《上海档案数字化转型发展成效显著》，https://www.saac.gov.cn/daj/c100198/202109/72ca4e2e95134efbbfebe7f03fb2494e.shtml。
⑥ 《上海市档案条例》，https://www.archives.sh.cn/tzgg/202112/t20211213_62327.html。
⑦ 《上海印发档案事业发展"十四五"规划》，https://www.archives.sh.cn/news/zxsd/202110/t20211020_61036.html。

方案》①中，明确档案事业"四个体系"建设数字化转型升级的27项重点工作任务；将自贸区保税区管理局电子档案单套制管理的成功经验复制推广到相关片区，进而延伸至浦东新区相关单位，如上海市高级人民法院的电子卷宗单套制管理机制和应用模式，并逐步将全市三级法院纳入归档改革试点范围，实现十余万件电子卷宗单套流转和归档管理，获得最高人民法院和国家档案局的高度认可②。上海各区综合档案馆档案数字化率普遍达到95%以上，数字档案馆建成率达75%；持续开展档案数字资源建设，市档案馆完成近一半馆藏存量纸质档案扫描任务，数字化成果达1.65亿幅、案卷和文件级目录1600万余条，并开始实施纸质档案和相关数字化副本同步接收进馆。③

西部地区的云南在全力推进档案数字化工作中，先后完成了总投资达9000余万元的省馆数字档案馆规划建设，投入档案数字化加工及机读目录制作经费4000余万元④；围绕数字档案馆、企业档案信息化和电子档案管理的系列研究，促成省档案馆和楚雄州档案馆建成全国示范数字档案馆⑤，并带动全省各级国家综合档案馆累计投入档案数字化经费超过1.5亿元，档案数字化总量已超过4亿幅；先后建设了复转军人数据库、滇军阵亡将士名录等10余个专题数据库以及馆藏婚姻档案数据库，庞大的民国档案人名数据库等⑥。云南还注重与东部地区的合作交流，2024年3月，云南省档案馆、江苏省档案馆在昆明举行《馆藏重要档案数据异地备份协议》签约仪式⑦，在

---

① 《上海市档案局关于印发〈上海市档案事业数字化转型工作方案〉的通知》，https://www.archives.sh.cn/ggl/202108/t20210816_45277.html。
② 《上海法院全面推进电子卷宗"单套制"归档改革 电子卷宗档案将成为主要归档方式》，https://www.chinacourt.org/article/detail/2021/07/id/6167939.shtml。
③ 《上海档案数字化转型发展成效显著》，http://www.zgdazx.com.cn/news/2021-09/06/content_324900.htm。
④ 《云南省档案局关于印发档案数字化工作规范的通知》，http://www.ynda.yn.gov.cn/html/2012/gongkaineirong_0222/219.html。
⑤ 《以科技创新赋能档案事业高质量发展——云南省档案局开展档案科技工作纪实》，http://www.ynda.yn.gov.cn/html/2021/gongzuodongtai_0417/5433.html。
⑥ 《坚持数字化战略引领 亿幅成果促跨越发展——云南省档案馆档案数字化工作创新发展纪实》，http://www.zgdazx.com.cn/news/2019-05/14/content_280112.htm。
⑦ 《云南省档案馆与江苏省档案馆签署〈馆藏重要档案数据异地备份协议〉》，https://yn.yunnan.cn/system/2024/03/12/032972746.shtml。

档案数字资源建设与开发利用等方面进行工作经验交流和成果互通。

中部地区的河南省于 2020 年开展总投资 2700 多万元、为期两年的数字档案馆建设项目。河南省档案馆建立和完善了一套数字档案馆建设和应用的标准规范体系。① 纸质档案数字化加工进度不断加快，档案数字化成果质量持续提升，2021 年 9 月，河南省档案馆已完成 2021 年度文书档案 144 个全宗、15 余万卷（件）、610 余万页的加工任务，馆藏纸质档案数字化比例接近 75%，图片、声像档案数字化率实现 100%，年底馆藏数字化比例突破 91%。② 2022 年 6 月，河南省档案馆数字档案馆高分通过国家档案局组织的专家组测试，成为全国第 4 家、中部地区首家、"十四五"时期首家通过全国示范数字档案馆测试的省级档案馆。截至 2023 年底，河南省档案馆全部声像档案和 330 余万件纸质档案已完成数字化，数字化率达 93%；搭建全省档案信息资源共享平台，实现全省各级综合档案馆的互联互通，通过平台上传开放档案目录 31 万条、现行文件 3.4 万件；整合全省家谱档案、知青档案、红色档案等特色资源 7400 多件，共享特色网页档案 1 万余条。为加快档案智慧化转型步伐，河南省档案馆运用数字人文、人工智能、物联网等技术，建立了智能检索系统，实现了知识挖掘、智能鉴定、智能编研，推动档案工作从数字化到数据化转型；同时还加大档案数字资源利用力度，搭建中福公司档案史料虚拟展厅和历史档案专题知识库，实现重要数字资源知识化、可视化。③

2022 年 9 月，我国档案领域的首个行业发展报告——《中国档案事业发展报告（2022）》④ 指出，我国档案资源数字转型稳步推进。在新《档案法》电子档案应当来源可靠、程序规范、要素合规的法理支撑下，档案资源数字转型加速存量数字化进程，如江西省档案馆于 2021 年共完成 78 个

---

① 《提升档案信息化发展水平 实现远程利用社会共享——河南省数字档案馆建设概述》，http://www.zgdazxw.com.cn/news/2020-06/12/content_306702.htm；《电子政务背景下河南省数字档案馆建设与实践》，https://www.hada.gov.cn/2022/07-21/156440.html。
② 《河南省档案馆 档案数字化建设成效显著》，http://www.zgdazxw.com.cn/news/2021-09/26/content_325554.htm。
③ 《强基固本 守正创新 推进档案事业高质量发展——河南省档案馆现代化建设实践与探索》，https://www.hada.gov.cn/2023/12-25/183337.html。
④ 中国人民大学档案事业发展研究中心：《中国档案事业发展报告（2022）》，中国人民大学出版社，2022。

全宗、4.56万卷纸质档案数字化，形成纸质档案数字化副本456万页；承德市档案馆近10年来形成档案全文扫描数据1260万幅，目录数据114.12万条，声像、纸质照片档案数字化率为100%。《中国档案事业发展报告（2023）》[①]显示，我国档案资源数字转型日益顺畅，档案资金来源结构开始出现明显的社会化趋向，同时也反映出我国档案事业由"国家模式"向"社会模式"的深刻转向，近3年来，在综合档案馆馆藏中，无论是原生电子还是数字化副本的数量都在迅速攀升；企业数字档案馆（室）的建设极大地推动了存量档案的数字化。例如，青岛交运集团已实现全部档案目录数字化，80%的档案实现了全文数字化；中国电建集团华东勘测设计研究院有限公司实行"三检"制度，即印务公司数字化加工人员自检、质量主管质检、图档中心验收，实现传统载体档案的数字化率达97.9%以上。

经过多年的不懈努力，我国在档案内容数字化方面取得了丰硕成果。从中央到地方，各级档案馆都在积极推进档案内容数字化工作，加快档案工作数字化转型，不断提升档案管理的现代化水平；不仅在馆藏档案的数字化率上有了明显提升，而且在档案科技创新、档案资源的社会化趋向以及档案工作技术水平的提升等方面都取得了显著进步。这为我国档案领域开展数字人文研究提供了重要的资源和基础设施支撑。

二 档案领域数字人文项目实践进展

科技与经济社会发展不断融合与渗透，多学科交叉融合持续深化，科学研究范式正在经历深刻的变革。[②]特别是以数据密集型为基础的科研第四范式的出现，催生出了新的研究领域——数字人文。数字人文在逐渐兴起与发展的过程中，深刻影响着信息资源管理学科的研究内容与研究方法，不断更新着传统人文学科的教学、科研、服务以及其他创造性工作。[③]数字人文研

[①] 中国人民大学档案事业发展研究中心：《中国档案事业发展报告（2023）》，中国人民大学出版社，2023。
[②] 赵秉钰、孙粒、杜鹏：《新时代科研范式变革的内涵及应对》，《中国科学院院刊》2023年第7期。
[③] 郭英剑：《数字人文：概念、历史、现状及其在文学研究中的应用》，《江海学刊》2018年第3期。

究具有四个关键特质或要素,即"数字"——信息技术,"人文"——人文学科,"方法"——软件工具,"实践"——学术生产实践。①

由于开源、众包等理念的引入以及数字出版和开放存取的渗透,数字人文已经从根本上触及人文社科领域的知识生产方式和学术交流模式的更新。② 尽管不同学科的研究问题不尽相同,但在研究范式方面可相互借鉴,数字人文促进了学科间的交流与合作,有助于弥补学科界限,实现跨学科交流。档案的凭证价值和情报价值使其成为数字人文研究的重要资源,档案学学科内部诸要素及属性的演变为数字人文与档案学的深度交互式研究提供了前提条件。③ 档案工作的前三个范式以维护档案的原始记录性、文化性和资源利用价值为目的,第四个范式"共建"强调社会力量的参与。数字人文的理念扩充了"共建"的主体,数字人文技术丰富了"共建"的内容。④ 实践项目是推动数字技术与人文学科融合发展的重要途径,是知识生产的关键。⑤

(一)发展概况

数字人文发端于人文计算领域,因其包容性而与多学科交融发展,数字人文项目则是跨学科融合的产物与主要呈现形式。档案馆是档案学科发展的重要阵地,档案馆馆藏为数字人文实践提供了丰富的素材。多个国家不同程度地在档案领域开展了数字人文项目,以充实学科内涵与研究内容,为学科发展拓宽边界,增加学科间的交流与包容性,实现融合式发展。⑥ 因此,数字人文项目也广泛分布于各个领域,研究内容各异,如对古籍进行

---

① 孟建、胡学峰:《数字人文:媒介驱动的学术生产方式变革》,《现代传播(中国传媒大学学报)》2019年第4期。
② 〔美〕安妮·伯迪克等:《数字人文:改变知识创新与分享的游戏规则》,马林青、韩若画译,中国人民大学出版社,2018,第52~55页。
③ 牛力等:《发现、重构与故事化:数字人文视角下档案研究的路径与方法》,《中国图书馆学报》2021年第1期。
④ 牛力、赵迪、陈慧迪:《面向政府决策的档案知识库基本定位对比探析》,《档案学研究》2019年第2期。
⑤ 赵公庆:《中外档案数字人文实践项目的内容分析》,山西大学硕士学位论文,2023,第15~20页。
⑥ 柯平、宫平:《数字人文研究演化路径与热点领域分析》,《中国图书馆学报》2016年第6期。

第二章 档案领域参与数字人文项目现状调查

数字化处理、对作品进行可视化分析、对文本进行标注与分析。这些项目基于研究人员的多元视角，对研究问题进行抽象化或具象化处理，并设计出有针对性的研究方案与实施计划。

国内外各研究中心有数千个数字人文项目，产出成果通常是动态发展的。有的是持续更新的，有的则保持在线形态的测试版和完成版。[①] 数字人文项目的可持续性是研究成果产出的关键要素。相关学者对其影响因素与重要性进行了探讨，明确了项目背景与目的、可操作的项目指南和跨学科合作等是项目可持续发展的关键。[②] 数字图书馆凭借其完善的基础设施与专业技能，能够作为动态数字人文研究数据的长期稳定平台。

综合来看，目前数字人文实践集中于大型合作项目，很少涉及资源受限的问题。[③] 伴随着如图2-1所示的数字人文发展逐渐走向成熟阶段的过程，档案领域数字人文项目呈现以下三方面特征：一是发起机构多元，主要由图书馆、博物馆和档案馆主导，也有院校、科研机构及企业合作主体，还有感兴趣的个人或社会团体参与其中；二是研究内容兼具传统与创新的特色，不仅包括对纸质档案、图像档案、音视频档案进行专题资源的整合，还有对小说版本的对比、多维地图的绘制、历史古迹的数字保存等。VR、AR、3D打印等技术的应用，产生了许多颇具特色的数字化档案项目，如中国历代人物传记资料库、数字敦煌、唐宋文学编年地图；三是社会价值突出，研究人员着眼于档案领域的研究问题，设计出解决方案与实施路线，以开展数字人文项目研究。这些项目一方面生动地展现了国家、民族、城市等的历史变迁，有助于传承历史记忆，增强对民族文化的认同；另一方面，在建立文献知识网络、构建数据库、进行可视化分析时，促进了对档案的多方面利用，使其尘封的价值得以发现与挖掘。

[①] 孟建、胡学峰：《数字人文研究》，复旦大学出版社，2020，第67页。
[②] Greyling F., Verhoef S., Tempelhoff G., "The Byderh and Pioneer Project: A Case Study of the Participatory Dynamics in Creating and Accessibilising Locative Literature for Persons with Visual Impairment", *Tydskrif vir Geesteswetenskappe*, 2020, 60 (4-2): 1336-1362.
[③] 林如诗、陈越骅、叶杭庆：《微型数字人文合作实践——以奥古斯丁学术研究史梳理为例》，《图书馆论坛》2023年第10期。

图 2-1 数字人文发展历程

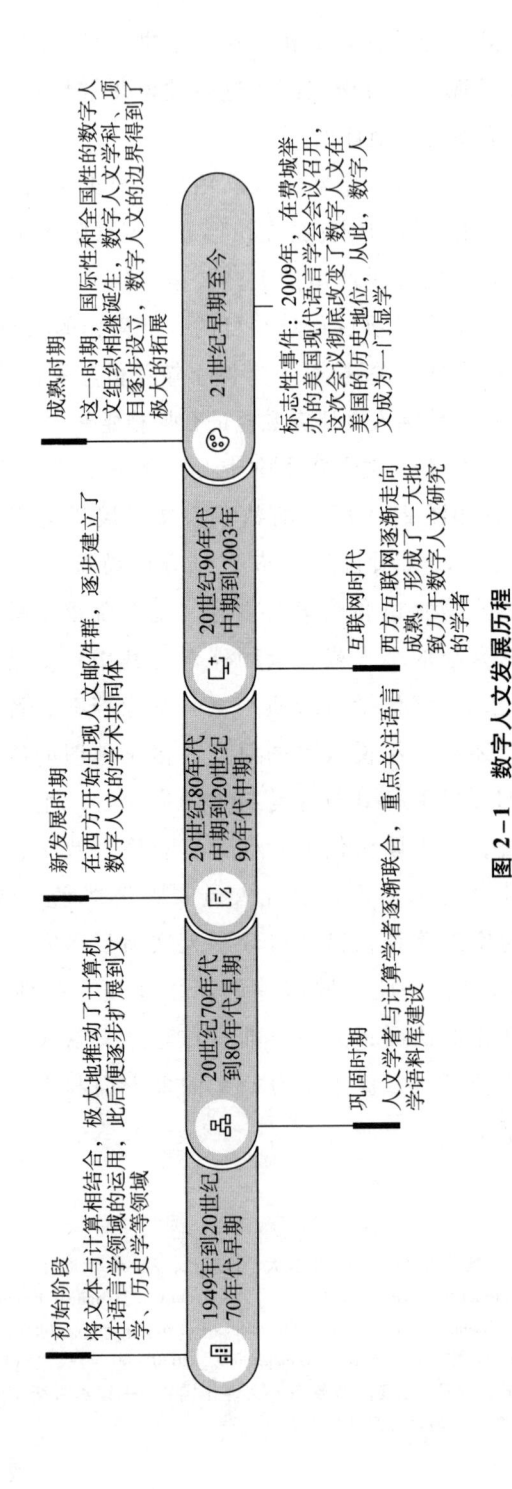

初始阶段
1949年到20世纪70年代早期
将文本与计算机相结合，极大地推动了计算机在语言学领域的运用，此后便逐步扩展到文学、历史学等领域

巩固时期
20世纪70年代到80年代早期
人文学者与计算学者逐渐联合，重点关注语言学语料库建设

新发展时期
20世纪80年代中期到20世纪90年代中期
在西方开始出现人文邮件群，逐步建立了数字人文的学术共同体

互联网时代
20世纪90年代中期到2003年
西方互联网逐渐走向成熟，形成了一大批致力于数字人文研究的学者

成熟时期
21世纪早期至今
这一时期，国际性和全国性的数字人文组织相继诞生，数字人文的边界得到了极大的拓展

标志性事件：2009年，在费城举办的美国现代语言学会会议召开，这次会议彻底改变了数字人文在美国的历史地位，从此，数字人文成为一门显学

（二）发展起因

各门学科的创立，旨在提高知识生产的效率，使研究者能够掌握特定的专业技能，并在各自独立的领域内进行深入研究。这种专业化的分工有助于更迅速地推动学科的发展和进步。当学科独立发展到一定阶段时，极易遇到发展瓶颈，单一的学科背景会限制自身视野与发展前景，学者的知识结构也会呈现碎片化的状态，不能应对日益复杂的自然和社会问题。[1] 因此，不同学科之间的交融就显得尤为重要。数字人文在实践层面以项目的形式开展研究，并不局限于某一特定学科，而是在多个学科都有探索，无疑为学科的发展增添了新生动力。多数学者已深入探讨了数字人文与档案学、档案工作之间的关系。随着档案概念在数字人文领域的应用越来越频繁，它在该领域被重新定义为"一组有选择的材料集合"[2]，或者是数字时代带有特定目的的数字资源集合[3]。数字人文和档案工作内容交叉重合，其深入发展有助于拓宽和增加档案学研究的领域和方向，并创新档案工作的思维方式。[4] 因此二者具有融合发展的必要性与可行性，而档案领域数字人文项目的产生有其自身动因和外部原因。

1. 与新文科同时代背景

党的十八大以来，以习近平同志为核心的党中央高度重视新时代教育发展的问题，对高质量教育发展提出了明确目标。2019年，中共中央、国务院印发了《中国教育现代化2035》，面向到2035年建成教育强国目标，对加快建设教育强国作出全面系统部署。学科建设和人才培养是提升教育质量的重要抓手，不仅要重视并加强顶层设计，实现有序发展与优化，还要在全社会形成"新文科"建设的基础共识，推动新时代人文学科的转型发展。2019年，山东大学发布了我国首个学校层面新文科建设方案，为其他高校的文科建设发挥了示范作用。2020年，《新文科建设宣言》发布，对

---

[1] 孟建、胡学峰：《数字人文研究》，复旦大学出版社，2020，第57~58页。
[2] 加小双：《档案学与数字人文：档案观的脱节与共生》，《图书馆论坛》2019年第5期。
[3] Kenneth P., "Edition, Project, Database, Archive, Thematic Research Collection: What's in a Name?", *Digital Humanities Quarterly*, 2009, 03: 1-10.
[4] 李子林、王玉珏、龙家庆：《数字人文与档案工作的关系探讨》，《浙江档案》2018年第7期。

新文科建设做出了总体部署安排，促使文科教育加快创新发展；2021年，教育部发布《新文科研究与改革实践项目指南》，新文科建设逐步进入规范实施阶段。

新文科的教学理念是把信息技术融入传统的文史哲等文科课程当中，开展交叉学科或者称跨学科教育，激发学生的创新思维。新文科建设尝试重新构建学科体系、学术体系与话语体系，将数字人文作为新文科建设的尝试，契合了当前数字文化、数字内容和数字创意的产业需求。[①] 数字人文作为一门交叉学科，渗透到多个领域，有助于推动学科建设，突破传统思维，构建宏观视野。数字人文项目作为新文科建设下的产物，有着重要的实践意义，是有效利用档案学知识、最大限度地发挥档案价值的生动体现。近年来，数字人文迅速发展，成为颇具影响力的学科领域，为新文科发展提供了重要基础。数字人文和新文科面临共同的时代背景，二者在发展过程中具有相通之处，都以社会需求为导向、坚持以人为本、以学科融合发展为目标。[②] 在积极响应新文科建设规划布局的同时，教育部和高等院校也十分注重数字人文对新文科发展的现实意义与长远价值，纷纷成立了数字人文研究中心，申报了数字人文项目，部分高校还设立了与数字人文相关的专业，形成"平台—项目—学科"的良性发展局面，在实践和理论层面齐头并进。全球已有数以百计的数字人文研究中心，产生了大量数字人文项目。比较有名的数字人文中心有国际数字人文中心网络、数字人文组织联盟、欧洲数字人文协会、美国计算与人文协会、加拿大数字人文学会、中国台湾数位人文学会等。

2. 与信息技术同频共振

数字人文将现代信息技术融入人文学科，推动了人文研究范式的升级与转型。人工智能、大模型等信息技术的发展深刻影响着档案工作的环境、理念、方法和模式等。档案资源数字化、数据化趋势明显，为档案工作的转型、升级提供了良好的技术条件。传统的档案整理、保存、利用等环节，通常采用人工操作的方式，耗时费力，效率低，而且容易

---

① 周毅、李卓卓：《新文科建设的理路与设计》，《中国大学教学》2019年第6期。
② 刘志伟、王蕾：《数字人文与新文科发展》，社会科学文献出版社，2022，第9页。

产生误操作，出错率高。以往由于纸质档案是主要载体，在查档时需要逐一翻阅归档目录、索引等辅助工具，比较繁琐，而如今在档案管理软件中进行全文检索，即可快速查找到所需档案，显著提高了档案工作的效率和质量。

随着信息技术的发展，档案工作的方式和人员结构都发生了变化，越来越倾向于技术层面，数字人文也逐渐应用于档案信息资源的开发利用方面，数字人文项目则是档案工作转型的一个具体表现。档案事业"十四五"规划中指出，要加快应用新一代信息技术，推动档案工作的全面数字转型和智能升级。[1] 数字技术的不断发展，是档案工作转型和数字人文项目建设的坚实基础，能够在一定程度上有效提高档案资源的利用率。研究人员通过应用 OCR、3D 建模、VR 等技术，将传统档案资源数字化，构建数据库或资源整合平台，从而形成数字人文研究项目，实现可视化的知识表达。

尽管数字人文的主要处理对象是历史文献，但它是为现实服务的。如将《清明上河图》做出 3D 或 4D 形式，细节还原其中的生活场景、人物服饰等，给予了游览者沉浸式的体验，在保存文化、传承文化和弘扬文化的过程中，产生了能够让观众感知和认识的新内容。[2] 数字人文通过可视化、叙事化等方式展演具有视觉意义的记忆符号，打造富有新意的多维感官体验，展现出数字人文的记忆展演功能。[3] 这也是应用数字技术的意义所在。虽然人文和数字技术具有截然不同的属性，但只要二者在融合发展中保持自身最本质、最核心的内容，终究对数字人文的发展具有不可替代的作用。

3. 与档案利用同向发力

传统的档案界普遍存在"重藏轻用"的现象，即注重对档案的保管而忽视其利用价值，导致馆藏档案的利用率不高，尚有待挖掘与开发。数字人文项目通常是以某一主题或某一事件为线索进行实践探索，尽可能全面地收集相关内容，还原事件细节，从而提高了各种资源的利用率，尤其原

---

[1] 《中办国办印发〈"十四五"全国档案事业发展规划〉》，https://www.saac.gov.cn/daj/toutiao/202106/ecca2de5bce44a0eb55c890762868683.shtml。

[2] 刘志伟、王蕾：《数字人文与新文科发展》，社会科学文献出版社，2022，第 22~23 页。

[3] 丁华东、周子晴：《数字人文：数字时代社会记忆再生产的新景观》，《情报科学》2023 年第 11 期。

始档案资源是数字人文项目的重要资源基础。档案所蕴含的利用价值不断攀升又促使新的数字人文项目产生。

数字人文项目汇聚了众多专家共同的努力与贡献，它不再局限于传统的学术范式，主张开展与过去的学术截然不同的研究。① 数字人文项目是借助数字化的手段，汇集海量的数据和资源进行跨学科研究，会涉及很多学科知识与内容，虽然资源是静态的、固化的，但利用行为和呈现方式是动态的、灵活的。因此，在项目实施过程中，所使用资源的价值逐渐显现。

2019年，科技部、文化和旅游部等六部门在联合颁布的《关于促进文化和科技深度融合的指导意见》中指出，在文化遗产、非物质文化遗产方面，要以数字化、网络化、智能化为技术基点，发展适用于文化遗产保护和传承的数字化技术、新材料和新工艺，将非遗成果中蕴含优秀传统文化的精神标识提炼出来。2019年1月，联合国教科文组织发布的《保护和促进世界语言多样性岳麓宣言》强调社会各方面参与协作，注重与科技发展相结合，共同保护和促进语言多样性发展。2017年，中共中央办公厅、国务院办公厅印发了《关于实施中华优秀传统文化传承发展工程的意见》，明确指出要"保护传承方言文化""加强少数民族语言文字和经典文献的保护和传播"；2020年10月，全国语言文字会议召开，进一步明确了保护利用语言资源的方针。政策支持和技术支撑共同推动了非物质文化遗产和濒危语言的发展，从而促进了依托于海量珍贵档案与文献遗产资源的中华优秀传统文化的创造性转化。

传播媒介是人类文明的本质和根本所在，历史的演进深受各个时代主流媒介形式的塑造。② 媒介的主要作用在于能够促进信息或知识的传播，语言文字是最核心和底层的传播媒介。知识传播以信息技术为媒介，媒介的发展又促使知识传播方式不断变迁，电子信息技术造就了当代知识的传播方式③，进入了新的发展形态。因此我们获取信息的途径也更加多样化，既

---

① 孟建、胡学锋：《数字人文研究》，复旦大学出版社，2020，第82页。
② 〔美〕斯蒂芬·李特约翰、凯伦·福斯：《人类传播理论》，史安斌译，清华大学出版社，2009，第335页。
③ 肖峰：《知识传播的现代方式及其特征探析》，《武汉科技大学学报》（社会科学版）2021年第1期。

可通过政府官网、新闻资讯网站获取较为可靠的官方信息，又可通过社交媒体、学术期刊、教育平台获取休闲娱乐类、学术类等信息。

（三）欧美地区实践进展

知识传播是知识通过一定媒介或载体进行扩散并被知识需求者所获得的过程。[①] 知识是人类智慧的结晶，是对搜集到的信息进行加工和提炼得到的成果。借助互联网这一传播载体，信息流动的速度加快。数字人文作为互联网媒介中的一种知识生产和传播路径，在学术界的地位日益凸显，并在实践中不断发展与完善。数字人文项目在档案领域的应用与实践，不仅为档案管理和研究带来了前所未有的机遇，而且为文化的传承与创新提供了强有力的支持。中外高等院校、科研机构、企业等主体依托档案资源，实施了众多类型的数字人文项目，推动了知识的转化与智能化传播，实现了知识的高效利用与增值。一个社会的知识积累过程包含六种活动：外化、记录归档、扩散、分享、引用或重复使用、编辑知识片段。[②] 档案领域数字人文项目的开展是一个动态的过程，一般会涉及知识积累的后四种活动，对档案资源中包含的信息进行活化利用，具有广阔的发展空间与丰富的应用场景。

数字人文项目强调公众的参与和互动。通过建立在线的档案共享平台，更多的人可以参与档案的整理、研究与利用的过程。这种公众参与的模式不仅提高了档案的利用率，而且加深了人们对档案重要性的认识。数字人文项目还鼓励通过社交媒体、博客等平台进行档案的传播与分享。这不仅使档案资料得到了更广泛的传播，而且促进了不同地区、不同文化之间的交流与互动。

伴随着《数字人文指南》的出版和国际数字人文联盟的成立，"数字人文"逐步从名称的确立落实到实体的机构建设，与数字人文相关的研究开始在国外学术界盛行。发展至今，数字人文已经形成较为成熟的理论体系，

---

① 杜华、孙艳超：《生成式人工智能浪潮下知识观的再审视——兼论两个经典知识之问的当代回应》，《现代教育技术》2024 年第 1 期。
② Tanaka Y., *Meme Media and Meme Market Architectures*：*Knowledge Media for Editing*，*Distributing*，*and Managing Intellectual Resources*，Hoboken：John Wiley & Sons，2003：11-34.

产生了许多著名的数字人文项目，如以美国内战期间的平民生活档案为主题的"影谷项目"、重现古老的威尼斯风貌的"威尼斯时光机项目"、应用众包模式的"边沁手稿转录项目"等。这些数字人文项目侧重于对历史档案的整理，利用数字技术对相关档案资源进行深度开发。档案具有社会记忆属性，是建构社会记忆的不可替代要素①，应充分利用数字技术，构建一个既符合大众需求，又资源内涵丰厚且组织结构合理的数字记忆体系②。在开展数字人文项目时，档案因其历史性和社会实践性，具有天然的历史还原与情景再现功能，成为不可或缺的资源基础。

虽然全球范围内的数字人文研究项目涵盖多个学科，但其中相当数量的项目与档案或历史记忆主题相关。③ 如"9·11事件数字档案项目"收集了与该事件相关的文字、图片、邮件等档案资料；英国伦敦大学学院数字人文中心的"斯莱德档案项目"，围绕英国斯莱德美术学校历史档案，对斯莱德档案馆藏进行策展和编目；《大羊皮纸书》是研究伦敦金融城的重要历史资料，2010年伦敦大学学院的数字人文中心与计算机科学系共同开展了为期四年的"大羊皮纸书项目"，采用3D建模、数字成像和文本编码等技术，对手稿内容进行修复，使文本清晰易读，图像得到可视化呈现。④ 全球100多所高校设立了数字人文领域的研究机构，内容不一的数字人文项目在不同的国家和地区有条不紊地开展，在实施进度、发展特点、发起主体、应用技术等方面存在差异。

1. 北美地区

在北美地区，众多私人机构和公共机构为数字人文的发展提供资金支持，成立数字人文中心（见表2-3），以项目制开展研究⑤，推动新技术的研发和新工具的创造，还助力构建数字人文基础设施，共同推动该领域的进步。美国、加拿大等发达国家在数字人文发展方面具有丰富的理论基础和实践经验，数字人文项目的发展态势良好。2023年3月，哈佛大学召开

---

① 徐拥军：《档案记忆观的理论与实践》，中国人民大学出版社，2017，第84页。
② 冯惠玲：《数字时代的记忆风景》，《中国档案报》2015年11月19日。
③ 赵生辉：《国外档案领域数字人文项目的实践与启示》，《浙江档案》2015年第9期。
④ 庞雪芹等：《伦敦大学学院图书馆的数字人文实践与启示》，《数字图书馆论坛》2023年第10期。
⑤ 邓要然、李少贞：《美国高校数字人文中心调查》，《图书馆论坛》2017年第3期。

主题为"业界工具：通往未来"的国际数字人文会议，有 500 多位来自不同国家和地区的代表参会，这是北美地区召开的较大规模的线下数字人文会议，与会代表的报告、访谈等内容全面反映了近年来数字人文的发展动向。[1]

表 2-3 北美地区主要数字人文中心

国家	名称	网址
美国	加州大学洛杉矶分校数字人文与媒体研究机构	http://www.digitalhumanities.ucla.edu
	马里兰大学科技人文研究机构	http://www.mith.umd.edu
	弗吉尼亚大学人文先进科技机构	http://www.iath.virginia.edu
	内布拉斯加大学林肯分校数字人文研究中心	https://cdrh.unl.edu/
	乔治梅森大学历史与新媒体中心	https://rrchnm.org/
加拿大	维多利亚大学人文计算与媒体中心	http://hcmc.uvic.ca
	库乐高等教育研究院	https://www.ualberta.ca/kule-institute/index.html
	瑞森大学数字人文中心	http://www.ryerson.ca/cdh/

早在 20 世纪 90 年代，美国就开始数字人文项目研究，如 1993 年弗吉尼亚数字历史中心开展的以美国南北战争为背景的"影谷项目"。美国国家人文研究基金会（NEH）于 2006 年启动了首个以"数字人文"冠名的项目——数字人文先导计划，并于 2008 年与美国博物馆、图书馆服务局合作，正式成立了第一个数字人文机构，以支持美国大学和科研机构的数字人文研究。2009 年，美国发布了《数字人文宣言》，明确了数字人文发展的阶段性工作。数字人文中心也是由美国最先开始建设的，之后一大批数字人文研究机构相继诞生，逐步兴起于世界各国。2012 年，美国学者 M. K. Gold 撰写的《数字人文学科辩论》出版，标志着数字人文成为一个学科领域。[2]

全球范围内有 200 多个数字人文中心，欧美地区占比超过 90%，而其中又有一半位于高校图书馆。高校图书馆作为学术资源的聚集地和文献情报中心，支持着学校的教学和科研工作，因此其数字人文理念萌芽较早。美

---

[1] 《数字人文｜"业界工具：通往未来"——2023 年哈佛大学数字人文国际会议简报》，https://www.dhcn.cn/site/news_information/comprehensive/19418.html。

[2] 转引自李娜《国际数字人文研究的演化路径与热点主题分析》，《图书馆》2021 年第 5 期。

国高校数字人文中心的管理机构基本分为三类：人文学科教学研究机构、计算机中心和图书馆。中心构成人员的类别主要有负责人、管理人员、研究员等，由于数字人文具有明显的跨学科特征，因此中心人员的学术背景各异，承担的职责也不尽相同。

不同数字人文项目的技术应用可分为文本挖掘、可视化与图形化、数字化项目、模式识别、VR/AR 与 ARG 五大类。调查显示，美国高校数字人文项目涉及文学、艺术、历史、图书档案等多个领域，其中历史类项目占比最大，对殖民文化、历史冲突等相关主题项目关注度较高。[1] 美国高校图书馆数字人文服务起步较早，各自背负不同的使命与目标，为数字人文实践的深入发展提供了清晰的方向。[2] 如哈佛大学巧妙融合图书馆资源、尖端技术与深厚的法律知识，深入开展数字人文项目研究；麻省理工学院则致力于开发前沿的数字工具，进一步拓展和丰富人文学科的教学与研究领域；斯坦福大学以开发新的数字工具和方法为己任，积极整合技术与资源，推动数字学术的蓬勃发展。项目的资助渠道多样，既有来自国家层面的公共基金，又有个人基金会的私人基金，为数字人文项目的建设提供了充足的资金保障。

CenterNet 是一个国际数字人文中心网站，为国际数字人文项目提供了一个虚拟平台。该网站共收录了来自世界各地 200 多个数字人文项目[3]，其中加拿大开展的数字人文项目的数量位列前三，可见加拿大在数字人文项目建设方面取得的进展。加拿大数字人文研究始于 1966 年的魁北克蒙特利尔大学的历史人口学研究计划（PRDH）项目；1977 年，第三届人文学科计算国际会议在加拿大召开；1986 年，加拿大在人文科学计算机联盟基础上成立数字人文协会，开始组织数字人文国际年会，致力于将从事研究、教学以及数字和计算机辅助创作的人文主义者聚集在一起，提供出版、展示和合作的机会，支持教育机构和国际倡议，并为地方、国家和国际研究项目及研究资助组织提供咨询。经过 30 多年的发展，加拿大的数字人文项目的发展相对成熟，逐渐形成了自身的多元文化特色。2010 年前后，阿尔

---

[1] 李成林等：《欧美高校历史类数字人文项目探析》，《文献与数据学报》2022 年第 1 期。
[2] 刘英莉：《美国高校图书馆数字人文服务实践与启示》，《图书馆工作与研究》2023 年第 2 期。
[3] 杨友清等：《加拿大高校数字人文项目分析与启示》，《新世纪图书馆》2021 年第 6 期。

伯特大学的文本分析研究门户（TAPoR）成为非常成熟和具有影响力的人文计算中心研究网络，除了为数字人文研究者提供高级文本分析工具的聚合访问服务外，还赞助了 CaSTA（加拿大文本分析研讨会）等会议，并与 *Text Technology* 等期刊合作，相关学者还开发了人文计算的硕士课程以及提升文科研究生 IT 能力的 TechEdge 项目和 Orlando 在线文本库项目、Monk 项目（元数据提供新知识）等；实施新知识环境项目（INKE），致力于文本研究、信息研究、信息可用性和信息界面研究；作为研究和传播工具的 Synergies 平台为研究人员提供同行出版物（包括论文、数据集等）的开放访问；由渥太华大学的查德·加菲尔德（Chad Gaffield）领导的加拿大世纪研究基础设施（CCRI）由 20 世纪 60 年代的人口普查数据形成的数据库，支撑加拿大 7 所大学的人文和社会科学研究人员共同打造相互关联的学科数据库。[①] 作为加拿大皇家学会的成员，查德·加菲尔德还预测了知识门户的一个决定性特征：它们能够在一个存储库中支持多个传统上由多机构分别存储和支持的，与知识生成、知识传播和数据相关的任务的存储。[②]

高校和社会机构设立的数字人文中心是加拿大开展数字人文项目的主要机构。数字人文项目的开展需要多方努力，加拿大的社会与人文科学研究会（SSHRC）为数字人文项目提供资金支持，图书馆、档案馆、博物馆等机构提供专业人员与内容资源。高校作为数字人文发展的主力军，其数字人文项目在依托机构上主要分为三种类型：首先是直接隶属于图书馆的项目，这些项目通常与图书馆的资源和服务紧密结合；其次是由独立机构开展的项目，这类项目通常由不同领域的专家、教师和学生组成的科研团队共同推进；最后是隶属于人文计算研究中心的项目，这类项目借助研究中心的专业力量和资源优势，开展深入的数字人文研究。其中隶属于图书馆的项目数量最多，充分展现了图书馆在推进数字人文研究方面具有强大的可行性和实践能力。数字人文项目的开展多是基于特定需求、地方特色及学术资源，因此研究学科广泛分布于历史学、文学、档案、语言、游戏

[①] Bonnett J., Kee K., "Transitions: A Prologue and Preview of Digital Humanities Research in Canada", *Digital Studies/Le champ numérique*, 2010, 1 (02).

[②] Baskerville P. A., Gaffield C. M., "The Vancouver Island Project: Historical Research and Archival Practice", *Archivaria*, 1983: 173-187.

等多个领域。跨领域交叉融合的数字人文项目主题包括文学、档案、文献、历史和游戏五大类别,应用的技术包括数据挖掘技术、可视化技术和社会网络分析等。① 有学者近年来调查了加拿大的 8 所著名院校共开设 59 门数字人文课程,其中大多数是由 LIS 系/学院开设的。②

2. 欧洲地区

英国伦敦国王学院学者 W. McCarty 揭示了计算技术在人文学科中的作用,并提出更多具有挑战性的学术问题。③ 数字人文项目鼓励跨界合作,将档案与历史、文学、艺术等领域相结合,从而产生更为丰富的研究成果。这种跨学科的研究方法,有助于我们从多个角度去解读和挖掘档案中的信息,使档案的价值得到更充分的发挥。自数字人文的概念提出以来,它便改变了传统的图书馆服务模式,为其开辟新的路径提供了可能性。欧洲研究型图书馆协会于 1971 年成立,是联络欧洲图书馆的主要组织。为了促进欧洲图书馆数字人文的发展,该协会设立了数字人文与数字文化遗产工作小组,并于 2019 年发表了《欧洲数字人文发展报告》。欧洲数字人文协会成立于 1973 年,研究范畴由最初的文学、语言计算扩展到出版、新闻、教育等领域,汇集并代表了欧洲的数字人文学科,作为国际数字人文联盟组织的重要一员,在推动全球数字人文发展方面发挥着举足轻重的作用。④ 欧洲高校高度重视数字人文的发展,依托图档博机构的馆藏资源,设立了 20 多个数字人文中心,广泛开展了丰富多样的数字人文实践。

20 世纪 90 年代,英国数字人文项目开始运行,最早始于 1990 年的"科顿爵士手稿项目",发展至今已经较为成熟。数字人文的发展离不开专业的人才教育和培养,英国伦敦国王学院数字人文系是数字人文领域规模最大、最具声望的学术机构之一。⑤ 2005 年,英国伦敦国王学院率先设立了

---

① Siemens L. , "Developing Academic Capacity in Digital Humanities: Thoughts from the Canadian Community", *Digital Humanities Quarterly*, 2013, 7 (01).

② Isuster M. Y. , Langille D. , "DH Eh? A Survey of Digital Humanities Courses in Canadian LIS Education", *College & Research Libraries*, 2023, 84 (02): 228.

③ McCarty W. , *Humanities Computing*, London: Palgrave Macmillan, 2005.

④ European Association for Digital Humanities, "Education", https://eadh.org/education/digital-humanities-centres.

⑤ 朱令俊:《国外数字人文教育与研究探析——以伦敦国王学院为例》,《数字人文》2020 年第 2 期。

全球首个数字人文博士学位,开始探索规范的数字人文教育模式与教育体系。

近年来,英国档案领域的数字人文项目数量呈现递增趋势。项目的发起机构多是数字人文研究中心,也有档案馆、图书馆等机构参与其中。数字人文项目的内容丰富多样,主要分为手稿类、艺术类、司法类、地图类和历史类五大类。[①] 手稿类项目主要是对名人手稿、书信进行整理并数字化,如边沁手稿转录项目是一项高度创新的尝试,它提供了高质量的论文扫描,旨在征集志愿者力量查阅和转录边沁的手稿,以便广泛传播边沁的生活与思想。英国广播公司的档案馆收藏了大量的手稿、剧本、节目笔记和其他相关文件,为了便于搜索,英国广播公司手稿存档项目将脚本内容生成描述性元数据。英国广播公司手稿存档的目的是保存和保护节目的历史记录,并为研究人员、学者和公众提供资源。这些档案对于研究广播和电视节目的制作、演出和内容具有重要意义。艺术类项目专注于对图片、影视、音乐等各类艺术资源的系统整理与深入分析,旨在挖掘和探讨这些资源所蕴含的美学价值和社会意义。这些项目的研究成果主要应用于艺术鉴赏、艺术研究和艺术教育等领域。科学史学家史蒂文·沙平说,"纯粹信仰向正确知识的转化被认为是由个人的感知和认知向集体文化的变迁"。"可视化:早期皇家协会的视觉与图形实践"项目将艺术作品可视化,为科学工作者与公众之间的信息交流搭建了桥梁,有助于向公众传播科学知识。司法类项目主要是将特定时间和环境下的犯罪档案整理后进行数字化呈现,用于法律援助、犯罪分析和案例记录,为检索庭审案件和罪犯特征分析提供素材。例如记录约十万人次审判过程的"老贝利在线会议录"项目和汇集了英国和澳大利亚的家谱、生物识别和刑法数据集的"数字泛波"项目等。[②] 地图类项目不仅承载城市记忆,更是集聚文化情感的符号形态[③],反映出空间分布和历史规律,能够消除用户在相应认识上的不可知性,利用 GIS 技术、三维地图等方式,从地理位置和建筑形态展现环境变化与历史变迁,如展现城市变迁的"定位伦敦的过去"项目。历史类项目是指通过搜集反映历史人物或事件的文字、图片、视频等

---

① 肖秋会、向京慧:《英国档案数字人文项目研究及启示》,《北京档案》2020 年第 12 期。
② "Digital Panopticon", https://www.dhi.ac.uk/projects/digital-panopticon/.
③ 刘芮、谭必勇:《国外数字人文地图项目的实践与启示》,《山西档案》2019 年第 5 期。

历史资料，获取对人物的认知与事件的总结，如"1914~1918在线"项目致力于开发第一次世界大战相关的英文在线参考书，旨在为研究者提供多视角、开放获取的知识库，并提供搜索引擎和参考服务。

英国的数字人文项目多注重对历史档案的整理与分析，在取得显著性成果的同时，面临着可持续发展和影响力提升的问题。数字人文项目在建设过程中，过多依赖第三方机构的资金支持，在资助完成后，缺少管理和持续运行项目的资金，导致资源利用不充分，社会价值未能充分发挥。如成立于2008年的英国计算机和人文中心先后完成了近百个数字人文项目，但项目的长期可持续性运行存在诸多问题。[①]

（四）亚洲地区实践进展

数字人文的概念起源于西方国家，尤其是在欧美国家有了相当长时间的发展，亚洲国家的数字人文项目起步略晚，但近年来也取得较多进展。太平洋邻里协会（PNC）年度会议汇聚来自环太平洋地区的人文和信息科学研究人员，旨在利用信息技术，创造一种新的人文学科研究范式，目前已陆续在多个国家和地区举办学术会议，促成了不同专业领域人员之间的合作，进而实现人文学科信息资源的有效利用、共享和积累的目标等。其中，中国、韩国、新加坡、日本等国家的数字人文项目最具代表性。

1. 中国

国际数字人文的蓬勃发展推动了我国数字人文研究的进步，如图2-2所示。2009年，王晓光教授发表了首篇介绍数字人文的文章《"数字人文"的产生、发展与前沿》，将数字人文的概念引入国内。[②] 2011年，武汉大学成立了首个数字人文研究中心，旨在使人文社科研究学者从繁杂的资料收集和整理工作中解脱出来，专注于高层次的学术发现。在新文科建设背景下，中国特色学科建设愈发重要，课程体系、研究方向、人才培养不断改

---

① Smithies A., Westling C., Sichani A., Mellen P., Ciula A., "Managing 100 Digital Humanities Projects: Digital Scholarship & Archiving in King's Digital Lab", *Digital Humanities Quarterly*, 2019, 13 (01).

② 王晓光：《"数字人文"的产生、发展与前沿》，《2009年教育部人文社会科学研究方法创新论坛论文集》，武汉大学出版社，2010。

革，数字人文教育逐渐兴起。2016年，南京大学历史学院开设"数字工具与世界史研究"课程，这是我国首门数字人文属性课程。同年，中国人民大学开设了"数字记忆的理论与实践"本科生课程。2020年，中国人民大学设立了我国第一个数字人文学术型硕士项目、数字人文二级学科博士点。2023年4月6日，数字人文正式进入了最新版《普通高等学校本科专业目录》。至此，数字人文由无形的概念落实到具体的学科建设层面，成为实体研究对象。

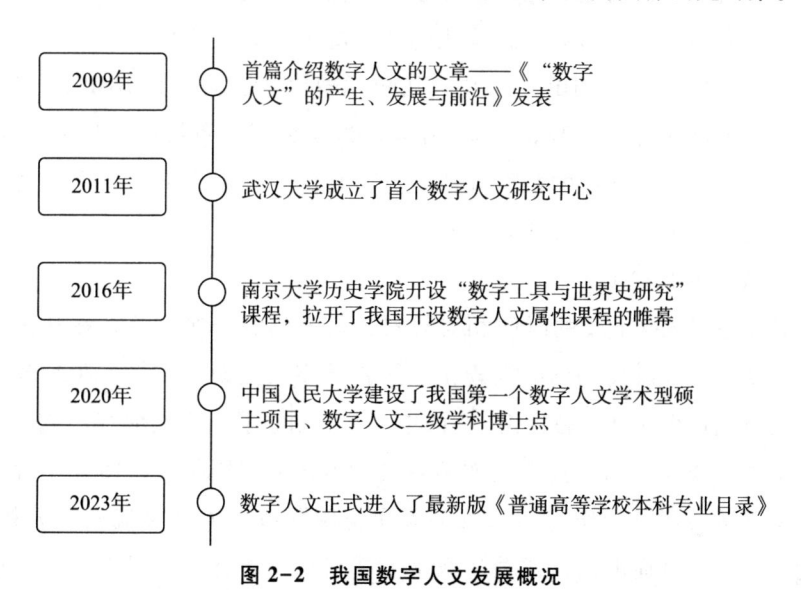

2009年	首篇介绍数字人文的文章——《"数字人文"的产生、发展与前沿》发表
2011年	武汉大学成立了首个数字人文研究中心
2016年	南京大学历史学院开设"数字工具与世界史研究"课程，拉开了我国开设数字人文属性课程的帷幕
2020年	中国人民大学建设了我国第一个数字人文学术型硕士项目、数字人文二级学科博士点
2023年	数字人文正式进入了最新版《普通高等学校本科专业目录》

图2-2 我国数字人文发展概况

十几年来，数字人文的研究与实践发展迅速，汇集了来自各个领域的研究者。我国数字人文中心的建设步伐逐渐加快，也产生了一批以欧美发达国家代表性数字人文项目为研究对象的横向对比性研究成果，以及以文化遗产档案、历史档案、红色档案、机构档案等为主体的数字人文项目。在国内档案领域影响力较大的数字人文研究机构有中国人民大学、武汉大学和南京大学，这些机构产生了很多与档案内容、城市记忆密切相关的典型性项目。如中国人民大学的"北京记忆"项目旨在构建信息时代北京的数字记忆，整合了北京历史文化相关的档案资源。[①] 武汉大学、浙江大学与中国科学院计算机研究所联合开展了"数字敦煌"项目，实现了30个洞窟

---

① 中国人民大学数字人文研究院：《北京记忆》，http://www.bjjy.cn/gywm/。

整窟高清图像和全景漫游节目全球共享,已成为面向全球传播敦煌文化的重要窗口和品牌①;南京大学的"六朝建康历史地理信息化建设"项目于2016年开始建设,基于《建康实录》《六朝风云》等古籍文献,构建了全文检索系统、城市历史地名系统、城市考古遗址信息系统、文物图像信息系统等。综合来看,我国数字人文项目多停留在档案数字化层面,较多关注数字人文平台、档案数据库的建设;当然,也超越简单的资源数字化产生了走向内容文本化和数据结构化的典型的数字人文项目,如"中国历代人物传记资料库"(CBDB)、"中国历史地理信息系统"(CHGIS)、"中国哲学书电子化计划"(CText)等,在互联网上公开发布数据集和研究成果,开创中国数字人文领域的数据开放理念,且产生了由人文学者主导的数字人文研究支撑工具平台项目 DocuSky 和 MarkUs。②

2. 亚洲其他国家

韩国数字人文起步的时间相对较早,研究领域分布广泛,在从萌芽阶段进入快速发展阶段的同时涌现出一大批数字人文研究成果。2002 年,数字人文概念首次在韩国被提出。③ 同年,韩国创立了《人文内容》期刊,其成为韩国至今为止刊登数字人文领域文章最多的出版物。2015 年,韩国数字人文理事会成立,作为韩国数字人文与国际数字人文交流的重要桥梁,它的主要目标是促进从事或关注数字人文研究与教育的各界人士之间的交流与合作。④ 此后韩国数字人文研究发展的速度加快,学术交流日益频繁,开展了一系列数字人文项目。韩国参与数字人文项目的主要机构有国立中央图书馆、国家档案院、韩国国学振兴研究院等,其中政府起到牵头作用,高校和公共文化机构是主要支持力量。

韩国数字人文项目涉及学科领域广泛,主要包括三类:一是数字文化与遗产类,如国立中央博物馆的"电子博物馆项目",将文化遗产信息汇编

---

① 敦煌研究院:《数字敦煌——用技术点亮国家艺术瑰宝》,https://www.dha.ac.cn/info/1021/4118.htm。
② 夏翠娟:《数字人文的理论沿革和范式转向:从"人文研究的数字方法"到"后数字时代的人文研究"》,http://kns.cnki.net/kcms/detail/11.2746.G2.20240506.1825.002.html。
③ Shun-han Rebekah Wong, et al., *Digital Humanities and Scholarly Research Trends in the Asia Pacific*, United States of America: IGI Global Information Science Reference, 2019: 118-139.
④ 徐彤阳、赵昶:《韩国数字人文项目探析及启示》,《国家图书馆学刊》2023 年第 3 期。

成各种主题，提供全国一百多家博物馆有关文物的信息；二是数字历史与档案类，如"5·18民主运动"项目记录了光州事件的全过程；三是数字艺术与语言类，如"韩国文化电影"项目全面搜集了与文化电影相关的资料并建设了数据库。总体而言，韩国数字人文项目建设多由政府主导和统筹安排，注重项目动态维护和内容更新；注重数字时代的人文教育，根据受众对象不同，开展面向高校的专业教育和中小学生的人文通识教育；注重传承与发扬历史文化，韩国有多项历史档案入选联合国教科文组织世界遗产名录，数字人文项目中有半数以上属于历史档案的范畴；馆藏资源是数字人文研究的基础，因此重视LAM等文化记忆机构的资源在数字人文研究中的地位与作用。①

新加坡图书馆、高校一直积极推动数字人文领域的发展，表2-4为新加坡开展数字人文研究的主要机构。目前，新加坡数字人文的研究深度和热度不断提升，已经跻身亚太地区数字人文研究领域前列，项目成果不断涌现。②新加坡早在2000年前后就已经开展数字人文项目，经过十多年的发展，逐渐走向规范化；2016年，新加坡国立大学举办第一届数字人文研讨会，成立了非正式的数字人文研究小组；2019年，环太平洋地区三大主要数字人文协会之一的太平洋邻里协会主办了关于数字人文、图书馆学和信息学的年度会议③，之后又频繁召开了不同主题的数字人文会议。新加坡国立大学、新加坡南洋理工大学、新加坡科技大学等高校纷纷成立了数字人文研究组织，筹办相关研讨会，推动了数字人文项目的蓬勃发展，如"新加坡传记数据库""新加坡华人怀乡之情"项目等。

表2-4 新加坡主要数字人文机构

网站名称	网址
新加坡国立大学数字学术	https://libds.nus.edu.sg/home/proj

---

① 贾琼、王萍：《数字人文视角下LAM资源整合路径研究》，《情报科学》2021年第4期。
② 徐彤阳、贾翠淋：《新加坡数字人文项目特点解析及启示》，《图书馆》2021年第12期。
③ Pacific Neighborhood Consortium, "Conference Report: Pacific Neighborhood Consortium 2019", https://www.constellations.sg/2020/06/30/conference-report-pacific-neighbourhood-consortium-2019/.

续表

网站名称	网址
新加坡南洋理工大学数字人文研究学会	https://blogs.ntu.edu.sg/dh/
新加坡数字人文学院	https://digitalhumanities.sg/category/projects/
新加坡国家图书馆	https://www.nlb.gov.sg/main/nlonline
亚洲数字非物质遗产研究机构	https://blogs.ntu.edu.sg/diha/

日本数字人文研究的历史可以追溯到20世纪60年代的日语计算机研究。进入21世纪，以国立国会图书馆为首的各种公共机构及高校相继开始了资料数字化的实践。① 2002年，日本文部科学省实施了"21世纪COE计划"②，在该计划的资助下，日本各高校纷纷开展大规模项目研究；2010年之后，日本数字人文研究加强与国际数字人文组织的交流和合作；2011年，日本数字人文协会成立，开始召开数字人文年度会议，并创立了《人文情报学月报》《日本数字人文期刊》等专业性的学术期刊；2012年，日本数字人文协会加入国际数字人文组织联盟，正式成为其中一员；太平洋邻里协会于2002年、2013年、2023年前后三次在日本召开与数字人文相关的学术会议。

总体上，日本数字人文项目多关注信息资源管理学科（图书馆、情报学、档案学等）和历史学、艺术学、教育学等方面的研究，主要聚焦文献与档案研究、数字历史研究、艺术和语言研究、数字人文平台工具的开发四个类别。③ 日本数字人文项目注重积极推动数据资源的开放和对成果的知识产权保护。国立博物馆、国立国会图书馆数字馆藏、国立历史民俗博物馆等都支持大规模的数据开放；同时注重亚洲历史文化传承，重视对亚洲文化的研究。国立国会图书馆开发了文化资源汇总网站——"Japan Search"；国立情报学研究所开展的"数字丝绸之路"项目，搜集了大量与丝绸之路相关的历史资料，研究地域文明；东京大学开展的"佛教学新知识基础构建项目"，通过建立文本数据库和图像库来保存佛教藏经文化。此外，日本重视突发事件数字人文研究，曾有四个突发事件档案数字人文项

---

① 永崎研宣.人文学分野とサイバーインフラストラクチャ:デジタル・ヒューマニティーズにおける現状と課題.情報の科学と技術, 2013, (09): 369-376.
② グローバルCOEプログラム. https://www.jsps.go.jp/j-globalcoe/.
③ 徐彤阳、顾婷婷:《日本数字人文项目探析和启示》,《国家图书馆学刊》2021年第3期。

目荣获"数字人文奖",分别是"广岛档案""亚齐海啸档案""一起翻刻""冠状病毒档案"。[1] 作为由关系或情感构成的社群[2],共同体在社会历史的不断发展中,突破地域和血缘的范畴,逐渐演化出记忆共同体的概念,与建设突发事件数字人文项目的理念具有相通之处。从公众记忆的视角建设突发事件数字人文项目,由区域性记忆拓展至全球性记忆,不仅能够充分发挥档案部门的优势,为类似的突发事件提供解决对策,而且有助于促进人类集体记忆的长久保存。

目前,全球数字人文的内容主要集中在四个层次:一是人文数据库或数据集的建设,即将非数字的内容资料转化成数字化内容再输出,如CNKI 数据库、Web of Science 数据库等;二是人文数字工具的开发使用,如设计便捷的检索工具以快速查找所需信息,使用可视化分析工具处理关系图,应用地理信息软件呈现历史人物的活动轨迹;三是创新人文研究方法和研究范式,改变传统人文研究中定性方法的支配地位,转变为定性定量相结合,从而更全面地揭示人文现象的本质和规律,推动人文研究向更加科学、系统的方向发展;四是人文领域的创造性破坏与建设,正是数字技术的深度介入为人文领域带来了前所未有的变革。这种变革不仅体现在对人类文化遗产的传承与传播方式的革新,更在于其推动文化遗产的全球化进程和创新发展。[3] 数字技术为人文研究提供了新方法、新视角,使我们能够以更加精准、高效的方式挖掘和解读文化遗产,推动人文领域的持续创新与发展。在数字人文研究多元化发展过程中,跨越语言、文化、学科、地域的趋势更加明显,形成数据、技术、工具、经验等资源的多元联动。

三 档案领域参与数字人文项目的问题与挑战

数字人文在数据不断迭代与媒介日渐更新的今天,已经与文学、历史、

---

[1] 王兴广、万荣:《日本突发事件档案数字人文项目的特点与启示》,《图书馆》2023 年第 5 期。

[2] Raymond W., *Keywords: A Vocabulary of Culture and Society*, New York: Oxford University Press, 2015: 39.

[3] 朱本军、聂华:《跨界与融合:全球视野下的数字人文——首届北京大学"数字人文论坛"会议综述》,《大学图书馆学报》2016 年第 5 期。

社会学、信息管理等多个人文领域相结合而发展①，作为信息管理学科的分支与数字人文研究基础设施重要组成部分的档案学②，参与了众多领域数字人文项目的建设。档案领域在参与数字人文项目时，积极发挥其应有的作用，包括但不限于提供原始材料、推动数据管理、更新知识组织方式等。在建设数字人文项目时，数据的来源十分重要，而原始记录性是档案的本质属性，这就奠定了它能够为数字人文项目提供第一手资料的基础。如"中国历史人物传记资料库"依托大量历史文献，构建不同年代的人物信息表、人物迁徙图和人物关系图等，凸显跨度大、维度多、粒度细③的特征。

数字人文是数字技术和人文学科的交叉点，涉及系统化的数据管理。其中数据库建设是数字人文项目基础设施的组成部分，如档案数据库、古籍资源库、家谱知识库等。数字时代档案资源的开发呈现对象数字化的发展趋势，开发对象不再局限于信息层面，而是愈发深入数据层面。"数字门户已经成为一个与精准定位事件相连接的全球性公共领域空间，同时也成为一个网上档案馆和'活的'纪念馆。"④ 档案在一定程度上推动了数据平台的建设，2014年上线的复旦大学社会科学数据平台是中国第一个高校社会科学数据平台，它为政府、高校和科研机构提供科研数据的存储、发布、交换、共享与在线分析等功能；2015年北京大学开放数据平台上线运行，以"规范产权保护"为基础，鼓励研究数据的发布，且有针对性地向国内外学者和研究机构征集科研数据，旨在为公众提供免费的数据集，促进科研数据的开放与共享。档案与数字人文项目的双向发展不仅推动了数据集的整理、数据库的建设，而且在一定程度上促进了知识的结构化处理，更新了知识的组织方式。

所有的人类知识——甚至是计算知识——都会受到产生和消费它的个

---

① 柯平、宫平：《数字人文研究演化路径与热点领域分析》，《中国图书馆学报》2016年第6期。
② 曾蕾、王晓光、范炜：《图档博领域的智慧数据及其在数字人文研究中的角色》，《中国图书馆学报》2018年第1期。
③ CBDB，《中国历代人物可视化平台》，https://cbdb-qvis.pkudh.org/dataset.html。
④ 〔美〕安妮·伯迪克等：《数字人文：改变知识创造与分享的游戏规则》，马林青、韩若画译，中国人民大学出版社，2018，第91页。

人和群体的环境、文化和社会景观的影响。[①] 虽然档案工作的环境、方法和模式等发生变化，档案学科的发展态势良好，在参与数字人文项目时取得了显著的实践进展，但仍面临一些现实性挑战。如数据安全与隐私保护、数据共享与知识产权问题、技术更新与维护、协同治理问题和专业人才培养等，在一定程度上阻碍了档案事业高质量发展的进度。因为档案领域数字人文项目的研究归属于社会科学研究，它是在一定的社会环境中进行的，必然要严格遵守法律层面、伦理层面和技术层面的行为规范，同时注重跨学科之间的协同合作。

（一）法律与伦理问题

数字人文促进了档案的数字化进程，推动了档案资源的深度开发与利用。从全流程视角来看[②]，档案数字化建设的不同阶段、不同环节联系紧密，存在法律与伦理风险的叠加。项目制是开展数字人文实践的重要方式，数字人文项目的设立通常涉及大量原始资料的使用，一般采用两种方式处理原始素材：直接引用或是二次加工而成，在创造内容、增加价值的同时，也存在诸多问题。从法律的角度而言，数据的不合理共享可能侵犯个人隐私，未明确版权所属而引用相关内容将会面临知识产权侵权问题；从伦理的角度而言，数据的易获取性使数据滥用问题凸显，因此，保护用户隐私、规范数据使用、合理运用算法成为不可避免、亟须解决的难题。

1. 法律问题

信息技术在人文领域的逐步应用促进了人文学科研究的范式变革，由最初的经验研究型范式到现在的数据驱动型研究，为研究者开展多主体、多视角的科学探索提供了一种新范式。数字技术在给档案领域带来机遇的同时，所面临的法律困境也已悄然显现。数字人文项目偏向于数字技术的应用，其研究成果多以数据库的形式呈现，数据的便捷获取与利用有可能导致在数据共享、数据隐私和知识产权方面存在侵权问题。尽管已有法律

---

① Fiormonte D., "Towards a Cultural Critique of the Digital Humanities", *Historical Social Research/Historische Sozial Forschung*, 2012: 59-76.
② 徐拥军、卢思佳、郭若涵：《全流程视角下档案数字化建设中著作权风险分析与管理》，《图书情报工作》2023年第18期。

法规针对部分问题给予了解决方案，但在具体的实践环节情况不尽如人意。

数字人文研究中数据的访问和控制问题，已经引起图书馆和信息科学、历史、档案馆、博物馆和文化遗产、地理、法律研究等各个领域学者的广泛关注。博物馆、大学、档案馆等领域学术共同体都对如何通过数字计划共享数据提出了要求，鉴于大多数数字人文项目的协作性质，该领域学者需要认识到存在各种经常相互竞争的利益和权利，这些利益和权利塑造了数据访问的性质及其控制方式。

例如，数字人文学者会在某个特定时点面临一系列关于数据共享的重要问题：共享数据由谁控制，所有权和复制权如何管理，数据如何定价，由谁支付费用，等等。虽然技术和时间的进步将缓解文档材料的转录和版权限制的一些具体困境，但只要所有权、真实可靠和隐私的概念仍然存在，使用者对内容的责任和"开放获取"的矛盾就会继续存在，包括维护数据的完整性、识别数据的所有权、保护敏感数据以及避免误解和滥用研究数据等。以美国和欧盟对数字人文研究影响最大的版权法为例，虽然美国有合理使用原则、欧洲有科研豁免原则，但是欧盟2018年生效的《关于个人数据保护的通用数据保护条例》（GDPR）和2019年通过的《数字单一市场版权指令》，对于如何处理规避技术保护措施（TPM，又名DRM）的关键问题仍然有待进一步明确。因为数据经常位于半结构化甚至非结构化的来源，研究人员收集的信息通常很难提取、关联和重用，致使数字人文的许多研究者不得不使用计算本体，以提取嵌入在文本资源中的隐性知识。[1]

为了提升关联开放数据生态系统中的互操作性、数据共享和知识发现，数字人文研究者必须熟练掌握方法论和数据的相关标准。在档案领域，数字人文项目经常涉及多机构、多部门的合作，数据的价值较难评估，数据所有权往往不明确，导致数据共享时存在法律障碍。数据共享协议不一致。不同的机构因职责和权属不同，数据共享协议可能存在差异，主要体现在数据格式、使用范围、责任划分等方面的冲突。跨国数据共享的法律障碍。

---

[1] Rodríguez J.R., "Computational Ontologies for Accessing, Controlling, and Disseminating Knowledge in the Cultural Heritage Sector: A Case Study", in Shane Hawkins ed., *Access and Control in Digital Humanities*, London: Routledge, 2021: 61-77.

在国际合作中，不同国家的法律对数据共享有不同的规定，可能导致数据无法跨国流动。数字人文学者当下正以一种"侵占"传统上由图书馆和档案控制的空间的方式，即通过由出版文本、档案文件和权威书目数据组成的语料库，以及将传统资源从图书馆和档案馆馆藏转变为数据存储来满足学术研究需求。[①]

如何在提高数据共享的程度的同时保护好数据所有权人的合法权益，是档案领域数字人文项目面临的一大难题。以中国古籍数据库为例，建设的数量虽多，但大多数是商业性质的数据库，必须依靠盈利即得到学术机构和研究者订购，才能够生存，因此很少有机构能够做到数据共享。

数字人文项目中的数据隐私问题是不可忽视的难题。尽管目前全球已有100多个国家出台了有关数据安全保护的法律（表2-5为部分国家和地区数据隐私相关法律），在一定程度上为数据隐私提供了法律保障，但是我们仍面临着如何做好数据安全防护工作，怎样及时发现和识别其面临的风险等问题，需要进一步探讨数据隐私成因及其解决措施。

表2-5　部分国家和地区数据隐私相关法律

国家/地区	法律名称	年份
美国	《澄清境外合法使用数据法案》（CLOUD Act）	2018
	《加州消费者隐私法案》（CCPA）	2020
欧盟	《一般数据保护法案》（GDPR）	2018
	《非个人数据自由流动条例》	2018
	《欧洲数据战略》	2020
	《数据治理法案》	2020
韩国	《信息通信网络利用促进和信息保护法》	2001
澳大利亚	《公共服务大数据战略》	2013
	《网络安全战略》	2020
	《国家数据安全行动计划》	2022

---

① Mattock L. K., Thapa A., "Questioning Authority: Creation, Use, and Distribution of Linked Data in Digital Humanities", in Shane Hawkins ed., *Access and Control in Digital Humanities*, London: Routledge, 2021: 96-110.

知识产权是一种无形的财产权，具有"客体共享、利益排他"的属性。① 2020年新修订的《档案法》增加了知识产权保护条款，要求在对档案内容进行采集、利用、公布等工作时，应清晰划定其权利主体，明确知识产权归属。科研档案作为国家科技资源的重要组成部分，其开放共享对推进国家创新能力建设、国家科技创新体系建设具有重要的信息支撑作用。② 但知识产权与数据的开放共享之间明显存在矛盾。在档案领域开展数字人文项目时，涉及的知识产权问题多与著作权相关，如档案著作权的归属、档案公布与作品发布、档案数字化著作权使用、档案著作权保护等。伴随着档案数字化建设的蓬勃发展，档案在复制、传播、利用等环节的便捷化程度提高，著作权风险也潜伏其中，主要来源于档案机构和档案用户。例如名人手稿、书信、口述档案在某种意义上构成《中华人民共和国著作权法》中的作品，但在利用中并没有对这些作品的著作权做出明确归属，未能及时保护其享有的著作权；档案馆对于馆藏的捐赠或寄存类档案具有保管权，但未必有版权；虽然世界各国均遵循合作使用原则，可通过复制品补充馆藏陈列或版本保存，或者以学术研究为目的有限制地打印复印，但如果档案馆没有解决与著作权人之间的授权问题，仍然会涉及侵权。③ 且由于网络的覆盖范围不断扩大，对数字化档案的利用很少受到时空限制，用户极有可能通过非法手段获取档案信息，如破解密码、破坏水印、篡改作品信息、凭借他人作品内容谋取利益、侵犯权利人的著作权。

数字人文项目产生的成果（如数据库、软件等）也应受到知识产权保护，但目前在这方面的法律规定和实践尚不完善。数据是对信息的记录，科学数据则是支撑科学研究或者来源于实验结果的数据，作为国家基础性战略资源，在数字人文项目中扮演着重要角色。在科学数据开放共享方面，欧美国家早已形成了一批科学数据中心和高质量数据库，如美国国家生物信息中心、欧洲生物信息研究所、德国ICSD无机晶体结构数据库、法国斯

---

① 屈宇、叶继元：《高校图书馆科学数据监管中的知识产权保护与治理》，http://kns.cnki.net/kcms/detail/23.1331.G2.20240102.1515.002.html。
② 虞香群：《国家科技创新体系背景下科研档案开放共享模式研究》，《档案学通讯》2023年第5期。
③ 杨霞：《综合档案馆档案文献数字出版的制约因素探析》，《档案学通讯》2016年第5期。

特拉斯天文数据库等。近年来，我国也在持续增加对科技创新的投入，在不同领域广泛开展科研数据平台建设。2018 年我国颁行的《科学数据管理办法》规定了涉及数据挖掘、数据分析、人工智能、互联网+、大数据以及区块链的相关技术及应用数据，以及所取得的技术研发成果数据专利权。[①] 数字人文项目中对数据的不恰当公开与共享极有可能会破坏其专利权。档案众包项目建设的数据库、专业性较强的商业数据库等不仅依法享有专利权，还因知识成果的独创性享有版权，他人未经许可不得使用。但有些数字人文项目未对所开发的数据库、应用软件申请专利，为非法使用提供了空间。

2. 伦理问题

以大数据、云计算、人工智能为代表的新一代信息技术的蓬勃发展，深刻改变着人类的生产方式和生活方式，使数据在获取、处理、计算和处理等方面突破了发展瓶颈，但与学科领域之间的矛盾日渐突出。如果把握不好工具理性和人文理性的协同平衡，可能在用户隐私保护、数据使用道德规范、算法应用方面造成伦理风险，在档案领域参与数字人文项目的建设时也不例外。因为人们在利用档案信息时，通常会形成一种社会伦理关系，如果不加限制地利用信息，极易引发信息泄露、信息污染和数据侵权问题，档案信息内容的保护、数据使用的规范面临着空前的挑战。

个人数据、个人信息的价值在大数据背景下日益凸显，频繁的个人数据和个人信息收集、交易、处理、分析等活动使个人隐私成为数字时代最重要的社会议题之一。人类的社会本性与个体本性之间的依赖和冲突关系构成了信息共享与隐私保护之间的复杂关系。在技术、资本和政府的合力作用下，个人隐私遭遇了前所未有的危机，表现为个人隐私生活的透明化。[②]

目前数字人文研究中所使用的数据，既包括个体和社会当下的行为数据，也有可能是历史数据。例如关于阿尔茨海默病的遗传易感性问题，一项由神经学家和档案工作者联合开展的研究，就使用了保存在教区档案馆数据库中的，已经被数字化、转录和编码的时间跨度达 150 年的死亡登记历

---

① 冯晓青：《数字时代的知识产权法》，《数字法治》2023 年第 3 期。
② 董淑芬、李志祥：《大数据时代信息共享与隐私保护的冲突与平衡》，《南京社会科学》2021 年第 5 期。

史数据，研究者通过分析家庭关系数据来构建家谱，并分析了死亡率数据，希望确定阿尔茨海默氏病发展的遗传条件，并进行该病的风险群体预测。在这个以数字人文为核心的大跨度的交叉学科研究方法中，数字化、数字转录和编码以及基于计算机的历史数据分析价值巨大，但大量数据（数字化的教堂登记册）成为可搜索和可分析的公开数据，关于一个人的家族信息和他们的死因将成为可以随意使用的公共信息，例如可以评估某个人的后代患某些疾病的风险，即使这个人没有披露任何个人信息，但当下的个体信息可以从公开的历史数据中被推断出来。虽然这些数据可作为严重疾病的早期诊断依据，但潜在的雇主是否也可以使用它们来只挑选那些不属于任何风险群体的雇员也成为一个附带的道德困境。① 此外，从《哈利·波特》作者 J. K. 罗琳匿名出版新作的个人经历来看，数字人文学科的研究是否会威胁假名或笔名的有效性，从而威胁个人的隐私权和出版自由权也是一个议题。② 一些大型数字人文外包项目，如美国"公民档案工作者"项目、新加坡"公民档案管理员"项目、荷兰"众在参与"项目中的内容涉及大量的公民个人信息，在项目操作过程中均面临数据的开放共享与个人隐私之间的两难困境甚至冲突。数字人文项目中涉及的个人数据可以分为主动型数据和被动型数据，主动型数据是指通过公开渠道获得的数据，被动型数据是在保障公众的知情权和同意权的情况下得到的数据。如果在进行档案数字化或数据共享时，未确保用户知悉并同意其数据被使用的方式和范围，使用不正当手段获取用户敏感信息，会造成隐私泄露。这对整个社会的正常交往和互动都有影响。

  人工智能和机器学习算法的推广与应用为信息共享提供了技术基础，数字人文项目在应用信息技术处理档案数据时，智能算法因其成熟和理性的特质得到了社会的广泛认可。然而看似理性的算法与其客观中立的态度，由于算法的设计和执行往往受到设计者的主观认知、社会背景以及个人经

---

① Rehbein M., "It's Our Department: On Ethical Issues of Digital Humanities", Digital Humanities Summer Institute, Victoria BC, Canada, 5 June 2015: 631–654.
② "J. K. Rowling's Pseudonym: A Bestselling Writer's Fantasy", https://www.bostonglobe.com/opinion/editorials/2013/07/21/with-pseudonym-richard-galbraith-rowling-lives-out-every-writer-fantasy/H9tkYJFB5dAHppCOe963yJ/story.html.

验的影响，在算法程序设计、数据挖掘等复杂过程中，人的偏见难免被嵌入其中。此外，由于既有法律规定、道德规范、技术要求的复杂性和多样性，算法设计者也不可能完全将其写入算法程序规则。技术背后的决策逻辑有时难以让人理解与评估，导致了风险的不可预测性，因此算法歧视在很多情况下是算法的副产品，是算法的一个难以预料的且无意识的属性，而不是编程人员有意识的选择，这进一步增加了识别问题根源或者解释问题的难度。[1]

数据作为算法的核心组成要素，其实就是用户自身所拥有的信息集合。现阶段的人工智能技术以算法为内核并由数据驱动，主要利用深度学习等算法对海量信息进行处理，并做出决策，在一定程度上影响着人的行为，即工具理性。[2] 当人们过多地依赖工具理性时，就有可能产生算法偏见或算法信息的不对称。[3] 大数据"杀熟"就是典型现象，商业数据库、搜索引擎带来的人为算法风险，算法的不透明性会加剧信息鸿沟与马太效应，若超出人类的应对能力，则难以规制公平与正义，甚至以一种科学的形式对人类的行为进行隐秘的控制。[4] 各种类型的媒体融合、人与机器融合、数据和算法在日常生活和工作中变得越来越重要，而那些控制这些算法和"把关"数据的人接替了传统知识守门人的权力[5]，"代码就是法律"[6]，"谁控制着这个过程，就统治着未来"，这为操纵和错误敞开了大门[7]。

此外，还有互联网作为一种新媒介被批评导致了人类认知肤浅和记忆能力下降的问题。[8] 新媒介记录知识超过个体的记忆能力，印刷机的发明导

---

[1] 腾讯研究院等：《人工智能：国家人工智能战略行动抓手》，中国人民大学出版社，2017。
[2] 李卓卓、张楚辉：《信息伦理去哪儿了？——试论信息伦理的产生、转向与未来展望》，《情报资料工作》2023年第12期。
[3] 张铤：《人工智能的伦理风险治理探析》，《中州学刊》2022年第1期。
[4] 尕藏草：《新媒体数据化与数字人文》，中国社会科学出版社，2022，第68页。
[5] Keen A., *Das digitale Debakel: Warum das Internet gescheitert ist-und wie wir es retten können*, DVA, 2015: 184-185.
[6] Lessig L., "Code is Law", *Harvard Magazine*, 2000, 1: 1-4.
[7] Gero von Randow, "Zukunftstechnologie: Werdenkt in meinem Hirn?", http://www.zeit.de/2014/11/verschmelzung-mensch-maschine-internet.
[8] Carr N., "Is Google Making us Stupid?", *Atlantic Monthly*, 2008, 302 (01): 56-63.

致了知识的自由化,互联网技术和开放获取导致进一步自由化,无处不在的人类知识获取使技术可以绕过传统的知识守门人从任何地方访问人类知识库,网络知识数据库扩展人类记忆的观点已经成为现实。另外,还有与(数字)人文学科高度相关的普适计算问题,如果系统自己获取、交换、处理和评估数据,那么信息的物化就不能再被人们理解。① 然而,个人身份是通过这种理解而形成的,而创造经历(其中一个重要的部分是怀疑或抵抗)则是必不可少的。

因此,无处不在的算法可能会导致身份和个人能力的丧失。就像访客一样,人类开始表现得幼稚化,无法正确地确认现实,失去了作为一个行动主体的身份,甚至被限制行动选择权。数据来源和算法必须被严格关注,尤其当我们观察今天大学教室里的搜索引擎和智能手机的应用情景时很容易发现,从数字人文学科的课堂环境到一般的学术研究,再到整个社会,缺乏质疑和批判的互联网信息对大量缺乏基本信息素养人群的负面影响。这应该被纳入数字人文学者的行为准则框架,作为个体或者整个学术共同体的共同道德责任。例如AI目前在大规模档案材料中的应用,除了技术专家因素外,更大的困难与挑战恰恰就在于整个档案圈,从记录生产者到档案工作者,再到研究者,普遍缺乏相互的信任与共同认可的职业伦理和准则。②

(二)技术与应用挑战

凭借各种馆藏资源优势与学科特色,档案领域对如何参与数字人文这一议题展开了多种研究及实践尝试,而数字人文也对档案领域产生了多方面的影响。档案领域深入参与数字人文项目面临着技术与应用的多重挑战。在数字人文项目中,档案资料的数字化、元数据标准化、数据存储和长期保存等技术问题是至关重要的。同时,档案领域还需要应对快速变化的技术环境,保持档案系统的互操作性和可持续性,解决数据的质量与可靠性问题,以及应对数据挖掘算法的适应性问题等。

---

① Wiegerling K., *Handbuch Technikethik*, Stuttgart:Armin Grundwald,2013:374-378.
② Jaillant L., Rees A.,"Applying AI to Digital Archives:Trust, Collaboration and Shared Professional Ethics", *Digital Scholarship in the Humanities*,2023,38(02):571-585.

1. 档案资料数字化问题

档案资料数字化是开展数字人文项目的重要基础。通过数字化将传统载体档案转换为数字格式使档案资料能够更便捷地被存储、检索和共享,同时也延长了档案资料的生命周期,为人文研究提供了多样化的获取途径以及更广阔的研究空间。然而,档案资料的数字化并非一蹴而就,而是一个复杂且漫长的过程,面临着一系列技术问题。

首先,档案资料的数字化需要选择合适的设备和技术。档案资料的类型多种多样,包括文本、图片、音频、视频等,针对不同类型的档案资料,需要采用不同的数字化技术和设备。例如,文本档案可以通过光学字符识别(OCR)技术转换为可编辑文本,而图片档案和音视频资料则需要特殊的扫描设备和录音设备、摄影设备以及处理软件进行数字化。同时,还需要选择适当的分辨率、色彩模式和文件格式,以确保档案资料数字化结果的清晰度和准确性。其次,档案资料的数字化还需要进行预处理和后处理。预处理包括清洁、修复、整理等工作,有的档案资料在长期保存过程中出现了磨损、褪色、变形等问题,导致原始档案资料的质量下降。例如,纸质档案的扫描和OCR处理会面临字体辨识困难、纸张遭受损坏等问题。因此在数字化过程中,要确保扫描的清晰度和准确度,避免信息损失或失真,以提高原始档案的质量和可读性。后处理则包括图像处理、文本识别、数据校验等工作,有些档案资料具有复杂的结构或格式,如手写文档、老旧照片和磁带录音等,这些档案的数字化需要使用图像处理、音频修复等技术对原始资料进行修复和优化,以确保档案的完整性。最后,档案资料的数字化还需要考虑数据的组织和管理。[①] 大规模数字化项目需要大量的人力、时间和资金投入,涉及数以亿计的文件,会产生大量的数据,如何有效管理和协调各项资源,如何有效组织、分类和检索这些数据,以确保数字化工作的顺利进行和结果的可追溯性,在技术和管理层面成为一个重要的问题。

元数据按照一定的定义规则从资源中抽取相应的特征,完成对资源的规范化描述,可提高数据被人类发现、获取、理解、链接、信任和互操作

---

① 王英玮、陈智为、刘越男:《档案管理学》,中国人民大学出版社,2021,第458~460页。

等能力，是对传统档案和电子档案实现有序管理以及建设数字档案馆的基础。[1] 国际上常用的元数据标准有：简洁高效的跨领域的信息资源描述标准都柏林核心元数据集合（DC），数字图像及艺术品资源描述标准CDWA，艺术、建筑、史前文物、民间文化等艺术类的三维实体可视化资源描述标准VRA，空间地理数据内容描述标准FGDC，政府公共信息资源描述标准GILS，电子文本描述框架TEI，档案馆、博物馆手稿资料描述标准EAD。指导和规范档案著录描述的通则性标准《国际档案著录标准（总则）》[International Standard Archival Authority Record for Corporate Bodies, Persons and Families, ISAD（G）]是由国际档案理事会（ICA）制定的一套专门用于描述法人机构、个人和家族的档案信息的记录标准。国内现行的档案行业的元数据标准是我国国家档案局于1999年5月批准执行，并于2022年6月修订的《DA/T 18-2022档案著录规则》，和国际标准EAD、ISAD（G）共同构成了通用的档案元数据标准。

档案元数据的标准化对于数字人文项目的组织、管理以及数字档案的检索和利用至关重要，但元数据标准化存在功能多元化、标准不统一和兼容适用、动态调整、元数据互操作等问题，千万档案数字化和数字人文项目开展过程中的跨项目、跨机构信息共享和交换障碍[2]，以及异构信息系统间的互操作困难，带来信息深度聚合的核心问题和挑战。

此外，确保数字人文技术的设计和开发符合期望和目标受众的需求，并刺激这些工具的使用是一个严峻挑战。除非分析工具和服务变得非常精细、健壮、透明，并且容易被人文研究者积极使用，否则它很难吸引足够的兴趣。[3] 个性化和自适应的系统对于帮助用户实现与新的数字人文资源的良好参与和接触非常重要。在考虑新的工具和方法时，很少使用真正大型数据集的人文主义者最好权衡快速过时的风险与封闭系统（如新的笔记平台、数据库系统或专有文本编辑器）提供的任何假设的速度或性能提升。

---

[1] 包海峰等：《档案元数据标准比较研究》，《档案与建设》2014年第2期。
[2] 金更达、何嘉荪：《档案信息资源集成管理中的元数据问题及对策研究》，《中国图书馆学报》2006年第4期。
[3] Borgman C. L.，"The Digital Future is Now: A Call to Action for the Humanities"，*Digital Humanities Quarterly*，2010，3（04）.

2. 互操作和可持续性问题

数字化档案资源的增加对数据的安全性、可靠性、可访问性、可持续性以及存储空间和存储格式提出了新的要求，数据存储与长期保存面临着日益严峻的挑战。首先是呈几何级数增长的数字档案内容给存储容量、存储方式和存储成本带来的压力；其次是以病毒、黑客活动、信息贩卖、暗网等形式存在的网络信息安全挑战，伴随数据要素化进程的高速发展，数据广泛、实时流动，在释放数据价值的同时，除面临传统的泄露、窃取、破坏等安全威胁外，还面临数据跨境流动引发的国家和公民安全隐患问题、滥采滥用个人信息造成的数据垄断问题、大数据杀熟与价格歧视问题、信息茧房与视野窄化带来的群体极化问题、人工智能算法及模型攻击等挑战。[①] 虽然人工智能可大大促进原生数字档案的可访问性和可用性，帮助自动识别敏感信息，从而使非敏感数据的发布成为可能，还可以在关键词搜索无效时发挥作用（例如在馆藏海量信息的互联网档案馆中）。然而，应用于档案的人工智能仍处于实验阶段；除了小数据集和集合之外，很少能实现在大规模档案材料中的应用。

对数字人文项目的可操作性还有一个层面的理解，即科学研究的可重复性问题：研究人员使用与原始研究者相同的材料复制先前研究结果的能力，比如研究者使用相同的原始数据来构建相同的分析文件并实施相同的统计分析，以产生相同的结果。[②] 促进这种可重复的数字人文研究涉及使用工作流程的方法和技术、存储和公开提供代码和数据的平台[③]以及创建数字人文项目步骤的手动文档，即同时涉及研究文档和过程叙述的双重因素。这就需要研究者额外地增加研究文档，以详细说明工作流程，记录版本控制过程，保留适当的元数据信息，组织和共享文件，记录研究人员的反思，

---

① 中关村网络安全与信息化产业联盟数据安全治理专业委员会：《数据安全治理白皮书5.0》，2023。
② Goodman S. N., Fanelli D., Ioannidis J. P. A., "What does Research Reproducibility Mean?", *Science Translational Medicine*, 2016, 8 (341): 12.
③ Hess J., Zeyen C., "On the Use of Scientific Workflows for Digital Humanities Research", https://www.wi2.uni-trier.de/shared/publications/2019_Hess_Zeyen_Technical_Report.pdf.

以及公开共享材料和数据等操作。①

以计算机技术和现代通信技术为代表的数字技术的应用和发展使档案信息形成由单一的模拟环境逐渐向数字技术环境转变。三态（模拟态、数字态、数据态）与两化（数字化、数据化）相对完整展示了技术环境变迁导致的档案管理对象空间的变化，简言之，即存量档案数字化（模拟态）、增量档案电子化（数字态）、未来档案数据化（数据态）。② 技术环境的变化日新月异，新的硬件设备、操作系统、软件工具、数据格式和标准不断涌现，更新换代的速度加快③，档案领域需要不断评估和适应新技术，以解决硬件和软件的兼容性问题以及数据格式与标准变化带来的数据有效管理和利用问题④。许多流行的文件工具和文件存储格式的不透明性给学术共同体带来了沉重负担。例如，将计算过程隐藏在"用户友好"的可视化界面背后起初可能很有吸引力。然而，这些界面并不共享共同的视觉语言，就会导致人文学者学习一个界面的努力不能很好地跨软件平台转移；而有限的、"笨拙"的界面则会造成更大的伤害，让已经感觉与日常知识生产材料情境脱节的受众进一步神秘化人文计算。⑤

搭建数字图书馆或者数字档案馆时，互操作性是一个核心议题，因为它平衡了维护系统独立性和活动组件开发的需要和多个系统使用和重用它们的能力，即这类系统的最终目标是让组件独立进化，同时能够有效地、方便地相互调用。⑥ 当下的档案馆已成为机构、企业和社区记忆存储库的异质组合⑦，虽然学术界和产业界长期以来一直强调可互操作的公共领域档案

---

① Justin J., Menon N., "Reproducibility of Indian DH Projects: A Case Study", *International Journal of Digital Humanities*, 2023, 5 (02): 333-351.
② 钱毅：《技术变迁环境下档案对象管理空间演化初探》，《档案学通讯》2018年第2期。
③ 杨鹏、金波、孙尧：《数智环境下档案工作面临的挑战与机遇》，http://kns.cnki.net/kcms/detail/11.1541.G2.20240116.1311.002.html。
④ 赵栩莹：《新技术环境下的档案智慧服务：思维、业态与机遇》，《北京档案》2021年第11期。
⑤ Crompton C., Lane R. J., Siemens R., *Doing Digital Humanities: Practice, Training, Research*, London: Routledge, 2016: 78-97.
⑥ Paepcke A., Chang C. C. K., Winograd T., et al., "Interoperability for Digital Libraries Worldwide", *Communications of the ACM*, 1998, 41 (04): 33-42.
⑦ Cook T., "Evidence, Memory, Identity, and Community: Four Shifting Archival Paradigms", *Archival Science*, 2013, 13: 95-120.

信息服务的重要性[1]，甚至提出了深度整合和联合的档案共享方案[2]，但档案机构始终强调自己的保管角色具备法律效力，加固档案面向公共服务的堡垒。Web 2.0 互操作性技术是一种机制，通过这种机制可以在没有集中控制的情况下集成分布式异构系统。在档案环境中，Web 2.0 技术可能是一种克服组织和文化鸿沟、实现对记录的综合发现和访问以及从多个角度促进记忆叙述的方法。[3] 互操作性涉及用户和使用的连续性——从创建到发现，从个人到机构，档案多元宇宙中的这种互操作性已被确定为公共领域档案信息服务需要维护的核心原则。[4]

国际上，合作机构之间通过描述元数据，即在档案联盟之间汇总查找辅助工具和链接记录的方式，取得了一定成效，如澳大利亚的人文网络基础设施（HUNI）项目、欧洲的 EUROPEANA 项目和欧洲档案门户网站、美国的 SNAC 和 ARCHIVESSPACE 项目以及加拿大的加拿大档案馆网络；或者采用一种名为"参与式档案馆"的机制，让共同体有机会以各种方式为机构馆藏做出贡献，如对馆藏材料进行注释或抄录，提交补充现有馆藏档案，但除了与其他机构共享目录元数据外，机构档案馆在材料的主要创建方面，以及在发现和访问方面均没有考虑互操作性。[5]

另外，元数据的互操作性本身也需要严格的标准，但都柏林核心（DC）本身并没有或者需要严格的过滤，即使在过滤、清理、规范化和浓缩之后，档案也可能需要进一步修改，才能在特定的接口中使用。且元数据的互操

---

[1] Parliament of Australia, "Lost Innocents and Forgotten Australians Revisited: Report on the Progress with the Implementation of the Recommendations of the Lost Innocents and Forgotten Australians Reports", http://www.aph.gov.au/Parliamentary_Business/Committees/Senate/Community_Affairs/Completed_inquiries/2008-10/recs_lost_innocents_forgotten_aust_rpts/report/index.

[2] Reed B., "Beyond Perceived Boundaries: Imagining the Potential of Pluralised Recordkee", *Archives and Manuscripts*, 2005, 33 (01): 176-198.

[3] Rolan G., "Towards Archive 2.0: Issues in Archival Systems Interoperability", *Archives and Manuscripts*, 2015, 43 (01): 42-60.

[4] McCarthy G. J., Evans J., "Principles for Archival Information Services in the Public Domain", *Archives and Manuscripts*, 2012, 40 (01): 54-67.

[5] Ketelaar E., McKemmish S., Gilliland-Swetland A., "'Communities of Memory': Pluralising Archival Research and Education Agendas", *Archives and Manuscripts*, 2005, 33 (01): 146-174.

作性很难达到完美状态，并且需要针对数据放入特定字段和格式形成共同解释。另外，现有的长期归档系统往往同时具备元数据和功能模块的互操作性，即互操作性还需要考虑完整性和真实性等重要的抽象概念对档案系统的影响。

档案机构通常无法直接控制其运营环境、系统开发人员或网站，尤其是在将其整合到政府网络中时。对于档案机构来说，对系统和操作环境提出更高要求往往是有困难的。自互联网诞生以来，档案系统之间的相互关联及其潜力问题就引起了业界的重视[1]，这本身也是 Web 2.0 方法所追求的泛在信息环境中的互操作性目标。档案系统的互操作也可被理解为分布式档案共享，其基础是使用公认的 Web 标准完成对象之间的链接，允许用户在满足自己需求时与档案材料互动，而不受存储库或机构的影响[2]，且能为整合存取档案多元宇宙中的另类内容提供结构基础[3]。

最后，档案发现也需要具有确定性。档案馆藏和文件随时间变化，档案共享需要确保发现结果在时间和空间上的一致性和真实性。例如斯坦福大学的 LOCKSS 和德国国家图书馆的 KOPAL 两个归档系统之间的互操作项目 LuKII[4]、被业界广泛接受和使用的数字档案保存标准 OAIS，都强调要建立对数字档案馆的可互操作存取规范，为公共用户提供可以与公共档案馆进行互操作的接口，以保证档案馆外部用户可以访问档案馆中的珍贵档案与其他资源，这方面的实践产生了 OAIS 的互操作框架（OAIS-IF）[5]。互操作性的问题还存在于用户与数据之间的连接上。将用户与数据连接起来不仅意味着数据存在，还意味着用户需要知道如何访问数据，以便使用不确

---

[1] Sherratt T., "Pathways to Memory: Accessing Archives on the WWW", http://ausweb.scu.edu.au/aw96/cultural/sherratt/paper.htm.

[2] Anderson S., Allen R., "Envisioning the Archival Commons", *The American Archivist*, 2009, 72 (02): 383-400.

[3] Hurley C., "Parallel Provenance (If These Are Your Records, Where Are Your Stories?)", http://www.infotech.monash.edu.au/research/groups/rcrg/publications/parallel-provenance-combined.pdf.

[4] Seadle M., "Archiving in the Networked World: Interoperability", *Library Hi Tech*, 2010, 28 (02): 189-194.

[5] Kearney M. W., Giaretta D., Garrett J., et al. "Digital Preservation Archives-A New Future Architecture for Long-term Interoperability", 2018 SpaceOps Conference, 2018: 2402.

定是否属于其专业领域的数据。①

　　数字人文项目的长期运行和维护离不开档案系统作为信息基础设施的可持续性，但是随着信息技术的不断发展，档案系统的可持续性面临着很大的压力。许多国家的公共资金和研究经费的缩减给信息基础设施项目带来了更大的可持续性挑战；数字资源界越来越重视数字图书馆、档案馆和存储库相关的馆藏、服务或组织随着时间的推移以及与持续挑战相关的持续运营。② 数据管理中，构建可持续的模型需要阐明在期望高水平的数据质量时必需的技能、时间和劳动力数量。③ 即应该保留哪些数字信息，谁应该保存它，以及谁应该付费，这些是数字保存的财务可持续性的指导原则。④ 数字保存的系统性和数字保存材料的耐久性，即"保存材料以供长期获取和使用的能力"⑤，实施可持续的原生数字档案馆项目⑥，从而向"可持续数字保存服务"⑦ 迈进，都是需要关注的理论与实践问题。例如，伦敦大学学院图书馆档案与信息研究学院的 LAIRAH（互联网艺术与人文网络资源的日志分析）项目研究表明，内容、用户、维护和传播四个维度对项目的可持续性影响巨大。⑧

---

① Park J. R., "Metadata Quality in Digital Repositories: A Survey of the Current State of the Art", *Cataloging & Classification Quarterly*, 2009, 47 (03-04): 213-228.

② Eschenfelder K. R., Shankar K., Williams R., et al., "What are We Talking about When We Talk about Sustainability of Digital Archives, Repositories and Libraries?", *Proceedings of the Association for Information Science and Technology*, 2016, 53 (01): 1-6.

③ Lafferty-Hess S., Christian T. M., "More Data, Less Process? The Applicability of MPLP to Research Data", *IASSIST Quarterly*, 2017, 40 (04): 6-13.

④ Blue Ribbon Task Force on Sustainable Digital Preservation and Access, "Sustainable Economics for a Digital Planet: Ensuring Long-term Access to Digital Information", http://brtf.sdsc.edu/biblio/BRTF_Final_Report.pdf.

⑤ UNESCO/PERSIST Content Task Force, "Guidelines for the Selection of Digital Heritage for Long-term Preservation", https://unesdoc.unesco.org/ark:/48223/pf0000244280.

⑥ Williams J. A., Berilla E. M., "Minutes, Migration, and Migraines: Establishing a Digital Archives at a Small Institution", *The American Archivist*, 2015, 78 (01): 84-95.

⑦ Brown A., Fryer C., "Achieving Sustainable Digital Preservation in the Cloud", 2nd Annual Conference of the International Council on Archives, Girona, Spain, October 11-15, 2014.

⑧ Warwick C., Terras M., Galina I., et al., "Evaluating Digital Humanities Resources: The LAIRAH Project Checklist and the Internet Shakespeare Editions Project", Openness in Digital Publishing: Awareness, Discovery and Access-Proceedings of the 11th International Conference on Electronic Publishing, ELPUB 2007, 2007: 297-306.

2023年，OCLC电子资源内容已达1.46亿项①，组织专注于数字内容的管理，通常根据所管理的数字内容的总存储大小或文件规模来进行风险追踪与管理，比如频繁的固定性检查和冗余备份。例如，NDSA的"数字保存级别"四层结构②，要求在资源允许的所有情况下，组织都应该争取达到4级③。国际标准ISO 16363——可信数字存储库的审核和认证，更进一步要求组织在所有标准中获得4/4的评级才能实现合规性。④此外，长期以来，评估和鉴定的重要性一直被认为是档案工作者的重要责任，而数字时代信息的指数级扩散使评估变得更加重要。鉴定对于"遏制数字内容的流动"以创建有价值和连贯的历史记录收藏是必要的。⑤

总之，创建环境可持续的数字保存需要在数字内容的鉴定、持久性和可用性方面进行范式转变。重新思考数字持久性，降低数字存储和管理的资源密集度；挑战有关数字内容可用性的假设和对"始终在线"数字访问基础设施的需求，以不同的方式满足数字人文项目研究和社会的整体服务需求。

3. 档案数据质量问题

档案数据质量包括档案数据的真实完整、准确可靠、可长期保存与关联可用等，涵括其满足档案本质属性与满足用户需求的契合程度，可以由一系列特征属性描述，即档案数据的真实性、完整性、准确性、一致性、可靠性、关联性与可用性。数据质量是档案数据管理、开放、共享、利用的基础，对于提升管理水平、提高利用服务效果至关重要。近年来随着档案工作的数字化转型，档案数据资源日益丰富，同时档案数据质量问题也越来越突出。⑥数字数据的寿命非常有限，与最多可以持续几个世纪的书面

---

① OCLC, "OCLC Annual Report 2022－2023", https：//library.oclc.org/digital/collection/p15003coll7/id/123/rec/58.

② National Digital Stewardship Alliance (NDSA), "Levels of Digital Preservation", http：//ndsa.org/activities/levels-of-digital-preservation.

③ Pinnick J., "Exploring Digital Preservation Requirements：A Case Study from the National Geoscience Data Centre (NGDC)", *Records Management Journal*, 2017, 27 (02)：175-191.

④ Frank R. D., "Risk in Trustworthy Digital Repository Audit and Certification", *Archival Science*, 2022, 22 (01)：43-73.

⑤ Hilton A., "Appraisal and Acquisition Strategies", *The American Archivist*, 2018, 81 (01)：256-260.

⑥ 金波、杨鹏、周枫：《档案数据高质量发展：历史进程、演进逻辑与战略布局》，http：//kns.cnki.net/kcms/detail/22.1264.G2.20240126.1857.020.html。

文本相比，数字数据更依赖于技术。这意味着，当数据被创建时（无论是数字生成的还是数字传输的），与技术环境不可分离。且决定数据读取方式的软件和硬件会快速变化，随着下一代软件和硬件的发展，技术 5~10 年就会过时，需要不断通过模拟过时软件和硬件的仿真器或通过数字迁移来保证数据可用、可读，而数据可能在迁移过程中丢失。[1]

在参与数字人文项目时，档案领域所面临的数据质量与可靠性问题是不可忽视的挑战。从档案部门的实践来看，诸多档案数据存在质量问题，包括档案数据化程度低，数据割裂、不准确、不完整，数据重复、时效性滞后等问题。随着数字和网络环境下信息组织与检索对象粒度的逐步细化，传统的档案数字化已无法满足深度挖掘分析的要求。档案数据化要求将纸质档案、数字化副本、声像档案等转化为计算机可识别、可理解、可分析的文本数据，目前档案数据的语义化、结构化和关联化尚未有效开展。另外，档案数据来源多元化，而档案数据类型丰富且结构各异，这增加了多源数据集成、异构数据整合、数据挖掘分析的复杂性，易出现档案数据格式冲突、数据标准不一致、数据融合质量低等现象。[2] 更为重要的是，由于系统平台的差异和不兼容性，多源分布式的档案数据在采集过程中未能采用统一的数据清洗、集成规则和管理模式，这就更加凸显了数据异构问题，并可能成为后续档案数据管理和利用过程中的潜在问题。在数据交换、流通与融合过程中，数据质量的问题将进一步放大。[3]

大规模数字化在学术圈和大众媒体中都获得了非凡的关注。[4] 在大规模数字化和第三方内容聚合的媒介环境中，存储库认证可能不足以向利益相关者和最终用户提供关于保存内容质量的保证。对于一个机构及其用户群体来说，单个数字对象的档案完整性，需要来自档案管理员、数

---

[1] Ahmad R., Rafiq M., "Global Perspective on Digital Preservation Policy: A Systematic Review", *Journal of Librarianship and Information Science*, 2023, 55 (03): 859-867.
[2] 周林兴、崔云萍:《大数据视域下档案数据质量控制实现路径探析》,《档案学通讯》2022 年第 3 期。
[3] 吕姗姗等:《档案数据质量问题表征与影响因素研究》, http://kns.cnki.net/kcms/detail/22.1264.G2.20240126.1958.028.html。
[4] Bailey C. W., "Google Book Search Bibliography", http://www.digital-scholarship.org/gbsb/gbsb.htm.

字监护人和数字存储库管理员能够对他们所保管对象质量和适用性的额外保证。① 评估档案记录、出版书籍和其他主要源材料的数字副本质量的主要障碍之一是普遍缺乏可行的机制来定义和衡量不断增长的复杂数字保存库中的质量因素,然后在广泛适用的应用场景中验证这些措施。直到谷歌、微软②和互联网档案馆（Internet Archive）③ 等组织的大规模数字化将内容质量问题推到了最前沿。

数字内容环境越来越重视数字化的分布式责任、长期保存访问的协作责任。④ 虽然数字化过程中的供应商往往提供质量保证文档,但是仍然会出现存储库数字内容特征与用户期望之间的差距问题。以数字保存存储库HathiTrust为例,它是由美国一批研究型大学推出的数字存储库技术典范,用于解决图书馆和档案馆在日益数字化使用环境中面临的馆藏开发和数字保存的共同挑战⑤,通过了可信赖存储库审核和认证框架（OCLC 2007）的严格认证审核⑥,但数字存储库中的档案质量作为建立和维护"记录的最佳可见性和持久性",需要将档案质量与生成档案信息的流程联系起来,仍然面临其可用性、可读性、完整性、相关性、代表性、时事性、真实性和可靠性的挑战。

因为人文学科数据的多样性意味着人文学科很难进行标准化的科研数

---

① Conway P., "Archival Quality and Long-term Preservation: A Research Framework for Validating the Usefulness of Digital Surrogates", *Archival Science*, 2011, 11: 293-309.
② Rieger O. Y., "Preservation in the Age of Large-scale Digitization", Washington, DC: Council on Library and Information Resources, 2008, 30: 2009.
③ Henry C., Smith K., "Ghostlier Demarcations: Large-scale Text Digitization Projects and Their Utility for Contemporary Humanities Scholarship", Council on Library and Information Resources. The Idea of Order: Transforming Research Collections for 21st Century Scholarship, 2010: 106-115.
④ Conway P., "Modeling the Digital Content Landscape in Universities", *Library Hi Tech*, 2008, 26 (03): 342-354.
⑤ York J., "Building a Future by Preserving Our Past: The Preservation Infrastructure of HathiTrust Digital library", World Library and Information Congress: 76th IFLA General Conference and Assembly, 2010: 10-15.
⑥ OCLC-National Archives and Records Administration, "Trustworthy Repositories Audit and Certification: Criteria and Checklist (TRAC) Ver 1.0", http://www.crl.edu/sites/default/files/attachments/pages/trac_0.pdf.

据管理（RDM）和数据共享实践，比如开发标准化的元数据模式[1]；且大多数已经开发的 RDM 和数据监护方法适用于定量数据和研究方法[2]；大多数人文数据通常是基于文化档案的次生数据，这就使拥有知识产权的外部机构在使用和共享数据方面存在重大障碍[3]；人文学科通常吸引的资金更少，限制了成功实施 RDM 所需技术和人力资源，继而对生成持久性标识符、提供元数据、创建和分配许可证、数据格式化、版本历史记录维护和数据同行评审造成负面影响[4]。

（三）协同治理问题

1948 年 6 月 9 日国际档案理事会成立时的主要目的是建立一个档案工作者共同体，并促进共同体内部及其与外部世界的合作。但是，档案机构和档案工作者不可避免地受到其各自国家和地区的地缘政治和社会变化的影响。欧盟积极促进档案领域加强合作，出版了欧盟第一份档案报告"Report on Archives in the European Union"，通常被称为"黑皮书"，提出建设由具有具体职权范围的专家组成的机构，以加强档案服务机构之间的协调、信息共享和良好实践交流[5]，因为新媒介以数字技术的形式彻底改变了整个领域。当前，档案领域与数字人文的交叉融合已经成为常态，然而，这种跨领域的合作带来了一系列的协同治理问题，涉及资源分配、跨学科合作、教育培训、人才培养、项目管理以及项目评估等方面。

---

[1] Gómez N. D., Méndez E., Hernández-Pérez T., "Social Sciences and Humanities Research Data and Metadata: A Perspective from Thematic Data Repositories", *El profesional de la información*, 2016, 25 (04): 545-555.

[2] Given L. M., Willson R., "Information Technology and the Humanities Scholar: Documenting Digital Research Practices", *Journal of the Association for Information Science and Technology*, 2018, 69 (06): 807-819.

[3] Borgman C. L., "The Digital Future is Now: A Call to Action for the Humanities", *Digital Humanities Quarterly*, 2010, 3 (4).

[4] Almas B., "Perseids: Experimenting with Infrastructure for Creating and Sharing Research Data in the Digital Humanities", *Data Science Journal*, 16 (19): 1-17.

[5] European Commission, "Report on Archives in the Enlarged European Union: Increased Archival Cooperation in Europe: Action Plan", Luxembourg: Office for Official Publications of the European Communities, 2006.

1. 资源分配问题

档案范式转变过程中，档案理论知识范式的重点从文档后端转移到文档产生的目的和情境，过去由档案机构垄断的文档转向其生产者甚至分布式系统；记忆保存机构被具体的组织业务情境所取代。后现代的档案工作员需要成为"通过档案塑造集体记忆的积极调解人"。[1] ICA 的《世界档案宣言》（UDA）提出"集体社会记忆"的概念，认为档案工作者应积极与民族音乐学家、历史学家、人类学家等人合作，发展档案服务的新方法。[2] ICA 档案教育部门（ICA-SAE）曾经启动一个关于研究人员和研究项目的在线数据库，以便更好地协调资源。例如在灾备和数字管理等领域建立全球研究平台和网络，针对认证、核心能力的发展和持续的专业发展等领域，追求全球而不是本地或区域的解决方案，使其能够承受来自广泛的信息管理相关专业的竞争浪潮。[3]

档案是数字人文研究的重要资源与对象，具有其他资源所无法比拟的优势，能够提高项目研究的权威性与真实性，充分发挥档案在建构社会记忆中的重要作用。但与此同时，档案领域在参与数字人文项目时面临着资源有限而项目众多的挑战，档案机构如何有效分配有限的资源以支持数字人文项目的开展是一个重要的议题。由于档案馆保管着内容丰富的各类原始档案信息资源，而馆藏各类档案资源又嵌入更为广泛的数字馆藏体系，有限的人力资源、财务资源、技术设备等需要在进行资源分配之前，由档案机构进行资源调查和评估，了解当前资源的情况和分布，为后续的资源分配提供依据。档案机构需要制定资源分配策略，包括确定资源分配的原则、标准和流程，明确资源分配的优先级和重点领域，需要考虑数字人文项目的重要性、影响力、紧急程度和预期效益等因素来确定资源分配的优先顺序；档案机构应该考虑跨部门的资源共享机制，通过合作与共享资源，避免资源的重复建设，实现资源的最大化利用。

---

[1] Bearman D., Hedstrom M., *Reinventing Archives for Electronic Records: Alternative Service Delivery Options*, Pittsburgh: Archives & Museum Informatics, 1993: 97.

[2] ICA, "UDA", https://www.ica.org/en/universal-declaration-archives.

[3] Farrugia C. J., "Lone Rangers No More: Archival Cooperation in Transition", *Comma*, 2018, 2016 (01-02): 115-124.

然而，合作和共享也面临着如合作机构之间的利益冲突、资源分配的公平性等问题，所以档案机构还需要制定合适的合作机制和资源共享协议，以确保合作的顺利进行并实现双赢的局面。此外，档案机构还需进行战略规划和长期投资，以确保长期支持数字人文项目的需求。这包括制定长期发展规划、投资于人才培养和技术更新、寻求长期稳定的资金来源等。只有这样，档案机构才能够长期保持竞争力并持续支持数字人文项目的发展和实施。以未发表的内容为例，它通常被视为通过出售和捐赠获得的商品，可能同时被多个档案馆"拥有"，各国档案馆都有关于复制和传播的规定，这些内容往往处于比较模糊的版权管理范畴，机构和私人所有者通常不控制所拥有的实物中的知识内容。[1] 而数字人文学科中存在的乌托邦式的精神文化谱系继承了20世纪60年代的反主流文化和之后开放、广阔、无限的网络文化精神，推崇没有围墙的大学/博物馆/档案馆/图书馆和学术民主化的价值观，即使它肯定了打破人文社会科学和自然科学之间界限的大规模统计基础方法（如文化分析）的价值，但它仍然认为版权和知识产权标准必须摆脱资本的束缚，包括寄生于已故前辈成就的继承人所拥有的资本。[2]

2. 跨学科合作挑战

数字人文项目"多元跨界"的特征使研究者往往联合开展项目研究，增强档案学科发展的张力与融合度。[3] 但随着档案元素不断融入数字人文项目之中，跨学科合作面临的挑战越发严峻。ICA《道德守则》规定，档案工作者应在相互尊重和理解的基础上与相关专业成员合作。[4] UKRIO 实践守则建议研究人员在了解合作者的道德准则和标准的情况下进行合作[5]，例如在当下人工智能环境下要开发可靠的人工智能工具，为了有效地将外部知识转移到档案领域，就必须重视跨学科的伙伴关系的重要性。

---

[1] Yokoyama S., *The Open-Access Spectrum: Redefining the Access Discourse for the Electronic Editions of Literary Works*, Routledge, 2021: 205-221.

[2] Presner T., "Digital Humanities Manifesto 2.0", http://www.humanitiesblast.com/manifesto/Manifesto_V2.pdf.

[3] 龙家庆、王玉珏、李子林：《融合与建构：数字人文研究与档案工作的关联及路径探索》，《档案与建设》2018年第12期。

[4] Fricker D., "The ICA: A Force for the Public Good", *Comma*, 2021 (01): 137-143.

[5] UKRIO, "Code of Practice for Research", https://ukrio.org/publications/code-of-practice-for-research/2-0-principles/.

首先，不同学科之间存在沟通障碍。每个学科都有自己不同的专业术语和思维模式，比如数据管理和档案管理术语体系之间的差异[1]，这会导致沟通不畅和误解。档案学的专业术语可能不被计算机科学等其他学科的成员所理解，而技术人员可能对人文学科的研究方法和目标感到陌生。其次，合作模式不一致。不同学科之间具有不同的工作方式和习惯，需要找到一种既能够充分发挥各自优势又能够协调合作的模式，或者在集中式的领导和决策模式与分散式的协作和共识模式之间达成平衡。例如有学者在数字人文缺乏传统人文学科经典议题关注[2]的背景下，呼吁建立一种新的"数字史学"，即数字技术与历史实践互动的跨学科研究，将档案理论、传统史学与技术标准和计算标准相结合，使数字数据库、GLAM馆藏、应用或可视化成为一种数字历史表征[3]。

新型的数字数据、工具和方法可以帮助那些跨学科和跨领域的团队协作型学者，或者本身跨学术机构的研究者开拓新的数字人文学科研究和教学形式；促进数字数据的重用，培养新的受众，但也因此引发了新的需要跨学科解决的研究问题，如数字监护，即管理一个可供当前和未来使用的可信的信息体的过程，因为它有助于最大限度地提高数字人文研究的价值。[4] 数字人文学科的数字监护侧重于一系列的研究成果，如学术版本、文本语料库、标记文本、主题研究集合、预注释或分析的数据，以及搜索辅助工具或参考书目等，任务包括将数据转换或迁移为新的格式，添加上下文信息或标记，或关联数据集。[5] 数字监护专业人士和数字人文学者都强调数字资产的重用和增值，鼓励开发新的研究问题，并吸引新的受众，且都

---

[1] Ogier A., Nicholls N., Speer R., *Open Exit: Reaching the End of the Data Lifecycle*, Chicago: Association of College and Research Libraries, 2016: 235-250.

[2] Liu A.Y., *Where is Cultural Criticism in the Digital Humanities*? Minneapolis, MN: University of Minnesota Press, 2012: 490-509.

[3] Sternfeld J., "Archival Theory and Digital Historiography: Selection, Search, and Metadata as Archival Processes for Assessing Historical Contextualization", *The American Archivist*, 2011, 74 (02): 544-575.

[4] Garwood D.A., Poole A.H., "Pedagogy and Public-funded Research: An Exploratory Study of Skills in Digital Humanities Projects", *Journal of Documentation*, 2019, 75 (03): 550-576.

[5] Flanders J., Munoz T., "An Introduction to Humanities Data Curation", http://guide.dhcuration.org/intro/.

强调可持续性、项目管理、机构地位以及对其工作的学术评估[1]等方面的跨学科性和协作性,以达成对学术实践和需求细致入微、富有表现力和丰富的信息理解[2]。

而人文学者传统上主要是独立工作的,严重依赖个人对研究材料的解释。[3] 但一系列后续研究证明人文学科的合作程度是被严重低估的。合作属于"一个连续的参与过程,从基本的咨询到完全整合的团队协作"。[4] 数字人文学者之间合作的益处包括利用更广泛的专业知识,分担成本和汇集资源,共享新工具,开发标准和最佳实践,以及提升认识水平。[5] 但目前该领域的合作仍然需要面对许多挑战[6],包括如何实现对语言和术语、方法和研究风格、理论输出和价值观的共同理解[7],团队合作中的任务分配,信息共建共享等。许多跨学科、团队的合作经常因巨大的组织差异或文化差异而搁浅,因此成为数字人文项目中最棘手的问题之一。

此外,数字基础设施发展迅速但不均衡,迫切需要协调、标准化和分享经验,以防止不必要的重复建设和优秀举措的原子化。[8] 大规模、分布式的学术模型是数字人文学科的变革性特征之一。欧盟资助的一项名为知识复杂性(Knowledge Complexity,简称 KPLEX)的项目,提供了一个数字人文与艺术、信息科学、计算机科学学科交叉基本挑战(认知鸿沟)的理解

---

[1] Ray J. M., *Research Data Management*: *Practical Strategies for Information Professionals*, West Lafayette: Purdue University Press, 2014: 255-274.

[2] Benardou A., Constantopoulos P., Dallas C., "An Approach to Analyzing Working Practices of Research Communities in the Humanities", *International Journal of Humanities and Arts Computing*, 2013, 7 (01-02): 105-127.

[3] Watson-Boone R., "The Information Needs and Habits of Humanities Scholars", *RQ*, 1994: 203-215.

[4] Palmer C. L., Teffeau L. C., Pirmann C. M., "Scholarly Information Practices in the Online Environment", https://www.oclc.org/programs/publications/reports/2009-02.pdf.

[5] Oliver G., Harvey R., *Digital Curation*, Chicago: American Library Association, 2016.

[6] Balkun M. M. A., Deyrup M. M., *Sustaining Digital Humanities Initiatives in Challenging Times*, Routledge, 2020: 133-142.

[7] Fiormonte D., Chaudhuri S., Ricaurte P., *Global Debates in the Digital Humanities*, Minneapolis: University of Minnesota Press, 2022: 298-304.

[8] Pawlicka-Deger U., "Infrastructuring Digital Humanities: On Relational Infrastructure and Global Reconfiguration of the Field", *Digital Scholarship in the Humanities*, 2022, 37 (02): 534-550.

框架。① 数字人文往往意味着共同创造，但由于大型人文项目的复杂性，团队合作、团队中的专业角色都要求专业化的"生产"标准成为人文科学数字化转向的决定性特征。

3. 项目协同管理挑战

项目制是全球数字人文中心运行的基本方式。档案数字人文项目研究也应采取项目协同合作方式，将档案与文献研究、历史遗产与文化遗产数字化保护、社会记忆与记录等项目纳入协同发展体系。要考虑如何通过灵活的适应性项目规划，减少数字人文项目实施过程中的资源、人力等方面的不确定性；如何做好时间管理，有效控制项目进度，在考虑到人员变动等因素影响的情况下，确保项目按时完成并达到预期目标；如何面对质量控制与项目的可持续发展，尽可能减少技术更迭、资金不足及人员调动等造成的负面影响，确保数字人文项目的数据及成果在不确定性环境中保持长期的可访问和可共享，制定兼顾当前及未来的可用性的保存策略。② 例如国家人文基金会数字人文办公室（ODH）越来越强调对其所资助项目的长期性管理，特别是对资助项目所产生的数据的保护，从2011年开始要求将数据监护作为每个项目的一部分，将数据广义地定义为生成或收集的项目材料，如引文、代码、算法、数字工具、文档、数据库、地理空间坐标、报告和文章③等。

项目管理包括项目的组织、计划和后续行动、优先次序、捐赠资金、人力资源等方面的管理和冲突的解决等一系列通常被称为"软"功能或隐性功能④，还包括流程规划、内容创建、技术开发、技术维护以及内容保存、传播和存储等硬性需求的管理，以促进项目的可持续性。在项目界定之初、项目实施过程中以及项目结束后都需要做好项目评估工作，需要通

---

① Edmond J., Lehmann J., "Digital Humanities, Knowledge Complexity, and the Five 'Aporias' of Digital Research", *Digital Scholarship in the Humanities*, 2021, 36（Supplement_2）: ii95-ii101.

② 饶梓欣、许鑫:《数字人文项目管理框架构建研究》，《图书馆论坛》2022年第11期。

③ Reed A., "Managing an Established Digital Humanities Project: Principles and Practices from the Twentieth Year of the William Blake Archive", *Digital Humanities Quarterly*, 2014, 08.

④ Maron N. L., Pickle S., "Sustaining the Digital Humanities: Host Institution Support Beyond the Start-up Phase. ITHAKAS1R", http://www.sr.ithaka.org/sites/default/files/SR_Supporting_Digital_Humanities_20140618f.pdf.

过集体评估来进行可行性分析，有效的评估可以及时发现问题、指导未来改进，并确保项目达成预期目标；在项目实施过程中需要动态跟踪项目进度，以确定与目标是否有差异及其潜在原因，并做出快速反馈。但数字人文项目的评估需要考虑目标、质量、效率、影响力和价值等多方面因素，由于项目的协同性，团队成员的个人贡献难以区分，对团队成员的个人绩效评价也是一项挑战。

总体而言，档案领域参与数字人文项目面临着诸多协同治理问题，需要档案机构、高校、政府和社会各界的共同努力，推动数字人文项目的顺利开展。通过实施资源合理分配、跨学科合作、教育培训、人才培养、项目管理和评估等方面的有效策略，档案领域可以更好地参与数字人文项目，促进项目的成功与持续发展。

4. 专业人才协同培养问题

如前所述，数字人文是探索人文与技术交叉点的学术活动集群。虽然其领域界限仍存在争议[1]，但学界在重视跨学科[2]协作及工具和技术应用方面形成较大共识。图书馆、档案馆、博物馆和其他文化遗产机构与数字人文之间存在较多重叠[3]，其与图书馆和信息科学（LIS）教育为数字人文职业生涯提供了较好支撑[4]。数字人文是 LIS 教育中的一个专业，当然不像档案、知识组织甚至数据科学那样重要或无处不在。[5]

2014 年，美国大学与研究型图书馆协会（ACRL）将数字图书馆作为数字人文的必然合作伙伴，因为其已经发展了维持和保存数字档案所需的技能。[6]

---

[1] Roth C., "Digital, Digitized, and Numerical Humanities", *Digital Scholarship in the Humanities*, 2019, 34 (03): 616-632.

[2] Su F., Zhang Y., Immel Z., "Digital Humanities Research: Interdisciplinary Collaborations, Themes and Implications to Library and Information Science", *Journal of Documentation*, 2020, 77 (01): 143-161.

[3] Poole A. H., "The Conceptual Ecology of Digital Humanities", *Journal of Documentation*, 2017, 73 (01): 91-122.

[4] Rasmussen H., Croxall B., Otis J., *Exploring How and Why Digital Humanities is Taught in Libraries*, Washington, DC: Council on Library and Information Resources, 2017: 69-88.

[5] Kim J., "Who is Teaching Data: Meeting the Demand for Data Professionals", *Journal of Education for Library and Information Science*, 2016, 57 (02): 161-173.

[6] Aslam M., "Current Trends and Issues Affecting Academic Libraries and Leadership Skills", *Library Management*, 2018, 39 (01/02): 78-92.

面向数字人文的档案内容挖掘与知识发现

自 2010 年以来,ACRL 两年一度的趋势报告均提到了数字人文或与数字人文相邻的领域,例如数字馆藏和保存、数据管理和分析、数字学术、新出版模式、项目管理和编程[1]等。且由于数字人文在数字化和数字化材料方面的广泛涉及,它高频地出现在图书馆、档案馆、博物馆和文化遗产机构的职位列表中[2],涉及的工作职责和技能包括与教师、学生和其他研究人员合作,创建有效、创新和可持续的数字学术项目,以及在数字学术的一个或多个领域的研究环境中拥有实践经验:数据科学,文本挖掘、分析,数据挖掘和可视化,自然语言处理,人机交互,GIS 应用和工具。[3] 与数字人文最密切相关的能力包括信息资源(特别是数码资源)、知识组织(特别是数字人文资料的编目和分类)、技术知识和技能(包括数字人文主义者使用的分析、可视化和内容管理工具)及用户服务。随着学术交流、数字人文、数据和 e-science 领域职位的增加,图书馆员作为内容和知识管理者已经转变为知识和内容创造者。[4] 数字人文项目生成的数据可重复使用性是数字人文研究的一个重要问题,大量数字人文项目重复使用从第三方机构收集的元数据、电影发行版和临时版、电子游戏及其相关材料、原始文本以及从社会收集的历史数据。因此,负责管理此类数据的人需要一系列特定媒体和领域技术技能。且数字人文学者需要通过在核心期刊上发表同行评议的研究文章来增强其工具的影响力。

数字人文重视在实践和研究成果创作过程中学习,因为它混合了定性和定量研究方法,在重视知识和理论内容的同时也聚焦实践和过程。数字人文教育激励学生和教师批判性、公开、合作、集体和共生地探索现有的或开拓新的和跨学科的研究领域。[5] 学者们推荐使用基于项目的教

---

[1] ACRL Research Planning and Review Committee, "2020 Top Trends in Academic Libraries: A Review of the Trends and Issues Affecting Academic Libraries in Higher Education", *College & Research Libraries*, 2020, 81 (06).

[2] San José State School of Information, "MLIS Skills at Work: A Snapshot of Job Postings Spring 2021", https://ischool.sjsu.edu/sites/main/files/file-attachments/career_trends.pdf?.

[3] Sula C. A., Berger C., "Training Information Professionals in the Digital Humanities: An Analysis of DH Courses in LIS Education", *College & Research Libraries*, 2023, 84 (05): 802-822.

[4] Currier B. D., Mirza R., Downing J., *They Think All of This is New: Leveraging Librarians' Project Management Skills for the Digital Humanities*, Routledge, 2020: 137-155.

[5] Battershill C., Ross S., *Using Digital Humanities in the Classroom: A Practical Introduction for Teachers, Lecturers, and Students*, New York: Bloomsbury Publishing, 2017: 186-200.

学方法[1]，偏好使用具体学科领域的案例和练习，如文本分析、文本挖掘、项目管理等。数字人文教育要解决如何让学生熟悉现实世界的国际和跨学科数据共享的文化和技术挑战问题；数字人文教育者和项目指导者，特别是来自传统人文领域的学者，如何才能在教学大纲覆盖最少或显示最少的相关主题和内容前提下，完美地将计算机编程整合到教学过程之中；如何吸引计算机等相关学科更广泛地参与，甚至将以往从未有过接触的学科力量引入共同教学过程，从而提升数字人文教育的影响力。[2] 一项调查研究显示，北美洲、亚洲、欧洲已经存在数以十计的数字人文学士学位、硕士学位教育，例如 CLARIN-DARIAH 数字人文课程注册表列出了几十所大学 83 个学士、162 个硕士和 16 个博士学位证书项目。[3] 这些项目要求专业人员具备一系列基本和专业技能及知识，以支持数字对象生命周期活动管理，使其在就业市场上具有竞争力。其中，招聘广告中数字内容平台的工作知识和经验出现得最频繁，雇主特别提到的数字内容管理系统或数字出版平台包括 Omeka、WordPress、Scalar、CONTENTdm、Fedora 和 DSpace 等，除了创建元数据的经验之外，还要求掌握元数据标准的知识以及受控词汇表知识，版权、许可证和数字对象的合理使用实践知识等。即数字人文实践者需要获取一系列的核心技能（包括特定技术范例），包括文本标记（纯文本、Markdown、Pandoc、TEI）、命令行界面熟练程度（Bash、PIPES、正则表达式）、内容管理（Jekyll、WordPress）、版本控制（Git）、编程语言（Python、R、JavaScript）、网络能力（云计算、虚拟专用网络）、安全性（Pretty Good Privacy、Secure Socket Shell）、系统管理能力（Linux、Apache、Mysqn）、项目管理能力（GitHub、BaseCamp）、设计能力（数据可视化、排版、用户体验）、概率论、统计和算法等。[4]

---

[1] Clement T. E., Carter D., "Connecting Theory and Practice in Digital Humanities Information Work", *Journal of the Association for Information Science and Technology*, 2017, 68 (06): 1385-1396.

[2] Garwood D. A., Poole A. H., "Pedagogy and Public-funded Research: An Exploratory Study of Skills in Digital Humanities Projects", *Journal of Documentation*, 2019, 75 (03): 550-576.

[3] Walsh J. A., Cobb P. J., de Fremery W., et al., "Digital Humanities in the iSchool", *Journal of the Association for Information Science and Technology*, 2022, 73 (02): 188-203.

[4] Crompton C., Lane R. J., Siemens R., *Doing Digital Humanities Practice, Training, Research*, London: Routledge, 2016: 98-116.

数字人文与档案领域的交叉融合不仅给档案管理与档案工作带来了前所未有的机遇与挑战，也对档案学教育与培训提出了新的要求，当前的档案学教育与培训必须培养具备相应技能和知识体系的复合型人才，以适应数字人文的需求。数字人文和档案领域合作是数字人文计划的关键组成部分，档案学应该成为数字人文研究学科体系的重要组成部分与参与伙伴。[①] 档案工作人员是数字人文项目开展过程中的社会性伙伴与合作者，他们需要不断接受专业技能培训，积极参与国内外各类数字人文项目、联盟和会议，不断更新自己的知识结构，提升管理和服务水平；数字人文学者也需要了解档案标准、数字资源管理、博客人文、数据库及版权法等传统的人文学科知识。

档案管理对象的数字化、数据化和档案利用主体的知识化、智能化服务需求，决定了档案管理主体面临从纸质档案保管者向档案信息开发者和档案知识共享者的角色定位转变挑战。[②] 档案数字化转型与信息技术的快速发展要求档案工作解决人才队伍结构性矛盾突出、高层次人才较为缺乏、档案人才专业程度不高、人才地区分布不平衡、创新意愿和能力薄弱等问题[③]，勾画档案人才队伍学历、岗位、职称结构蓝图[④]，加大技能型、复合型、创新型、协作型档案人才培养力度，建设一支与时俱进、结构合理、素质优良的先进人才队伍，赋能档案工作与档案事业现代化。档案人才培养需顺应日新月异的技术环境，丰富信息素养教育内容，发展在线教育等多种培养方式，优化档案人才培养体系，加快推动人才培养数字转型。档案管理新业态催生档案数字化管理师等新细分职业，档案事业急需熟悉档案业务并掌握现代信息技术的复合型人才、创新型人才填补人才缺口。档案事业"十四五"规划要求强化数字课程开发，推进教育资源共享，促进档案教育培训和互联网融合发展。新时代档案人才培养需要科学合理评估实践要求的人才能力结构，制订档案人才学历提升、岗位竞聘、职称晋

---

① 左娜、张卫东：《数字人文视角下的档案学研究》，《图书与情报》2019年第6期。
② 马仁杰、许茹、薛冰：《论数智技术浪潮下我国档案利用工作的优化路径》，《档案学研究》2023年第1期。
③ 杨文：《中国档案人才队伍建设的演进脉络与优化策略》，《档案学研究》2023年第5期。
④ 钱德凤：《档案治理视角下档案人才队伍建设研究》，《档案与建设》2022年第12期。

升的人才培养计划，扩大档案人才成长空间，为档案事业提供充足的人才储备。档案人才不仅要学习档案专业知识和基本技能，如档案学、文书学、目录学等，还应掌握电子档案管理、档案信息化有关能力，熟悉与档案管理专业相关的法律、安全保密、计算机等学科内容。

数字人文的跨学科特点决定了参与数字人文的档案人员应是具有交叉学科背景的复合型知识馆员。就档案馆而言，可以尝试培养"档案数字人文馆员"，使之成为知识时代数据驱动型档案工作者的新兴职业形态，参与档案数字人文项目的全流程，降低项目失败风险，保证项目的可持续性发展。[①]

[①] 张斌、张旭、陈昱其：《档案数字人文馆员：价值阐释、角色定位与培养策略》，《档案学通讯》2022 年第 6 期。

第三章
数字人文与档案内容管理融合框架

过去 20 年大规模档案数字化和原生数字档案的指数级增长为数字人文学者研究提供了丰厚的内容与材料,但数字人文学者对结构化、集成化、可互操作和可查询数据的要求呼唤档案工作者加强档案内容管理,为学者提供档案关联数据,将数据库、人工智能和维基数据等工具及知识库组合纳入档案关联数据生产工作流程,以扩大档案关联数据的生产规模,将异构档案来源整合到一个单一数据存储库中,提升数字化和原生数字档案的访问和利用便利性,更好地支撑数字人文研究,同时反哺档案工作和档案学共同体,加强其对学科转型升级的支撑作用。

一 档案内容数据库

通俗地讲,数据库只不过是大型信息库。然而,现实中的数据库往往是研究者参与研究项目的重要途径。因为数据库是一个严密组织的数据集合,其中包含的信息模式有利于学者最大限度地提出关于其内容的问题。如果只是需要存储一些信息,比如只是想按字母顺序或按出生日期对作者列表进行排序,一个简单的电子表格就可以轻松应对,数据库并不是最好的选择。但如果是致力于一个数字人文研究项目,希望积极地处理研究数据并挖掘它的极限,同时提出具有挑战性的问题——发现问题模式,寻找随时间变化的动态规律,定位异常和缺失信息,那么数据库至关重要。[①]

[①] Quamen H., Bath J., *Databases*, Routledge, 2016: 181-198.

而现实情况是，虽然存在着大量遵循学术知识共享原则存在的开源数据库，但大多数学术知识仍然隐藏在需要昂贵订阅的付费墙后面。[1] 除非学者从属于主要研究型大学，否则很难获得学术界的基本资源。即使这样，知识生产者出版自己的作品这一知识生产和学术交流活动也仍然面临普遍负担。[2] 研究证明，档案内容数据库，哪怕是宏观的档案数据库，可以对微观研究产生研究方法上的支持，并可成为测试微观研究问题的重要资源。[3] 目前，国内综合性的开放数据库在数字人文领域的专用性不强，而专门针对数字人文的开放数据库数据多模态性不强，主题大部分是古籍文献资源、人物传记资料、基础地理信息等，且内容以文本资料为主。[4] 因此，面向数字人文的档案内容数据库的建设，作为数字人文基础设施建设的组成部分，就显得非常必要。

（一）档案内容数据库的构建

档案数据库通常指的是档案目录数据库、档案全文数据库和档案多媒体数据库。[5] 档案目录数据库是使用某种数据库管理信息系统组织管理档案目录的数据集合；档案全文数据库是存储与组织管理数字化档案信息的数据库系统，既包括著录信息（档号、题名、责任者、正文等），又包括档案的内容信息；档案多媒体数据库是对文本、图像、声音、视频等多媒体数据进行统一管理的数据库系统。本研究用档案内容数据库统一指称这些不同类型的档案数据库。

我国自20世纪80年代起推动档案信息化建设，虽然部分档案文本通过扫描转换为数字化的图像文件，但并不能实现信息之间的关联或全文检索，无法达到很好的资源整合与共享利用效果。例如2020年上海市档案馆公布

---

[1] Franklin B., "Managing the Electronic Collection with Cost Per Use Data", *IFLA Journal*, 2005, 31 (03): 241-248.

[2] Van R., "Open Access: The True Cost of Science Publishing", *Nature*, 2013, 495 (7442): 425-429.

[3] Hill N. S., Aguinis H., Drewry J., et al., "Using Macro Archival Databases to Expand Theory in Micro Research", *Journal of Management Studies*, 2022, 59 (03): 627-659.

[4] 吴金华、徐健、桂思思：《国内数字人文开放数据的进展、痛点与发展思考》，《图书馆杂志》2023年第11期。

[5] 金波、张大伟主编《档案信息化建设》，上海教育出版社，2016，第84~90页。

的93万卷馆藏开放档案的案卷级目录和2.3万余件档案和史料编研成果的数字化全文,其中的档案数据仅包括少量数据信息(题名、档号、保管机构、年度等),数字化全文则是以图片形式,并未深入档案内容层面建立档案内容数据库,更遑论对档案内容的统计和数据分析以及对数据间的复杂关系与联系[1]的有效揭示、理解与知识发现。

数字人文研究强调运用数字思维和信息技术挖掘人文资源,因此信息资源建设至关重要。随着文献数字化和大数据技术的发展,越来越多的人文学者开始使用数据库来组织和分析信息。在新技术的推动下,文献资源的内容结构和利用不断变化,从基于文本的数字资源向关系结构化数据不断演变。从图像数据库和全文数据库转向定量数据库和数字人文数据库,知识表示变得更加细粒度。这也推动了数字人文基础设施的发展,越来越多的数字人文数据库在世界范围内建立和使用。数字人文数据库应兼具检索和数据结构化特性,提供更细粒度的信息标注,从而更好地支持学者的研究需求。[2]

1. 档案内容数据库选型

数据库技术从20世纪60年代出现至今,在理论及技术方面都有了很大的进步。关系型数据库系统以关系代数为坚实的理论基础,能够很好地管理和存储结构化数据。经过几十年的发展和实际应用,其技术越发完善、成熟,逐渐成为各行各业数据库技术的主流。在档案信息化之初,档案部门主要存储结构化的目录数据,关系型数据库能够很好地对其进行管理和存储,档案部门也基本采用关系型数据库存储数据。而随着电子政务和数字档案馆建设的不断推进,电子文件归档和电子档案管理成为趋势,档案馆日常业务中的非结构化数据出现爆炸性增长。关系型数据库在应对大规模数据存储和高并发访问等方面显得力不从心,主要体现在灵活性差、扩展性差、性能差等方面。[3]因此档案部门开始对即将接收或者已经数字化的

---

[1] 罗紫菡、李鸿飞、师梅:《面向数字人文的档案数据库建设研究》,《办公自动化》2023年第24期。

[2] Gao D., He L., Liu J., et al., "Construction over Operation? A Study of the Usage of Digital Humanities Databases in China", *Aslib Journal of Information Management*, 2022, 74 (01): 1-18.

[3] 辛晓越:《文档型数据库的存储模型设计和研究》,中山大学硕士学位论文,2015,第5页。

非结构化数据资源进行有效存储、管理和利用，主流的非关系型数据库有 Big Table 类数据库（HBase、Cassandra），MongoDB、CouchDB、Redis 和 TRIP 等方案开始被引入档案业务。

国家档案局 2020 年颁行的《基于文档型非关系型数据库的档案数据存储规范（DA/T 82-2019）》，旨在解决大规模档案数据集合及多种数据类型带来的挑战，优化档案数据存储方式，推动档案数据科学管理，使档案部门可以将文档型数据库、关系型数据库共同作为档案数据存储和管理的工具，不同类型数据库互联互通的前提是有完善的元数据标准来确保数据的标准化与互认性。

2. 档案内容数据库的元数据标准

元数据标准对于档案领域的数字化转型和档案内容数据库建设至关重要，它使档案资料能够以一种标准化的形式被存储、描述和检索，从而提升了信息的可访问性和可用性。在全球化和网络化的背景下，统一的元数据标准对于跨国界、跨文化的信息交流和学术研究合作至关重要。在档案领域，常见的元数据标准有 EAD、ISAD、TEI 等。

EAD（Encoded Archival Description）是美国档案管理员协会（Society of American Archivists，SAA）为编码适用于网络传输的档案检索工具而专门制定的著录标准，其基于标准通用置标语言 SGML（Standard Generalized Markup Language）和超文本置标语言 XML（eXtensible Markup Language）格式来构建检索语言。作为档案著录的数据结构标准，EAD 对档案检索工具的各个结构化元素及其相互关系进行了定义，能使信息以与平台无关的方式被查询、检索、显示和交换，是网络环境下有利于处理档案与手稿资料的一种元数据标准。美国国家档案馆的在线目录就是一个典型的 EAD 应用实例。在这个案例中，EAD 标准被用来描述档案集合，使研究者能通过网络远程检索到详细的档案信息。此外，许多国家的国家级档案馆和大学图书馆也采用 EAD 来构建其数字档案库，以提高档案材料的可访问性和利用率，如美国国会图书馆检索计划（Library of Congress Finding Aids Project）、美国遗产虚拟档案馆（American Heritage Virtual Archive）项目、英国在线查档（A2A，Access to Archives）、英国档案网络中心（Archives Hub）项目等。例如欧洲的 EHRI 档案门户网站汇集了来自 1900 多个机构的内容，编目和著录方式各异，EAD 对于内容聚合、集成开发等许多相关任务意义重大：比较各种来源的内容，支持开发质量检查流程；定义一个集成的存储各种类型档案馆藏来源内容的存储库基础结构；以无缝方式查询和重用内容；支持部署独立于信息源特性的开发工具，以便对信息池中的内容进行诸如可视化呈现或内容挖掘等操作。①

ISAD（G）标准主要用于数字档案馆电子档案元数据著录，包括二十六个元数据元素、七大著录项（标识、背景、内容和结构、利用和使用条件、相关材料、注释、著录控制），它采用多维控制的视角，完整著录了档案的内容、结构和背景信息，为著录条目与档案实体建立了准确的映射关系，不仅提高了档案描述的准确性和一致性，还促进了全球范围内档案信息的共享和交流。②

ISAAR（CPF）是由国际档案理事会（ICA）制定的第二个档案著录标准，该标准主要针对档案相关的责任者（团体、个人、家族等）背景信息进行著录，包含四大著录项（标识、说明、关系和控制），主要目的在于为文件创建者与文件创建背景的档案著录的标准化提供总则③，提出了单独提取和维护档案背景信息元数据，并和档案自身著录元数据信息保持链接的重要性。

档案职能著录规则（International Standard for Describing Functions，ISDF）主要对机构业务职能进行著录，该标准提供四大著录项、二十三个元数据元素对职能信息进行著录，包括职能类型、名称、分类、职能日期、详细说明、相关职能等。

文本编码倡议（Text Encoding Initiative，TEI）是一种用于编码文本材料的元数据标准，它规定了对电子文本的描述方法、标记定义和记录结构。TEI 的目标是为电子形式的文本材料提供一种通用编码方案，以便于学术交流和资源共享，涵盖了从古典文学到现代电子出版等各种类型的文本材料。④ TEI

---

① Romary L., Riondet C., "EAD ODD: A Solution for Project-specific EAD Schemes", *Archival Science*, 2018, 18: 165-184.
② Procter M., Cook M., *Manual of Archival Description*, London: Routledge, 2017: 260-290.
③ 段荣婷：《国际档案规范记录标准化研究》，《档案学研究》2013 年第 5 期。
④ Kyriaki-manesi D., Koulouris A., "Managing Digital Content", https://users.uniwa.gr/akoul/pubs/2015_dcm_final_kallipos.pdf.

在数字人文项目中有着广泛的应用，尤其是在历史文献、手稿和其他古代文献的数字化工作中。例如，欧洲数字图书馆项目就使用 TEI 标准来编码和描述其收藏的大量历史文献。通过应用 TEI，这些文献以一种结构化和标准化的形式被保存和传播，极大地丰富了数字人文研究的素材库。

国内现行的档案行业元数据标准是由我国国家档案局于 1999 年批准执行发布（DA/T 18-1999）、在 2022 年第一次修订的《DA/T 18-2022 档案著录规则》。它确立了档案多级著录的模型和原则，明确了档案著录项目及其约束性、著录层级和著录主体，规定了各著录项目的著录要求。它所引用的标准有 GB/T 4880 语种名称代码、GB/T 4881 中国语种代码、GB/T 15418 档案分类标引规则和 DA/T 13 档号编制规则。该规则初步实现对国内档案文件的管理和利用，能够实现与全球其他编目规则的档案文献元数据的交流和共享，与之相配套的各种标准与辅助工具的涌现降低了适用难度，提高了其适用能力。

文书类电子文件元数据方案 DA/T 46-2009 是参照 ISO 15489《信息与文献文件管理》、ISO 23081《信息与文献文件管理过程文件元数据》、档案行业标准 DA/T 18-1999《档案著录规则》、国际档案理事会标准《国际标准档案著录规则（总则）》制定的文书类电子文件元数据集和元数据元素关系间的逻辑架构，规定了以文件和案卷形式的档案为对象的文书类电子文件形成、交换、归档、移交、保管、利用等全过程元数据设计、捕获、著录的一般要求，包括元数据的定义、分类、属性、取值范围、取值规则、获取方式、更新和删除等方面的内容。

3. 档案内容数据库的模型

档案内容管理对象随着技术发展不断扩展，包括了存量实体档案、原生与次生数字档案以及大量存在于数据库中的数据态档案。[①] 传统的关系型数据库技术已不再适应以数据流形式到来的大规模非结构化数据的存储和组织的需要。多源异构数据的存储和组织是档案内容管理的基础，需要我们以标准化、规范化数据的组织和存储方式实现数据序化，将数据间复杂

---

① 张斌、高晨翔、牛力：《对象、结构与价值：档案知识工程的基础问题探究》，《档案学通讯》2021 年第 3 期。

的语义联系以及不同结构的数据加以转换、集成，形成统一、关联的档案资源集合。

非关系型数据库具有良好的扩展性和数据关联性挖掘能力，在异质异构的数据整合与存储、分布式存取、高并发访问等方面更有优势，可以有效解决非结构化数据的存储、检索和利用问题。在非关系型数据库中可以创建不同类型的非结构化的字段，从而有效兼容非结构化、半结构化和结构化数据，能够集成各种格式的档案文件，从档案原文中提取的文本内容、档案目录和元数据等，基于键值对的存储方式可以大大提高档案检索、统计和数据挖掘的质量和效率。

档案内容数据库的设计要遵循顶层设计先行、数智技术结合专家智慧和动态生长三大基本原则。在档案内容数据库构建初期，应先做好数据库的顶层设计工作，首先确立内容数据库的整体架构，将数智技术和专家智慧进行有机结合，提升数据库系统的构建效率和智能化水平；构建出更符合档案工作者需求的人性化档案内容数据库，兼具智能效度与人文温度；重视数据库建成后的持续动态更新与维护；确保档案内容数据库的可持续发展能力，确保档案内容数据库适应底层知识体系结构的变化、档案内容的更新以及子数据库关联变动。

设计档案内容数据库模型的一般流程如下。（1）确定档案的属性和关系：识别档案的基本属性，如档案编号、标题、日期、作者、摘要、关键词、存储位置等；分析档案之间的关系，如分类、来源、归属、版本等。（2）选择合适的数据模型：关系型数据模型适用于结构化数据，可以使用表、行和列来组织数据，利用 SQL 进行查询；而非关系型数据模型（如文档型、键值存储、图数据库等）适用于半结构化或非结构化数据，提供更灵活的数据组织方式。（3）设计实体和关系：在数据模型中每个实体代表一种类型的档案，而实体之间的关系（如一对多、多对多）反映档案之间的逻辑联系。（4）规范化数据模型：应用规范化理论，通过拆分表来消除数据冗余，确保数据的一致性，并确定每个表的主键和外键，以维护数据的完整性；设计元数据结构，记录档案的描述信息，便于检索和管理。（5）索引和查询优化：根据检索需求创建索引，设计高效的查询算法实施全文索引，优化 SQL 语句或使用 NoSQL 查询语言的特性以提高查询效率。（6）用户界面和 API 设计：设计简洁直观的用户界面，使用户能够方便地浏览和检索档案；提供 API 接口，允许程序化访问和集成第三方系统。(7) 可扩展性和灵活性：确保数据模型可以适应未来的变化，如档案种类的增加或检索需求的变化；考虑使用微服务架构或模块化设计，以提高系统的可维护性和可扩展性。(8) 安全性和权限控制：设计安全措施，应用区块链等技术实现细粒度的权限控制，确保用户只能访问被授权的档案，维护档案数据内容的完整性与准确性。(9) 测试与评估：在实际环境中测试数据模型的性能和功能，并根据用户反馈和系统性能数据调整数据模型，不断优化以达到最佳效果。[①]

数字档案库技术，企业一般称之为内容管理（CM）技术。[②] 数字人文项目的独特性和新颖性在于它的内容与技术。许多数字人文项目基于开源的 Web 内容管理系统（CMS），允许用户使用不同的方式构建不同范围和性质的内容平台。[③] 与 DRT（文档相关技术）和 DLM（文档生命周期管理）一样，ECM 可以被视为包括各种技术和供应商的一个术语。文档相关技术中的传统档案、文档管理和工作流功能已转换为用于生成新的产品套件，这些产品套件将 Web 组件与传统数据库产品相结合，使 ECM 成为适合多层模型的基础架构组件的集合，包括用于处理、交付和管理结构不良数据的所有文档相关技术。因此 ECM 可管理 Web 内容管理的所有信息，并可作为通用数据库满足归档需求，其构件如图 3-1 所示，包括捕捉、管理、存储、传输和保存，适用于长期存储介质上的档案和归档管理系统。[④] 可利用 Apache Stanbol 平台的语义解决方案，支持和扩展传统的 Web 内容管理系统，提供动态内容提取、自然语言处理、内容增强和推理等持久性服务，存储用于定义和操作数据模型的数据和知识模型服务。[⑤]

---

① 张斌、魏扣、郝琦：《面向决策的档案知识库构建研究》，《图书情报工作》2016 年第 5 期。
② Gladney H., "Long-term Preservation of Digital Records: Trustworthy Digital Objects", *The American Archivist*, 2009, 72 (02): 401-435.
③ Dombrowski Q., "Drupal and Other Content Management Systems", in Constance Crompton, Richard Lane, Ray Siemens eds., *Doing Digital Humanities: Practice, Training, Research*, Routledge, 2016: 325-338.
④ Kampffmeyer U., "Trends in Record, Document and Enterprise Content Management", https://www.project-consult.de/files/ECM_Handout_english_SER.pdf.
⑤ Apache, "Stanbol", http://incubator.apache.org/stanbol.

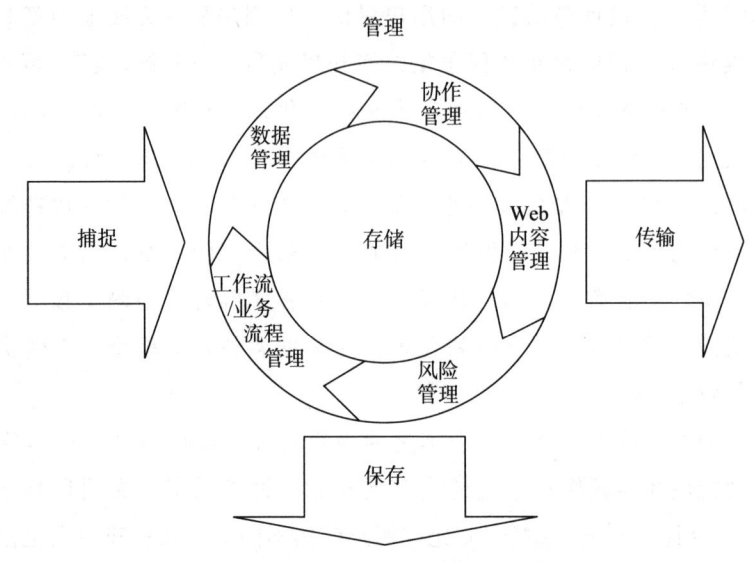

图 3-1　基于 ECM 的 Web 内容管理

（二）基于内容数据库的数字人文平台建设

现代大学将学术与数据管理隔离开来，将数据管理降为次要的支持性角色，并将数据管理员"流放"到博物馆、档案馆和图书馆中。数字人文革命则促进了研究和教学格局的根本性重塑，把学者和数据管理员的身份再次贯通，使学术实践的需求和可能性得以扩大，同时也带来博物馆、图书馆和档案馆学术使命的提升。档案馆必须成为教学和实践学习的场所，而大学教室则应当成为学生接触、处理、注释和排序物质文化遗迹的场所。[①]

数字化的快速推进产生了大量可通过网络获取的数字档案。许多数字档案馆不仅拥有高质量的数字内容，而且还配备了复杂的工具，用于分析内容和文本情境。尽管这些数字档案系统大大提升了学者访问和分析研究材料的能力，但因其内容是根据某些标准收集和组织的，内容和工具在系统本身的范围内进行交互，而添加新内容和新工具只能由系统开发人员

---

① Tu H. C., Hsiang J., Hung I. M., et al., "DocuSky, a Personal Digital Humanities Platform for Scholars", *Journal of Chinese History*, 2020, 4（02）：564-580.

(或管理员)完成。在数据永无止境的趋势下,它意味着信息设计和选择性:将信息引导、过滤和组织成可理解和可用的信息;挖掘新的或长期被忽视的文化语料库。因此,档案工作者必须与数字人文学者、图书馆员一起,批判性地思考这种爆炸性增长带来的挑战和机遇,超越自身专业语言的界限,进入一个更流动的公共领域,在学者专业指导下参与大规模数字人文档案内容数据库/知识库的建设。

1. 知识库表征系统设计

知识库是一个经过精心设计和构建的大型语义数据存储库。构建过程包括数据收集、规范化、映射、语义表示、关系发现等。集成知识系统(IKS)从数字图书馆、数字博物馆、科学和技术信息系统等分布式异构源获取文化遗产数据,并进行分析、清除、统一并转换为语义形式。

比较主流的技术方案包括 Fedora Commons 存储库系统[1]、DSpace[2] 和 dLibra[3]。Fedora Commons 存储库系统是一种用于存储、管理和访问数字内容的架构,包括一个提供 Web 开放服务的核心存储库,以及一系列支持服务和应用程序,如搜索、OAI-PMH、消息传递、管理客户端等;它被用于数字馆藏、电子研究、数字图书馆、档案、数字保存、机构存储库、开放获取出版、文档管理、数字资产管理等场景。DSpace 是一款开源的数字资产管理软件,通常被用于学术和商业机构存储库建设,支持包括书籍、论文、物体的 3D 数字扫描、照片、电影、视频、研究数据集等各种各样的内容和数据。dLibra 是波兰波兹南超级计算和网络中心(PSNC)开发的一款数字图书馆工具,支持搜索存储元素的内容、使用同义词词典搜索书目描述、对数字出版物进行分组以及元素访问规则导航[4]等功能。

数字人文学科利用数字媒介和技术来推进人文学科的全方位思索和实践,其结果是一个语义关联的知识库,可以根据不同的任务和用户偏好关

---

[1] Fedora Commons, "Fedora Commons Repository Software", http://www.fedora-commons.org/.
[2] Smith M. K., Barton M., Bass M., et al., "DSpace: An Open Source Dynamic Digital Repository", http://dspace.mit.edu/handle/1721.1/29465.
[3] Dudczak A., Heliński M., Mazurek C., et al., "dLibra-platforma do budowy repozytoriów cyfrowych", Poznan: Wydawnictwo Politechniki Poznanskiej, 2007: 458-467.
[4] Werla M., "Biblioteka cyfrowa jako repozytorium OAI-PMH", http://dlibra.psnc.pl/community/display/KB/Biblioteka+cyfrowa+jako+repozytorium+OAI-PMH.

联 Web 中可用的其他数据。导航知识库各个对象之间的语义关系，可以揭示和利用新的语义路径，以开发创新的服务和应用程序。该过程符合关联开放数据和 W3C 语义网最佳实践，以便能够更广泛地推广文化遗产，并在 Web 中共享和重用文化遗产数据。虽然不同的组织（博物馆、图书馆、档案馆等）可能使用不同的分类、定义和描述方法，但文化遗产元素在语义上是相互关联的。网络技术和社交网络为分享个人知识和经验提供了强有力的手段，也成为创造庞大的相互关联的数字文化遗产的完美工具。基于这些技术的数据管理新范式的出现，支持公民参与地方文化遗产建设与传播，并跨境分享相关知识。开放数据运动和关联开放数据（LOD）成为主流的文化遗产数据整合范式。[①] 例如研究者利用 INTERGRAPH——一项基于图形的、用于探索和研究历史文献典藏内容的视觉分析演示技术，根据大约 15000 份 1945 年以后发表的欧洲一体化主题的数字化文献[②]，绘制出了语料库中出现命名实体的多层次、动态关系图，为研究者优化语料库、改进关系图结构提供了思路。

XML、RDF/RDFs 及本体三大技术是语义网的关键支撑，分别描述了资源结构信息、资源数据模型及资源语义。典型的关系建模语言有 RDFS（RDF Schma）、OWL（Web Ontology Language）和 SKOS（Simple Knowledge Organization System）。RDF（资源描述框架）以 ｛主语，谓语，客体｝和 ｛资源，属性，属性值｝的三元组形式描述资源的特性及资源之间的关系，多个三元组构成链接丰富、灵活扩展的关联数据网络，有利于资源描述和交换的标准化以及知识发现。为了提升建模的灵活性和推理的效率，W3C 在 RDFS 之后推出了 OWL，其已经成为目前语义网和知识图谱领域中最为流行的本体建模语言，具备强大的关系表达能力。SKOS（简单知识组织系统）则考虑了已有知识组织系统的互操作要求，实现传统主题词表、分类法的机器可存取、链接和复用，提供了符合语义网要求的规范化语法来表明不

---

① Candela G., Escobar P., Carrasco R. C., et al., "A Linked Open Data Framework to Enhance the Discoverability and Impact of Culture Heritage", *Journal of Information Science*, 2019, 45 (06)：756-766.

② Bornhofen S., Düring M., "Exploring Dynamic Multilayer Graphs for Digital Humanities", *Applied Network Science*, 2020, 5 (01)：54.

同概念体系中概念间的映射链接。[1]

随着信息技术的发展，起源于哲学领域的本体概念被引入计算机、人工智能、图书情报等领域，本体是共享概念模型的形式化规范说明。[2] 根据本体的层次和领域依赖度，本体可分为顶层本体、领域本体、任务本体和应用本体，其中领域本体专注于研究特定领域内的概念及其相互关系。关联数据技术利用URI（Uniform Resource Identifier，统一资源标识符）标识万维网中的每个实体，在不同数据资源之间创建语义关联，数据发布者采用可解析的HTTP、URI进行数据发布，开放了的数据可由其他数据发布者链接到该数据资源，关联起来的数据就转换为关联数据。[3]

知识库旨在使用语义网标准和技术，通过网络供任何愿意利用它来开发应用程序和创新服务的人重复使用。语义技术，特别是关联开放数据，在文化遗产领域得到了广泛应用，增强公民在探索文化遗产方面的体验，促进艺术品的可发现性，整合和丰富有关文化遗产的数据。[4] 本体的协作开发，例如CIDOC-CRM[5]加强了组织之间的协作，以便在其系统内满足语义互操作性要求。通用本体的使用促进了数据交换和大型数字图书馆的创建。关联开放数据（LOD）范式已被用于连接来自不同文化机构的数据，增加获取数据网络中可用文化数据的可能性[6]，创建可以在不同应用程序中重复使用的知识库；再通过语义注释，支持大型虚拟馆藏索引

---

[1] El Idrissi B., Baïna S., Mamouny A., et al., "RDF/OWL Storage and Management in Relational Database Management Systems: A Comparative Study", *Journal of King Saud University-Computer and Information Sciences*, 2022, 34 (09): 7604-7620.

[2] Studer R., Benjamins V. R., Fensel D., "Knowledge Engineering: Principles and Methods", *Data & Knowledge Engineering*, 1998, 25 (01-02): 161-197.

[3] 王帅奇：《革命历史事件数字资源的细粒度知识关联研究》，吉林大学硕士学位论文，2023，第13页。

[4] Marden J., Li-Madeo C., Whysel N., et al., "Linked Open Data for Cultural Heritage: Evolution of an Information Technology", Proceedings of the 31st ACM International Conference on Design of Communication, 2013: 107-112.

[5] Doerr M., "The CIDOC Conceptual Reference Module: An Ontological Approach to Semantic Interoperability of Metadata", *AI Magazine*, 2003, 24 (03): 75-75.

[6] Hyvönen E., *Semantic Portals for Cultural Heritage*, Berlin, Heidelberg: Springer Berlin Heidelberg, 2009: 757-778.

和搜索①。其中馆藏索引得益于众包技术，邀请大量用户协助馆藏的选择、编目、情境化和监护。②此外，语义技术允许超越传统的自由文本搜索（例如 Google），为用户提供基于本体推理的"智能"设施，例如语义搜索、语义自动完成或内容的语义推荐。

在文化遗产和语义网技术的背景下，许多本体和知识组织系统（KOS）被开发用于文化遗产对象的建模。例如 CIDOC-CRM（概念参考模型，http://cidoc-crm.org/）是一个形式化和标准化的本体，由国际博物馆理事会（ICOM）和国际文献委员会（CIDOC）跨学科协作形成，旨在实现文化遗产数据的信息整合，满足文化遗产异构信息来源之间的语义互操作性要求；它具有丰富的类和属性分类法，用于描述文化领域的时空、事件、物质和非物质对象；该模型对于构建各种粒度的查询服务非常有用。EuropeanaEDM（http://pro.europeana.eu/edm-documentation）是 Europeana 项目（http://pro.europeana.eu/）中的一种数据模型，用于整合、收集和丰富来自不同的分布式内容提供商的文化遗产数据。EDM 重用并扩展了一组常用词汇表：用于组织对象元数据和数字表示的 OAIORE（开放档案倡议对象重用和交换），用于描述性元数据的 Dublin Core，用于概念词汇表展示的 SKOS（简单知识组织系统），用于表示事件和对象之间关系的 CIDOC-CRM。

盖蒂词汇表（http://www.getty.edu/research/tools/vocabularies/index.html）是由盖蒂研究所开发的一套 KOS（知识组织系统），由四个受控词汇表组成，包括用于描述艺术、建筑和文化遗产物品的通用术语的艺术和建筑词典（AAT），描述历史名城、帝国和考古遗址名称的盖蒂地名词典（TGN）等。上述本体论和 KOS 被成功地用于文化公共组织开展的许多文化遗产项目。例如由欧盟资助的文化遗产项目 Europeana，其中包括 Europeana Vx、Europeana Creative、Europeana Space、Europeana Food and Drink 等多个项目。Europeana Vx 旨在创建和协调一个数据提供者的贡献机构网络，并通过开发

---

① Schreiber G., Amin A., Aroyo L., et al., "Semantic Annotation and Search of Cultural-heritage Collections: The Multimedian E-Culture Demonstrator", *Journal of Web Semantics*, 2008, 6 (04): 243-249.

② Ridge M., "From Tagging to Theorizing: Deepening Engagement with Cultural Heritage Through Crowdsourcing", *Curator: The Museum Journal*, 2013, 56 (04): 435-450.

服务基础设施来管理收集的数据，从而优化数据的可发现性和可访问性。整个存储库目前包含数百万个 RDF（资源描述框架）文化数据。[1] SMARTMUSEUM（http://www.smartmuseum.eu/）是由欧盟委员会资助的一个旨在开发移动泛在文化遗产的推荐系统[2]，根据用户输入的信息需求和情境信息（例如从移动设备捕获的传感器数据）向用户提供正确的内容。内容使用都柏林核心元数据标准进行注释，包括材料、对象类型和对象创建地点等元数据。地理信息使用 W3C Geo Vocabulary（http://www.w3.org/2003/01/geo/）建模，而对象则使用盖蒂词汇表进行索引。

越来越多的博物馆将语义技术用于为其藏品和艺术品提供互联网访问，使其易于发现，促进其数据的整合。2011 年，大英博物馆发布包含数百万条关联开放数据记录的数据库，成为第一个使用语义技术在网络上提供文化资产的英国艺术机构。如今，该数据集包含上亿条使用 CIDOC-CRM1 进行建模的数据记录；美国、荷兰的一些博物馆也使用 CIDOC-CRM、EuropeanaEDM 进行建模，并从使用 Cultural-ON 的建模信息（如地址、联络点、开放时间、票务等）中受益。[3]

NKRL（叙事知识表示语言）既是一个概念建模工具[4]，也是一个（完全实现的）计算机科学环境，为关联具体或虚构人物及其关系的现实生活或虚构故事，提供了一个通用的统一框架。叙事可具象化为演讲、写作、影视、游戏、摄影、戏剧等（多媒体）作品。NL 支持以新闻报道、公司记忆文件（备忘录、报告、会议记录等）、规范和法律文本、医疗记录等形式传达。但它们也可用多媒体文件来表示，如音频和视频记录、监控视频、报纸和杂志的真实照片等。与"叙事学"领域的最新理论发展一致，NKRL 将（虚构或非虚构的）"叙事"理解为连贯的（即逻辑上连接的）时空受

---

[1] Isaac A., Haslhofer B., "Europeana Linked Open Data-data.europeana.eu", *Semantic Web*, 2013, 4 (03): 291-297.

[2] Ruotsalo T., Haav K., Stoyanov A., et al., "SMARTMUSEUM: A Mobile Recommender System for the Web of Data", *Journal of Web Semantics*, 2013, 20: 50-67.

[3] Alexiev V., "Museum Linked Open Data: Ontologies, Datasets, Projects", *Digital Presentation and Preservation of Cultural and Scientific Heritage*, 2018 (08): 19-50.

[4] Zarri G. P., *Representation and Management of Narrative Information: Theoretical Principles and Implementation*, Berlin: Springer Science & Business Media, 2009: 39-101.

限的基本事件流。很明显,在 NKRL 的背景下,(整体)叙事建模的一个基本步骤是找到构成流的不同基本事件的完整、逻辑正确和计算可用形式表示的可能性。从 NKRL 的深层概念层面过渡到表层语言层面,人们可以唤起文本凝聚力,通过"线索"的存在来识别连接现象的存在,即句法/语义特征,如因果关系、目标、协调、从属关系、间接言语等。①

2. 文本捕获和探索

知识图谱由模式层和数据层两部分构成。模式层是知识图谱的概念模型和逻辑基础,对数据层进行规范约束,多借助本体定义的规则和公理约束知识图谱的数据层。② 知识图谱技术通过对海量数据进行实体识别和语义关联,建立可视化的庞大知识单元关联网络,为隐性知识发现等提供基础。③ 自然语言处理技术集语言学、计算机科学、人工智能之大成,致力于提升计算机理解、处理和生成人类语言的能力。④ 自然语言处理技术是档案数据知识元转换与抽取的得力手段,尤其是随着关键词与关键短语提取、命名实体识别、关系抽取、图片与音视频的自动文字描述、自动标引等技术的成熟,借助计算机辅助档案数据化,实现自动化、智能化的档案知识元识别、转换和抽取,将档案数据资源转换为语义化、关联化的知识集合,为内容挖掘和知识发现提供数据基础。

数字人文领域中,影响力网络由创意作品、作者和主题组成,这些作品和主题通过代表不同影响模式的关系相互关联。"创意作品"一词包括文本和其他创意领域的产品。这一系列研究的技术目标是建立关于以下任务的学习和推理的表征:如何通过艺术借用现象发现作品产生关联的时间,以及对作品、作者和主题之间关系的影响;如何从馆藏内容(包括文本语料库)中发现统计数据支撑这些关系。人文学科的这些开放式问题对信息科学的方法论研究提出了以下挑战:如何使用机器学习、信息提取、数据

---

① Zarri G. P., "Advanced Computational Reasoning Based on the NKRL Conceptual Model", *Expert Systems with Applications*, 2013, 40 (08): 2872-2888.
② 孙治文:《革命战争历史档案知识图谱构建与实现》,吉林大学硕士学位论文,2021,第17页。
③ 魏亮亮:《面向数字人文的档案知识服务模式转型探析》,《档案学研究》2021年第4期。
④ 孙绍丹:《数字人文视域下历史报纸资源语义化知识组织研究》,吉林大学博士学位论文,2022,第29页。

科学和可视化技术来揭示文本集合的影响网络，例如如何检测文档之间的关系，一个文档是否在文本蕴涵的意义上扩展到另一个文档；有哪些算法支持从文本中提取关系，这些算法如何适应信息提取（IE）工具，以重建文档、作者和主题间的实体关系模型；创意作品及其附属数据和元数据如何支持用户在门户中进行自由文本查询；如何使用本体论和推理系统来合并和解释新捕获的关系；等等。①

任何旨在有效分析不易获得的数字格式文本的研究项目都应首先将它们从印刷媒体转换为数字媒体。而一般扫描的页面还不是数字文本，而只是一个文本的数字图像。虽然用户可以在屏幕上阅读它，但不能搜索特定的字符序列、复制、转换或进行任何其他可以使用数字文本完成的操作。OCR 是分析文本图片并将其转换为数字文本的过程。常见的 OCR 软件和推荐的文本编辑器如表 3-1 所示。OCR 输出通常保存为纯文本文件（带有 .txt 文件名后缀）。虽然 OCR 软件可能非常准确，但即使是商业游戏也很少能达到 100% 的准确率。因此，应尽可能校对 OCR 输出。数字化过程旨在创建一个语料库，而不是类似于原始印刷版本的电子书，因此校对 OCR 输出时的主要关注点在于"纯"文本，即内容，而不是原始印刷版的格式。因此，强烈建议使用文本注释工具（参见表 3-2）而不是文字处理器。

表 3-1 OCR 相关软件

软件名称	许可	适用操作系统
Acrobat（Adobe2022）	商业	Windows
FineReader（ABBYY16）	商业	Windows
OneNote（Microsoft 2021）	专有免费	Windows
ReadIris（IRIS17）	商业	Windows
Tesseract	开源（谷歌）	Windows
VueScan Professional Edition	商业	Windows

---

① Weese J. L., Hsu W. H., Murphy J. C., et al., "Parody Detection: An Annotation, Feature Construction, and Classification Approach to the Web of Parody", in Shalin Hai-Jew ed., *Data Analytics in Digital Humanities*, Springer, 2017: 67-89.

续表

软件名称	许可	适用操作系统
Gedit	开源	Linux/Mac OS/Windows
Notepad++	开源	Windows
TextWrangler	专有免费	Mac OS

表3-2 常用自动注释工具概览

工具名称	网址	注释功能	许可
CLAWS	http://ucrel.lancs.ac.uk/claws	词性标注	学术/商业
GATE	https://gate.ac.uk	词性标注、语义注释、命名实体识别	开源
Python+NLTK	http://www.nltk.org	词性标注、语法解析、命名实体识别	开源
TreeTagger	http://www.cis.uni-muenchen.de/schmid/tools/TreeTagger	词性注释、语法解析	非商业

数字文件经过校对后，实际上满足了语料库的要求，尽管不是非常有用的语料库，因为它只包含纯文本。虽然可以对特定关键字进行简单的查询，但数字语料库的潜力随着注释的增加而大大增加。语料库的首选格式是 XML，因为它是一种允许明确区分数据和元数据的标准。XML 的主要功能是在尖括号中使用标记。XML 区分三种类型的标签：1. start-tags, <tag> e.g., or<tag attribute = "value">2. end-tags, 例如，</tag>3. empty-element-tags, e.g., <tag/>or<tag attribute = "value"/>起始标签和结束标签协同工作，并标记带注释的数据段的开始和结束。空集标记会自行显示，不会标记一段数据，而是标记数据中的特定点。start-tags 等标签还可以包含指定附加信息的属性。

XML 的优点在于其灵活性和一致性。熟悉 HTML 的读者可能已经注意到这两种格式的标签结构有相似之处。它们之间的主要区别在于 XML 允许创建新标签，而 HTML 仅限于一组具有预定功能的固定标签，例如，<h1> 用于主标题。XML 也更严格，因为任何起始标记都需要由相应的结束标记关闭。在此初步注释之后，可以进行实际的注释过程，根据项目目标和要标记的特征，可以自动或手动执行。自动注释可以是语法的，例如词性标记和句法分析；也可以是语义的，例如命名实体识别或情感分析。表3-2列出了常用自动注释工具。除了语言学和文学领域之外，该方法还可以应用于任何需要手动注释的研究,以便进行定性和定量分析。[1]

人文学科和社交媒体之间的互动有助于学者理解数字人文学科问题。社交网站为研究者提供丰富的互联网时代用户行为数据。来自在线社交网络的个人资料和链接数据可以通过使用自动收集技术或直接从社交网络所有者提供的数据集来收集。内容分析、意见挖掘和情感分析可应用于处理社交网络文本中的意见(即情感)和主观性的计算,即所谓综合情感分析。[2] 内容分析旨在对文档进行广泛而简洁的描述,并使研究人员能够更好地理解数据。[3] 这实际上使它成为一种非常通用的技术,可以适用于各个领域。情感分析是一种通过评分或标记,评估文档中特定信息极性的方法,其重要性的增长与社交媒体和社交网络的发展相契合。[4]

(三)数字人文平台的技术支持

数字人文工作者需要在内容领域和技术方法方面具有高水平的专业知识。这项工作是反建制的,但需要建制派的一些专业知识和多年发展积累的技能。问题的解决是即时实现的,通常是在 Web 开发人员、编码人员、服务器管理员、数据科学家、计算机科学家和图书馆员的直接支持和帮助下实现的。数字人文的精神在整个工作链上都是实验性的:理论化和概念化、研究数据收集、内容管理、数据处理、数据分析以及高频的、递归而非线性的作品开放出版(数字语料库和馆藏、虚拟化体验、出版物和多媒体演示)。虽然一些方法和技术是从其他领域借鉴的,但数字人文学者也将实验手段应用于该过程的每一步,采用新的技术平台和工具以及新的方法。

1. 开源众包技术

技术进步最突出的影响就是人类以全新的、前所未有的方式与信息互

---

[1] Percillier M., "Creating and Analyzing Literary Corpora", in Shalin Hai-Jew ed., *Data Analytics in Digital Humanities*, Springer, 2017: 91-118.

[2] Hopkins D. J., King G., "A Method of Automated Nonparametric Content Analysis for Social Science", *American Journal of Political Science*, 2010, 54 (01): 229-247.

[3] Di Fatta D., Musotto R., "Content and Sentiment Analysis on Online Social Networks (OSNs)", in Shalin Hai-Jew ed., *Data Analytics in Digital Humanities*, Springer, 2017: 121-133.

[4] Liu B., Zhang L., *A Survey of Opinion Mining and Sentiment Analysis*, Boston, MA: Springer, 2012: 415-463.

动，全天候地创造新的数据。要最大限度地利用这些丰富的信息，就需要优化、管理和处理数据的新方法。数据分析的目的是通过从数据中创建信息来"获得洞察力"，以增加人类知识。①

数字人文研究的重要价值观是追求通过在线网络实现透明度和充分协作。《数字人文宣言》强调众包技术的混合性、开放性和智慧性。②全文搜索对于许多类型的研究至关重要，但自动创建大多数手写材料和华丽印刷品的转录在技术上尚无法实现。即使是在光学字符识别（OCR）和搜索优化方面投入巨资的公司，如 Alphabet（谷歌的母公司），也尚未开发（或广泛使用）用于解析手写或华丽文本的技术。由学者和文化遗产从业者进行的众包技术使公众可以参与转录历史、文学和其他文件，以推进人类知识的发展。③ 众包是使用大型在线社区的贡献来执行特定任务、创建内容或收集想法的做法。④ 众包不仅是一种更好地帮助向最终用户提供内容的工具，而且是真正能让用户参与存量数字馆藏开发利用的最佳方式。⑤

数字人文同时彰显群体智能和群体智慧的潜力。例如，使用开源众包技术（open-source crowdsourcing technology）平台建造的 GeoTag-X 致力于打造人道主义知识管理的最佳实践⑥，包括识别未被分类和标识的灾难或应急媒体；分析内容以生成用于共享、池化、比较、验证和映射的关联元数据；形成多元组织背景的实践共同体，以开发与项目产生的显性知识和其他机构知识相关联的隐性知识；专注于促进复杂数据和信息的可视化和可访问

---

① Ridge E.，*Guerrilla Analytics：A Practical Approach to Working with Data*，Morgan Kaufmann，2014：52-65.
② Presner T.，"Digital Humanities Manifesto 2.0"，http://www.humanitiesblast.com/manifesto/Manifesto_V2.pdf.
③ Van Hyning V.，"Harnessing Crowdsourcing for Scholarly and GLAM Purposes"，*Literature Compass*，2019，16（03-04）：e12507.
④ Terras M.，"Crowdsourcing in the Digital Humanities"，in Susan Schreibman，Ray Siemens，John Unsworth eds.，*A New Companion to Digital Humanities*，Wiley-Blackwell，2015：420-438.
⑤ Rockwell G.，"Crowdsourcing the Humanities：Social Research and Collaboration"，in Constance Crompton，Richard Lane，Ray Siemens eds.，*Doing Digital Humanities：Practice，Training，Research*，Routledge，2016：135-154.
⑥ Calyx C.，"Sustaining Citizen Science Beyond an Emergency"，*Sustainability*，2020，12（11）：4522.

第三章 数字人文与档案内容管理融合框架

表示的地理标记;将开源众包平台的人道主义应用原型化,并使用原型数据和信息来回答问题和响应已确定的信息需求;识别从实地经验、协作和学习到的专业知识中获得的隐性知识的价值;研究这些知识是否以及如何传递给新的数字志愿者;促进使用 GIS 技术和互联网技术,包括用于开源众包的 PyBossa 和用于虚拟协作与版本控制的 GitHub[1]。研究表明,志愿者能够有效地为一个项目贡献有限的时间,并得到可用性研究结果的支持。[2]

内容共享社交媒体平台是一个高维空间,包含复杂的图像、音频和视频信息。在数字人文学科中,有一系列工具和方法使研究人员能够利用社交媒体数据获得洞察力,无论是了解趋势、捕捉个人声音、倾听小组讨论、探索在线社区,还是研究用户生成的多媒体资源。这类研究本质上也符合开源众包的技术思想。一些社交媒体信息是内容数据或共享的信息,还有一些跟踪数据,记录各种类型的互动如回复、点赞、转发、关注和取消关注等;还有元数据,标记有关数据的数据,社交标签涉及交互式分布式认知,大量用户基于共同的理解共同标记他们自己的共享内容(有时是其他人的共享内容)。各种社交媒体服务对其社交标签功能的包容性有不同的标准,并没有一个基于包容性普遍访问范式的完全包容性标准。相关标签网络在数字人文研究中的应用是一种有望理解复杂现象的方法。因此,研究人员有足够的空间基于这种方法来建立他们的研究"用例"[3]。

例如希腊语关键虚拟研究环境 (Greek Key Virtual Research Environment) 包括一套工具和资源,用于识别、可视化和注释不同文化古代文本中发现的重复模式。该项目的目的是构建一个环境,将数据(文档和图像)、工具和学术工具整合到一个开放、可连续扩展的知识框架中,支持更加全面的资源创建。[4] 与其他现有的开源工具和方法相结合,例如注释、主题建模和释

---

[1] Smith C., "A Case Study of Crowdsourcing Imagery Coding in Natural Disasters", *Data Analytics in Digital Humanities*, 2017: 217-230.
[2] Bono C., Mülâyim M. O., Cappiello C., et al., "A Citizen Science Approach for Analyzing Social Media with Crowdsourcing", *IEEE Access*, 2023, 11: 15329-15347.
[3] Hai-Jew S., "Parsing Related Tags Networks from Flickr © to Explore Crowd-Sourced Keyword Associations", *Data Analytics in Digital Humanities*, 2017: 191-214.
[4] Gibson T., "Digital Humanities, Libraries, and Collaborative Research: New Technologies for Digital Textual Studies", *College & Undergraduate Libraries*, 2019, 26 (02): 176-204.

义技术,该项目与科学网关社区研究所(SGCI,https://sciencegateways.org)协商,将其整合到密苏里大学图书馆正在开发的开源、开放获取的数字人文网关中。

2. 文本挖掘技术

文本挖掘对文本数据资源进行预处理,实现档案知识单元离散化、档案数据的知识组织与语义关系的丰富化等。文本挖掘涉及多种技术方法,如分词处理、文本分类、词频统计、情感分析、主题模型等。文本挖掘首先要对文本进行分词处理,中文分词算法主要有基于词典、基于理解和基于统计的三类算法。[①] 常用的开源中文分词工具有基于统计词典的Jieba,清华大学自然语言处理与社会人文计算实验室研制推出的、利用世界上规模最大的人工分词和词性标注中文语料库训练而成的一套中文词法分析工具包THULAC(THU Lexical Analyzer for Chinese),以及中国科学院计算所研发的中文分词工具NLPIR,它除了分词功能外,还提供了词性标注、实体识别等多种功能。例如针对科技文献的知识发现方法,其中的科技文献模块负责存储和管理科技文献,多源异构科学知识图谱模块负责按照知识建模、知识抽取、知识融合、知识校验和知识存储的构建流程,利用实体抽取、实体消歧、关系抽取、知识链接、本体构建及实体对齐,将从科技文献数据中抽取出的实验方法知识表示为三元组形式,并建立"概念-实体-属性-关系"数据模型,支持开放式知识发现、封闭式知识发现两种知识发现模式。[②]

词频统计比较经典的算法有TF-IDF算法和TextRank算法。TF-IDF算法融合了词频和逆文档频率,强调关键词对于单篇文献的普遍性及其对于整个语料库的特殊性,解决了单一词频统计中无意义词过多的问题。TextRank算法继承了PageRank的基本思想,将单个词视为网页中的节点,将单词间的连接看作网页之间的跳转,通过高阶马尔可夫过程不断调整滑动窗口来计算词语的共现概率。[③] 词频统计广泛应用于数字人文研究,包括但不限于

---

① 张燕超:《数据挖掘在档案管理中的应用研究》,苏州大学硕士学位论文,2018,第8页。
② 胡正银等:《基于知识图谱的科学知识发现方法及系统》,专利号:CN202311550983.1,2024年3月29日。
③ Mallick C., Das A. K., Dutta M., et al., "Graph-based Text Summarization Using Modified TextRank", Soft Computing in Data Analytics: Proceedings of International Conference on SCDA 2018, Springer Singapore, 2019:137-146.

历史叙述、档案记忆的数字重塑、传播模型建构等领域的研究工作。

主题模型常用于对文献进行知识主题发现和主题演化分析，反映知识的兴起发展、迁移衰落等动态变化过程。目前主流的主题模型方法大多基于潜在狄利克雷分布（LDA，Latent Dirichlet Allocation）模型，该模型通过无监督学习生成"文档-主题"和"主题-词"概率分布，以用来识别大规模文档数据集中潜藏的主题信息。[①] 首先对目标档案文本数据进行清洗、分词、去停用词及特征选择等预处理操作；其次依据数据特征及研究情境选择合适的主题模型（贝叶斯非参模型 HDP/基于时间因素的扩展模型 DTM/基于文档元数据的扩展模型 STM/结合词向量模型的 LDA2Vec 等）；之后通过模型评价方法确定最优主题数；再选择或构建相应的主题建模工具（如基于 R 语言的 Lda 库、Topicmodels 库，基于 Python 语言的 Gensim 库、Scikit-learn 库等）进行模型求解；最后对文本挖掘结果进行评估和解释，提取有价值的信息。

LDA 模型更适用于长文本，针对短文本特征稀疏等情况，需要结合使用其他表示模型。如 Word2Vec 模型，通过给定的语料库进行训练，将词转换为指定实数空间中的向量，通过计算词向量之间的相似度来表达词之间的相似度。[②] 还有谷歌人工智能研究团队于 2018 年提出的基于深度学习的语言表示模型 BERT（Bidirectional Encoder Representations from Transformers），在通过文本语料库训练生成语言模型后，就可以采用该模型进行诸如文本分类等任务。采用 BERT 获得的词向量能够很好地解决 GPT 等单向语言模型无法双向结合上下文有效信息的问题。

文本情感分析又称语义挖掘，是指对带有情感色彩的主观性文本进行分析，挖掘其中蕴含的情感倾向。[③] 面向不同应用场景，主要有基于情感词典与规则、基于传统机器学习和基于深度学习三种文本情感分析方法。[④] 一

---

① Chauhan U., Shah A., "Topic Modeling Using Latent Dirichlet Allocation: A Survey", *ACM Computing Surveys* (*CSUR*), 2021, 54 (07): 1-35.

② 景永霞、苟和平、刘强：《基于 BERT 语义分析的短文本分类研究》，《兰州文理学院学报》（自然科学版）2023 年第 6 期。

③ 王婷、杨文忠：《文本情感分析方法研究综述》，《计算机工程与应用》2021 年第 12 期。

④ Chen L. C., Lee C. M., Chen M. Y., "Exploration of Social Media for Sentiment Analysis Using Deep Learning", *Soft Computing*, 2020, 24 (11): 8187-8197.

个人语言的内容和风格与其思想、行为和感受之间存在着深刻的联系。例如，心理文本分析技术就以其广泛的可用性、可验证性和易用性而被广泛应用于数字人文类项目中，其中 LIWC（Linguistic Inquiry and Word Count）[①]、MEM（Meaning Extraction Method）[②] 和 MEH（Meaning Extraction Helper, http://meh.ryanb.cc）软件允许对文本集合进行更精细的分析。另外一个开源的文本挖掘工具 Voyant Tools（http://voyant-tools.org，文档可在 http://voyant-tools.org/docs 上获得），经过研究者测试，与 Drupal 内容管理系统有较好的适配性[③]，对于涉及数据可视化的数字人文项目，它同时允许项目开发者和用户通过内嵌的链接来进行数据的动态交互，增加数字人文项目的协作性。

在数字人文学科中，R 语言和 Python 语言都非常主流且通用（笔者在日常教学与科研中也经常使用）。本不必对其进行赘述，但考虑到其在数字人文研究中的影响力，尤其是对于文本处理、可视化等方面的强大支持，为了避免本研究在技术工具层次的疏漏，这里仅作概述。Python 语言和 R 语言都因拥有非常庞大、成熟且完善的软件生态系统来支持任何功能而广受欢迎，各自都拥有非常庞大且活跃的用户群和社区。数据科学和人文学术中许多类型的分析会选择使用 R 语言生态系统中强大的文本分析工具，如用于导入和处理各种格式（CSV、JSON、HTML 等）文本文件的 readtext，用于 POS 标记和词形还原的 UDPpe，用于定量文本分析的 quanteda，用于 LDA 和其他主题建模函数的 C 代码接口 topicmodels 等软件包。对于机器学习和深度学习，Python 更受欢迎。[④] 当然，数字人文也产生了众多基于 Python 开发的专用工具，比如受 Python 中的 NLTK 库启发，一款名为 DHTK（Digital Humanities ToolKit）的工具包，被开发用于帮助

[①] Dudău D. P., Sava F. A., "Performing Multilingual Analysis with Linguistic Inquiry and Word Count 2015（LIWC2015）. An Equivalence Study of Four Languages", *Frontiers in Psychology*, 2021, 12: 570568.

[②] Chung C. K., Pennebaker J. W., "Revealing Dimensions of Thinking in Open-ended Self-descriptions: An Automated Meaning Extraction Method for Natural Language", *Journal of Research in Personality*, 2008, 42（01）: 96-132.

[③] Miller A., "Text Mining Digital Humanities Projects: Assessing Content Analysis Capabilities of Voyant Tools", *Journal of Web Librarianship*, 2018, 12（03）: 169-197.

[④] Wachowiak M. P., "The 'R Vs. Python' Debate in the Digital Humanities", https://ecampusontario.pressbooks.pub/nudh2/chapter/the-r-vs-python-debate-in-the-digital-humanities/.

人文学者利用 DBpedia 等主流语义存储库注释文本和搜索元数据。①

3. 数字叙事与媒介传播

数字人文工作的第一波浪潮是定量的，调动了数据库的搜索和检索能力，实现了基于语料库的语言学的量化研究。第二波是定性的、解释性的、体验性的、情感性的、生成性的，利用数字工具包服务于人文学科，关注复杂性、媒介特异性、历史背景、分析深度、批判和解释，并构想由新的研究模式和新的工具技术所促成的耦合和扩展，指向语言、实践、方法和输出的变化，支撑起数字人文的所谓交叉学科/跨学科/多学科的特征；通过强调设计、多媒介性和体验性，扩大学术激发的情感范围；在时间、空间两个维度上研究人类交流，并致力于为人文研究和学习创造更多受众，吸引受众参与知识生产和传播，组织全世界的信息并增强其可访问性和可用性。因此，它不仅要寻求理解和质疑新技术的文化和社会影响，而且要通过艺术和人文学科的问题研究推动新技术、方法和信息系统的创造，以及对意义、解释、历史、主观性和文化问题的迂回、重塑和重新利用；提升和扩大人文科学知识的质量和影响力范围，直接参与设计和开发过程，从而产生更丰富且多向的模型、流派、学术交流和实践迭代，在文字、声音、气味、地图、图表、装置、环境、数据库、表格和物体之间的间隙和纵横交错中生产新知识。②

随着深度挖掘档案资料，档案开发由表征转化为深度复杂计算，将档案内容模块化并结构化存储，形成档案资源库；将模块资料关联起来，形成知识图谱，提供智能查询。③ 档案技术实现从分布离散应用到融合协同创新的转变，体系化运用智能分析、知识化组织、可视化呈现等技术，对外讲好档案故事，以可视化的方式帮助公众理解档案；对内挖掘档案内容价值，实现档案学科跨领域协作。引发范围更广、层次更深、持续时间更长的学科探讨与交流。数字叙事以多元主体参与、人

---

① Picca D., Egloff M., "DHTK: The Digital Humanities ToolKit", WHiSe@ ISWC, 2017: 81-86.
② Boyd R. L., "Psychological Text Analysis in the Digital Humanities", *Data Analytics in Digital Humanities*, 2017: 161-189.
③ 丁家友、周涵潇：《数字叙事视域下档案内容管理的发展趋势——档案数据资源生态圈的构建探索》，《档案学研究》2022 年第 6 期。

机/人人互动、协同共创、可视化叙事呈现为核心要素，在以资源内涵、技术实现、呈现服务为线索的叙事脉络中，对档案内容多维价值进行深度挖掘。

有效的数字叙事可以帮助观众更好地理解档案或者艺术作品背后的深层人文寓意和故事内涵。[①] 在线性表达的基础上，许多对馆藏档案和艺术作品的叙事研究和实践在空间再现方面的叙事效果得到极大提升，从而使公众置身于所叙故事的时空情境之中，让观念得到有效的传达。例如，由牛津大学、宾夕法尼亚大学、阿尔托大学、赫尔辛基大学和法国文本研究与历史研究所（IRHT）合作研究的"映射手稿迁移 MMM（Mapping Manuscript Migration）"项目[②]，对来自欧洲和北美的中世纪与文艺复兴时期的手稿进行数据清理与转换，构建数据模型并实现数据的查询、互联与复用，最后开发了手稿平台网站（https://mappingmanuscriptmigrations.org/en/），使用数字叙事来呈现数字人文的研究成果；又如牛津大学英语学院和 To Play For 公司基于莎士比亚文学作品集合作开发的教育游戏 Willplay（https://www.english.ox.ac.uk/willplay），使用数字手段整理莎士比亚的文学作品，借助数字计算与人工智能技术，整合与关联莎士比亚的文学作品，生成虚拟人物形象，将经典故事转换为社交媒体风格的对话，借助算法梳理文学作品中的意象、要素隐喻、形象描写等元素，通过与用户交互，完成对文学素材的互动叙事演绎。[③] 上海图书馆基于其时空数据基础设施开发的"上海年华"以及"从武康路出发"平台[④]，从书刊报纸、老照片视频、名人档案等相关馆藏资源中提取叙事要素，重塑与还原了上海近代以来的文化生活。

智能服务与多媒体传播涉及服务获取、服务内容和服务形式等多个方

[①] 丁家友、唐馨雨：《数字人文视角下的数据叙事及其应用研究》，《情报理论与实践》2022年第2期。

[②] Burrows T., Emery D., Fraas A. M., et al., "Mapping Manuscript Migrations Knowledge Graph: Data for Tracing the History and Provenance of Medieval and Renaissance Manuscripts", *Journal of Open Humanities Data*, 2020, 6 (03).

[③] 付雅明等：《数字叙事作为数字人文方法：现状与可能》，《图书情报工作》2022年第14期。

[④] Cuijuan X., Lihua W., Wei L., "Shanghai Memory as a Digital Humanities Platform to Rebuild the History of the City", *Digital Scholarship in the Humanities*, 2021, 36 (04): 841-857.

面的智能化、个性化与多样化。服务获取与推送方面，用户画像技术可以基于用户基本信息和用户信息行为历史记录实现用户需求和偏好的精准预测，并利用特征匹配、推荐算法提升服务主动性、精准性、智能性。用户对档案信息服务的需求已超过传统的诸如档案检索、查阅、复制等单一孤立的信息服务，只有知识密度高、认知负荷低、切中用户需求的档案信息服务才能攫取碎片化用户的注意力，即档案信息服务需要向知识服务转变。人工智能技术在自动化内容生成、智能化辅助编研、个性化内容推送、知识发现和关联性挖掘几个方面引领档案内容生产的变革，其应用正在推动档案业务流程与档案工作者的工作内容与方式的变革，提升档案资源开发的深度和广度。除前述自然语言处理技术外，人工智能还包括模式识别、专家系统、机器学习以及分布式人工智能等关键技术。模式识别技术依靠海量数据的分析训练实现模式的自动处理和判别。将档案知识融入智能机器人，可以快速赋予其专家级的档案知识与经验，为用户提供基本的答疑、交互、引导服务。分布式智能技术则将档案服务各环节紧密串联，实现用户服务全流程的智能化。

服务形式方面，档案馆依托全媒体技术提供形式多样的档案知识服务，以图文并茂、影音动画、游戏等形式实现档案知识服务的多模态传播。以地理信息系统、数字地图、虚拟现实（VR）、增强现实（AR）等可视化技术[①]为透镜，档案知识的可视化和价值的显性化得以实现，有效降低用户认知负荷[②]，促进档案服务的传播与利用。VR技术和AR技术则利用电脑模拟三维空间，打造全感知、沉浸式的虚拟世界。VR技术和AR技术的应用可以为用户提供真实还原、沉浸感知、实时交互的档案知识服务，如苏州园林档案馆的网上3D展厅功能使用户足不出户就体验到园林档案馆的环境和底蕴。

总体而言，数字叙事不仅能促进数字人文实践目标的达成，还能作为推动数字人文教育的一种培训技能，有助于人才队伍的建设，因而能有效促进数字人文平台的发展。

[①] 陈永生、任珊珊、刘晓怡：《近代广东海关档案数据库建设需求与策略研究》，《档案学研究》2023年第6期。

[②] 孙雨生、高希、刘涛：《国内知识服务系统研究进展：架构体系与关键技术》，《计算机与数字工程》2022年第9期。

二 数字人文中的档案智能内容建设

《开放获取科学和人文知识的柏林宣言》提出要促进互联网成为全球科学知识库和人类思考的功能性工具,并具体说明研究政策制定者、研究机构、资助机构、图书馆、档案馆和博物馆需要考虑的措施。[①] 智能内容是关于信息有效利用的理念、实践、标准和工具的完美概念框架,因为智能内容的中心思想是在互联网中面向多元用途、各类文档、多种设备和各领域人员的数字内容提供解决方案。因为数字内容格式的适应性要考虑两个不同维度——语义(含义)信息与表征(外观)信息被格式分开的程度,以及语义中的结构化组织程度。例如一份扫描的打印文档只是一张数字图片,在这两个维度上的适应性都很低。HTML编码的网页是高度结构化的,但通常不是语义化的。XML或数据库内容在两个维度上适应性都很强,特别是当它们符合描述不同领域活动所需的内容类型标准时。

由于感知、连接和计算能力的增强,人类在社会工作和生活中发挥作用的各类系统和设备都变得越来越智能,且还有更多无形的系统和设备在操作和管理人类的物理和数字世界。当它们以智能方式创建或捕获数字内容时,机器和计算机更容易聚合、共享和分析这些智能内容。这些人机交互系统和服务的设计者和传播者需要了解如何使业务情境变得更为智能,建立基于过往人机交互中捕获信息的智能模型,预测潜在用户的偏好和需求,由此提供更高质量的用户体验,即所谓"用信息代替交互"。[②]

智能内容的特点是模块化、结构化、可重用、去格式、语义丰富,且具有可发现性、可重构性和强适应性。借助语义丰富的元数据,语义标签帮助搜索引擎提供相关度更高的搜索结果,并允许计算机自动向潜在用户提供内容推荐。语义元数据还提高了用户查找和重新利用自己内容的能力,

---

[①] Redalyc L., Clase R., "Berlin Declaration on Open Access to Knowledge in the Sciences and Humanities", http://www.zim.mpg.de/openaccess-berlin/berlindeclaration.html.

[②] Glushko R.J., Nomorosa K.J., "Substituting Information for Interaction: A Framework for Personalization in Service Encounters and Service Systems", *Journal of Service Research*, 2013, 16 (01): 21-38.

因此非常适用于特定文化领域研究。可重新配置的内容使用户能够混合和匹配内容组件，创建新的内容产品或更新现有内容产品，以满足特定行业、受众群体、主题或目的的需求；模块化的内容方便跨内容集重用，结构化的内容更方便自动化交付，并以多种方式进行操作，提高内容一致性和可用性；可重用的内容减少了创建、管理和发布内容产品所需的时间，并显著降低转译成本；去格式内容使用户能够制作一组内容，并在多个渠道（印刷、网络、移动设备）和多种设备类型上交付；语义丰富的内容添加额外的机器可读信息，语义丰富的元数据帮助用户找到为特定行业、受众、主题或目的构建定制内容产品所需的相关内容组件。[1]

档案智能内容建设是利用人工智能（AI）、机器学习、自然语言处理（NLP）等技术来自动化地创建、管理和优化内容的过程。首先，档案智能帮助研究者更加高效地处理和分析大量的档案数据，从而发现其中隐藏的信息和规律。其次，它还通过自动化的方式，提高档案整理、分类、检索等档案资源建设工作的效率，降低人力成本。此外，档案智能通过智能化的手段，为用户提供更加精准、个性化的服务，满足不同用户的需求。虽然仍存在许多争议与伦理问题，档案智能内容建设对于提升数字人文研究质量仍具有重要意义。[2]

（一）档案内容智能识别与分类

1. 档案内容智能识别概述

OCR 识别、语音识别等技术能够自动识别并提取实体档案中的关键信息和文字内容，将其转化为可供计算机编辑处理的数字化信息。比如基于人工智能进行表格图片内容提取，可实现档案中表格图片信息的智能结构化和全文档信息结构化，识别数据更多维度且更加高效。[3] 首先获取原始文件图像，使用图像增强处理技术对该文件图像进行优化处理，获得优

---

[1] Rockley A., Cooper C., Abel S., *Intelligent Content: A Primer*, Dallas: XML Press, 2015: 5-17.

[2] Colavizza G., Blanke T., Jeurgens C., et al., "Archives and AI: An Overview of Current Debates and Future Perspectives", *ACM Journal on Computing and Cultural Heritage*, 2021, 15 (01): 1-15.

[3] 刘东煜、曾增烽：《基于人工智能的表格图片内容提取方法、装置及设备》，专利号：CN202111162228.7，2024 年 5 月 31 日。

化处理后的文件图像；基于图像字符切割方法对优化处理后的文件图像进行处理，获得独立字符图像；基于二值图像的字符识别算法识别独立字符图像，获得文本信息；对文本信息进行数据预处理，获得预处理后的文本；基于特征提取方法对预处理后的文本进行文本向量化处理，获得特征向量；将特征向量输入语言模型，并基于语言模型对文本信息进行分类与解析。①

自然语言处理、模式识别和机器学习等相关技术可应用于数字档案资源的智能分类与检索。可按预先设定的分类法，对数据库或网页中的文本类数字档案信息资源进行智能分类。②例如江西省档案馆在百度飞桨OCR工具基础上进行70万余件PDF格式数字化副本的自动拆分和批量OCR识别，成功率达93.7%，且识别质量和效率会随使用时间增加而持续提高。使用自然语言处理、深度学习等技术，还可进行档案聚类分析，发现文本间的关联特征，进行文本档案的自动著录标引、分类排序。

借鉴文书档案管理方式，对照片档案进行的文字著录说明，很难满足照片档案检索需求。③基于图像内容的搜索技术日趋成熟，通过人脸识别辨认照片中目标人物；通过场景识别辨认建筑和场所等；借助深度学习算法，进行指定条件的档案照片自动分类和"以图搜图"等智能化应用。

利用智能识别和分类技术，可对音视频内容进行精确分类，定向个性化推荐，构建声像档案的智能检索引擎，满足档案的语义特征提取、智能语义检索等需求；通过智能归档系统，实现对视频文件内容元数据的提取、智能归档与服务；综合运用卷积神经网络、AI识别等技术，实现了对音视频档案的采集、整理和有效利用。在文本、照片、音视频等多媒体数字档案混合的场景下，综合运用自然语言处理和模式识别等多种人工智能技术的智能检索，可以同时检索文本、图像、声音和视频等多媒体信息。④例如

---

① 杜家兵等：《一种基于NLP与AI的智能内容识别与分析方法及装置》，专利号：CN202310726304.5，2024年3月19日。
② 沙洲：《人工智能在档案工作中的应用研究》，《档案与建设》2018年第2期。
③ 赵学敏、田生湖、张潇璐：《基于深度学习的以图搜图技术在照片档案管理中的应用研究》，《档案学研究》2020年第4期。
④ 陈亮：《人工智能技术在智慧档案馆建设中的应用初探——以太仓市档案馆为例》，《档案与建设》2016年第7期。

可通过收集用户历史互动数据构建样本集，并对样本集中的用户历史互动数据进行预处理，并通过设置权重的方式完成样本集中的用户互动数据的量化；使用量化后的用户互动数据和权重配置构建随机森林，并基于构建的随机森林为用户推荐内容；同时计算构建的随机森林的准确度，设定随机森林的准确度阈值，并根据准确度阈值对构建的随机森林进行处理；保证智能内容推荐方法的准确性和有效性。[1]

2. 档案内容识别中的深度学习应用

自2013年起，陆续有学者和档案馆开展了机器学习在档案管理中的应用研究，涉及基于半监督机器学习技术的手写档案文本识别[2]，基于朴素贝叶斯模型的馆藏档案分类[3]，基于机器学习的各类档案材料的分类[4]与挖掘[5]，档案鉴定、利用控制和利用服务等诸多业务[6]。表3-3列举了深度学习应用于档案工作的一些关键技术。例如一种基于人工智能语音与图像识别的档案库资源检索系统，采用基于深度神经网络模型的人工智能技术，获取人物的语音信号、面部图像和声像档案资源语音文本库、声像档案资源面部特征库，并对其进行语音图像特征处理和档案库特征处理，以检索用于表示此人物的档案资源。该方法能够提供更全面的人物描述和理解能力，方便查找和管理档案资源，并提高档案资源的可访问性和利用效率。[7] 表3-4列举了深度学习在档案内容识别中的应用案例。

---

[1] 邴炜罡、杨帆：《一种基于用户互动数据的智能内容推荐方法及系统》，专利号：CN202410323235.8，2024年5月31日。

[2] Richarz J., Vajda S., Grzeszick R., et al., "Semi-supervised Learning for Character Recognition in Historical Archive Documents", *Pattern Recognition*, 2014, 47 (03): 1011-1020.

[3] Liu P., Yu H., Xu T., et al., "Research on Archives Text Classification Based on Naive Bayes", 2017 IEEE 2nd Information Technology, Networking, Electronic and Automation Control Conference (ITNEC), IEEE, 2017: 187-190.

[4] Payne N., Baron J. R., "Auto-categorization Methods for Digital Archives", 2017 IEEE International Conference on Big Data (Big Data), IEEE, 2017: 2288-2298.

[5] Anderson B. G., Prom C. J., Hamilton K., et al., "The Cybernetics Thought Collective Project: Using Computational Methods to Reveal Intellectual Context in Archival Material", 2017 IEEE International Conference on Big Data (Big Data), IEEE, 2017: 2213-2218.

[6] 杨建梁、刘越男：《机器学习在档案管理中的应用：进展与挑战》，《档案学通讯》2019年第6期。

[7] 韩志军等：《基于人工智能语音与图像识别的档案库资源检索系统》，专利号：CN202410031453.4，2024年4月9日。

表 3-3　深度学习应用于档案工作的关键技术

技术名称	技术特征	在档案工作中的应用
文本处理	使用自然语言理解和机器学习,对海量文档进行自动化的相似度、标签提取、主题模型、聚类分析等处理	对档案内容进行智能比对和分类挑选
信息抽取	从自然语言文本中抽取事件、实体和关系,并以结构化形式描述并存储于数据库中	对档案内容进行关键词信息抽取,用于精准查询档案、鉴定划控等,提供信息查询、文本深层挖掘、用户兴趣分析等服务
模式识别	运用算法实现自动判断、处理、阅读等,如语音识别、图像识别、视觉技术等	对图像、音视频等多模态档案进行内容智能识别和数据挖掘
专家系统	结合某行业或领域权威专家的知识经验,进行深层次推测与判断	档案内容智能鉴定与管控,确定档案保密等级等工作

资料来源：陈会明等：《人工智能在档案工作中的应用实践与挑战——以北京市市场监督管理局为例》,《档案与建设》2019 年第 7 期。

表 3-4　深度学习在档案内容识别中的应用案例

项目案例	罗马教廷秘密档案自动转录项目	历史气候报告档案文本识别	文本内容分类	美国国务院电报档案密级分类
机构	罗马教廷档案馆、罗马第三大学	多特蒙德工业大学	西北民族大学	得克萨斯大学奥斯丁分校
需求	手写档案识别	手写档案识别	档案文本内容分类	档案密级鉴定
数据类型	罗马教廷秘密档案扫描件（图片）	历史气候报告扫描件（图片）	甘肃省档案馆档案文本（文本）	美国国务院电报档案元数据和主题关键词（文本）
使用模型	深度卷积神经网络等	基于聚类标注和检索标注的多种学习模型	朴素贝叶斯分类器	支持向量机
实现功能	分类：通过拼图分割识别手写文字	分类：识别手写文字,仅使用少量人工标注	包括交通管理、城市规划、旅游管理、环境政策、机构沿革、医疗卫生等类别	分类：类别包括不涉密、秘密、机密和限制使用

资料来源：Vatican Secret Archives, "In Codice Ratio", http://www.inf.uniroma3.it/db/icr/index; Richarz J., Vajda S., Grzeszick R., et al., "Semi-supervised Learning for Character Recognition in Historical Archive Documents", *Pattern Recognition*, 2014, 47（03）：1011-1020; Liu P., Yu H., Xu T., et al., "Research on Archives Text Classification Based on Naive Bayes", 2017 IEEE 2nd Information Technology, Networking, Electronic and Automation Control Conference（ITNEC）, IEEE, 2017：187-190; Esteva M., Tang J. F., Xu W., et al., "Data Mining for 'Big Archives' Analysis: A Case Study", *Proceedings of the American Society for Information Science and Technology*, 2013, 50（01）：1-10。

3. 音像档案内容智能提取

全球各地的音像档案馆在管理大量次生数字和原生数字内容,它们共同构成了媒介记忆的重要组成部分。互联网不断变化的用户期望迫切要求档案共同体定义全面的音像档案内容访问存取策略。使用人工智能在各种相互关联的内容平台上提取知识,并跟踪用户在线使用情况以更好地了解档案馆的受众,是帮助共同体最大限度地发挥其影响力的良好举措。面向数字人文研究的音像档案馆需要更有弹性、包容性,这需要记忆机构、多个学科和创意产业之间的实验和合作。例如,欧洲的一个研究项目 ReTV（https://retv-project.eu/）,汇集了来自欧洲各地的计算机科学家、广播公司、互动电视公司和视听档案馆,致力于开发数字内容交互和跨渠道媒体的重新利用,并由此产生了一个跨向量平台（TVP）,帮助内容持有者（如广播公司和档案馆）持续衡量和预测内容在跨分销渠道（载体）的覆盖率和观众参与度。

具体而言,该项目利用人工智能的视频分析技术,通过视频内容改编、个性化和细粒度检索来重复使用其馆藏内容。这种不断变化的媒介记忆格局为管理大量内容的音像档案创造了市场机会。专业媒体专业人员和研究人员使用音像档案馆中的数字化和原生数字馆藏内容,并使其更易于访问。[1] 为了支持内容再利用,ReTV 构建了一个模块化的组件技术系统,用于摄取、分析和丰富视听内容以及各种数据源。所有组件都通过 API 进行通信,并可用于不同的配置,以支持各种用例,并构建不同的前端应用程序以便于重新利用内容。跨向量平台（TVP）的支柱是基于人工智能的视频分析模块,负责将视频内容细分为场景、镜头和子镜头、语义概念注释、品牌检测和视频摘要,以及抓取在线新闻来源（网站、社交媒体）、元数据分析、时间注释以及内容推荐和调度服务,共同确保重新利用的存档内容在最佳时间通过适当的渠道到达受众手中。[2] ReTV 还开发了一种可以自动将完整视频总结为短片,以完成整个视频叙事的工具,将视频缩短为描绘

---

[1] Kaufman P. B., *Towards a New Audiovisual Think Tank for Audiovisual Archivists and Cultural Heritage Professionals*, Hilversum: Netherlands Institute for Sound and Vision, 2018.

[2] Bocyte R., Oomen J., "Content Adaptation, Personalisation and Fine-grained Retrieval: Applying AI to Support Engagement with and Reuse of Archival Content at Scale", *ICAART*, 2020, 01: 506-511.

故事中关键时刻的精选镜头。①

通过类似 Netflix 和 YouTube 这样的视频点播和流媒体平台所采用的跟踪观看模式，ReTV 努力打造个性化用户体验。通过这种方式，用户可以长时间参与并返回消费更多内容。② 细粒度的视频分析为用户的个人资料和视频内容之间更精确的匹配创造了条件——根据场景和镜头级别的分析为用户检索相关内容，而不是根据视频标题之间的语义关系推荐内容。这为档案内容各个部分与特定用户匹配提供了可能性。

此外，可以使用人工智能驱动的视频摘要为用户提供推荐内容的初步概述，帮助用户决定是否观看。多媒体档案馆更关心以情境化、丰富的教育形式呈现数字馆藏，需要考虑如何使用 AI 驱动的视频分析来打造个性化视听馆藏，并将个性化内容分发给受众。③ 为了确定用户期望的多媒体档案中的个性化内容以及个性化的评价标准，ReTV 项目还将其开发的聊天机器人作为档案视频内容的分发渠道，用以收集准确的数据来建立用户个人资料；通过隐性地监控用户观看习惯和显性地反馈用户个人偏好④，发现用户最感兴趣的个性化档案内容，例如有关他们家乡的新闻报道、最喜欢的球队或明星的历史镜头等。AI 驱动的视频分析将用于识别与这些兴趣相对应的视频片段，并将这些片段编译成一个视频，为用户提供更准确的个性化服务，并帮助媒体档案馆利用可能与更多受众无关的媒体资产。媒体创作者与档案馆藏之间最常见的交互点是媒体资产管理（MAM）系统。MAM 系统提供对完整项目的访问，而创作者对更细粒度的访问感兴趣，这使他们能够识别和检索特定的内容片段。⑤

---

① Apostolidis E., Metsai A. I., Adamantidou E., et al., "A Stepwise, Label-based Approach for Improving the Adversarial Training in Unsupervised Video Summarization", Proceedings of the 1st International Workshop on AI for Smart TV Content Production, Access and Delivery, 2019: 17-25.

② Covington P., Adams J., Sargin E., "Deep Neural Networks for YouTube Recommendations", Proceedings of the 10th ACM Conference on Recommender Systems, 2016: 191-198.

③ Lund J., Ng Y. K., "Movie Recommendations Using the Deep Learning Approach", 2018 IEEE International Conference on Information Reuse and Integration (IRI), IEEE, 2018: 47-54.

④ Spyrou E., Iakovidis D., Mylonas P., *Emantic Multimedia Analysis and Processing*, Leiden: CRC Press, 2014: 253-289.

⑤ Huurnink B., Hollink L., Van Den Heuvel W., et al., "Search Behavior of Media Professionals at an Audiovisual Archive: A Transaction Log Analysis", *Journal of the American Society for Information Science and Technology*, 2010, 61 (06): 1180-1197.

缺乏精细的元数据意味着搜索通常受到项目标题和高级描述的限制，可以使用人工智能创建的细粒度注释来促进发现相关内容，以便在新作品中重新加以利用；使用通用界面，利用数据可视化来展示数字馆藏的丰富性[1]，以帮助用户浏览大量可用物品并找到它们之间意想不到的联系；基于时间的媒体视觉分析的通用界面可以为"图像搜索"提供重要支持——找到相关的可重复使用的视频片段以说明作品中的叙事，这为更偶然的内容检索创造便利，可以指导和激发新的创造性叙事。为了提供更全面的视听内容分析，这种丰富的界面可以结合概念检测、人脸识别、语音分析等许多人工智能驱动的服务。通过在社交媒体平台上自动改编和发布视频内容，媒体档案馆可以突出视听遗产在当前背景下的时代价值，特别是与社交媒体相关的价值。提供定制视频有助于用户与档案馆藏建立更个性化和更持久的关系。通过丰富的界面对档案进行细粒度访问，帮助专业和业余创作者发现音像遗产的更多创造潜力。[2]

（二）网页档案智能内容采集

互联网每时每刻都在产生和消失巨量的数字内容，已成为人类目前可用的最大数据存储库。人类从互联网产生开始就一直致力于利用这一迅猛增长且快速迭代的、由互联网参与者创建的内容（UGC）资源。[3] 互联网已经成为一种巨大的数字文化产物，形成了一个需要加以保护的文化生态系统。很多重要的互联网文化遗产已经消失了，甚至连其重要奠基人蒂姆·伯纳斯-李（Tim Berners-Lee）于1990年编写的第一个网页（初始版本）都已经丢失。[4] 因此，网络存档是一项具有文化和历史必要性的活动，对于历

---

[1] Whitelaw M., "Generous Interfaces for Digital Cultural Collections", *Digital Humanities Quarterly*, 2015, 9 (01): 1-16.
[2] Sauer S., "Audiovisual Narrative Creation and Creative Retrieval: How Searching for a Story Shapes the Story", *Journal of Science and Technology of the Arts*, 2017, 9 (02): 37-46.
[3] Ochoa X., Duval E., "Quantitative Analysis of User-generated Content on the Web", Proceedings of Web Evolve 2008: Web Science Workshop at WWW 2008, 2008: 1-8.
[4] Brumfiel G., "The First Web Page, Amazingly, is Lost", http://www.npr.org/2013/05/22/185788651/the-first-web-page-amazingly-is-lost.

史学家、记者或社会科学家来说意义重大，也是 Web 存档[①]的一个重要目标——智能选择、爬取、保存和确保历史 Web 内容的长期可访问性。

信息技术（IT）领域通常使用"Archives"和"Archiving"分别指代数字内容的聚合和数字内容的存储。档案工作者通常不会从 IT 角度理解这些活动，并将其成果视为存档或者等同于保存，而是将其视为一个重要且强大的协作概念。[②] 相当一部分 Web 内容（尤其是用户创建的内容）存在于网站的内容管理系统（CMS）之中。例如 vBulletin、phpBB 或 WordPress 这些 CMS 的表示层使用预定义的模板（可能包括 Web 文档的左侧或右侧边栏、页眉和页脚、导航栏、主体内容等），用于从基础数据库填充所请求的 Web 文档的内容。一项研究发现，网络上 40%~50% 的内容是使用不同模板的 CMS 来呈现的，以每年 6%~8% 的速度增长。[③] 例如博客页面的帖子列表类型可能使用与同样包含评论的单个帖子网页不同的模板。这些基于模板的网页形成一个有意义的结构，反映网站中不同页面之间的 Web 内容之间的隐式逻辑关系。CMS 使用许多模板来生成不同类型的网页。每个模板都会生成一组共享通用结构的网页（如博客文章列表），但在内容方面有所不同，这为网页档案智能内容采集提供了方便。

1. 智能内容采集归档方式

万维网虽然是最大的信息存储库，但其中包含的信息非常不稳定：URL 引用内容的典型半衰期只有几年[④]；这种现象在社交媒体上更加严重，社交网络 API 有时只能扩展到一周的内容[⑤]。Web 归档涉及收集、丰富、管理和保存这些不稳定的 Web 内容[⑥]，将这些内容保存到档案馆中，以供长期访问

[①] Costa M., Gomes D., Silva M. J., "The Evolution of Web Archiving", *International Journal on Digital Libraries*, 2017, 18: 191-205.

[②] McGovern N. Y., "Radical Collaboration: An Archival View", *Research Library Issues*, 2018, 296: 53-61.

[③] Gibson D., Punera K., Tomkins A., "The Volume and Evolution of Web Page Templates", Special Interest Tracks and Posters of the 14th International Conference on World Wide Web, 2005: 830-839.

[④] Koehler W., "A Longitudinal Study of Web Pages Continued: A Consideration of Document Persistence", *Information Research*, 2004, 9 (02).

[⑤] Twitter, "Historical Data not Working", https://dev.twitter.com/discussions/2483.

[⑥] Pennock M., "Web-archiving", *DPC Technology Watch Report*, 2013, 13 (01): 1-45.

和使用。Web 归档策略主要包括批量收集、选择性收集以及两者结合的方式。批量收集旨在捕获整个域的快照；选择性收集更加集中，例如针对特定事件或人进行内容采集；组合策略包括频率较低的域快照，并辅以定期的选择性爬取。

选择性爬取需要耗费大量的人工来进行爬取准备、爬虫控制和质量保证。在技术层面上，目前的归档爬虫，如互联网档案馆的 Heritrix[1]，以相对简单的方式进行网页爬取（这种方式对批量域名爬取支持性较强）。它们从存储在队列中的 URL 种子列表（通常由 Web 档案管理员提供）开始一个接一个地获取网页，按原样存储，并从中提取更多链接。如果新提取的链接指向存档任务范围内的 URL（通常由要考虑的 URL 列表或正则表达式给出），则会将其添加到队列中。这个过程在指定时间点或时间段以及没有相关 URL 可供抓取时结束。例如欧洲的 ARCOMEM 项目（利用社交媒体和语义来构建有意义的 Web 档案馆）[2] 采用的就是这种方式。但是 Heritrix 这样的传统 Web 爬虫的处理链存在一定局限性。只有通过超链接访问并可通过 HTTP GET 请求下载的常规网页才有资格被存档，容易遗漏其他形式有价值的 Web 信息，例如通过 Web 表单、社交网络 RESTful API 或 AJAX 应用程序访问的信息；网页按原样存档，即按网页粒度存档，忽视了 Web 应用程序在不同部分显示单独信息块的机制；爬取过程不会因站点而异，可能会导致爬取不相关信息（例如登录页面、Wiki 系统中的版本页面）时的资源损失，并且不利于根据网站结构优化网站内的爬取策略；选择性爬取的范围由粗略的 URL 模式白名单和黑名单定义，没有办法指定那些与给定语义实体（例如一个人）相关的页面，或者是社交网络中有影响力的用户大量引用的页面；爬取范围的概念是二元的，网页要么在范围内，要么不在范围内，而对于网络档案管理员来说，则主要考虑不同 Web 内容不同程度的相关性，理想情况下，内容应按相关性降序爬取。

---

[1] Brunelle J. F., Weigle M. C., Nelson M. L., "Archival Crawlers and JavaScript: Discover More Stuff but Crawl More Slowly", 2017 ACM/IEEE Joint Conference on Digital Libraries (JCDL), IEEE, 2017: 1-10.

[2] Risse T., Demidova E., Dietze S., et al., "The ARCOMEM Architecture for Social-and Semantic-driven Web Archiving", *Future Internet*, 2014, 6 (04): 688-716.

如图 3-2 所示，ARCOMEM 的爬取架构旨在通过提供灵活的、自适应的智能内容采集来解决这些问题。它将 Heritrix 等传统的 Web 爬虫与其他模块（如复杂的资源获取）、Web 应用程序感知的提取和爬取、内容在线和离线分析、优先级排序等结合，在需要管理内容优先级时，调整爬虫的内部结构[①]，从而实现一种具有社会意识和语义驱动的保存模型。因为传统方式中，要对已爬取的网页及其组件（即 Web 对象，如标题、段落、图像或视频）进行非常耗时的彻底分析，从而导致其爬取和存档方式的失效。而 ARCOMEM 的爬取原则是从语义增强的爬取规范（使用有关实体、主题或事件的语义信息扩展了传统的基于 URL 的种子列表）开始，了解有关爬取主题和档案管理员意图的更多信息。由于 ARCOMEM 系统集成了应用感知助手（AAH），它更了解其爬网目标所对应的特定类型 Web 应用程序，从而可灵活调整爬网策略，即 AAH 可确保以智能和自适应的方式对 Web 内容进行爬取。总之，Web 的规模、信息的波动性以及社交媒体的出现，都要求改变 Web 归档的执行方式。为了实现这一目标，可采用类似 ARCOMEM 项目开发的可扩展且有效的框架，使档案工作者能够利用社交媒体开展智能内容归档，以供保存和将来使用。

2. 智能内容采集工具

前身为欧洲档案馆的互联网记忆基金会（IMF 和 ARCOMEM 项目的合作伙伴）开发的智能爬虫 ACEBot 采用结构驱动的方法，在离线阶段学习最佳遍历策略（重要导航模式的集合），引导爬虫于在线阶段仅抓取内容丰富的网页。而大多数现有的 Web 爬虫方法仅使用与超链接相关的信息（如 URL 模式[②]和锚文本[③]）来设计爬虫策略。这种方法忽略了不同网页之间的关系，并且可能会单独判断出现在不同页面上的同一种超链接。基于结构的爬取策略不仅可以对需要类似爬取操作的网页进行集群爬取作业，还有助于识别重复、冗余和确定边界的优先级。需要相似导航模式的网页被认为

[①] Plachouras V., Carpentier F., Faheem M., et al., "ARCOMEM Crawling Architecture", *Future Internet*, 2014, 6 (03): 518-541.

[②] Chakrabarti S., Van den Berg M., Dom B., "Focused Crawling: A New Approach to Topic-specific Web Resource Discovery", *Computer Networks*, 1999, 31 (11-16): 1623-1640.

[③] Menczer F., Pant G., Srinivasan P., et al., "Evaluating Topic-driven Web Crawlers", Proceedings of the 24th Annual International ACM SIGIR Conference on Research and Development in Information Retrieval, 2001: 241-249.

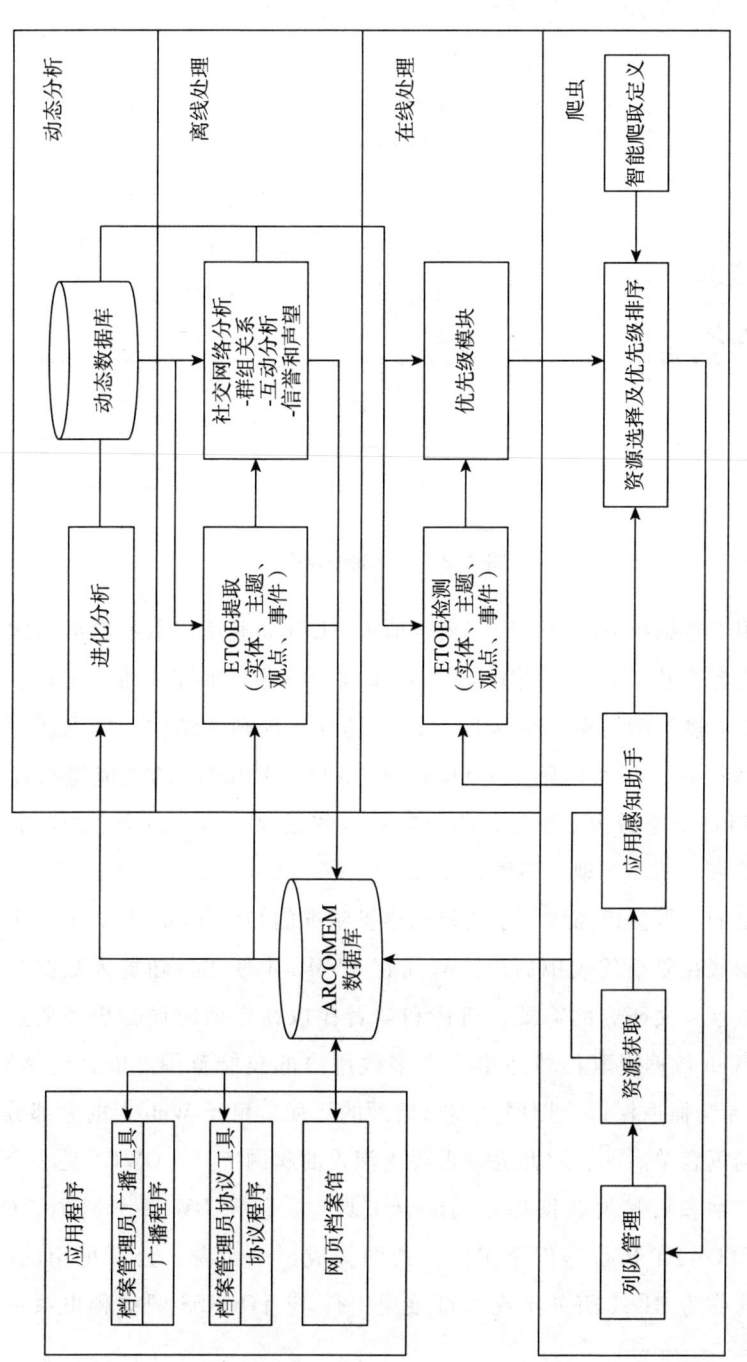

第三章　数字人文与档案内容管理融合框架

图 3-2　ARCOMEM爬虫架构

具有相似的内容类型并共享相同的结构，其结构如图3-3所示。

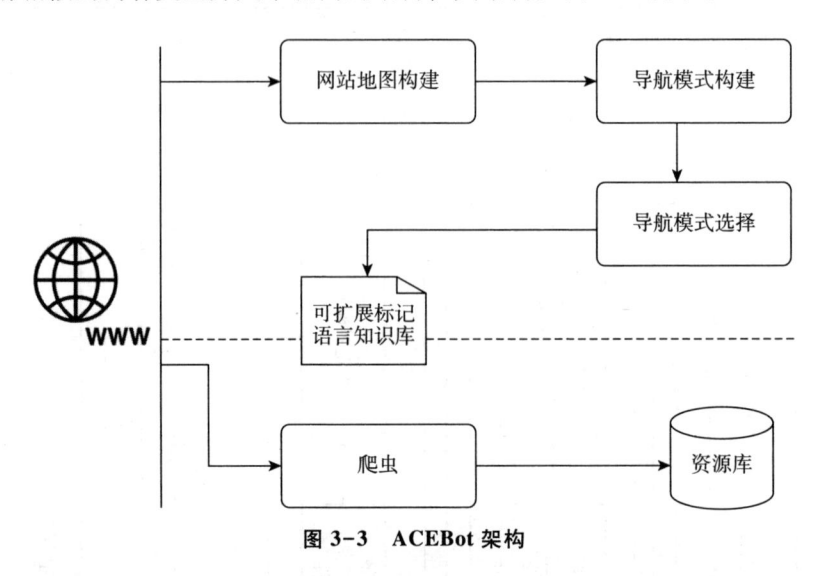

图3-3 ACEBot架构

而用于数据提取的自适应爬虫机器人ACEBot利用网页的内部结构（而不是其内容或基于URL的聚类技术）来确定哪些页面需要重点抓取。在大型数据集上进行的大量实验表明，该工具具备规则的结构，特别适用于数据密集型网站。与通用爬虫GNU wget、AAH和iRobot的性能进行比较发现，ACEBot显著减少了重复、嘈杂的链接和无效页面，而不会影响有用内容的覆盖率，从而实现了高质量抓取。

大量的数据提供商致力于创建和维护精准的知识库和API，但大多数数据仍然隐藏在复杂的表单后面，只能在HTML中使用。随着大数据分析的激增和数字人文研究的需要，机构和学者比以往任何时候都更需要这些数据，但Web数据提取仍然超出了大多数用户的技能范围。前述的AAH和ACEBot无法抓取深网，即网页表单后面的页面。由于Web上的大部分信息隐藏在网页表单后面，因此通常需要更深入的爬网工具。OWET是一个用于包装器归纳和可扩展数据提取的综合工具包，包含OWET设计器、OWET生成器和OWET执行器三个组件，共同构成一个免费、公开可用的框架，其中包含作为REST服务实现的可重用组件。[①] LOCKSS网络爬虫系统由几

---

① Faheem M.，"Intelligent Content Acquisition in Web Archiving"，Paris：TELECOM ParisTech，2014.

个独立的、相互之间可通信的收集节点组成,能够确保所收集内容的完整性。因为对于任何类型的元数据,LOCKSS 本身只考虑内容类型和长度等 HTTP 级别的信息,且它已扩展支持使用元数据提取框架来支持其他元数据。该框架能够通过分析已爬网内容并从中提取元数据,便于数据在系统内可用且可以进一步处理。[1]

三 档案内容长期保存框架

数字人文项目的主要挑战之一是从各种结构化和非结构化来源(包括互联网)自动获取知识。尽管有大量不相关和低质量的数据,但网络上还有许多有价值的内容资源,例如研究人员的主页和博客、研究型开源项目的主页、开放获取期刊、大学教程、软件和硬件文档、会议和研讨会信息等。查找、评估和收集此类信息是一项复杂而重要的任务,要为用户提供有关过去和正在进行的学术研究活动的全面最新资源。类似这样的项目都需要一个可扩展的长期保存框架,允许数据保存、监控、迁移、转换,能够共享数据操作服务,使用 OWL-S 标准和 OWLIM-Lite 语义存储库等语义网解决方案[2],为公开可用服务的广泛适用性创造潜力,从而促进和改进数字化活动。多个国际和国家级项目,如美国国家数字信息基础设施和保存计划或欧盟 FP7 SHAMAN 综合项目[3],以及国际数字图书馆理论与实践会议(TPDL)其中的一个研讨会语义数字档案(SDA)——文化遗产的长期可持续监护等,均致力于促进和讨论专门改善档案信息系统(AIS)和档案信息基础设施(AII),并为其提供复杂的知识表示和知识管理解决方案[4]。

---

[1] Ostrowksi F., "RDFa as a Lightweight Metadata Interoperability Layer between Repository Software and LOCKSS", SDA, 2011: 150-156.

[2] Rodriguez-Mier P., Pedrinaci C., Lama M., et al., "An Integrated Semantic Web Service Discovery and Composition Framework", *IEEE Transactions on Services Computing*, 2015, 9 (04): 537-550.

[3] Qian K., Schott M., Kraetzer C., et al., "A Security Contextualisation Framework for Digital Long-term Preservation", SDA, 2011: 131-142.

[4] Grotton T., Hachenberg C., Harth A., et al., "Towards a Semantic Data Library for the Social Sciences", International Workshop on Semantic Digital Archives, DEU, 2011, 801: 48-59.

面向数字人文的档案内容挖掘与知识发现

（一）原型工具概述

1. DA-NRW 架构

以德国的北莱茵-威斯特法伦州数字档案馆（DA-NRW）开发的长期保存框架为例，该框架遵循 OAIS 模型，聚合该州的所有记忆机构（档案馆、博物馆、图书馆）的数字内容存储库，该架构完全依赖于现有的开源软件组件来实现分布式、自我验证的存储库。该架构支持技术监视和触发迁移机制；对所管理的材料进行适当的表示，将其保存在支持 OAI-PMH① 和其他协议的服务器上，使这些表示可供各种文化遗产门户网站使用；该架构还包括一个演示存储库，充当不同合作机构和跨学科门户网站的中央服务提供商②。

该架构由德国大学图书馆中心、莱茵兰地区协会计算中心和科隆大学计算中心三个独立的网络节点组成，由科隆大学人文计算科学主任负责原型的设计与实施。为了避免在从原型到生产系统的转移过程中出现性能和成本问题，系统仅使用开源组件构建，且遵循敏捷软件开发规则。每个节点内的数据流由内容代理的实例负责引导，一方面将数据流摄取引导到存档中，另一方面将数据的派生副本引导到表示区域。各个节点通过同步器绑定在一起，并将其数据传送到表示组件中，该表示组件通过适当的防火墙技术与实际的长期保留组件保护隔离。演示存储库基于 Fedora Commons 存储库软件，支持存储库中每个对象的 Dublin Core（DC）和 Europeana Semantic Elements（ESE）元数据的传播。③

2. WRDZ 架构

WRDZ（多功能源数据存储库）是一套科学和文化遗产机构的开源解决方案和原型工具，提供了根据 OAIS 模型④引入迁移的方法，帮助数字

---

① Lagoze C., Van de Sompel H., "The Making of the Open Archives Initiative Protocol for Metadata Harvesting", *Library Hi Tech*, 2003, 21 (02): 118-128.
② Informationsverarbeitung H. K., "DA-NRW: A Distributed Architecture for Long-term Preservation", Semantic Digital Archives, 2011: 143-149.
③ Silva A. L., Terra A. L., "Cultural Heritage on the Semantic Web: The European Data Model", *IFLA Journal*, 2024, 50 (01): 93-107.
④ CCSDS, "Open Archival Information System (OAIS) Reference Model", http://public.ccsds.org/publications/archive/650x0b1.pdf.

图书馆进行需求转换，为科学研究提供高级内容交付。它由许多侧重于保存文本、图像和视听内容的网络服务组成[①]，允许其部署的实例以类似 P2P 的方式，整体共享其所有数据操作服务，形成一个可扩展的长期保存框架。

该框架包括源数据管理器（SDM）——负责存储和检索源数据，执行元数据自动提取，为源数据及其元数据提供版本控制，并为所存储数字对象提供元数据收集所需的 OAI-PMH 接口和 OAI-PMH 存储库。作为 WRDZ 的核心，它确保完整的无限数据存档（保持数位完好无损）以及其在未来的可读性，即依靠现有的数据存储系统来提供数据持久性支持。

此外，该框架还包括数据操作服务（DMS）——允许以不同的方式迁移、转换或交付数据；数据迁移服务（DMiSs）——保证在不丢失信息的前提下将源数据迁移到不同格式；数据转换服务（DCS）——诸如有损压缩、分辨率更改、裁剪等数据转换操作；高级数据交付服务（ADDS）——以有效且依赖于用户的方式提供数据；服务注册表（SR）——存储所有已注册 DMS 的信息；源数据监视器（SDMo）——定期验证数据完整性，并在长期保存的背景下评估数据丢失的风险；系统监视器（SM）——提供 WRDZ 实例的性能、可用资源和使用情况的概述；数据迁移和转换管理器（DMCM）——允许用户通过链接不同的数据操作服务来创建和执行复杂的数据迁移和转换计划；权限管理器（RM）——允许管理员定义特定用户有权访问的数字对象和服务；通知管理器（NM）——为系统提供统一的通信通道，允许以简单的方式向其他服务和管理员发送消息。

如图 3-4 所示，权限管理器（RM）和通知管理器（NM）位于 WRDZ 的底层；源数据监视器（SDMo）和数据迁移和转换管理器（DMCM）除了依赖 RM 和 NM 之外，还利用数据操作服务（SDM）和服务注册表（SR）来履行其职责。这种依赖模型在用户需求方面提供了极大的灵活性，因为可以设置仅用于发布操作服务的 RM、NM 和 DMS 的 WRDZ 实例，以及由

---

① Jędrzejczak P., Kozak M., Mazurek C., et al., "Long-Term Preservation Services as a Key Element of the Digital Libraries Infrastructure", in Robert Bembenik, Lukasz Skonieczny, Henryk Rybinski, Marzena Kryszkiewicz, Marek Niezgodka eds., *Intelligent Tools for Building a Scientific Information Platform: Advanced Architectures and Solutions*, Springer, 2013: 85-95.

RM、NM 和 SDM 组成的实例来实现可靠的存储系统功能。此外，在可扩展性方面，WRDZ 的每个实例都可以部署在多个服务器上。这意味着大多数服务可以在单独的机器上部署和运行。

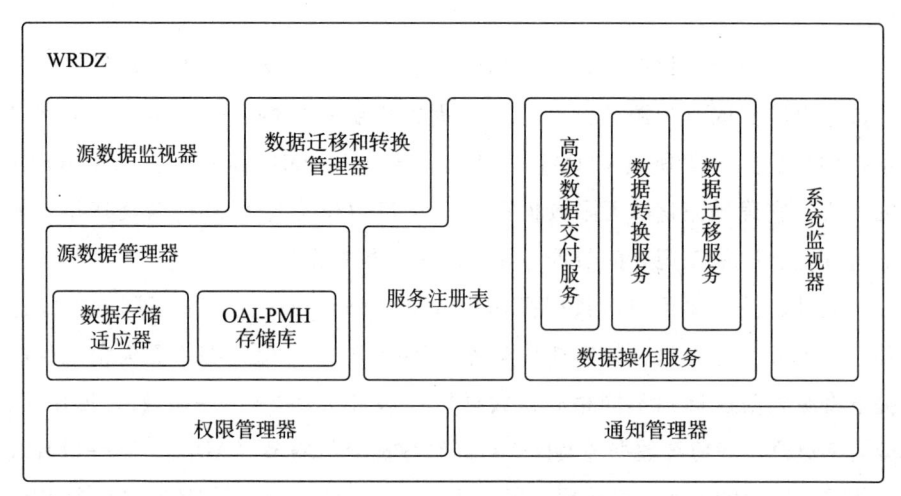

图 3-4　WRDZ 实例结构

（二）迁移和转换机制

数据迁移和转换机制是多功能源数据存储库能够提供长期保存功能的关键，而技术元数据则是迁移和转换机制的关键组成部分。

1. 元数据架构

DCMI 元数据术语（https://www.dublincore.org/specifications/dublin-core/dcmi-terms/）、MARCXML（http://www.loc.gov/standards/marcxml/）、元数据对象描述模式 MODS（http://www.loc.gov/mods/）、ETD-MS（http://www.ndltd.org/standards/metadata/）、PLMET（http://confluence.man.poznan.pl/community/display/FBCMETGUIDE/）等任何标准架构或任意的 XML 文件中均提供描述性元数据。而技术元数据则使用专用元数据架构，具体取决于文件格式：文本文件的 TextMD（http://www.loc.gov/standards/textMD）、文档的 DocumentMD（http://fclaweb.fcla.edu/content/format-specific-metadata/）、图像文件的 MIX（http://www.loc.gov/standards/mix/）、音频文件的 AES-X098B（http://www.aes.org/publications/standards/AES57-2011/）和视频文件的 VideoMD（http://www.loc.gov/standards/amdvmd/）。作为数字对象内容的一部分，每个文件都由文件信息工具集 FITS（http://code.google.com/p/fits/）处理，它可以识别文件格式并自动提取上述技术元数据。FITS 使用数字记录对象识别（DROID）软件工具（http://sourceforge.net/projects/droid/）识别文件格式。为了在多功能源数据存储库中实现技术元数据提取，FITS 配备了 FFMpeg 工具（http://ffmpeg.org/），从音频和视频文件中提取技术元数据，并且将随附的 DROID 版本替换为最新版本。因此，修改后的 FITS 会为音频和视频文件返回两个 XML 文档：一个用于音轨，位于 AES-X098B 架构中，另一个用于视频轨道，位于 VideoMD 架构中。

2. 本体架构

迁移过程从源数据监视器开始，由其定期识别尚未迁移的数字对象（即特定内容的最新版本），特别是存储为不久之后可能无法读取的文件格式的对象；统一数字格式注册表（UDFR）[①]，特别是其 SPARQL 端点（http://udfr.org/ontowiki/sparql/），负责获取有关分析文件格式的信息，并允许源数据监视器评估与该格式相关的风险，并在该风险系数过高时通知管理员。

管理员收到通知后，可以在 DMCM 中设置数据迁移计划。然后，DMCM 使用 SR 查找所需的迁移服务，使其能够将包含风险文件的任何数字对象转换为流行文件格式的新数字对象。理想状态下，单个服务能够执行转换，但 WRDZ 也支持服务链接，确保没有服务在将文件从源格式直接转换为目标格式时能将多个服务链接在一起。找到适当的服务后，DMCM 会自动调用它们，从而构建保存在 SDM 中的新数字对象。然后，将源对象和迁移对象之间的交叉引用添加到其管理元数据中。为了查找和使用所需的服务，DMCM 需要对它们进行计算机可解释的描述。本体 Web 服务语言（OWL-S，http://www.w3.org/Submission/OWL-S/）作为基本解决方案，衍生出几个特定的本体：dArceoService 本体及其从属 dArceoProfile 和 dArceoProcess（http://darceo.psnc.pl/ontologies/），分别是对 OWL-S 本体服务、子本体 Profile 和子本体 Process（http://www.daml.org/services/owl-s/1.2/）的扩展。DMCM

[①] UCC，"Unified Digital Format Registry（UDFR）"，http://www.gdfr.info/udfr.html.

支持 Web 应用程序描述语言（WADL, http://www.w3.org/Submission/wadl/），服务描述的基础部分需要 RESTfulGrounding（http://www.fullsemanticweb.com/ontology/RESTfulGrounding/v1.0/RESTfulGro-unding.owl）子本体支持。[1]

在 SR 中注册服务时，服务可以执行的文件格式之间的所有转换都会从其进程模型中提取，并使用保存在 OWLIM-Lite（http://www.ontotext.com/owlim）语义存储库中的 dArceoService 本体语言。此本体包含与服务本体中的 Service 类双向关联的文件转换类，并具有被称为 fileIn 和 fileOut 的两个属性，它们分别保存有关转换的输入和输出文件格式的信息。转换和高级交付的机制是相似的，只是生成的服务链在发现阶段受到转换和高级交付的技术参数的限制，指定这些参数的专用子本体包括 dArceoText、dArceoDocument、dArceoImage、dArceoAudio 和 dArceoVideo（http://darceo.psnc.pl/ontologies/）等。

由于共享迁移/转换和高级数据交付服务的机制已经内置于系统中，因此在理想情况下，具有足够技术潜力的机构将作为服务提供者，其他（例如较小的）机构可以从中受益。机构甚至可以仅设置迁移、转换或高级交付服务，并在任何 SR 实例中注册它们。唯一的要求是，需要根据 WRDZ 语义模型来描述服务，并使用上述 OWL-S 本体。总之，WRDZ 的基本思想是 OAIS 的迁移转型方法，为核心保存服务附加额外的转换和高级交付服务，支持科学机构数字存储库建设以及大规模数字化中特定类型文档的数字化，支持集成知识系统[2]在效率、灵活性、可扩展性等方面的测试和分析。图 3-5 为多元 WRDZ 情境中的数据操纵服务。

（三）开放研究数据安全机制

开放研究数据与开放数据有着相同的意义来源，在许多情况下，开放数据是记录/档案的同义词。[3] 档案机构与开放数据之间存在明显的联系，开

---

[1] Tavares N. A. C., Vale S., "A Model Driven Approach for the Development of Semantic RESTful Web Services", Proceedings of International Conference on Information Integration and Web-based Applications & Services, 2013: 290-299.

[2] Krystek M., Mazurek C., Pukacki J., Sielski K., Intelligent Tools for Building a Scientific Information Platform: Advanced Architectures and Solutions, Berlin: Springer, 2013: 67-83.

[3] Borglund E., Engvall T., "Open Data? Data, Information, Document or Record?", Records Management Journal, 2014, 24 (02): 163-180.

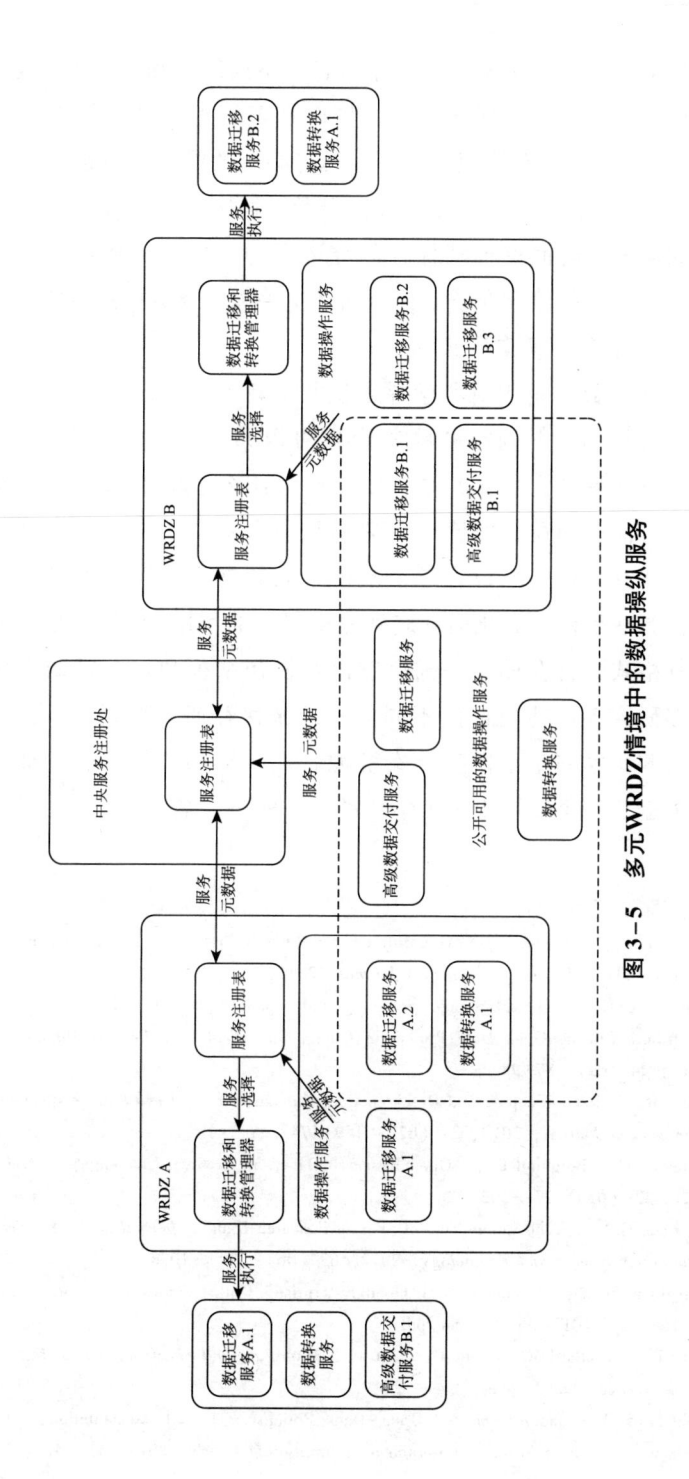

第三章　数字人文与档案内容管理融合框架

图 3-5　多元WRDZ情境中的数据操纵服务

放数据对档案专业人员来说是一个伴随着一系列问题和挑战的机会。① 开放数据项目可以为档案管理做出贡献，同时档案管理人员的能力也是开放数据项目②所需要的。档案管理员，尽管具有必要的能力，但很少负责研究数据的管理。③ 许多数字人文研究项目很少考虑档案长期保存因素，并且普遍缺乏关于如何随着时间的推移保存研究数据的知识。研究人员经常将研究数据存储在不可信的保存介质上，从而产生丢失重要数据的风险。④

1. 数据共享和数据重用

数据共享和数据重用对科学界来说并不新鲜，且已经在科学研究中发挥了许多积极作用，但确定"哪些数据可以共享，由谁共享，与谁共享，在什么条件下共享，为什么共享，以及产生什么影响"仍然具有挑战性。⑤ 有关透明度、商业利益、敏感个人数据和国家安全的法律限制可能阻碍研究人员进行研究数据的开放存取活动。个人数据保护问题也是一个国际问题，目前尚无法确保匿名化措施起到完全保护的作用。⑥ 另一个挑战是选择持久性文件格式进行存储，并确保它们在操作系统和技术定期变化时的兼容性。许多研究人员使用截然不同的系统来保存研究数据⑦，如表3-5所示，虽然有些国家制定了数字档案资源长期保存的政策，而关键问题在于是否有可能创建一个适用于多个学科的通用解决方案。⑧

---

① McLeod J., "Thoughts on the Opportunities for Records Professionals of the Open Access, Open Data Agenda", *Records Management Journal*, 2012, 22 (02): 92-97.

② Serra L. E. C., "The Mapping, Selecting and Opening of Data: The Records Management Contribution to the Open Data Project in Girona City Council", *Records Management Journal*, 2014, 24 (02): 87-98.

③ Grant R., "Recordkeeping and Research Data Management: A Review of Perspectives", *Records Management Journal*, 2017, 27 (02): 159-174.

④ Borgerud C., Borglund E., "Open Research Data, an Archival Challenge?", *Archival Science*, 2020, 20 (03): 279-302.

⑤ Borgman C. L., "The Conundrum of Sharing Research Data", *Journal of the American Society for Information Science and Technology*, 2012, 63 (06): 1059-1078.

⑥ The Royal Society, "Science as an Open Enterprise", https://royalsociety.org/-/media/policy/projects/sape/2012-06-20-saoe.pdf.

⑦ Corti L., Woollard M., Bishop L., et al. *Managing and Sharing Research Data: A Guide to Good Practice*, Los Angeles: Sage, 2019.

⑧ Zuiderwijk A., Janssen M., "Open Data Policies, Their Implementation and Impact: A Framework for Comparison", *Government Information Quarterly*, 2014, 31 (01): 17-29.

表 3-5　可参考的长期保存战略

国家/地区	机构	政策
美国	美国国家档案与文件署	数字档案资源长期保存战略（Strategy for Preserving Digital Archival Materials）
		数字保存战略 2022~2026（Digital Preservation Strategy 2022-2026）
加拿大	加拿大图书档案馆	数字保存计划战略（Strategy for a Digital Preservation Program）
英国	英国国家档案馆	战略计划：人人享有档案（Strategic Plan：Archives for Everyone）
法国	法国国家档案馆	数字化归档（Archive Numerique）
澳大利亚	澳大利亚国家档案馆	数字保存政策（Digital Preservation Policy）
新西兰	新西兰档案馆	数字保存声明（Digital Preservation Statement）
		档案 2057 战略（Archives 2057 Strategy）
日本	日本国立公文书馆	日本国立公文书馆数字档案系统运营及系统优化计划

2. 数字内容存储库模型

电子文件的知识完整性是其主要特征。数字长期保存不仅涉及脆弱存储介质的寿命问题，更多地取决于存取系统的预期寿命。档案系统包含和传递通用的文件类型以及每种文件类型的内在和外在形式要素、过程与记录之间的关系以及隐含的由参与者共有的知识。[1] 长期数字保存是为防止时间原因（包括人类渎职、记忆力减退和技术过时）导致的数字对象不可靠性而采取的复杂措施，是短期内容管理服务的扩展。这种扩展的核心是构建信息对象，以包含或可靠地引用其创建者和保存者认为必不可少的情境的方法，以便后来的用户能够正确解释它们，被称为核心可信数字对象（TDO）方法。[2]

在如图 3-6 所示的数字内容存储库模型中，每个对象都使用唯一标识符进行注册，位字符串副本存储在安全位置，实体描述符被分解到目录数据库中，该数据库也指向存储的位字符串。这是一个有助于讨论存储库管理

---

[1] Kenneth T.，"Overview of Technological Approaches to Digital Preservation"，http://www.clir.org/pubs/reports/pub107/thibodeau.html.

[2] Gladney H. M.，*Preserving Digital Information*，Berlin：Springer，2007：139-161.

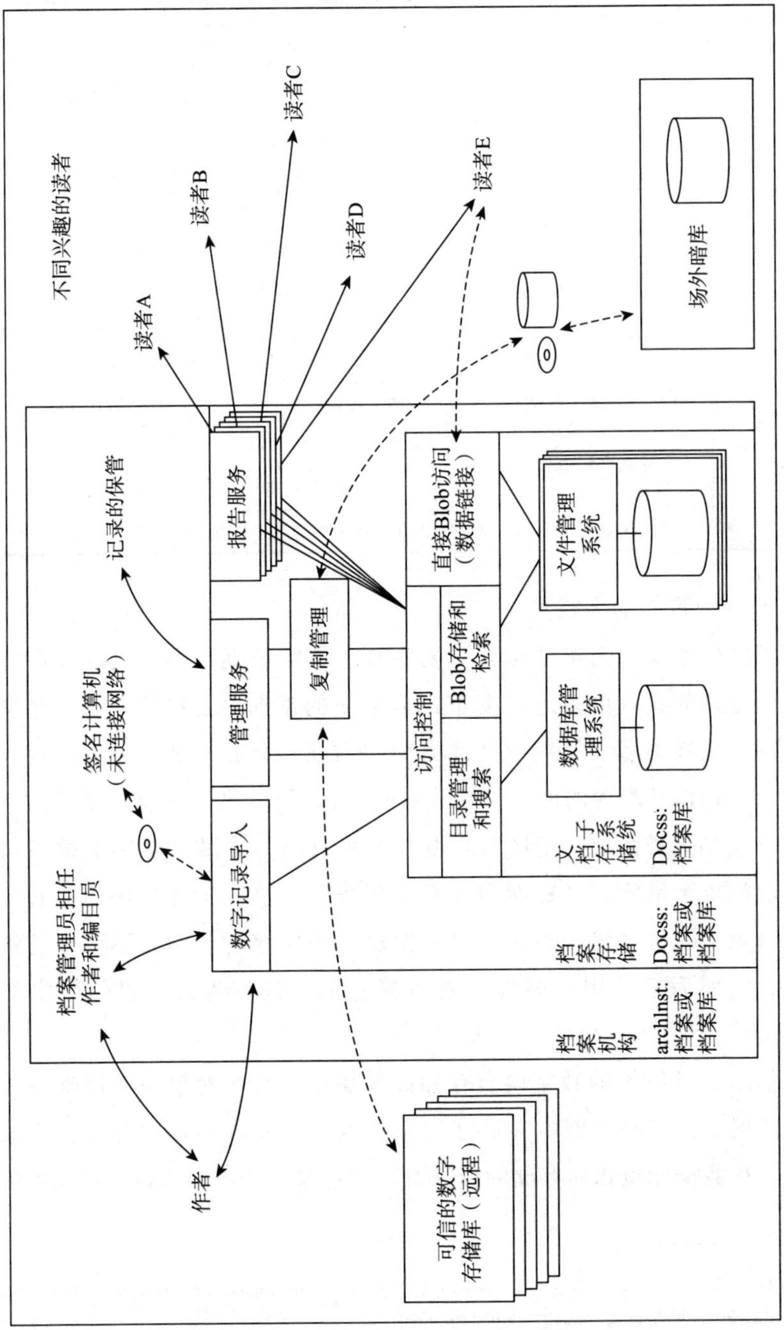

图 3-6 数字内容存储库模型

的模型。关键的归档步骤显而易见，所有的人际互动都通过个人电脑完成，因此，大多数保存数据的准备工作可以通过可用的内容和元数据编辑程序来完成，只需进行适度的添加即可确保记录的长期持久性，图3-6中还有嵌套存储库，帮助档案机构解决档案的安全性和随时可用性问题，无论是上级机构的记录还是其他人或组织收集的记录。在档案机构中，计算综合体 DocArch 向档案机构员工及其客户提供许多用户界面，或者更准确地说，为每个用户提供了一个机械代理，并为其他独立组织提供了存储库接口。一般的风险来源的严重程度取决于每条记录的信息类型和来源。分布式文件复制可以有效地处理其中许多风险，并通过循环冗余校验（CRC）检测到错误。每个 CRC 都是可变长度位串的固定长度函数，用于检测传输或存储过程中的数据错误。如果数字信息的创造者在数字信息的早期阶段不采取措施对其进行保护，那么它就可能无法进入任何长期保存设施。[1] 总之，数智技术加速了档案利用工作的智能化进程，但也带来了诸多安全风险，在数字形态日渐成为档案全生命周期存续状态的当下，软硬件依赖性、信息与载体的可分离性、网络攻击的频繁性等决定了电子档案安全保护需从电子档案生成持续至销毁全生命周期，具有档案载体安全、数据信息安全、凭证价值安全三重逻辑[2]，需采取人防、物防、技防三位一体的全方位防护。数据安全技术包括数据加密技术、数据脱敏技术、数据识别技术、数据标记技术、数字水印技术、隐私计算技术等。数据加密技术按加密对象可分为对文件系统、业务数据（数据库、应用系统业务数据）、数据传输加密，如 DLP 终端加密、数据库加密网关、透明文件加密、全磁盘加密等技术。数据脱敏技术对敏感数据进行智能识别和标记，在数据提供利用时进行脱敏或匿名处理。[3] 区块链技术是一种由多方共同维护，使用密码学保证传输和访问安全，能够实现数据一致存储、难以篡改、防止

---

[1] Tibbo H. R., "On the Nature and Importance of Archiving in the Digital Age", *Advances in Computers*, 2003, 57: 1-67.
[2] 王群、李浩然：《我国电子档案安全立法的现状考察与完善路径》，《档案学研究》2024年第1期。
[3] 廖丽萍、丁家友、张照余：《国内数据保全与网络存证产学研用调查》，《档案与建设》2023年第12期。

抵赖的分布式账本技术。① 合理利用匿名技术、脱密技术、隐私计算技术等可防止数据利用过程中的数据泄露、隐私侵犯问题。

四 档案内容管理在数字人文中的价值

数字人文视域下，新兴数字技术的利用旨在为人文研究提供更新的角度与更多的可能。而档案资源不仅是重要的社会数据资源，更是传统人文研究中不可或缺的一环，其价值体现在对社会运行生产过程的记录凭证，形式上囊括了文本、图像、音视频甚至实物等多种呈现方式。数字人文的研究离不开海量的原始数据资源，档案在自身概念档案资源观的演进趋势下也不应缺席数字人文的应用。而随着人工智能、机器学习等新技术的发展及其在档案内容挖掘中的应用，传统的档案管理和服务模式正在做出相应改变，其在数字人文研究中的应用价值日益凸显。

（一）历史研究与文化传承

数字化档案内容帮助保存和传承文化遗产。档案作为社会运行的历史记录，发挥着类似"文物"的原始记录性的作用。这种联系在法律层面中也有迹可循，《档案法》第十三条中规定"反映历史上各时期国家治理活动、经济科技发展、社会历史面貌、文化习俗、生态环境的"具有保存价值的材料应当纳入归档范围；第十八条规定，档案馆与博物馆、纪念馆等单位应当共同研究、编制出版有关史料。可以发现，档案作为重要的历史原件，本身就与历史研究不可分割。

1. 提供档案主题数字平台

具体而言，数字化档案的作用之一体现在为历史等相关人文学科搭建档案数字化平台以及利用数字化技术实现对实物与非实物的文化遗产保护和传承工作。从实践来看，一方面，在数字技术的发展下，越来越多的数字人文学者以历史档案文本为主体通过知识组织、文本挖掘、机器学习等

---

① 刘越男、吴云鹏：《基于区块链的数字档案长期保存：既有探索及未来发展》，《档案学通讯》2018年第6期。

第三章　数字人文与档案内容管理融合框架

方式搭建起一系列的档案文化主题数字平台，其目的在于发掘档案背后的历史文化价值，为相关的历史人文学者提供学术便利，例如 CBDB、上海图书馆的名人手稿档案库等项目。另一方面，有关文化遗产的数字化档案工作与研究也一直在进行，其机理是运用数字化复原、影像互动装置、增强现实等技术手段开展对文化遗产的保护。例如，通过大数据管理模式对文物进行数据采编、影像整合和三维图像扫描建档，可以实现历史场景的虚拟重现，这种切实的沉浸感不仅起到了历史文化宣传作用，更能通过复刻特定时代背景起到历史教育作用。在非物质文化遗产方面，《非物质文化遗产保护法》本身就已经强调了档案工作的重要性，要求建立非物质文化遗产档案及相关数据库。在对非遗文化的建档保护过程中，需要利用文本扫描、OCR 技术实现其档案的数字化工作，并在建档的过程中通过多媒体的方式可视化呈现非遗全貌。

从档案数据本身的性质上来看，其揭示历史事件、社会变迁和文化发展的细节为数字人文学者提供了丰富的素材。数字人文研究常常要利用大量档案文献遗产，档案领域主导的数字人文项目更是以档案文献遗产为对象，旨在为相关历史人文学者提供更多的切入角度。相比其他文本与数据资源，档案数据具有独特的凭证性与原始记录性，尤其是一些地方档案具有稀缺性，承载着某一阶段某一地区特殊的集体记忆。更为重要的是，档案之间彼此关联，共同构成研究对象记录的整体。大量彼此之间互有关联的档案数据依托大数据、语义网等技术"量变产生质变"，从而立体化地展现传统档案研究无法呈现的新视角与效果。如"威尼斯时光机"项目包含巨量的数字化档案[①]，单靠人工阅读几乎不可能完成如此庞大的文本量，而档案数据的数量之巨大、关联之细致也同样为数字人文研究提供了坚实的数据基础。

2. 加强历史文化认同

档案内容挖掘通过数字项目加深公众对历史文化的理解和认识，公众对历史文化的认同本质上是对自身的社会认同。而档案由于其原始记录性

---

① "Time Machine in the Running to Become a FET Flagship", https://actu.epfl.ch/news/time-machine-in-the-running-to-become-a-fet-flagsh/.

的特点，可以在人与档案内容或其载体的接触实践中产生情感共鸣与认同，这也是档案工作者乃至所有文化工作者的共同追求。站在数字人文的角度，数字人文与文本、文献、资料等关系密切，档案内容挖掘与文献载体、信息记录、文化艺术等相互交织，国外众多数字人文项目，如"协作式欧洲数字档案研究基础设施"、弗吉尼亚大学"罗塞蒂档案库"等，本身就定位于历史记忆、档案管理；国内数字人文集中于历史档案的整理、保护及数据库建设，通过构建数字场景挖掘呈现档案中蕴含的知识内容与情感要素，产生了国家图书馆"中国记忆"项目、上海图书馆"名人手稿档案关联开放数据集"等。① 总之，数字技术带来的真实互动与新颖的交互方式既能使公众对相关历史事件产生情感共鸣，同时也起到留存国家记忆、宣传文化遗产精神内核、传承中华优秀传统文化等作用。

（二）跨学科研究与创新

档案内容挖掘的本质是对数据的内容挖掘。在数据挖掘的过程中，档案数据自身所附带的其他属性在人文性的影响下会与其他学科产生联结与合作，从而促进跨学科发展与学科内的创新应用。

1. 跨学科交流融合

档案学研究与数字人文实践存在交集的一大表现就是跨学科融合。数字人文研究一般依托具体项目实施，把数字技术当成"工具"，捕获、采集人文学科相关主题的内容，并开展媒介分析、展示与共享、存储与利用数据挖掘之后所发现的知识。②

档案内容挖掘促进了跨学科交流与融合。应用数字人文技术手段可以尝试研究以往两个领域内都无法涉足或囿于自身学术视角而从未设想过的问题。例如将档案资料与地理信息系统（GIS）结合进行历史地理学的研究，对自然灾害、移民政策、流民迁徙行为、人口增长及行政区设置等信息的大跨度研究，对清代瘟疫流行的时空特征及其与气候变化

---

① 周耀林、吴化：《数字人文视野下少数民族档案文献遗产数字化保护研究》，《档案学研究》2022 年第 5 期。
② 龙家庆等：《数字人文对我国档案领域的影响：挑战、机遇与对策》，《档案学研究》2020 年第 1 期。

的关系的研究[①]等。

2. 创新思考模式

社会科学不断受到新问题和随之而来的对新知识的需求的挑战。随着知识生产者应对不断变化的社会挑战，新的知识类型和组织知识生产的新方法可能会出现。社会科学现有学科的形成本身就是相对较新的知识领域出现并逐渐建立相适应的组织和机构的过程。因此在现有学科内部和学科之间，新的学科领域还会不断涌现。[②]

档案内容挖掘为已有学科领域带来了新的思考模式，如利用大数据分析领域内行为模式与发展趋势等。档案数据记录着各个行业内运行的实在反映，其本身就是领域内指导治理的重要依据。档案的内容挖掘与知识发现结合数字人文的技术手段将档案内容内在的数据要素潜力真正发挥出来，为各领域学科内决策变动提供参考。例如浙江中医药大学附属医院以病历档案为对象，运用数字人文方法构建了电子病历系统用以支持医学科研工作，为研究提供更多的关联性信息与知识。

（三）知识管理与信息组织

档案的数据属性使对其的知识管理与信息组织成为绕不开的议题。而伴随着档案数据的激增以及档案概念的扩张，对档案数据的生产要素价值挖掘无法再依靠单一的人工数据组织来完成，需要利用数字人文技术实现对档案数据的知识管理和信息组织，从而提供更细粒度的知识服务而非传统的资源服务。

1. 促进知识管理升级

档案的本质是有待开发的数据，在对档案数据挖掘并赋予其意义之后成为可供参考的知识。伴随着数据科学的兴起以及一系列数据处理技术的加入，档案作为重要的社会数据载体，深度挖掘其隐藏的信息资源与知识价值成为重要的议题。具体而言，需要对档案内容进行数字化的加工进而

[①] 周明帅、张萍：《历史地理信息系统与数字人文的新探索——第八届 HGIS 学术沙龙综述》，《历史地理研究》2023 年第 3 期。

[②] Becher T., Trowler P., *Academic Tribes and Territories*, London: McGraw-Hill Education (UK), 2001: 20-40.

形成机器可以识读的数据，进一步的数据处理以及分析之后形成对档案内容的知识发现。换言之，数字化内容是数据驱动的中转站，而知识发现是数据驱动的核心归宿。在这一过程中，首先需要了解用户的需求与社会服务的具体导向，通过数字化技术获得知识管理的基础，之后通过数据集成、数据建模（本体构建）、数据呈现、关联预测等技术最终析取得到档案知识形态的呈现并实现数据应用与知识服务。得到的知识发现可以支持包括上述所提到的历史人文以及跨学科领域的研究，还可以进一步服务于信息决策和社会公共治理需求等。例如在韩国钧《朋僚函札》档案文献数字人文项目中，通过对该档案文献的精细化语义揭示以及针对其中各实体要素的知识关联建构，在完善了文献数字化与档案检索利用的成果基础上，通过数字人文技术解构档案资源内部的知识层，发挥其数字资源要素价值，深入知识单元层面精细化描述资源特征，解构知识对象属性，完成了对其关联知识库的构建。具体而言，档案的内容挖掘呈现知识成果：一方面，细粒度地展示了来往信函之中描述的20世纪初中国的重大历史事件（例如清朝统治覆灭、北洋军阀政权交替、日本帝国主义侵略等）；另一方面，区别于传统的历史记录，书信档案类的记录以一种第一人称的视角让读信人被代入当时的历史背景，相比单纯的年份数字以及简单的事件描述，以更深刻、更细粒度的方式呈现特定历史背景之下的中国，并且书信档案涉及的人物、时间、空间、事件等形成的知识关联可以展现更加细致的社会关联、时空间轨迹以及情感。①

2. 提升信息组织水平

信息组织是信息科学领域的一门主要学科，主要关注图书馆、档案馆和博物馆（LAM）等机构为用户社区（例如研究人员、学生、公众或公司员工）组织、编目和分类资源的实践。② 使用各类分析处理和可视化工具，通过"文本化"和"数据化"，对数字人文平台中集聚的内容进行描述、组

---

① 邵澍赟：《档案文献遗产知识管理模型构建研究——以韩国钧〈朋僚函札〉为例》，《档案与建设》2023年第12期。

② Golub K., Kamal A. M., Vekselius J., "Knowledge Organisation for Digital Humanities: An Introduction", in Koraljka Golub, Ying-Hsang Liu eds., *Information and Knowledge Organisation in Digital Humanities*, Routledge, 2021: 1-22.

织和揭示，建立更多的语义关联，这本身是数字人文平台建设的重要内容。回顾传统的档案组织，有针对档案实体组织的全宗原则，也有针对档案信息组织的分类法与主题法。但无论是全宗原则还是分类法与主题法，这些组织方法面向的对象都是人而非机器。伴随着新兴数字技术的发展，自动分类、标引、编制和管理分类表、词表、目录、索引、文摘等技术能够有效地处理文本、图像、音视频等多媒体形式的档案资源。同时，语义网的发展改进了以元数据为核心的档案资源组织方法。在档案语义组织的过程中应当遵循语义完整原则（包括档案从全宗到文件的各级别内容及结构）、链式关联原则（包括内容逻辑链、机构职能链、业务流程链、文件生命周期链及其组合）以及网络多维原则即去中心化的、能够支持多角度检索查询的智能资源服务。

（四）教育与公共服务

档案记录了人们在特定历史时期的各类社会活动，因而在与档案的接触中会因为各自文化背景的熏陶而产生情感联结。同时，档案的原始记录性既是高质量的历史文化教育背书，又是社会治理的重要素材，因此在教育与公共服务领域具有不可替代的作用。数字人文并非在以数字性抹杀档案的人文性，相反，其以数字技术传递新的范式与理念，更加强调了人文取向。

1. 扩大教育覆盖面

一方面，档案的内容挖掘将特定事件以不同的方式呈现给受众，起到教育作用。例如，如果想要宣扬医护人员在抗疫过程中的精神，可以通过对比其疫情期间一天与正常时期一天的个人记录档案来还原其疫情背景下的生活轨迹，通过档案叙事的方式达成宣传教育目的。另一方面，基于档案内容挖掘可以设计互动式的学习工具，让受众在互动的过程中达成学习成效。例如在2021年中国共产党历史展览馆采用先进的数字技术再现了80多年前的长征场景，让观众以"红军战士"的身份融入其中，切身感受长征路途中的艰难险阻以及革命先烈的不屈精神。[1]

---

[1] 《党史展览馆沉浸式体验让年轻人真切感受党史峥嵘岁月》，《中国青年报》2021年7月27日。

公共政策的制定与社区规划很大程度上有赖于本地区的社会现实与发展现状。档案数据作为社会痕迹的原始记录，完整地保存了社会运行过程中的文化、经济及各类实践生产活动。基于此，对档案的内容挖掘与知识发现，可以有效地反映出社会治理的轨迹及各类影响因素，从而赋能社会文化、经济发展乃至智慧城市的建设。例如政府通过联络本地重点企业和劳动者，整理多维档案数据建立起一个拥有海量用工档案数据的信息库，依托公共人力资源市场建立起用工档案数据信息库；并结合人工智能技术，为企业和求职人员进行画像与相关匹配，为供求双方提供高效、精准的就业岗位匹配、推荐等服务；同时，通过数据记录与监测可以分析并评估本地区人力资源供求关系的具体结构以及就业政策调整带来的变化。在数据公开的情况下，这些信息不仅可以为政府部门调整政策提供决策参考，也可以为企业以及社会求职人员提供各自的行动依据。①

2. 提高公共服务质量

档案内容挖掘还通过数字人文项目提高政府透明度和公众社会治理参与度。例如以"特定类型档案资源建设"推动社会治理体系信息化和民生服务智慧化的模型，构建以楼宇、车辆、人员为基础对象的电子档案库或污染源档案等档案资源，从而推动智慧化的基层社会治理和生态环境治理；以电子健康档案、数字家庭档案、流动人员人事档案等服务民生保障，为居民提供医疗、教育、就业等领域的智慧民生服务；通过数字档案馆等信息基础设施提供文化大数据服务，实现文化惠民。而档案资源的服务对象也将在这一过程中逐渐由政府部门转向广大人民群众，例如以"电子文件和电子档案开放、共享与利用"促进政务数据开放共享，包括推进建设政务内网的电子文件交换系统和共享平台，满足政府协同办公的需求；积极推进政府部门各类文件和档案的数字化、电子化，将电子档案纳入政务数据资源体系，建立重点领域的基础库和主题库。在此基础上，档案内容资源得以最大限度地被利用与共享。

---

① 赵文智、黄莉、姜逗逗：《公共人力资源市场用工档案智慧服务路径探析》，《中国档案》2022年第9期。

第四章
面向数字人文的档案内容挖掘与知识发现机制构建

因在数字技术发展和人文知识生产与实践方面的强大联结性，数字人文不仅肩负着数字文明背景下人类文化传承的新机制构建的愿景，更承载着新文科等视域下知识生产转型的学术使命。在辽阔的学术版图中，档案内容资源因其对人类历史的融汇、包容、真实性记录而成为数字人文研究对象和方法中不可或缺的基础性要素，在文与理、道与术、思与行等方面，与数字人文在人文和科技、传统和现代、机遇和挑战等方面形成融通和共振；共同孕育出新的科研基础设施与研究场景，推动众包与公众科学等多维多层知识表达和传播方式；引发人类知识生产方式的开放、互操作与可持续发展，从技术、内容、价值观等维度，推动数字时代人文社会科学的跨学科知识生产、传承与融合发展。

一 档案内容管理机制构建的必要性与可行性

云计算、大数据、人工智能等新兴技术日渐融入社会生活的方方面面，成为数字社会存续发展的支柱力量，数智浪潮裹挟下档案馆的生存模式与发展空间受到强烈冲击，如何抓住新一轮数字技术变革机遇，赋能档案管理、利用工作现代化，已成为档案事业实现质的飞跃必须解决的瓶颈问题。

（一）信息爆炸与数据增长

当前，大数据、人工智能、云计算、区块链、大模型、元宇宙等新一代信息技术发展日新月异，信息技术与经济社会的渗透交融日益广泛深化，加速传统的经济社会运行和人类文明形态变革，全球数据呈指数级爆炸增长态势，人类正加速迈入数据时代。据权威机构预测，到2025年全球数据规模将扩展至163ZB。① 随着数字中国、数字经济、数字社会、数字政府、数字文化等国家数字化转型战略的推进，档案数字化转型深入发展，单套制管理势在必行，信息环境和业务流程的变化导致档案资源形态由纸质模拟态向数字态、数据态转变，档案事业加速向数据化采集存储、知识化管理、智慧化服务业态转型。② 截至2023年底，全国档案主管部门和档案馆馆藏电子档案达2289.6TB，馆藏档案数字化成果达28849.2TB。③ 在信息爆炸与数据急速增长背景下，档案资源规模庞大、类型多样、来源主体多元、潜在价值丰富，档案管理面临数据规模激增对档案数据采集、处理、存储、检索、利用和共享等各项业务流程中技术适用性和服务效能带来的挑战。

1. 档案资源多元化

随着档案数字化转型与单套制管理的深入发展，档案存量与增量的数字化和数据化已成大势所趋，档案规模的激增提高了档案部门识别、采集、处理、存储、检索和利用等各环节的工作难度，对档案馆信息基础设施性能、软件信息系统性能和人力资源提出了要求，比如大规模档案资源的存储、备份、共享要求存储设备的升级和云存储、区块链等技术保障的引入；海量档案信息资源的智能化自动处理成为不可逆转的趋势；大规模档案数据的检索与利用需要优化资源组织方式和检索方式等。

数字环境下档案形式和范围不断增加和扩大，档案管理面临社交媒体、智能终端、业务信息系统等生成的格式多样的非结构化记录的归档、组织、管理和利用问题。档案信息化建设主动融入数字经济、数字政府建设，推动档案全面纳入国家大数据战略，以各级各类档案馆为中心集成管理对国

---

① 国际数据公司：《数据时代2025》，https://www.seagate.com/www-content/our-story/trends/files/Seagate-WP-DataAge2025-March-2017.pdf。
② 金波、杨鹏、宋飞：《档案数据化与数据档案化：档案数据内涵的双维透视》，《图书情报工作》2023年第12期。
③ 《2023年度全国档案主管部门和档案馆基本情况摘要（二）》，https://www.saac.gov.cn/daj/zhdt/202409/a277f8b3bfe942ca88d3b7bcf6ddf120.shtml。

第四章　面向数字人文的档案内容挖掘与知识发现机制构建

家和社会具有长久保存价值的数据。① 首先，需要深入思考新型原生电子文件、数据集等的归档、管理和利用方式，如实践中各行各业积累形成的"数据湖""数据球""数据大脑"等具有语义关联的数据集合②、三维建模文件等。其次，数智技术深入发展必将导致数据驱动型乃至模型驱动型的智慧业务系统的普及，大量孤立的信息系统、割裂的业务功能、异质异构的档案数据集和分散的信息服务将依靠技术开始新一轮的整合集成，以数据驱动、参数接口形式简化信息传递和资源交换工作，实现系统、资源、服务的一体化、关联化与集成化。异质异构的结构化、半结构化和非结构化数据需要按照统一标准整合、程序化和标准化，以确保一致性和可管理性，为后续数据关联和知识发现提供基础。然而档案部门受限于标准规范缺位、技术能力薄弱、领域知识不足等，大量具有保存价值的数据仍游离于档案管理范畴之外，如网络数据、三维数据、传感数据等。

由于数字时代档案形式和范围泛化，信息资源管理主体日益多元化，包括图书馆、档案馆、博物馆、文化馆、版本馆等，各级数据管理部门也相继成立。档案资源的分散性与封闭性、档案数据的多元异构特性、档案馆管理主体的割裂等构筑了大量信息孤岛、信息烟囱。然而社会数字化程度的加深强化了档案资源跨职能、跨地域、跨层级档案资源的有机整合、交换共享和在线利用需求。档案管理由此面临以下问题：首先是多元主体档案资源归集、整合、共享和利用问题，档案管理需要建立跨地区、跨层级的档案资源互认互信、共建共享和综合利用机制；其次是多元主体权益平衡问题，档案管理在整合、管理、服务过程中应维护和平衡档案资源所涉各主体的合法权益。

档案资源是我国历史、科学、文化、思想发展的真实记录，具有深厚的历史凭证价值、决策参考价值和文化价值。相较于图书、网络等数据资源，馆藏档案凭其真实、可靠、权威性与凭证性，在低密度的大数据洪流中其价值和作用不容忽视。③ 加大档案资源开发与挖掘力度，加强档案信息

---

① 《中办国办印发〈"十四五"全国档案事业发展规划〉》，https://www.saac.gov.cn/daj/yaow/202106/899650c1b1ec4c0e9ad3c2ca7310eca4.shtml。
② 钱毅：《技术变迁环境下档案对象管理空间演化初探》，《档案学通讯》2018年第2期。
③ 周枫：《资源·技术·思维——大数据时代档案馆的三维诠释》，《档案学研究》2013年第6期。

的分析研究、综合加工、深度开发和活化利用,提供深层次、高质量档案信息产品,变"档案库"为"思想库",服务政府决策已成为档案工作转型的重要目标。人工智能等技术深入挖掘数字档案资源中的内容信息,从传统的事后、因果性、追溯式的定式数据分析转向实时性、相关性、前摄式的动态知识发现,为社会组织战略决策和行动提供可靠的数据支持,充分发挥档案决策参考价值与建言资政效用。

2. 档案资源可及性

现有技术方法、组织体系、服务理念等无法有效应对海量档案资源及其内容的组织、管理和提供利用工作,档案工作亟须在大数据、云计算、人工智能等为代表的新一代信息技术环境支持下,拓展档案管理的广度、尺度、维度,建立档案内容管理机制,保障新技术环境下档案资源的可检索性、可及性和可用性,履行国家信息资源管理和公共文化管理职能。

为缓和海量异构档案资源环境与用户实时精准检索需求之间的矛盾,档案管理需由文件尺度深入内容层面,应用全文检索、元数据检索、多媒体检索技术,满足多源异构信息一体化组织和快速检索需求。档案内容管理机制通过优化数据库技术,应用全文检索引擎、内存表索引、OCR技术等,可以实现全文检索、元数据检索、内容检索乃至图像检索和视频检索,满足非结构化数据、多媒文件的检索需求。

各区域各层级档案管理体系、档案资源体系和档案服务体系等具有一定的独立性和分散性,导致用户无法获取所需的档案资源与服务。档案内容管理机制可以借助智能识别、语音转换、自然语言处理等技术实现多源异构档案资源的自动采集、多维标引和内容分析,构建标准化、规范化、结构化的关联档案资源集合,利用语义关联、知识图谱、虚拟视图等方法,形成物理分散、逻辑统一的档案资源和服务集成平台,以统一的存储格式、访问接口和查询通道增强档案资源与服务的可及性。

完善档案内容管理机制可以推动档案开发利用深入档案细粒度内容知识单元、海量档案数据的隐性知识,促进档案服务智能化、知识化,提高档案资源的可用性,充分释放档案资源价值。

(二)数字化转型与技术发展

大数据、云计算、人工智能等数据驱动式技术的深入应用推动了无纸化办公、无纸化交易的普及，社会实践活动的信息化、网络化、智能化程度深化，档案工作的内容、方法和手段受其影响，正在经历一个从实体档案到电子档案、从档案信息到档案数据的管理对象变革，档案工作开始关注数据层面海量档案资源的知识和价值挖掘。2023年全国档案局长馆长会议提出档案工作要主动融入中国式现代化的历史进程，不断提高档案工作现代化水平，推动档案事业高质量发展。"十四五"时期新一代信息技术的广泛应用，迫切要求加快档案工作的全面数字转型和智能升级。现今大数据时代背景下，数据和档案内容信息的管理成为档案工作新的重点与难点，大数据、云计算、人工智能等现代信息技术的出现和发展对档案内容管理与知识服务提出了新的挑战与机遇。

1. 数字化转型挑战

信息技术助推下社会各行各业的业务无纸化、网络化、数据化速度不断加快，以数据形态产生、流转的记录取代实体档案成为未来档案的主要形态，实体管理向数据管理转变。档案管理不再满足于既有资源的数字化，而要以全流程的数据贯通、全内容的语义关联为目标，实现档案资源的深度开发与智慧化档案服务供给。除了馆藏档案的数字化和数据化，档案管理主体还应收集外部数据资源，扩充档案内容管理的资源基础；以用户为中心主动推送服务，实现档案资源价值。档案部门作为档案保管基地和档案利用中心，必须主动适应数智化浪潮，综合运用数据挖掘、数据分析、语义关联、知识图谱等智能技术方法，对多源数据进行深度分析、知识聚合、动态呈现，深入挖掘档案资源中的显性或隐性知识，释放档案价值，满足用户多元需求。

作为管理客体的档案规模呈指数级增长，复杂度提升，对档案管理现有基础设施、技术体系提出挑战。档案资源规模急速扩大，档案馆现行硬件基础设施、业务系统、存储方案、人才体系等面临考验；海量异构数据的实时处理要求带来的理论迷茫、管理混乱与技术真空[1]，需要档案管理主体把握数字化和智能化方向，将前沿技术应用于档案资源内容管理、开发和利用；技术标准规范不一，技术体系驳杂，造成跨地区、跨层级、跨职

---

[1] 钱毅：《技术变迁环境下档案对象管理空间演化初探》，《档案学通讯》2018年第2期。

能的信息烟囱、信息孤岛问题，档案内容管理存在重复建设、服务效能低的问题。大数据时代，数字内容资源的流动与聚集是发展的必然趋势，档案内容管理机制的建立有利于推动档案资源汇集，实现优势互补，破除数据壁垒与信息孤岛。

2. 新技术发展需要

新技术的应用能够催生数字档案馆、数智档案馆、孪生档案馆、虚拟档案馆等适应数字环境的档案馆新形态，有效提升档案馆的数据管理效能与数据开发效能，推进档案现代化工作进程。档案管理无法脱离技术发展的影响，需要以新技术应用为手段探索未来档案管理与服务方向的思路和解决方案，加快和提高档案数据知识化的速度与能力。为应对信息服务竞争加剧和用户需求深化，档案管理需要从常规分析向广度、深度分析转变，内容管理、数据分析、数据挖掘、知识服务等新业态将成为档案馆核心业务。借助内容挖掘和知识发现技术，提炼档案资源中蕴含的隐性知识单元与潜在知识微粒[1]，化"死档案"为"活信息"，实现档案新价值焕发。

数字档案资源整合与服务正在成为可信业务和可信社会基础设施建设的有机组成部分，成为可信大数据基础设施平台建设的重要支撑要素。[2]《关于推进实施国家文化数字化战略的意见》指出，要推动公共图书馆、文化馆、博物馆、美术馆、非遗馆等加强公共数字文化资源建设。档案馆虽不在其列，但档案资源作为历史的真实注脚，是科技、宗教、文学艺术、思想文化的重要载体和固化形态，是国家文化事业不可或缺的组成部分。对此，档案馆需抓住机遇，积极主动践行国家文化数字化战略，深入挖掘档案资源潜在文化价值，融入国家文化大数据体系、公共文化云建设，加入公共数字文化资源体系与服务网络。

数字技术为知识生产转型提供了全新的目标和要求，要求档案管理和利用向维度数据化、方式数字化、成果智能化方向发展。档案内容管理机制适应数智化环境下档案工作环境、对象、内容的变化，可以推动知识管

---

[1] 金波、杨鹏、宋飞：《档案数据化与数据档案化：档案数据内涵的双维透视》，《图书情报工作》2023年第12期。

[2] 安小米等：《大数据时代数字档案资源整合与服务的机遇与挑战》，《档案学通讯》2017年第6期。

理、人工智能、数字人文等技术在档案管理和开发利用中的应用，符合档案工作现代化的要求。

完善档案内容管理机制是为了解决数据驱动技术下档案管理工作对馆藏资源深层知识挖掘和价值释放问题，充分利用数智技术提高档案工作成效，满足用户跨时空、多样化、高质量、低成本的档案信息需求。档案管理对象的变化是档案内容管理开展的前提。传统实体档案管理以手工管理为主，依托于档案实体与档案馆建筑。随着档案数字化转型与信息技术的飞速发展，数字化档案和电子档案进入管理范围，形成档案实体与数字化档案文件对象并重的局面。档案内容管理是数字档案资源、软硬件基础设施与上层信息技术相互支撑的统合体，开展内容管理的三方面技术条件都已成熟。

我国档案信息化建设始于1979年，目前为止经历了三个阶段：探索起步阶段（1979~2000年）、快速发展阶段（2001~2012年）和深化转型阶段（2013年至今）。在探索起步阶段，档案信息化建设集中于基础设施建设，初步将电子文件纳入管理范围，提出了"文档一体化"管理理念，并强调标准化、规范化建设要求。快速发展阶段围绕"加快档案信息化建设"和"以档案信息化建设为重点"指导思想，不断完善档案软硬件信息基础设施，推动数字资源、服务网络、标准规范、安全保障体系向纵深化、规范化方向发展。深化转型阶段以档案管理现代化为基本目标，以"推进数字档案馆建设、提升电子档案管理水平、加快档案信息资源共享服务平台建设"为主要切入点，在"互联网+"行动计划、数字中国发展战略的助推下，推动档案信息化建设向更高层次迈进。[①] 档案信息化建设在数字档案馆（室）建设、档案数字化和电子档案接收、档案信息共享平台建设等方面成效显著，为档案内容管理的开展提供了必要的数字基础。

软硬件信息基础设施建设为档案内容管理提供了必要的信息环境支撑。大数据的基础架构为档案内容管理提供了硬件设施；四通八达的信息高速公路打破了时空限制、领域限制，为档案信息资源和服务的整合与共享提

---

① 常大伟：《我国档案信息化建设的历程、特点与发展趋势——基于1979年至2016年全国档案局长馆长会议工作报告的分析》，《浙江档案》2018年第1期。

供了可能；互联网分工细化产生了分门别类的信息技术服务供应商，有效缓解了档案馆计算机专业实力不强的困难，为档案内容管理的开展提供了技术支持。现阶段各层级各地区档案馆软硬件基础设施建设经过统筹规划，综合考虑档案馆自身业务需求、对其在数字政府中的基础设施和数据支撑作用，将其融入大数据发展计划、政府数字化转型内统筹规划、一体化建设，可以为档案内容管理提供能力适配、互联互通、科学合理的基础设施支撑。在信息高速公路的支撑下，档案云平台技术与应用已日趋完善，可以有效满足大规模档案资源的快速存取、长期保存和容灾备份需求。

云计算技术、云存储技术和5G通信技术等为档案内容管理所需的信息基础设施提供了技术条件。档案管理主体可以借助云计算技术布置分布式档案内容管理系统，建立物理分散、逻辑统一的档案内容管理服务网络，以接口形式实现资源共享和系统对接，实现馆藏海量档案信息资源挖掘。云存储技术可以为档案内容管理中大规模档案数据资源的存储和处理提供灵活可靠的平台方案。5G通信技术可以为云计算进一步发展提供强劲动力，凭借超强移动宽带和强大计算能力实现与档案业务的深度融合，依靠实时档案数据处理、请求响应能力，推动档案服务模式从静态、滞后的客户端服务模式到动态、实时的云端服务模式转变。①

新技术环境已初步成型，随着相关技术与档案工作的深入融合应用，档案内容管理客体的数据态特征和价值势必日益凸显，档案资源的管理和开发由文件尺度降维到数据尺度，通过自动化解析和计算过程将孤立的文件转化为语义关联的知识单元。为此，档案管理部门在存量馆藏实体档案数字化、增量档案电子化、电子档案数据化三方面的工作，能够为档案内容管理的开展提供数据资源基础。

存量馆藏实体档案数字化和增量档案电子化在档案数字化实践中取得了一定成绩，实现了电子档案的在线接收、实时归档与全流程监管，档案数据化与数据档案化②实现了多维揭示档案内容信息，赋予档案数据可计算

---

① 马仁杰、许茹、薛冰：《论数智技术浪潮下我国档案利用工作的优化路径》，《档案学研究》2023年第1期。
② 金波、杨鹏、宋飞：《档案数据化与数据档案化：档案数据内涵的双维透视》，《图书情报工作》2023年第12期。

性，提供了更细粒度的档案资源表示与操作空间，档案开发利用的形式由页面阅读进化到内容控制、信息开发，以及数据级粒度的档案资源的挖掘和深度开发，实现数字档案从"读"到"分析"的利用方式转变，促进档案内容管理向数据挖掘和知识发现的方向深入发展，将有效地提高档案数据活性，释放数据价值。

尽管面临着全国各级各类档案管理主体难以建立跨较大区域或领域的资源整合与共享平台的问题，档案资源的整合与共享仍为档案内容管理提供大而全的数据资源，通过拓展外部资源和数据收集范围[①]，纵向上以区域或层级为单位实现档案资源聚合、服务共享，横向上以档案馆为中心实现档案数据集成、服务互连，形成一体化、知识化的档案资源体系与服务体系。

元数据技术、数据清洗技术等可以为档案资源和档案服务的整合与共享提供支持，提高档案数据的准确性、一致性和完整性，在数据发现、检索、挖掘和关联映射过程中发挥着重要作用。档案服务的基础由档案资源的简单加工转变为智能化的内容挖掘，从海量的异构数据中分析、挖掘生成新的、有用的信息和知识，实现档案垂直领域的知识集成与优化，推动档案服务从较低层级的数据服务向更高层级的信息或知识服务转变。本体技术、语义万维网相关技术（如关联数据），可将档案资源转化为语义关联的知识单元，从而构造一个档案知识库为档案知识服务提供内容支撑。

（三）法律合规与伦理责任

法规制度、政策伦理、管理手段等体系与技术发展的不适配导致档案管理实践活动中的数字鸿沟、知识产权、信息安全、隐私侵犯等问题愈发突出。在档案管理活动中，数据档案来源广泛、形态多样、结构复杂、格式不一等现象普遍，信息孤岛、信息烟囱等问题日益突出，直接影响档案工作效用。档案管理面临社会数字不平等、数字鸿沟加剧，管理理念保守、法律道德约束不足，管理主客体多元、权责划定不清，管理算法黑箱、技术权力滥用等伦理和法律问题。

---

① 牛力、裴佳勇：《面向服务的我国智慧档案馆建设探析》，《档案学研究》2018 年第 2 期。

1. 法律规范要求

我国幅员辽阔，地区间经济社会发展不平衡，现有地区差异和群体差异在网络中的投射形成了网络空间中的数字不平等，包括接入鸿沟和使用鸿沟。接入鸿沟指不同地区、不同群体之间接入计算机和网络等硬件基础设施的差异。[1] 随着我国数字基础建设日益完善，物理接入差距有所缩小，但档案数字服务资源仍受地区差异、经济差异影响，存在分布不均衡问题，数字场域薄弱地区的公民被隔离在档案数字化"红利"之外。使用鸿沟指经济水平、教育程度、信息素养等多重因素共同作用造成的不同群体在数字使用和应用能力方面的差异。不同层级、不同地区档案馆的工作人员存在技术水平使用和应用的机会、意识和能力方面的差异；不同档案利用群体对档案服务数字化的适应能力也存在差异，不断在档案服务数字化开发和使用层面提高数字包容性，会加剧信息弱势群体在享有档案资源和服务成果成效方面的不平等情况。

传统档案管理存在重藏轻用、封闭滞后、服务单一的问题，难以及时满足公众需求，不适应档案利用群体多样化、智能化、知识化的档案服务需求。新修订的《档案法》对档案利用和公布、档案信息化建设提出了要求，但缺乏配套规章制度对具体利用和建设过程中的知识产权问题、安全风险责任、质量审查评估等进行明确约束，阻碍了档案内容管理的健康发展。社会数智化全面推进与深层渗透迫切要求档案部门强化数据思维、智慧理念、改革精神和应变能力，推动档案事业与时俱进、开拓创新。

一方面，档案内容管理主体多元，涉及档案馆、技术服务提供方和社会用户等，档案信息资源采集、数字化、开发利用各环节涉及的个人隐私权、知识产权、权益分配等问题影响着档案服务的法律合规性和效益。另一方面，档案资源权属模糊，极大制约了档案资源开发利用实践。档案内容管理活动涉及档案的复制权、修改权、保护作品完整权、公布权、改编权、汇编权、信息网络传播权等。[2] 数字档案资源作为数字资产的多利益相关方，权属处置仍处于法律和政策真空状态，如数据所有权归属、删除或

---

[1] 周尚君、谢林杉：《论数字不平等：理论框架与治理路径》，《社会科学》2024 年第 1 期。
[2] 徐拥军、卢思佳、郭若涵：《全流程视角下档案数字化建设中著作权风险分析与管理》，《图书情报工作》2023 年第 18 期。

留存处置权归属、利用权归属、再用审批权归属和利用许可权归属、数字档案信息共享的责任权归属、数字档案信息开放的责任权归属、数字档案信息的再用许可权归属。[①] 此外，用户个人信息和行为数据的泄露可能造成隐私暴露问题。

2. 伦理道德约束

数字技术与档案管理的融合是数字时代档案工作发展的必然选择，但过于迷信技术理性而忽视人文关怀，易导致技术权力的滥用问题。档案管理系统的算法规则内化于信息系统各业务流程，对档案管理人员并不透明，若档案部门无意识信赖算法计算结果，档案工作人员的主体性将让位于算法模型。[②] 此外，算法的推荐与偏好原则易将用户桎梏于信息茧房之内，算法的无意识歧视问题可能对弱势群体形成技术霸凌等。

因此，有必要建立档案内容管理机制，通过顶层设计、法律法规和技术赋能确保档案内容管理的法律和伦理合规性，承担社会责任，维护公共利益。档案内容管理机制可以通过顶层设计和社会再分配，确保文化成果全民共享，消弭数字鸿沟；建立配套法律法规体系与伦理道德规范，约束档案内容管理实践活动；划清管理主体权责，加强协同合作。

二 面向数字人文的档案内容管理机制阐释与分析

学术界当前的数字人文研究大多仍然聚焦理论与范式转型升级及具体项目开展的参与性过程等，对数字人文基础设施建设、知识工程（数据挖掘或知识发现）等方面的讨论相对较少。如前所述，档案内容管理制度本质上指向档案学术共同体对档案资源或档案内容的协同治理。协同档案内容管理的平台链本质上是面向档案内容资源集成的信息管理系统或知识库平台，或更通俗的所谓专题数据库；而这恰好被认为是数字人文项目的重要实践产出成果，因为它能够反映档案内容管理制度设计、开发、维护、

[①] 安小米等：《大数据时代数字档案资源整合与服务的机遇与挑战》，《档案学通讯》2017年第6期。
[②] 于英香、李雨欣：《"AI+档案"应用的算法风险与治理路径探析》，《北京档案》2021年第10期。

完善、实施和执行、效果和评估等过程性实体要素。

（一）技术要素

数字时代人文学科转型越来越强调开放、协同、计算和智能化的发展趋势和要求。① 在大数据、智慧数据等理念催化下，作为数字人文这一交叉领域基石②的专题数据库建设逐渐无法满足连接学术共同体与技术发展脉络的建制需求，难以承载人文批判与技术转型的期望。要将处于"期望膨胀的高峰"的数字人文带离"失望的低谷"，迈入"启明的山坡"，甚至走向"生产率的高原"，需要在厘清"专题数据库"具化实体的形态与本质内涵（知识工程）及其作为方法③的基础上，将其跃迁为档案内容管理的制度构建，促使档案学术共同体努力服务数字人文内涵式发展和档案学科转型升级的诉求。

1. 知识库

得益于前文所述的通用型和特定功能型CM产品解决方案的成熟，数据库、知识库中嵌入模块化、可重用的知识检索、导航、数据可视化、GIS、OCR等基本工具的技术和经济门槛越来越低，如GALE SCHOLAR的多个历史文献/档案类子库都嵌入了知识检索、文献分析、原始文本参阅和可视化等功能。基于特定数据库资源特点开发的专用平台和工具也如雨后春笋般涌现，例如"中国哲学书电子化计划""国学大师"等中小型数字人文站点、芬兰的Biography Sampo平台④、英国国家档案馆馆藏炸弹观察项目（The Bomb Sight Project）数据库（http://bombsight.org）、伦敦国王学院的国王数字实验室（King's Digital Lab）的100个数字人文项目⑤等。

这些特定资源数据库或者内容管理平台带有明显的研究者个人体验性、

---

① 孙建军：《专题导语：推进人文社科专题数据库建设规范化管理研究》，《现代情报》2019年第12期。
② Liu A.，"The Meaning of the Digital Humanities"，*PMLA*，2013，128（02）：409-423.
③ 肖鹏：《把"专题数据库"作为方法：数字人文的重新认识及其在AI时代的发展趋势》，《图书情报知识》2023年第5期。
④ Hyvönen E.，"Using the Semantic Web in Digital Humanities：Shift from Data Publishing to Data-analysis and Serendipitous Knowledge Discovery"，*Semantic Web*，2020，11（01）：187-193.
⑤ Smithies J.，Westling C.，Sichani A. M.，et al.，"Managing 100 Digital Humanities Projects：Digital Scholarship and Archiving in King's Digital Lab"，*Digital Humanities Quarterly*，2019，13（01）.

具体问题导向性和研究对象工具性的特质,这一方面源于数字人文本身的文化媒介属性和数字技术工程特质,另一方面也体现了数字人文领域的生态构成、权力结构和内在逻辑。受政治、经济、文化驱动形成的具有复杂性的基础设施支撑起数字人文领域所期望的多样性和包容性。[1]

2. 智能与算法

人工智能近年来的强势冲击势必带来传统人文科学知识生产与传播、项目合作与逻辑规则的重构。例如,ChatGPT 并不是直接作为工具或功能嵌入数据库等内容平台,而是直接融入内容管理的工作环境和建设流程。AI 的强媒介属性与数字人文所要面对的独有的文化叙事与体验性特质相叠加[2],必然给跨越基础设施层面鸿沟带来更多的挑战,数据(内容)与算力、算法一样成为"AI 新基建"的基础支撑。当我们必须在包含关键基础设施的框架内[3]开展数字人文研究时,只有先构建存量数据的(档案)内容管理制度,才有可能在忽略"算力"鸿沟的前提下,解决包括物质性的和非物质性的技术、语言、平台、设备、机构等要素的负面影响,发挥档案内容及档案工作面向数字人文的作用与价值,更好地服务数字人文的发展[4],并在此过程中努力达成档案学术共同体学科转型升级的理念共识与协同治理。

(二)内容与范围

档案内容管理机制的内容与范围包括以下几个方面:档案内容管理的共同体目标、共同体激励、个体机制、档案内容管理的行为规范等。

1. 共同体目标与激励

档案内容管理的共同体目标旨在通过相应制度,使成员持续关注、深

---

[1] Pawlicka-Deger U., "Infrastructuring Digital Humanities: On Relational Infrastructure and Global Reconfiguration of the Field", *Digital Scholarship in the Humanities*, 2022, 37 (02): 534-550.

[2] Prescott A., "Bias in Big Data, Machine Learning and AI: What Lessons for the Digital Humanities?", *Digital Humanities Quarterly*, 2023, 17 (02).

[3] Liu A., "Toward Critical Infrastructure Studies", https://cistudies.org/wp-content/uploads/Toward-Critical-Infrastructure-Studies.pdf.

[4] "Infrastructural Interventions: Digital Humanities& Critical Infrastructure Studies Workshops", https://cistudies.org/events/digital-humanities-critical-infrastructure-studies-workshop-series/infrastructural-interventions/.

刻理解并接受这些目标，实现共同体与成员个人价值的双赢。这一机制涵盖档案内容管理目标公开制度、技能培训制度及考核优化制度等。目标公开制度旨在明确并公布共同体的档案内容管理目标，引导成员共同努力。主要针对数字人文项目、关键攻关课题和系统平台改造等正规项目以及成员机构的相关课题。这有助于成员把握学科发展方向，定位研究兴趣，并参与本机构的档案内容管理项目。该制度的目的在于不仅公开相关信息，还明确共享目标和应用知识的目标。培训制度致力于提升成员的知识和档案内容管理技能。一方面，通过知识培训激发成员应对知识老化的挑战，促进新研究成果的产生；另一方面，通过技能培训激励成员学习新技术，掌握档案内容管理的新技能和方法。考核优化制度则旨在优化档案内容管理的考核标准，鼓励成员积极参与，将共同体目标与成员绩效紧密联系，从数量和质量两个维度评估成员的工作绩效。

档案内容管理的激励机制旨在激发成员间的协作，鼓励知识共享与交流，并营造创新氛围。主要制度包括内容成果确认、公认和奖酬等。内容成果确认制度明确了成员的内容成果（创新、共享和应用），要求定期申报绩效考评的依据，并由管理人员对其真实性和有效性进行审查评定。内容公认制度确保成员的知识发现和成果得到公众认可，通过署名制度促进成果推广与共享，激励持续取得优秀成果；公开制度通过多种方式公布成果，增加突出贡献成员的曝光度，树立榜样；归档制度为优秀成员颁发证书，并将荣誉记录在个人档案中。

2. 个人机制与行为规范

个人机制在档案内容管理中指的是一套充分考虑到共同体成员专业素质、能力水平及个人发展愿望的管理制度，并将目标设置和工作安排与之匹配，包括鼓励失败制度、柔性组织制度等。数字经济时代，档案学共同体的存在和发展依赖于知识的不断创新，但创新伴随风险，不可能每次都成功。鼓励失败制度是一种帮助共同体正确面对失败的管理方式，它针对不同层次的成员和职位设定不同的失败允许级别和范围，并从次数、时间和经费等方面进行分层管理。同时，设计奖惩制度，要求失败者分析原因、整理经验并公布以供参考，以此激发成员的创新热情和意识。柔性组织制度旨在促进知识交流与共享，推动共同体成员扩大交流范围，实现广泛共

第四章　面向数字人文的档案内容挖掘与知识发现机制构建

享。不断重组使成员加入不同小组或学派；通过学术会议、课程教授、导师培训等方式鼓励跨区域和组织的共享，让成员与志同道合的人共事，从而扩大知识交流的范围。内容奖酬制度分为经济性和非经济性两类。经济性奖酬制度对成员的内容成果给予物质奖励，无论是短期可见成效还是长期价值的成果，都通过直接或间接的方式支付奖酬，激励产出价值；非经济性奖酬制度则以荣誉职位、职称升迁等形式对成员的成果进行奖励。

　　档案内容管理的行为规范机制作为个人与共同体目标之间的桥梁，旨在通过一系列制度规定个人完成档案内容管理目标，既助力共同体成员达成目标，又促进对研究工作的监督与控制。这些机制包括：内容收集、积累、分发、交流、更新以及标准化等。内容收集制度着重于共同体成员问题的搜集及所需知识的汇集，旨在明确共同体发展的问题所在并及时获取必需的知识，确保其健康成长，包括全员信息收集和外部知识内化，通过成员间的互动和专家讲学等方式实现。内容积累和分发制度旨在规范研究成果文档的积累及知识的共享，使文档积累工作制度化、规范化，同时促进知识在不同高校和学术领域间的交流共享，避免资源浪费。正式及非正式渠道的交流制度鼓励成员间有意识地进行信息交流和知识共享。内容更新制度要求定期审视存档文件，移除过时或冲突内容，确保文档的时效性、简洁性和一致性。

　　此外，还有档案中的隐私保护、版权保护等问题。例如，档案馆为保护个人权利（包括个人隐私）及组织、国家等的利益不受侵犯而采取限制档案获取、限制期满、限制例外[①]等做法；发达国家档案馆设立版权管理办公室，配备"版权馆员"；档案馆或档案行业学会制定与发布版权政策等做法也值得档案内容挖掘与知识发现机制借鉴。

　　3. 满足用户期望

　　档案是科技、文化、思想等人类实践和精神产物的固化形态，而档案馆集档案保管基地、爱国主义教育基地、档案利用中心、政府公开信息查阅中心、电子文件备份中心等职能于一体，也是我国文化事业的重要组成部分，档案工作具有"存凭、留史、资政、育人"的重要作用。

---

① 王英：《国外档案馆私人档案版权政策调研及启示》，《档案与建设》2017 年第 1 期。

我国档案资源开发与利用工作在经年累月的实践中取得了一定进展，但仍处于以档案文献汇编为主要开发形式、以档案文件查阅为主要服务的初级阶段，档案资源开发利用存在形式单一、深度不足等问题，深入档案资源内容层面的开发和知识化、智能化档案服务尚在探索之中。[①]

档案利用群体按利用目的可分为实际利用群体、学术利用群体和普遍利用群体。实际利用群体占绝大多数，以学习、工作方面的档案利用为主；高校师生、科研人员等用户以文献研究、数字人文项目等学术利用需求为主；而随着档案泛化和强调档案文化价值，档案利用需求衍生出家族档案、历史文献、档案文创等新内容。信息技术的普及打破了时空限制，极大地加速了社会信息的流动，使社会公众的信息服务需求日益多元。在学术领域，数据驱动下的档案资源开发利用研究依托数字人文项目形式在理论和实践层面成果丰厚，对档案内容管理提出了组织形态数据化、分析方式多元化和展现手段可视化的要求。[②] 同时，人民生活水平显著提高，普遍利用群体这部分用户的需求日益向个性化、多元化、高层次方向发展，由基本型向发展型与享受型转变，档案开发成果及其展现形式的"静态化"已落后于公众"活态"档案知识需求。[③] 单一馆藏资源数据化、数字化进程与用户日益深层次、多样化的利用需求之间的矛盾日益尖锐，尤其是民生档案、历史文献档案资源服务匮乏[④]，无法满足人民日益增长的精神文化需求。随着数据挖掘技术和信息处理能力的持续提升，档案管理主体应该挖掘海量档案数据中的隐性知识单元与语义关联，构建档案知识库，增加档案资源处理深度与丰富服务呈现方式，形成细粒度、可视化、情境化的档案知识服务，利用全媒体技术将孤立的档案资源构筑成全感知沉浸式的档案文化空间[⑤]，实现档案知识的直观传递。

4. 开展服务创新

档案服务供给需要树立藏用并举、主动服务的理念，由以档案为中心

[①] 杨千：《数字人文视域下我国档案资源合作开发模式研究》，《档案与建设》2019年第10期。
[②] 魏亮亮：《面向数字人文的档案知识服务模式转型探析》，《档案学研究》2021年第4期。
[③] 肖亚轩、仇壮丽：《数字时代档案协同开发研究》，《档案学刊》2023年第6期。
[④] 金波、杨鹏：《"数智"赋能档案治理现代化：话语转向、范式变革与路径构筑》，《档案学研究》2022年第2期。
[⑤] 张斌、高晨翔、牛力：《对象、结构与价值：档案知识工程的基础问题探究》，《档案学通讯》2021年第3期。

转变为以用户为中心，以满足各类主体的档案信息需求为目标，实现更高质量的服务提供和信息传递。公众需求的变化与数字技术的发展要求档案服务向一体化、均等化、精准化、丰富化、专业化和智能化方向发展。

全国档案查询利用服务平台上线仅一个月就获取了6000余名用户，累计实现查档响应3000余次①，可见用户对一体化、便捷化、一站式档案服务的需求日益提高，档案服务的协同一体化要求宏观视野下的档案资源整合、深层次挖掘，充分利用散存的档案资源，提升档案资源的信息价值。档案组织内部应建设"一站式"档案信息资源服务平台，实现各部门之间的互联互通。档案组织外部应加强合作，如档案馆应加强与图书馆、博物馆、艺术馆的合作，形成文化艺术服务集群，为用户提供便捷、全面、一体化的档案服务。

中华文化数字化成果全民共享是国家文化数字化战略的目标之一，服务均等化是消弭社会数字鸿沟、保障全民共享文化成果的重要举措。《关于推进国家实施文化数字化战略的意见》提出："基本建成文化数字化基础设施和服务平台，形成线上线下融合互动、立体覆盖的文化服务供给体系"，"建成云计算能力和超算能力的文化计算体系等文化基础设施，弥合地区间文化供给能力和供给水平的鸿沟"。② 为此，档案服务供给需要以数字包容理念为指导，建立线上线下相结合的服务方式，并提供基础信息设备、信息素养培训等配套服务，为不同群体尤其是信息弱势群体的档案知识服务获取提供便利。

传统的档案服务供给模式下，囿于个体需求采集机制、分析手段与粗颗粒度的管理技术，档案服务主体与客体间存在供需失衡、资源错配问题。而依托迭代升级的数据分析技术、数据挖掘技术和数据管理技术等，档案服务供给主体可全面收集用户个人特征数据、信息行为数据、社交媒体数据等，动态获取和分析用户的档案服务需求和偏好，实现个性化、精准化档案服务的靶向推送，通过更细粒度、精准化的内容管理和用户需求的分

---

① 周林兴、张笑玮：《国家文化数字化战略背景下档案馆的建设导向与发展进路》，《档案学研究》2024年第1期。
② 《中共中央办公厅 国务院办公厅印发〈关于推进实施国家文化数字化战略的意见〉》，中国政府网，https://www.gov.cn/zhengce/2022-05/22/content_5691759.htm。

析匹配，为用户提供符合其需要的档案资源开发成果与档案个性化服务推荐。

档案管理主体应化被动为主动，积极拓展档案资政服务、文化教育服务、公共服务等新型服务。档案馆可立足馆藏资源库，面向档案用户需求与文化资源特征，广泛吸收外部资源，构建内容丰富的档案知识库。创新文化表达方式，运用数字化手段创新表达形态、丰富数字内容，不断推出具有广泛影响力的档案精品，为社会提供全方位全媒体档案信息服务。加强与研学旅行、文创、游戏等不同产业的跨界合作，开发娱乐休闲型、历史还原型、思政教育型、知识普及型等新服务业态。

随着社会生活各方面的数字化、网络化、智能化水平不断提升，传统基于实体档案与文件及目录数据的简单服务已落后于档案利用主体对档案信息"广、快、精、准、全"的多元需求。传统的以"卷""文件"为单位的资源开发要转向档案资源语义内容数据的挖掘，揭示海量档案之间的内在关联，在最大限度上全面、完整地汇聚主题的关联线索与具体档案信息，形成丰富全面的档案知识成果[1]，推动档案服务从信息提供向专深化知识服务供给转变，充分发挥档案资源价值潜能，满足人民群众日益增长的档案信息需求。

服务形式智能化以可视化技术、虚拟现实技术等为支撑，形成交互性强的智能场景服务。档案馆需要开展档案内容管理，通过对档案资源的知识挖掘与提取，提供知识图谱、可视化、虚拟现实等智能化档案知识服务。档案馆需要运用数字媒体技术赋能档案利用服务，增强服务互动性与体验性，利用数字孪生、3D建模技术、GIS、全息投影、AR、VR等可视化技术，大力发展线上线下一体化、在线在场相结合的档案服务新形式，将档案知识内容内化为用户的切身体验[2]，增强档案内容服务的吸引力。

（三）实施与效果评估

如前所述，数字内容资源是数字人文项目开展分析与研究的基础和前

---

[1] 陈永生等：《电子政务系统中的档案管理：查询利用》，《档案学研究》2015年第5期。
[2] 张斌、高晨翔、牛力：《对象、结构与价值：档案知识工程的基础问题探究》，《档案学通讯》2021年第3期。

第四章 面向数字人文的档案内容挖掘与知识发现机制构建

提。面向数字人文的档案内容挖掘与知识发现机制的实施与效果评估主要聚焦数字人文本身所涉及的数字化内容（语料库）、量化工具、跨学科协作、研究和教学等多个方面工作的开展与结果评测。目前开展的数字人文研究主要集中于历史、语言、文学、艺术等领域，其数字内容资源主要是图书馆、博物馆和档案馆中的馆藏资料。因此，数字人文学者需要找寻研究所需的文献资料，并对其中文本进行转录或翻译，而后整合为可供挖掘和分析的数字化文本内容。

数字内容的多维性导致面向数字人文的档案内容管理的多维度。这启发我们在数字人文研究中，要以促进对技术、用户和信息交互的全面理解为方向，提升多方位解读人类生活、思想和行为的历史记录的可能性与效率。从确保技术解决方案能够被广泛接受和使用，强调采用自动化和动态元数据进行数字人文项目中的数字资产生命周期管理等方面入手，采用正规化的管理和治理结构[1]，在有限的资源环境中实施面向数字人文的档案内容挖掘与知识发现。

机制是社会项目提供的资源与利益相关者的反应相结合的结果[2]，即机制需要在特定条件激活，形成所谓"情境+机制=结果"的理解方式。机制概念也可明确地分解为资源和参与者的推理两部分，因为这有助于理解干预措施如何改变参与者的行为逻辑。[3] 在数字人文蓬勃发展的今天，个体开发者、大学、研究机构和商业公司等数字人文参与者都在不断开发新的数字学术工具，帮助学者更快速、更轻松地揭示海量文本和数据中存在的错综复杂的关联，从新的维度和视角去理解历史、社会和文化，为人文学科建立新的研究路径。[4] 例如，Laia Pujol-Tost 开发了一种用于设计数字考古虚拟现实体验的新方法 3d·Cod，建立了"文化存在"（Cultural Presence）概念的实例。[5]

---

[1] Haug A., "The Implementation of Enterprise Content Management Systems in SMEs", *Journal of Enterprise Information Management*, 2012, 25 (04): 349-372.

[2] Pawson R., Tilley N., *Realistic Evaluation*, London: Sage, 1997: 55-83.

[3] Dalkin S. M., Greenhalgh J., Jones D., et al., "What's in a Mechanism? Development of a Key Concept in Realist Evaluation", *Implementation Science*, 2015, 10: 1-7.

[4] 李桂芬:《数字人文的发展与最新趋势》,《社会科学文摘》2022 年第 2 期。

[5] Pujol-Tost L., " '3d · Cod': A New Methodology for the Design of Virtual Reality-Mediated Experiences in Digital Archeology", *Frontiers in Digital Humanities*, 2017, 04: 16.

面向数字人文的档案内容挖掘与知识发现

数字化和数字数据监护需要多个学科、技能和工具的共同协作。尽管有越来越多的数字化内容可供数字人文学者进行挖掘和分析,越来越多的数字工具帮助学者们更便捷地获得可视化分析结果,但比较成功或成熟的数字人文项目中跨学科协作的重要性仍然不言而喻[1],具体表现为人机互动、人机/材料互动和机器/材料之间的互动三种协作类型。关注和强调数字人文研究中合作的复杂性甚至有可能扩大学术共同体基础[2],将传统的研究空间转变为能够充分展现出数字人文协作、开放工作环境,进而探讨数字人文空间背景下包容与分离、安全与透明以及复古与"现代"设计之间的关系[3]。

随着数字学术对大学和研究机构内人文研究从研究内容、研究方法上带来的转变,教师联合数字开发人员和图书馆员之力将数字人文引入课堂,开阔学生的思路和视野,为学生未来的研究工作提供多种可能性。数字学术的发展也带来了对现有教学方法与教学评价体系的思考与重构。[4]

社会管理模式变革是时代背景和外部因素,档案内容管理实践中的矛盾和问题是内部因素和驱动力,档案内容管理主体多元化是必要条件,这三方面因素共同作用,为档案协同内容管理多元主体治理提供了实践探索的土壤和理论研究的价值,从一元主体管理走向多元主体协同治理的过程就是"相变"的过程[5](如图4-1所示)。

例如,数字时代以"数字代码"为特征的档案信息的收集、归档范围,比传统的知识产权归档范围要大很多,内容也丰富很多,其中包括传统档案信息的数字化副本、信息数据库、重要信息的网页及其超链接、网络域名等。数字时代,档案信息从形成、归档、存储到利用等都处于网络环境,档案信息的知识产权保护不仅受到计算机和互联网基础设施安全的影响,

---

[1] Van Gorp J., Bron M., "Building Bridges: Collaboration between Computer Sciences and Media Studies in a Television Archive Project", *Digital Humanities Quarterly*, 2019, 13 (03).

[2] Griffin G., Hayler M. S., "Collaboration in Digital Humanities Research-Persisting Silences", *Digital Humanities Quarterly*, 2018, 12 (01).

[3] DeRose C., Leonard P., "Digital Humanities on Reserve: From Reading Room to Laboratory at Yale University Library", *Digital Humanities Quarterly*, 2020, 14 (03).

[4] 李桂芬:《数字人文的发展与最新趋势》,《图书情报导刊》2021年第11期。

[5] 张瑞瑞:《档案管理多元主体的协同治理研究》,郑州大学硕士学位论文,2018,第14页。

第四章　面向数字人文的档案内容挖掘与知识发现机制构建

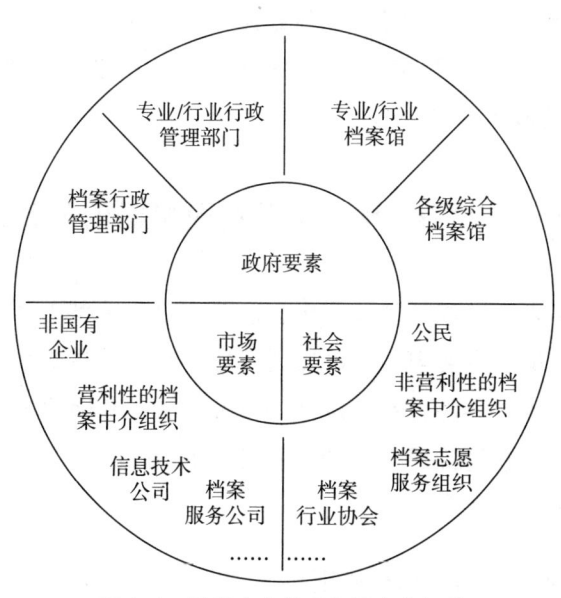

图 4-1　档案内容管理多元主体矩阵

而且受到档案信息服务利用平台和作者授权形式的影响。由于档案信息以"数字"形式储存和利用，数字时代档案信息知识产权保护在纸质档案数字化的知识产权保护、网络传播中的知识产权保护、批量下载中的知识产权保护、数据库建设中的知识产权保护等诸多环节，都要明确档案信息的知识产权；不仅要明确现有档案所有者享有的知识产权，同时也要明确档案工作者的知识产权。数字时代的信息服务以数字代码的形式在网络传输和利用。作为进行规则设计、包装数据的智力成果，数据库一经引入档案领域，就成为档案信息资源的组成部分，特别是档案馆在开发档案信息资源的过程中，对档案原始数据进行整合和编撰，档案数据库就成为集馆藏目录库、文献编撰库、原文索引库等多种类型于一体的信息集合。

公共资金资助的数字人文项目研究提升了机构和个人的研究使命感，并为不断增长的全球知识网络提供了开放的数据。美国、英国、加拿大三国发起的数据挖掘挑战（DID）（2014~2016 年第三届）是一项国际性的、跨学科合作的资助计划，参与者来自不同的学术研究机构、中心和存储库，他们为 DID3 项目带来了 20 种基于学科或跨学科的专业知识。该项目评估了一种"新范式：数据、算法、元数据和可视化工具的数字生态"，作为公

223

共资金资助的项目，它要求团队完善数据集以实现开放获取，使公众和实践的学术界能够受益，代表了一个特别丰富的检验协作性跨学科研究（IDR）实践和技能的环境。[1]

三 档案内容挖掘与知识发现机制的构建思路

当下的数字人文学者需要具备移动内容交付、馆藏可视化、用户测试与反馈等关键技能和专业知识，以便更好地引领和塑造数字图书馆与学术研究之间日益模糊的界限，重新定义学科和专业工作者之间的身份，推动跨领域的知识合作和创新。[2] 这就确立了多领域的档案内容挖掘与知识发现机制构建的总体方向。

（一）机制构建的目标与原则

大学是在科学研究、教学、学术训练、知识传播所构成的制度架构内完成它的使命的。[3] 档案学科的转型升级，目标必然指向知识地图中的中心地位，提升学科作为"文化资本"的含金量，以及共同体成员潜在可获得的资源状况。即通过档案学术共同体自身的学术积累突破学术发展的瓶颈，从理念到研究方法，向数字人文等强势领域或学科学习或"模拟"。[4] 大数据、人工智能技术的发展对档案学术共同体自身的学术视野与知识结构提出更多的挑战，学科转型升级的使命越来越多地需要依靠数字资源内容管理与知识发现和创新。档案学转型发展的动力来自档案学共同体的推动[5]，

---

[1] Poole A. H., Garwood D. A., "Interdisciplinary Scholarly Collaboration in Data-intensive, Public-funded, International Digital Humanities Project Work", *Library & Information Science Research*, 2018, 40 (03-04): 184-193; Poole A. H., Garwood D. A., "'Natural Allies' Librarians, Archivists, and Big Data in International Digital Humanities Project Work", *Journal of Documentation*, 2018, 74 (04): 804-826.

[2] Fay E., Nyhan J., "Webbs on the Web: Libraries, Digital Humanities and Collaboration", *Library Review*, 2015, 64 (01/02): 118-134.

[3] 〔德〕卡尔·雅斯贝尔斯：《大学之理念》，邱立译，上海世纪出版集团，2007，第108页。

[4] 李刚、孙建军：《从边缘到中心：信息管理研究的学科范型嬗变》，《中国图书馆学报》2008年第5期。

[5] 王新才、王海俊：《档案学发展的动力分析》，《档案学研究》2012年第2期。

特别是在档案由数字态向数据态的转变过程中,档案学术共同体关于档案内容管理的实践逐渐显现其支配性的地位。具体来说,要通过档案内容挖掘和知识发现机制,形成档案学知识建构共同体。

知识建构共同体(Knowledge Building Community,KBC)是在学术共同体成员之间,强调通过建构性的互动,产生对共同体有价值思想并持续改进的团体。[①] 在档案学 KBC 之中,针对共同关心的知识发现领域发现和需要解决的问题,比如档案领域的数字人文,共同体成员开展研究活动,达成初步的研究共识,并将其作为观念对象在公共知识空间中展现,供共同体成员评点、质疑、改进、扩展,产生新的知识发现。通过档案学 KBC 的工作方式[②],档案内容挖掘与知识发现机制达成要实现的目标。

1. 提高档案内容的技术支持力与解释力

目标是使档案内容更容易被检索和访问,无论是通过数字化、元数据标准化还是通过建立高效的检索系统。具体做法包括开发用户友好的界面和工具,以便不同背景的用户能够方便地查找和使用档案资料。通过档案 KBC,成员之间可以对彼此的内容挖掘和知识工作做出积极的、有建设性的回应,可进行相互评价。权威专家或学者既非监管者也非旁观者,而是积极的参与者,不以自己的知识所及来圈定跟随者探究所至,支持成员从其他信息来源中发掘有益的内容,超越权威的知识范围,在内容的使用中发现问题,找出知识和思想中的欠缺之处,围绕档案内容的互动过程并不是预先设定好的,而是具有很大的开放性和展开性,是通过自组织性的协商交流过程而自然延展开的。

通过内容挖掘和知识发现技术,提取档案资料中的关键信息,揭示隐藏的模式和趋势。具体做法包括利用文本分析、数据挖掘、机器学习等方法来处理和分析档案内容,以支持更深入的历史研究和社会科学分析。GLAM 机构的馆藏内容在记录、保存与传承文化记忆等方面起着重要作用,档案内容挖掘与知识发现承担着建立记忆之场、创造媒介记忆空间的核心

---

① Scardamalia M., Bereiter C., "Computer Support for Knowledge-building Communities", *The Journal of the Learning Sciences*, 1994, 3 (03): 265-283.
② 张建伟、孙燕青:《建构性学习:学习科学的整合性探索》,上海教育出版社,2005,第 98~102 页。

任务，面向数字人文的档案内容研究在一定程度上起到帮助档案共同体成员形成群体意识并凝聚集体认同的作用。特别是在人类记忆呈现档案化特点[①]的时代，数字人文的知识发现一方面要还原档案所记录的时间的线性发展，发现人文问题发展脉络，另一方面要承担起加强集体记忆连续性[②]、强化共同体认同的任务。例如致力于在文化遗产领域建立一个全欧洲的分布式数字图书馆的 BRICKS[③] 项目搭建了合作组织的点对点网络，确保原始资源无论存储在哪里，都可以在网络中的任何节点上搜索和显示。资源元数据将转换为 RDF 格式。但是，此语义元数据不是公开的，而是汇总并存储在给定的元数据架构中。

以用户需求为中心，确保档案内容挖掘与知识发现机制能够满足不同用户群体对于档案内容或档案知识服务的需求，包括对用户行为和偏好的深入理解，以及提供个性化服务和用户体验的优化。人类社会的客观需求及其变化决定了科学理论的产生及其发展。历史上作为"国王的胸甲和灵魂""君主的心脏、安慰和珍宝"的档案没有形成一门独立的学科，主要原因是档案只满足极少数统治者的需要，而无法产生一定规模的有效需求。数字时代大规模的档案内容开放需求，是档案内容挖掘与知识发现这一技术实践得以兴起并逐渐形成规制的重要牵引力量，更是面向数字人文的档案内容挖掘与知识发现机制构建的首要遵循原则。欧美国家在档案内容挖掘与知识开发服务公众需求方面走在前列，例如英国的"档案意识提升运动"极大地提升了不同用户群体的档案内容利用热情，档案馆与图书馆、博物馆在公共文化服务中发挥着同等重要的作用。[④]

2. 促进面向数字人文的跨学科合作

目标是打破学科壁垒，鼓励不同领域的学者和研究人员共同工作，以新的视角和方法探索档案内容在服务数字人文项目时的价值与路径。具体做法包括建立合作平台和共享资源，以便不同学科的专家能够交流思想、

---

① 〔法〕皮埃尔·诺拉主编《记忆之场法国国民意识的文化社会史》，黄艳红等译，南京大学出版社，2017，第 313 页。
② 叶蔚春：《文化记忆：从创伤到认同》，福建师范大学博士学位论文，2018，第 35 页。
③ Hecht R., Haslhofer B., "Joining the BRICKS Network-A Piece of Cake", The International EVA Conference 2005, Moscow.
④ 王新才、王海佼：《档案学发展的动力分析》，《档案学研究》2012 年第 2 期。

共享数据和协同研究。引导档案学术共同体关注真正的问题（authentic problems），形成洞察和解决问题的见解，而非局限于某方面的知识或主题，要提出关于档案资源支持数字人文的真正想法，并不断改进和深化，整合不同视角的理解。

根据 KBC 模式，按照理论改进而非寻找答案的思路来组织探究跨学科的数字人文研究过程，改变传统的提出问题后借助各种资料回答问题的方式，而是强调在提出人文问题后由研究者提出自己的理论假设，然后再通过探究过程综合利用有关档案资料和数据修正猜想或假设，从而引发持续的理论改进。先在某个水平上厘清一些关系，形成一个理解层面，再探究更深层次上的更复杂的关系，通过问题螺旋上升的解决过程不断拓展人文问题的空间，形成所谓"跟进性探究"（progressive inquiry）或者"跟进性问题解决"（progressive problem solving）[1]，反哺档案内容挖掘与知识发现，促进数字人文优秀成果的产生。

将档案内容转化为教育资源，提供给学校、博物馆和公众，以增强历史意识和文化认同。具体做法包括开发和开展互动式学习工具和展览，以及通过网络平台和社交媒体等方式，让公众更容易参与到面向学术研究或者面向大众知识消费的档案内容的使用和分享中。KBC 模式强调让共同体成员之间通过更多的对话交流，为共同体贡献自己的知识。即每个共同体参与者不只是建构自己的主观知识，而且为共同体的发展提供集体的公共知识（客观知识）。一方面通过成员共享档案内容挖掘所产生的问题、假设、证据、资料等，完成由主观知识变为客观知识的过程；另一方面也将观念性对象嵌入共同体的公共知识空间，作为人文问题研究成果或知识发现的成果，协同推进共同体知识的增长和个人知识的发展，且可以作为未来知识发现活动的基础和工具。共同体的知识发现和建构通过网络环境，跨越时空限制，实现模式的深刻变化：成员对于数字人文知识发现型问题的解决承担"集体性认知责任"[2]，共同体领导者的作用是帮助后辈更好地

---

[1] Ghazal S., Al-Samarraie H., Wright B., "A Conceptualization of Factors Affecting Collaborative Knowledge Building in Online Environments", *Online Information Review*, 2020, 44 (01): 62-89.

[2] Zhang J., Scardamalia M., Reeve R., et al., "Designs for Collective Cognitive Responsibility in Knowledge-building Communities", *The Journal of the Learning Sciences*, 2009, 18 (01): 7-44.

面向数字人文的档案内容挖掘与知识发现

担负起这种责任。

3. 开放性、互操作性与可持续性原则

在线资源的不断增加使功能迭代成为预期和接受的常态，这促进了最佳实践的出现。这种持续的改进和迭代过程是开放性和互操作性的体现，因为它允许不断优化和适应用户需求。毋庸置疑，应以创造性的方式使用文化档案，而不是将其存储在"数字仓库"中，仅供档案管理员和其他专家访问和使用。同时，原生数字资产的保存、可访问性以及最终的实用性对于维持我们的集体记忆至关重要。[1]

确保面向数字人文的档案内容管理系统的开放性，接受任何转化为数字格式的档案内容，支持共同体进行各种类型的数字人文表达、对话等形式的知识建构活动。支持成员在不同系统和平台之间的数据交换和共享。具体做法包括采用标准化的数据格式和协议以及推动跨机构和跨领域的合作。在档案学 KBC 中，采用类似"计算机支持的目的性学习环境"[2] 或者知识论坛系统，以支持面向数字人文研究的跨领域、跨年龄、跨文化的互动协作，形成档案内容挖掘与知识发现支持数字人文知识建构和创新活动的共同的社会认知基础；支持各类知识型机构在档案学共同体中进行信息搜索、知识工程等活动，且保证能够进行视点多元、能力多元的团队协同工作。

为了使数据随着时间的推移保持可访问性，数据存储库组织及其保存、组织和提供数据访问的服务[3]本身必须是可持续的。可持续发展指数（SI）的制定在一定程度上是为了指导新兴的开放信息/数据机构实现长期可持续性。[4]

在构建机制时考虑长期的可持续发展，包括技术更新、数据维护和组

---

[1] Tzouganatou A., "Openness and Privacy in Born-digital Archives: Reflecting the Role of AI Development", *AI & Society*, 2022, 37 (03): 991-999.

[2] Scardamalia M., Bereiter C., McLean R. S., et al., "Computer-supported Intentional Learning Environments", *Journal of Educational Computing Research*, 1989, 5 (01): 51-68.

[3] National Academy of Sciences, "Workshop: Strategies for Economic Sustainability of Publicly Funded Data Repositories Asking the Right Questions", http://sites.nationalacademies.org/pga/brdi/pga_087151.

[4] Knowledge Exchange Project, "Report on Knowledge Exchange Workshop Sustainable Business Models for Open Access Services", http://knowledge-exchange.info.

织变革等方面的可持续发展指数，制定长期的战略规划以及确保资源的有效利用和管理。通过类似 CSILE/KF 所提供的多媒体的共同体知识空间，共同体成员以各种形式贡献自己的数字人文项目相关理论、模型、计划、证据、参考资料等，为观点的互动、发展、评价、参考引用等提供佐证[1]，档案内容的挖掘和使用能够反映共同体知识的增长历程。使用数据库和链接结构，支持项目小组式的协作知识建构活动，以及跨机构、跨地区的知识建构活动和基于公开发布数据的知识网络，帮助各成员以数字人文项目或档案内容数据库为纽带，进行一系列知识互动交流与创新生产等活动；让共同体成员可以在整个协作数据库中找到自己关心的内容，以及进行特定内容的隐私设置[2]。制定具有灵活性的项目框架，鼓励发展可持续的长期科学基础设施。当然，这里的灵活性（或弹性）不是指数字人文项目本身的灵活性，而是指项目与其他事物关系的属性[3]。可持续性也不是数字档案馆的属性，而是数字档案馆与其他事物关系的属性[4]。

4. 伦理与法律合规性原则

"在人类的历史上，我们第一次达到了这样一个时刻：人类种族的绵亘已经开始取决于人类能够学到的为伦理思考所支配的程度。如果我们继续允许发挥破坏性的激情，我们日益发展起来的技能就势必会给所有人带来灾难。"[5] 数字人文项目中数字化形式的档案资源在方便使用的同时，也带来相关权利监管与追索的难度增加，不加管控或未经授权的数字档案资源共享引发的信息侵权，往往会造成信息主体权益的损失和各种不道德的行为[6]，而

---

[1] Whittier D., Supavai E., "Supporting Knowledge Building Communities with an Online Application", Society for Information Technology & Teacher Education International Conference, Association for the Advancement of Computing in Education (AACE), 2009: 3022-3027.

[2] 张建伟、孙燕青：《知识建构共同体及其支撑环境》，《现代教育技术》2005 年第 3 期。

[3] Ribes D., Polk J.B., "Flexibility Relative to What? Change to Research Infrastructure", *Journal of the Association for Information Systems*, 2014, 15 (05): 287-305.

[4] Eschenfelder K.R., Shankar K., "Designing Sustainable Data Archives: Comparing Sustainability Frameworks", IConference 2016 Proceedings, 2016.

[5] 〔英〕伯特兰·罗素：《伦理学和政治学中的人类社会》，肖巍译，中国社会科学出版社，1992，第 159 页。

[6] 聂云霞、卢丹丹：《云环境下数字档案资源利用的伦理审视》，《档案学通讯》2021 年第 6 期。

数据的使用需要遵循有底线的道德规范①。如使用档案数据时，应确保使用目的的正当性，避免滥用数据或进行不道德的数据挖掘。在进行数据分析和可视化时，应尊重原始数据的真实性，避免对数据进行不当修改或误导性解读。设立数字人文项目之初就应关注其成果对社会的影响，但在实施过程中遇到不可抗力因素，难免会产生一些负面效应或误导公众。再比如，大数据提供了通过分析推特等所谓的社交媒体来研究人类交流模式和行为的可能性。当互联网虚拟世界成为新的实验室，在那里参与实验的人往往是不知情的和非自愿的。当我们把互联网视为一个实验室并使用其数据②时，是否应当将社交媒体内容生产者当作实验对象③并获取知情同意，成为一个重要问题。

确保档案内容挖掘与知识发现机制遵循相关的法律法规和伦理标准，包括保护个人隐私、尊重版权和知识产权以及确保数据安全和保密。鼓励创新思维和方法，以适应不断变化的技术环境和用户需求，包括持续的技术监测和评估以及灵活调整管理机制以适应新的挑战和机遇。支持共同体成员在数字人文探究过程中即时提出新思想和新目标，知识建构者可以进行研究工作的内部自我监控和自我评价，让整个共同体对公共知识空间的发展负集体的法律伦理合规性责任。

（二）机制构建的技术与内容维度

我国档案管理数字化、智能化水平在"十四五"时期得到提升，档案工作基本实现数字转型，是 2003 年《全国档案信息化建设实施纲要》颁布以来档案事业继往开来的重要发展目标之一。过去的二十年间，档案事业的转型发展基本沿着电子文件归档和电子档案管理——传统载体档案数字

---

① 曾建平、黄以胜：《信息技术问题的道德治理》，《华东师范大学学报》（哲学社会科学版）2022 年第 2 期。

② Kramer A. D. I., Guillory J. E., Hancock J. T., "Experimental Evidence of Massive-scale Emotional Contagion Through Social Networks", *Proceedings of the National Academy of Sciences of the United States of America*, 2014, 111 (24): 8788.

③ Kahn J. P., Vayena E., Mastroianni A. C., "Learning as We Go: Lessons from the Publication of Facebook's Social-computing Research", *Proceedings of the National Academy of Sciences*, 2014, 111 (38): 13677-13679.

化——数字档案馆（室）建设的技术进路发展，核心诉求就是为档案工作的战略转型积累数字档案内容资源。档案管理各业务环节的自动化、网络化、智能化和单轨制的发展趋势，在解决内容资源瓶颈的同时，也倒逼着服务于档案事业转型、学科转型升级的内容管理机制越来越重视技术的力量，追求从技术维度上完善机制建设。档案学术共同体一方面要加强内部的技术交流，另一方面要注重与其他行业、学科之间的交叉融合，对最新的技术研究成果不断借鉴移植、总结凝练，提升我国档案内容数字化管理理论与实践水平。

1. 技术维度

当下，面向数字人文研究采用的数字工具主要分为文本工具、音视频工具、数据工具、研究成果管理工具四类。[①] 其中，文本工具通用性最强，与档案内容挖掘工具的重合度最高；音视频工具聚焦档案图像数字化，用于创建和处理编辑、注释和标记等；数据工具包括各类数据管理系统，数据采集、分析、可视化、迁移和存储等工具，可完成档案内容的关键词、标签数据管理。研究成果管理工具，即内容挖掘与知识发现结果的协作、组织、发布、共享、全文检索等一系列通用及专用、定制化工具。例如Gale 公司 2018 年发布的 Gale 数字学术实验室（Gale Digital Scholar Lab）平台，集语料库创建和管理、文本和数据分析与可视化、结果导出与分享整合等功能于一体；又如通用的智能推荐系统，立足于机构内容数据库，可以根据用户的搜索历史和兴趣，提供相关性高的建议内容；针对历史建筑的图形影像档案的收集存储可采用通用数字化技术方案，其归类检索则可采用 GIS 技术，可实现历史建筑基础信息、绘图资料等一体化 Web 平台的展示、浏览和查询。

四类工具的组合运用在档案内容挖掘与知识发现场景及数字人文项目中也有较多成功经验。例如通过定制开发数字存储库，实现软件即服务（SaaS）功能，促进文化材料的安全存储、展示和共享的可及性，促进对文化遗产的更深入理解和欣赏，协助文化机构将其数字文化资产组织成馆藏，并通过适当的界面为其他数字平台（包括教育、博物馆、教学和游戏）提

---

① 李桂芬：《数字人文的发展与最新趋势》，《社会科学文摘》2022 年第 2 期。

供信息。具体做法是，将数字存储库建设成为文化组织或博物馆存储和管理数字内容，例如文化遗产对象的图像、视频、文件和3D模型的集中平台，通过对这些信息的结构化组织，使任何文化组织都可以通过合适的界面［包括手机游戏、虚拟现实（VR）和增强现实（AR）应用程序］轻松有效地将其数字内容提供给其他平台。①

数字化的内容和研究成果被统一当作数据管理时，还需要数据安全技术来保证内容的安全完整。加密技术（包括数字签名）负责防止档案被非法获取和篡改，保证数字化档案被安全完整地传输和存储；身份认证技术确保数字化档案的访问在严格的角色、权限控制下进行并全程留痕，防止数据泄露和内容非法访问等问题。

此外，研究成果管理工具还包括标准化、元数据管理信息集成等技术。标准化是档案内容及研究成果数据整合和共享的基础。跨系统、异构数据之间的兼容性和互操作性需要通过制定统一的规范数据格式标准、元数据标准、交换协议等来保证，如图4-2所示的ISO体系文件管理架构就是其中之一。元数据管理负责对研究成果及档案的内容、属性、关系等信息进行统一管理和描述，方便后期的分类、检索、利用，提高研究成果和档案内容的管理效率和利用效果。信息集成技术是将不同来源、不同格式的研究成果和档案内容进行整合和集成的技术，通过云计算、大数据等技术，将分散的内容进行统一管理和访问，提供面向数字人文的一体化信息服务和应用。例如某企业的内容管理平台就通过集成的汇编采集、统一的用户访问与存储管理及API接口，实现企业内容和数据的分类分级、统一存储、安全合规管理（如图4-3所示）。

2. 内容维度

如果将数字人文或者新文科建设当作档案学科转型的一次机会，那么要形成一个全新的知识体系及机制——面向数字人文的档案内容挖掘与知识发现机制，就必须先完成基本定义、概念、理论的根本转换。从数据维度

---

① Tsipi L., Vouyioukas D., Loumos G., et al.,"Digital Repository as a Service（D-RaaS）: Enhancing Access and Preservation of Cultural Heritage Artifacts", *Heritage*, 2023, 6（10）: 6881-6900.

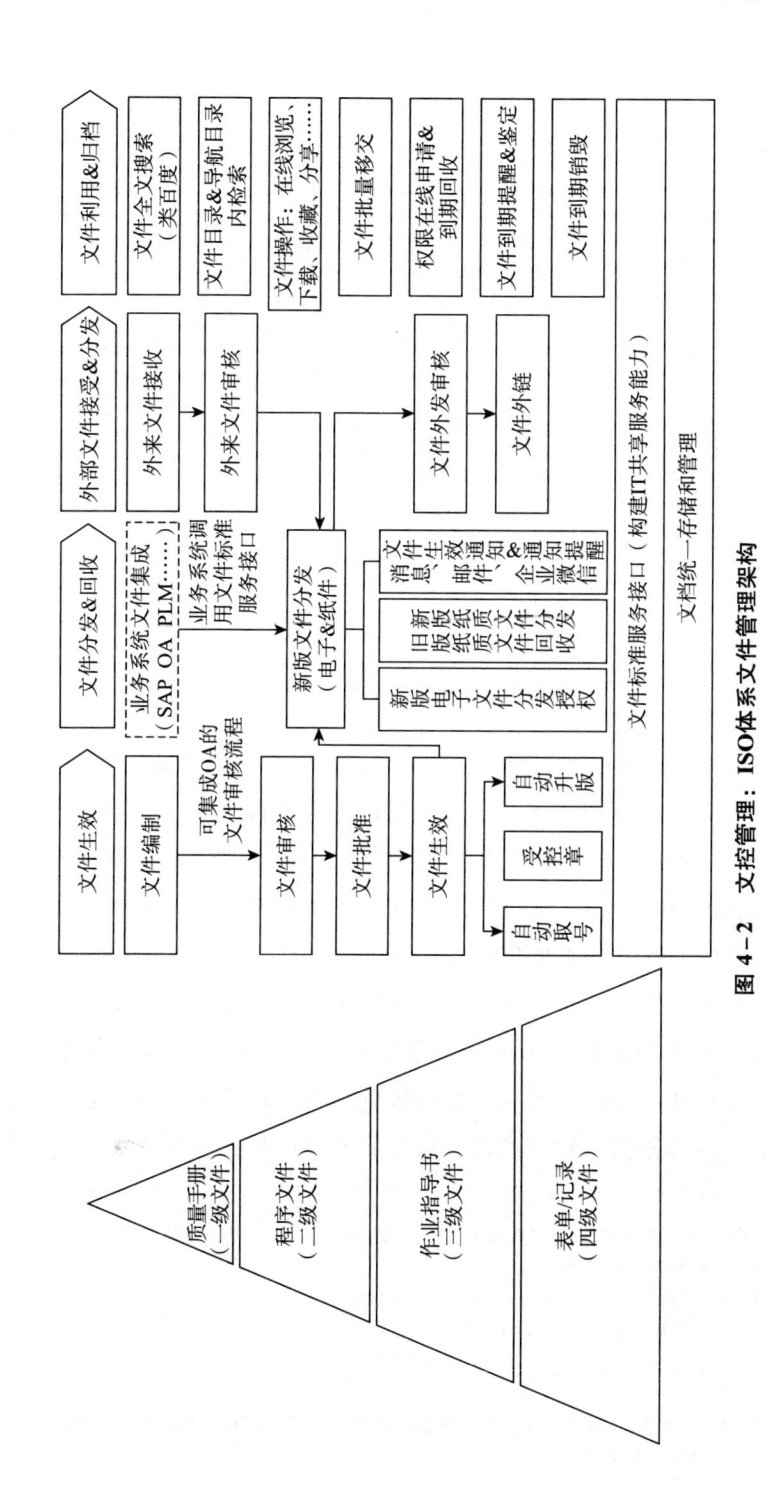

第四章 面向数字人文的档案内容挖掘与知识发现机制构建

图 4-2 文控管理：ISO体系文件管理架构

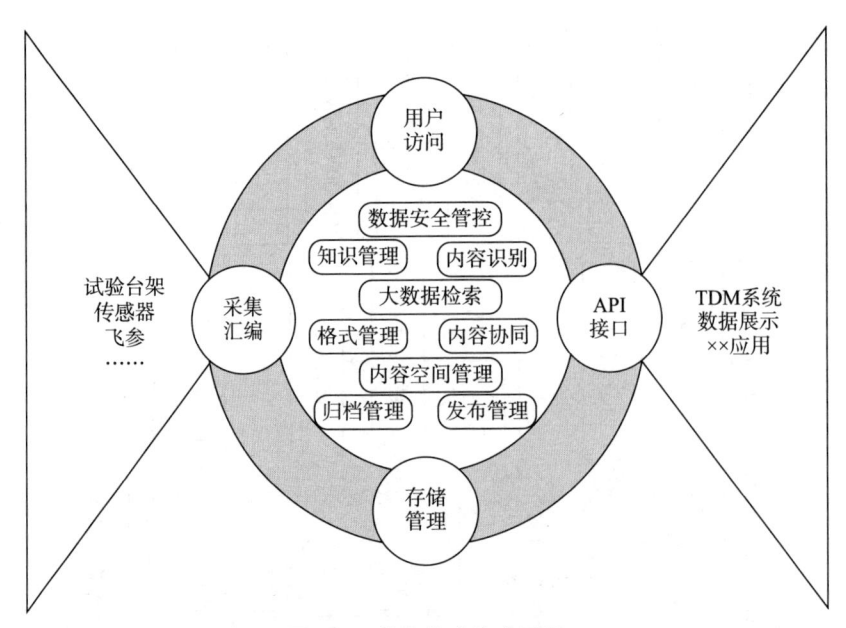

图 4-3　信息集成技术示例

来看，包括档案的模拟态主管载体、数字态主管内容、数据态主管规则。[①] 无论是 ICA 关于文件的内容、背景、结构三要素说[②]，还是 InterPARES 提出的包含固定内容在内的五要素文件分析模板说[③]，抑或匹兹堡大学戴维·比尔曼（David Bearman）提出的包含内容层的六层次说[④]，都彰显了内容管理机制在数据维度建立管理机制的必要性。

在实践中，基于规则的自主式、模型驱动式业务系统的发展促进了档案管理的数据态的形成。无论是科学数据管理还是金融行业的系统数据体、先进制造业的信息系统和文档内容管理都呈现典型的数据态特征，在档案检索、内容挖掘、知识发现、信息服务层面都在内容或知识管理的层

[①] 钱毅：《从"数字化"到"数据化"——新技术环境下文件管理若干问题再认识》，《档案学通讯》2018 年第 5 期。

[②] 冯惠玲、刘越男：《新编 21 世纪档案学系列教材普通高等教育"十一五"国家级规划教材电子文件管理教程》（第 2 版），中国人民大学出版社，2017，第 7 页。

[③] 谢丽：《文件的概念及其在数字环境中的演变：InterPARES 观点》，《档案学通讯》2012 年第 3 期。

[④] 黄玉明：《文件/档案及相关资源元数据再研究——国际源流与中国体系构建》，《档案学研究》2010 年第 6 期。

第四章　面向数字人文的档案内容挖掘与知识发现机制构建

面上产生了质的提升。国际上典型的电子文件管理系统（ERMS）在企业实践中多数由企业内容管理类（ECM）软件完成，数据态文档管理必将越来越聚集于对数据本体、流程、模型等对象的描述与关联管理。在数据层面实现全融合的内容管理平台和业务系统集成与数据整合（如图4-4所示）。

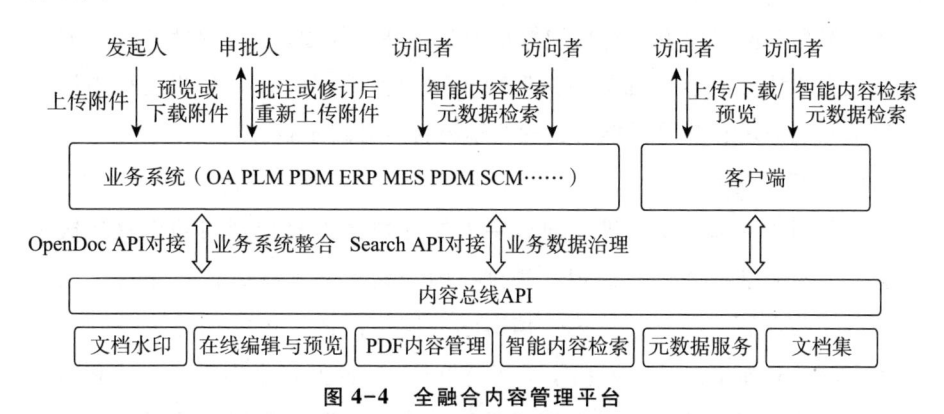

```
发起人    申批人        访问者   访问者        访问者   访问者
 ↓上传附件  ↓预览或 ↑批注或修订后  ↓智能内容检索       ↓上传/下载 ↓智能内容检索
         下载附件 重新上传附件   元数据检索         预览    元数据检索
┌─────────────────────────────────────────┐   ┌─────────────┐
│ 业务系统（OA PLM PDM ERP MES PDM SCM……）│   │   客户端    │
└─────────────────────────────────────────┘   └─────────────┘
OpenDoc API对接  ↕ 业务系统整合  Search API对接 ↕ 业务数据治理        ↕
┌────────────────────────────────────────────────────────────┐
│                      内容总线API                            │
└────────────────────────────────────────────────────────────┘
┌──────┬──────────┬──────────┬──────────┬────────┬────────┐
│文档水印│在线编辑与预览│PDF内容管理│智能内容检索│元数据服务│ 文档集 │
└──────┴──────────┴──────────┴──────────┴────────┴────────┘
```

图4-4　全融合内容管理平台

以上讨论的是组织机构业务系统中产生的原生档案数据，在数字人文项目中，大量的档案内容挖掘与知识发现工作围绕各种类型文化遗产的资料数字化、3D建模、数字孪生展开，过程中必然产生大量次生档案数据。以文化遗产的数字孪生体为例，围绕文化遗产的档案内容管理与知识发现，需要从最初的原始档案数据管理到数字化建模后的模型数据，乃至全生命周期的数据管理和知识服务，实现文化遗产数字孪生的"用户—信息空间—物质文化遗产—网络环境"的数据集成管理体系，实现相应的人机物环境管理的全价值链的数据、信息集成、共享协作。[①]

档案内容/知识库则是原生档案和次生档案数据混合体，它不但包括大量简单事实类的档案数据，还包含陈述型知识和过程型知识及其规则和推理。[②] 面向数字人文项目建设的档案知识库包含档案部门从原始的数字档案全文中提取出具有知识价值的内容而形成的知识系统，帮助档案内容在产生问题时能够借助人机交互界面，便捷迅速地获取解决问题的档案知识或

[①] 秦晓珠、张兴旺：《数字孪生技术在物质文化遗产数字化建设中的应用》，《情报资料工作》2018年第2期。

[②] 孔繁胜：《知识库系统原理》，浙江大学出版社，2000，第10页。

解决方案。①

（三）机制构建的共同体责任与价值观约束

在共同的数字人文精神与媒介记忆等价值关怀下，档案学术共同体超越人际、地缘、业缘关系，成为以学术思想引领，聚焦信息资源管理研究领域，遵循共同研究方法特色的真正的学术共同体组织②，因此会成为面向数字人文的档案内容挖掘与知识发现机制的保障因素，并在此过程中推动档案学知识的增长与传播能力，加快学科转型升级步伐。

1. 共同体责任

在共同体内部，要促进面向数字人文的档案内容挖掘与知识发现成果的繁荣，学派是一个重要的观察维度，因为它是科学探索过程中科学家实现创造性联合的一种有效形式。档案学共同体内的学派式团体或组织是因学术见解差异而形成的不同档案学研究群体。③ 他们在众多不同权威和影响层次上，从事档案学研究或为档案学而工作，其职业发展方式承担着某种责任，具有档案学共同体发展的角色意识和道德观念。④

档案学共同体对档案学科和自身发展都负有学术研究的责任——用学科范式中的专业语言来解说、评点和发展档案学，以外在环境中的技术变迁与社会环境需求变化来引领学科本身的内部智力接力、学术传承，以数字人文、新文科等理念和视角，对待不同时期的档案内容及其研究成果，保护学术遗产，传播档案内容研究成果。

如果说档案学共同体是面向数字人文的档案内容挖掘与知识发现机制形成的基础，那么共同体成员则是这一机制发展的核心因素。因为各种类型的档案内容数据库或者知识库存储的智力产品主要来源于共同体成员，离开共同体成员主动参与和积极向档案内容/知识库中提交自己的数字人文教学与研究成果，那么整套机制必然无法长效可持续运行。共同体对档案

---

① 张斌、郝琦、魏扣：《基于档案知识库的档案知识服务研究》，《档案学通讯》2016年第3期。
② 张晓：《对档案学发展的思考》，《档案学通讯》2003年第1期。
③ 陈祖芬：《论档案学共同体的责任》，《档案学通讯》2007年第2期。
④ 胡鸿杰：《中国档案学的理念与模式》，中国人民大学出版社，2005，第114~131页。

内容/知识库发展的影响主要源于共同体成员对档案内容/知识库的认知度、信任度、自存储归档经验以及个体特点。共同体成员的认知度是指共同体成员对档案内容/知识库相关价值的了解、认知与选择利用的程度，具体包括共同体成员对开放获取理念的认识与档案内容/知识库价值的认识。

共同体成员既是档案内容/知识库内容的重要提供者和内容来源主体，也是档案内容/知识库内容的开发利用和维护主体。因此他们一方面关注个人研究成果是否可以最大限度地通过开放利用获取学术影响力，另一方面也重视档案内容/知识库是否可以为其提供符合需求的教学与研究支撑。共同体成员对档案内容/知识库利用者的信任度以及对档案内容/知识库稳定可持续发展的依赖性，决定了面向数字人文的档案内容挖掘与知识发现所产生的科学知识交流与创新速度，是影响档案内容/知识库发展不可或缺的因素。共同体成员对档案内容/知识库能否实现并产生学界公认的科学成果及认证功能的忧虑——能否保证个人在领域内研究发现方面的竞争性优势在内容/知识库中不被泄露或剽窃，是机制得以实现的重要共同体影响因素。此外，共同体成员对档案内容/知识库的信任还取决于技术上能否实现数字资源长期保存。共同体成员在公共可获取的网站存储数字文档的自存储经验——通过共同体成员向档案内容/知识库自存储归档个人教学与研究成果的经验或者技术成熟程度（对于成员来讲的技术或协作学习成本）也是其支持档案内容/知识库发展的重要影响因素。[①] 图4-5为某机构的自存储改造计划。

2. 用户期望

面向数字人文的档案内容挖掘与知识发现涉及档案用户需求和期望，以及如何通过档案内容管理提供更好的服务和用户体验；包括用户参与和反馈机制的设计，以及如何通过用户研究和评估来改进档案内容管理。面向用户服务，大量档案内容/知识库最终必然是以赶走传统文献服务的专题形式存在，如"中华民族共同体专题档案资源库"，就是围绕多民族共创中华[②]这一宏大叙事主题，从数字人文重视的统一标准的时空体系，对我国各级各类公共文化服务机构馆藏多元档案文献进行整体性逻辑整合与重组而

---

① 邓君：《机构知识库建设模式与运行机制研究》，吉林大学博士学位论文，2008，第71~78页。

② 韩效文、杨建新主编《各民族共创中华丛书》，甘肃文化出版社，1999，第1~18页。

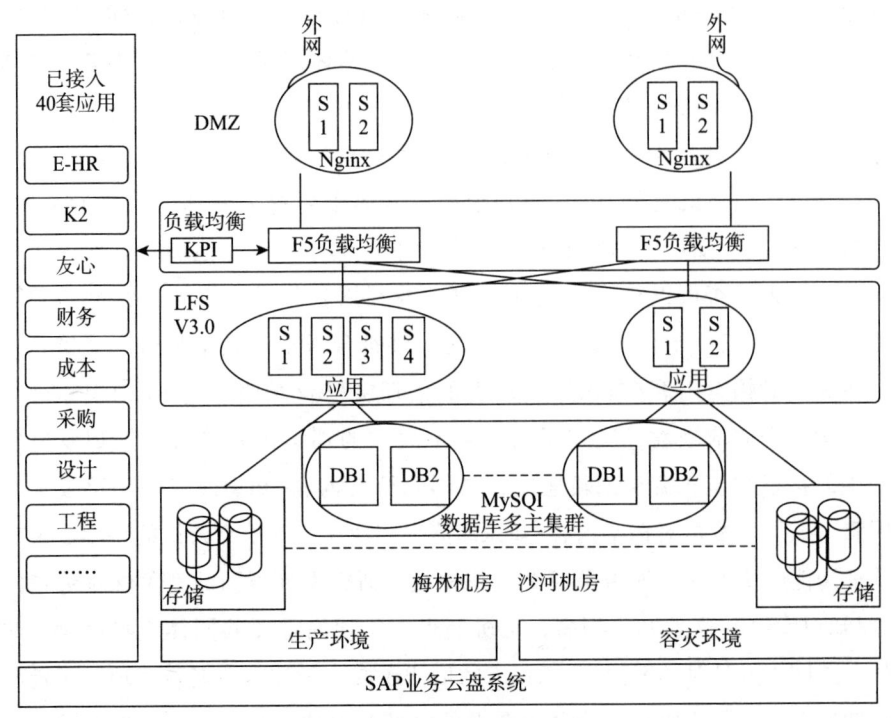

图 4-5　某机构自存储改造计划

形成的全景式、大范围、长跨度的，可作为基础设施的档案资源内容体系。该体系通过深度整合各类档案文献资源内容信息，为用户提供可以直接访问的聚合态档案内容信息，实现对特定实体"全景式"档案信息的一次性获取；为各领域学术研究者提供大时间尺度的、实体对象可视化呈现的学术研究资源支持①。图 4-6 为某机构基于主题的知识/内容库管理模型。

面向数字人文的档案内容挖掘与知识发现，本质上仍然是向用户提供档案知识服务，是档案内容及其研究成果开放存取利用的一种重要方式；是根据用户的问题需求，针对档案资源进行一系列内容开发处理后所形成知识资源或针对性的解决方案②；通过内容平台，帮助用户超越时间、空间

---

① 赵生辉、胡莹：《中华民族共同体专题档案资源库的建设构想》，《山西档案》2021 年第 3 期。

② 杨力、姚乐野：《基于知识管理的数字档案馆服务体系构建》，《档案学通讯》2010 年第 1 期。

第四章　面向数字人文的档案内容挖掘与知识发现机制构建

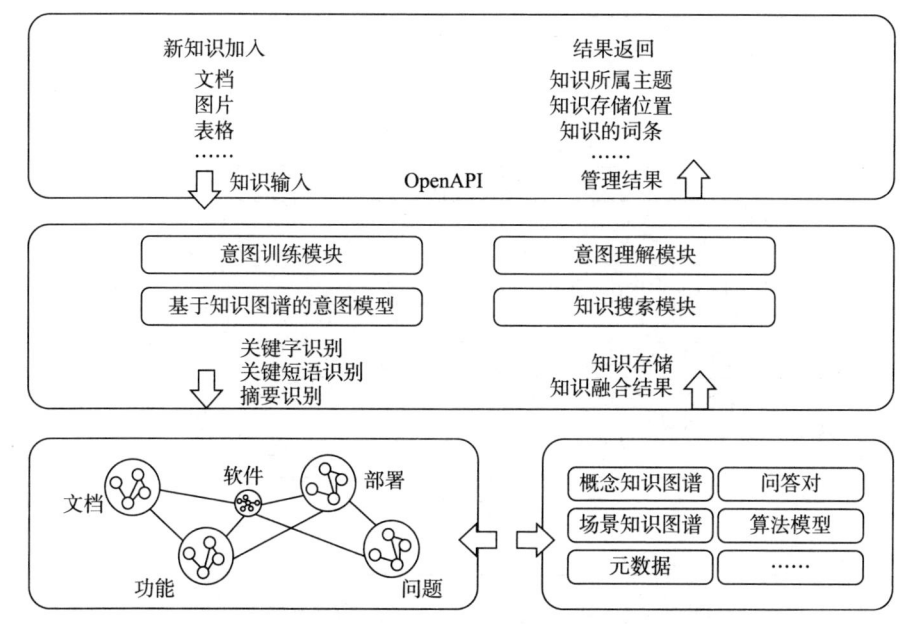

图 4-6　某机构基于主题的知识/内容库管理模型

限制，高效检索原生档案信息，并能便捷获取经过专家或者智能算法全文编研、序化、深加工的次生档案信息①。图 4-7 为某企业面向内部用户所提供的运维知识网络，主动为用户提供经过专家推荐和智能算法推荐的深加工档案内容。

此外，还要基于用户分类，提供个性化的数字档案内容与知识服务。面向数字人文研究，用户自然产生的档案需求理论上必然会引发用户登录档案内容/知识库平台，获取数字档案内容与知识的行为，该过程涉及用户需求响应和用户的评价、反馈。可以据此构建用户服务模型，满足用户个性化的档案内容与知识服务需求②，图 4-8 所示的某企业运维知识网络中的语义搜索模块就是这样的用户需求响应机制。

3. 价值观约束

价值观维度涉及档案内容管理过程中可能遇到的伦理问题，如隐私保

---

① 张卫东、王萍：《档案用户需求驱动的个性化服务模式研究》，《档案学通讯》2007 年第 2 期。
② 连志英：《基于用户需求的个性化数字档案信息服务模式构建》，《档案学通讯》2013 年第 5 期。

239

图 4-7　某企业运维知识网络

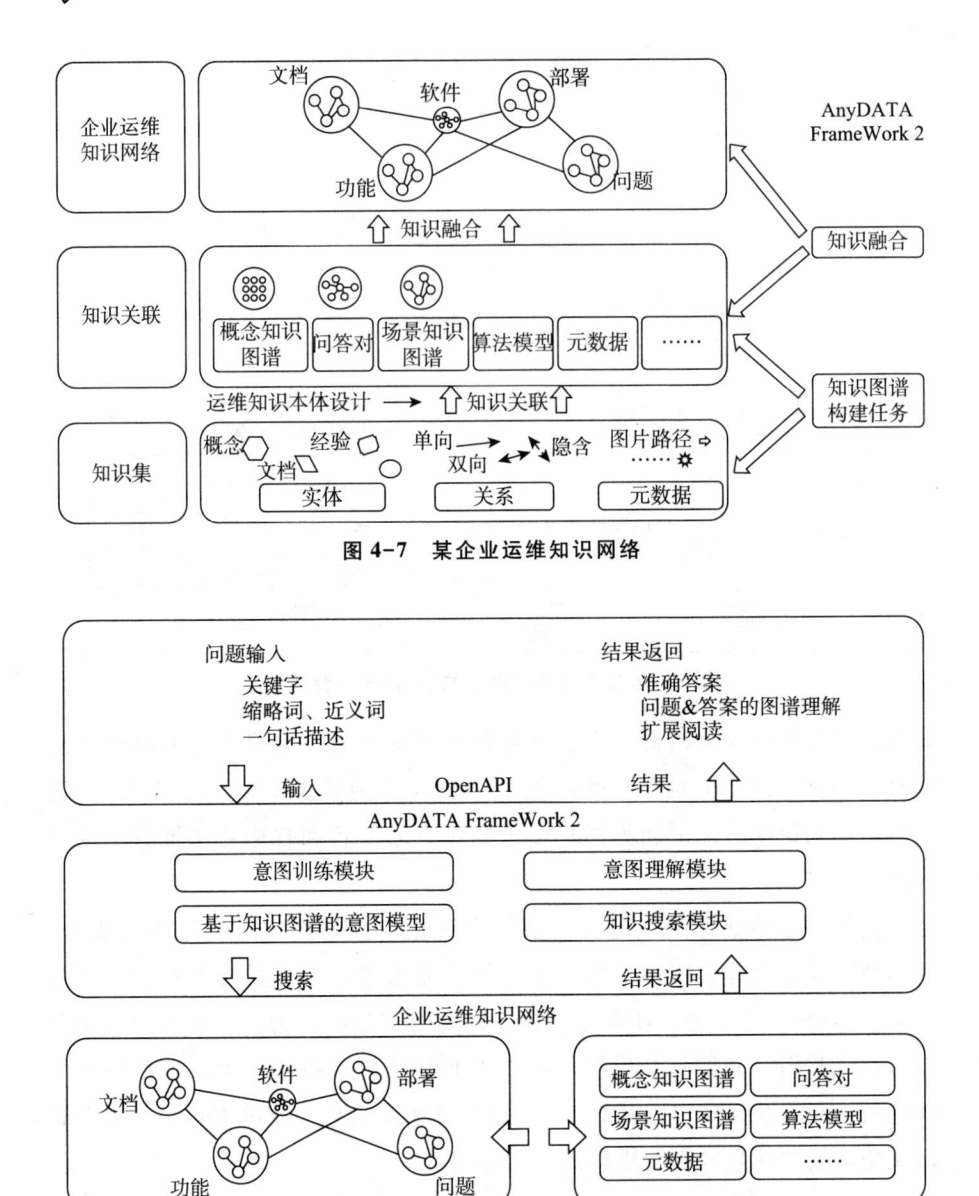

图 4-8　某企业运维知识网络中的语义搜索模块

护、数据使用的道德规范等。包括档案学共同体遵循相关的法律法规和伦理标准，以确保档案内容管理的合法性和道德性，以及更重要的共同体职业认同、学科使命与价值观等。

如前所述，档案学共同体对自身和社会都负有学术责任。这种责任的

第四章　面向数字人文的档案内容挖掘与知识发现机制构建

价值取向是档案学者为社会服务的使命,学者通过社会而存在,为社会而存在,为了社会发现、生产和传播知识①,学术研究主题需要有更多的现实关怀。信息行为元理论——"意义建构"理论认为,置于时空背景之下的个体在现实世界中产生的认知偏差只有借助媒介或"桥梁"才会进入新的认知状态。② 确立档案内容挖掘与知识发现的机制,将改变档案学共同体过去只作为"故纸堆保管员"的社会或共同体自我认知偏差,而转向保存社会记忆、见证伟大历史、承载人类文明的价值观的使命担当,确保档案工作者以更加积极、主动的姿态介入档案事务和档案工作职业③,开展更加积极深入的档案内容学术研究,在为社会服务中彰显档案的人文学术研究价值,即通过领域知识驱动认知智能(如图4-9所示)。

在档案内容研究与技术应用结合处形成了大量的档案交叉学科,数字人文的出现也为档案学共同体认识和解释具有普遍性的档案现象提供了重要的观察视角。在解决数字人文项目问题时,人文与技术领域的知识联系变得紧密,使档案学交叉学科可以开展卓有成效的研究。当然,数字人文的许多项目研究并非档案界人士所能独立完成,需要跨地区、跨部门、跨专业、跨国家协作完成,学科交叉融合要突破浅层的互通有无,进入深层次的思想碰撞,就需要一种学术对话机制来保证。数字人文为档案学的交叉融合学科的回溯性与反思性考察提供了一种类似"元研究"的视角,帮助共同体更好地把握档案学科理论的发展脉络及未来方向,深刻认识不同时期档案学科理论与社会环境变迁的关系,促进新的理论适应的探索与学科范式转型,提高档案学科理论的生命力以及档案学知识的发展方式。④

另外一个价值观取向是档案治理共同体视角下的相关利益主体之间的协同。其中既包括档案系统内部力量,如档案行政主管部门、机构档案馆室、档案形成单位等的相互紧密配合,也包括与外部信息服务和文化事业单位,如GLAM、纪念馆、数据中心等的协同合作,在信息服务、文化交流、

---

① 〔德〕费希特:《论学者的使命人的使命》,梁志学、沈真译,商务印书馆,2017,第41页。
② Dervin B., "Communication Gaps and Inequities: Moving Toward a Reconceptualization", *Progress in Communication Sciences*, 1980, 02: 73-112.
③ 南希·芭特蕾:《档案工作者的积极性和责任感》,《中国档案》2003年第1期。
④ 〔美〕库恩:《必要的张力——科学的传统和变革论文选》,纪树生等译,福建人民出版社,1981,第12、292页。

图 4-9 领域知识驱动认知智能

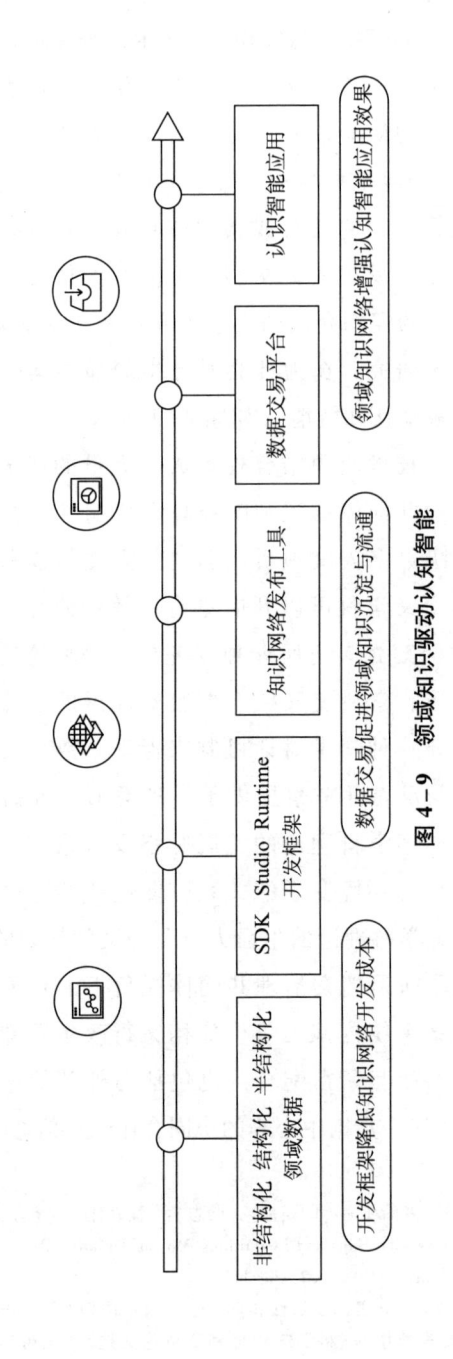

第四章　面向数字人文的档案内容挖掘与知识发现机制构建

社会记忆构建等内容管理方面进行优势互补；个体则可参与档案治理效能的评价，并通过信息反馈、监督建议、志愿活动等渠道和方式参与档案内容治理，为面向数字人文的档案内容挖掘与知识发现机制可持续运行助力，也使档案学研究具有更切实的人文关怀。

第五章
面向数字人文的档案内容挖掘与知识发现机制运行与维护

面向数字人文的档案内容挖掘与知识发现也同样需要一系列技术、组织与管理方法以及相关的服务与应用设施来构成其得以运行的基础设施。伴随着"第四范式"的兴起，数据逐渐取代文献在学术研究中的地位，科学研究越来越依赖于对数据的处理，而数字人文更是这一范式的集中体现。档案数据作为社会数据中的重要组成部分，理应主动充分利用数据科学，采取类似基础设施的建设形式，依托档案馆藏向社会提供综合性的资源服务，规模性地发挥档案数据的生产要素功能。当前多数有关"语义""数据""知识"的研究集中在数字人文领域，不难发现，数字人文的研究一方面需要根植于丰富的内容之中，项目建立在多种类型且数量庞大的数据资源之上；另一方面，数字人文成果往往是单个项目难以承担的，因而依赖于各项基础设施的建设[1]与运行维护，具体包括提供数据源与技术支撑的内容基础设施建设以及相应的功能和流程维护，负责构建高效的组织结构和工作流程的共同体与管理保障，以及面向用户和社会公众的知识基础设施保障。

一 面向数字人文的档案内容基础设施建设

数字人文发生在人类社会数字化转型背景之下，社会运转需要公共部门提供的物理、信息和人力基础设施。数字化转型是一个旨在通过信息、

---

[1] 刘炜等：《面向人文研究的国家数据基础设施建设》，《中国图书馆学报》2016年第5期。

计算、通信和连接技术的组合触发其属性发生重大变化来改善社会实体的过程[1]，也可视为人类和非人类行为者的网络[2]。基础设施建设因此可理解为定制和配置基础设施的原位设计工作，或被理解为个人或团体执行的动机性变革活动。大多数情况下，基础设施建设始于技术方面的故障，例如基础设施停止工作；或用户方面的故障，例如基础设施虽然有效，但被用户认为不起作用或不足以满足其期望和需求。[3] 同理，面向数字人文的档案内容基础设施建设肇始于前文讨论的档案领域参与数字人文项目所面临的挑战与问题所造成的各种故障。

（一）档案数字化技术升级

档案数字化是数字人文项目的重要组成部分。在数字人文项目的推动下，大量的传统档案被系统地数字化。从古老的典籍、历史文献到珍贵的艺术品，甚至古老的建筑图纸，都通过高精度的扫描、摄影等技术手段转化为数字格式。这不仅使这些珍贵的资料得以永久保存，而且极大提高了检索与利用的效率，为后续的数字人文研究奠定了基础。例如纽约大学为了展示和保存当代艺术，启动了"艺术家档案计划"项目，利用数字人文的方法搭建艺术作品信息库。[4] 对于已经数字化的档案，数字管理系统发挥了关键的作用。应用数字化的档案管理系统，不仅可以实现对海量档案数据的集中管理、快速检索和智能分析，更能确保档案数据的长期保存、备份和恢复，从而有力保障档案数据的安全性与可靠性。

1. 提高档案数据资源关联度

在档案内容挖掘与知识发现机制的建设之初，数字化技术就是不可或

---

[1] Vial G., "Understanding Digital Transformation: A Review and a Research Agenda", *Managing Digital Transformation*, 2021: 13-66.

[2] Aanestad M., Jensen T. B. "Building Nation-wide Information Infrastructures in Healthcare Through Modular Implementation Strategies", *The Journal of Strategic Information Systems*, 2011, 20 (02): 161-176.

[3] Pipek V., Wulf V., "Infrastructuring: Toward an Integrated Perspective on the Design and Use of Information Technology", *Journal of the Association for Information Systems*, 2009, 10 (05): 447-473.

[4] Wharton G., Engel D., Taylor M. C., "The Artist Archives Project: David Wojnarowicz", *Studies in Conservation*, 2016, 61 (sup2): 241-247.

缺的一环，而在保障机制中仍是如此。作为面向数字人文研究的档案内容管理，"机器可读可识别"是其机制运行的基础保障。无论是数字人文项目还是"增强档案内容分析和解释能力"的建设要求本身，都建立在语义网、机器学习、数据挖掘等数字技术的基础之上，档案内容的数字化技术居技术保障的第一位。一方面，数字化技术保障了档案存量数据在面向数字人文研究时的可用性；另一方面，面对档案指数级增长的增量数据以及不断被囊括进入档案概念的数据，数字化技术得以保障其机制在时间跨度上依然可以运行。同时，基于数字人文项目的考量，档案内容的数字化在机器可识读的基础之上还需要将知识单元的描述做到更加细致，例如档案内容当中涉及的人物、地点、时间、事物等内容特征及其关系。[①]

此外，在智能化背景下，数字化还涉及档案文本语料的处理、存储等技术。例如一种利用机器学习技术的文本语料处理方法[②]，首先使用采样后的训练样本集进行模型训练，得到的关系抽取模型用于从语料样本中抽取实体间的关系，以构建知识图谱。在获取初始训练样本集后，可以依据影响函数来确定其中每一个训练样本的重要性指标，该重要性指标可用于度量单个训练样本在关系抽取模型训练过程中的重要程度。由此，计算机设备可以基于每一个训练样本的重要程度，进一步从初始训练样本集中获取重要性指标满足条件的训练样本，从而提高关系抽取模型的训练效率和准确性。

2. 提升档案数据资源一致性

档案资料的数字化是数据资源的基础保障。随着基础设施的内涵从传统的软硬件扩展到资源要素，档案资源中数据形式的资源占比愈发突出；而面向档案内容挖掘的数字人文研究不仅需要海量规模化的档案数据，还需要其在规范化、一致性等核心数据质量指标方面保持高水准。我国的政策导向也具前瞻性地为档案资源数字化铺平了道路。"国家文化数字化战略"要求到2035年，建成物理分布、逻辑关联、快速链接、高效搜索、全

[①] 夏翠娟、张磊、贺晨芝：《面向知识服务的图书馆数字人文项目建设：方法、流程与技术》，《图书馆论坛》2018年第1期。

[②] 王子丰、文瑞、陈曦：《文本语料的处理方法、装置、设备及存储介质》，专利号：CN112069329B，2024年3月15日。

面共享、重点集成的国家文化大数据体系,并在所列的八项重点任务中将"关联形成中华文化数据库"列为第一条任务。档案事业"十四五"规划要求全国县级以上综合档案馆档案数字化率应达到80%。在技术层面,在传统的 OCR 技术之外,新技术的出现使档案可以被更快且更安全地转录。传统档案扫描技术很可能会在数字化的过程中破坏档案资源原件,而伴随着数字化技术的不断升级,新的数字化扫描方法将会逐渐取代传统的 OCR 技术,解决其可能造成的伤害以及识别准确率不够高的问题。以"欧洲时光机"项目为例,其对威尼斯档案馆中数十万古老材料制成的遗嘱档案并没有使用传统扫描,而是使用了一种类似于医学 X 射线断层扫描的数字化方法①,这种扫描技术可以在无须打开这些历史档案的情况下对档案进行扫描识别;同时,档案数字化还可以通过外包的方式进行。

档案的特性决定了档案增量数据是由海量的结构化与半结构化数据所构成的。伴随着档案事业的发展,各省区市都对档案数据化的要求提出了硬性指标。虽然国内已有档案著录规则 DA/T 18-2022、文书类电子文件元数据方案 DA/T 46-2009 等行业标准,然而在具体细节方面各数据库之间多按照自身需求进行档案的元数据框架设计,形成多个异构的档案数据库,进而导致数据库之间缺乏关联,档案资源无法共享,形成档案数据"孤岛"。为回应数字人文研究对档案数据的可用性与关联性期待,元数据标准统一(内容元数据、责任元数据、表达元数据、获取元数据、关系元数据以及管理元数据)的建设无疑是档案数字化平台建设的重中之重。

(二)内容长期存取策略优化

蓬勃发展的技术环境使数字人文学科成为可能——高度协作、跨学科,并通过计算工具,结合数据挖掘、创造性可视化和其他工具,扩展现有文档和证据边界的方式来寻找新的意义。② 面向保存的数字化("digitization for preservation")创造了有价值的数字新产品,不管原始的材料来源是有形的

---

① Albertin F., "X-ray Spectrometry and Imaging for Ancient Administrative Handwritten Documents", https://infoscience.epfl.ch/record/205824?ln=en.
② McCarty W., "Humanities Computing", *Encyclopedia of Library and Information Science*, 2003, 02: 1224.

人工制品，还是以数字方式产生和存在的数据①，都面临数字保存需要解决的内容长期存取问题。《大规模数字化时代的保存》提供了一个关于数字内容在互联网上检索、传递的方案，其核心是由四个部分组成的数字化实践框架，包括数字化的选择、内容创建、技术基础设施和组织基础设施，并提出了推进大规模数字化工作的13项建议，包括改进或调整产品质量、服务合同、获取数字化内容、保留数字副本等。②

1. 提升内容检索效率

于档案本身而言，档案查询是档案保管与档案利用的联结点。长久以来，大量的数据在急剧增加的同时很快就变成了"冷数据"，这一现象在数字档案资源中更为突出。据统计，各级各类档案馆馆藏档案经常被利用的占10%~20%，甚至更低，其余80%~90%的档案较少或很少利用。③ 面向数字人文的档案资源构建不仅需要为人文研究提供便利，也需要考虑提升档案自身的利用效率。功能完善的档案信息查询是有效开发档案信息资源的必要手段，是充分发挥档案作用的重要方式。而当档案资源面向数字人文研究进行知识组织与管理时，检索功能的完善更是如此。友好的内容检索系统不仅可以帮助用户更好地查询数字人文项目的成果，更便捷地了解相关档案内容，也可以在学术层面上满足学者的科研需求。例如在历史档案的资源聚合当中，需要经过元数据方案设计、本体构建、关联数据发布最终实现资源聚合，同时在对用户呈现的检索平台中提供主题、年代、地点等检索方式。

元数据的构建与检索系统息息相关，上述提到的基本元数据内容的配置都影响着用户的检索效率。同时，在不改变原有元数据结构的情况下，引入一些创新性的功能也能提升用户的检索体验，例如浙江省舟山市档案馆在数字档案室管理系统中引入"标签"功能，使数字档案在查阅利用、专题档案归集与接收、OA一体化查询等方面得到很大提升。其"标签"的

---

① Conway P., "Preservation in the Age of Google: Digitization, Digital Preservation, and Dilemmas", *The Library Quarterly*, 2010, 80 (01): 61-79.
② Rieger O. Y., *Preservation in the Age of Large-scale Digitization*, Washington, DC: Council on Library and Information Resources, 2009: 131-132.
③ 杨重高:《数字档案资源的安全存储》,《中国档案》2014年第11期。

功能主要用来标记目标的分类或内容，便于查找和定位目标，解决了单用标题或全文检索可能存在的检索死角。此外，还有基于不同档案类型的检索系统，如基于内容的数字化音频档案信息检索技术等。全面易用的检索平台使优质便捷的档案服务成为可能。

例如一种档案智能分类与检索方法，首先将电子档案构建为词图模型，并依据词图模型计算档案中每个候选词的 TF-IDF 特征和位置特征；再根据两种计算得到的特征信息构建电子档案中候选词之间的概率转移矩阵，然后对概率转移矩阵进行迭代计算，从而获得各候选词的初始得分；与此同时从构建的词图模型中提取 K 核子图，并基于提取的 K 核子图计算候选词的层级特征与平均信息熵特征；最后在候选词初始得分的基础上，融合计算所得层级特征与平均信息熵特征来确定电子档案的关键词，从而根据关键词进行档案的分类以及实现基于关键词的档案快速检索。[1]或一种航天器数字档案资源管理平台[2]，通过搭建技术资源管理系统和技术资源电子归档系统，实现了面向协同交互的文件受控采集、档案整合重构和推送利用，从而使数据资源能够快速便捷地流转、推动数据智能高效地整合并提供精准智慧的数据利用服务和支撑。还有一种变电站图档资料的关键词检索查阅系统[3]，通过建立变电站对象信息模型（包括变电站、屏柜、装置、板卡和端口信息模型以及电压等级等具体信息），提取变电站图档资料数据的全文信息，并结合所建立变电站对象信息模型对提取数据进行预处理，再根据预处理后的数据来构建变电站图档资料数据的映射关系库；最后依托所述变电站图档资料数据映射关系库来进行变电站图档资料关键词的检索查阅，从而提高检索效率、实现档案高效管理。

2. 优化长期保存策略

对于面向数字人文研究的档案数据而言，长期保存是其持续保障可访问与可使用资源的前提。数字保存要求保障数字资源在长时间范围内的可

---

[1] 郭雪娇：《一种档案智能分类与检索方法》，专利号：CN117216217B，2024 年 3 月 22 日。
[2] 胡芳等：《面向协同交互的航天器数字档案资源管理平台和方法》，专利号：CN1175773957A，2024 年 2 月 20 日。
[3] 王磊等：《一种变电站图档资料关键词检索查阅方法及系统》，专利号：CN117539905A，2024 年 2 月 9 日。

维护与可获取。即需要确保数字化内容存储于一定的介质后，不消失、不损坏、分辨率不降低、内容拷贝不走样，且在新的数字环境中可恢复、可读取、可处理、可再生。① 此外，长期保存不仅有赖于保存技术本身，还需要有可靠的制度设计保障人员、环境、设备、技术以及相关基础设施的可持续运转，这些条件共同保障了数字资源可以维持"长期保存"。②

例如一种基于航天档案四性检测的长期归档保存方法③，通过对各航天档案基于真实性、完整性、可用性和安全性的元数据检测，实现航天档案的归档、移交和长期保存。其特征在于结合航天器总体、分系统和单机系统的工程研究模式，设计了航天档案的元数据要素，再一次体现了构建全面完整的元数据标准的重要性。又如一种基于四包（存档信息包、档案利用包、档案管理包、档案证据包）结构的单套制电子档案归档系统④，包括了数据捕获模块、格式转换模块、证据提取模块、归档配置模块和档案封包模块。其中，数据捕获模块用于获取、解析并补齐待归档的电子文件以及元数据；格式转换模块可将电子文件转换为与归档规范要求相符的格式；证据提取模块用于提取证据数据，从而生成证据文件并构建与原文的联系；归档配置模块用来配置归档标准和封包规则；最后，通过档案封包模块生成依据封包规则的四包结构档案信息包，并使用数字签名固化存证以完成归档。这种四包结构保证了电子档案的原始性、通用性、稳定性、可验证性和防篡改性，从而给档案的长期保存提供保障。

（三）智能工具开发

构建档案内容挖掘与知识发现的技术保障机制，一方面需要确保档案数据的可读可用，包括数字化技术、元数据标准、内容检索系统和长期保

---

① OAIS, "OAIS Roadmap and Related Standards", http://www.oais.info/standards-process/oais-roadmap-and-related-standards/.
② 夏翠娟等：《数智时代的知识组织方法在历史地理信息化中的应用初探——兼论图情领域与人文研究的跨学科融合范式》，《图书情报知识》2021年第3期。
③ 杨琴茹：《基于航天档案四性检测的归档、移交和长期保存方法》，专利号：CN117573958A，2024年2月20日。
④ 但玉琴、吴乐琴：《一种基于四包结构的单套制电子档案归档系统、方法、设备及存储介质》，专利号：CN117632855A，2024年3月1日。

存解决方案等，为档案资源的开发提供最基本的数据保障；另一方面需要依赖智能化的工具对档案资源进行更深层次的挖掘与开发，为实现档案的自动化管理和知识组织提供技术工具保障。

1. 智能分类与归档

在完善档案数据内容建设的基础之上需要引入和开发以人工智能、机器学习、自然语言处理等为代表的智能化工具，以提高档案内容的自动化管理和分析能力。人工智能的主要领域包括计算机视觉、自然语言处理、机器学习、智能机器人、模式识别等。[①]

大数据时代，伴随着传统档案数字化以及各类电子文件的指数级增长，传统的人工归档方式已无法满足档案的增量需求，因此迫切需要新兴的数字技术来满足数量庞大的电子文件归档要求。人工智能的嵌入优势不仅体现在处理效率上，通过介入电子文件前端控制，还可以明显提高电子文件归档质量。通过机器学习（深度学习）、自然语言处理、模式识别等技术，电子文件的在线自动归档和全程留痕得以实现。[②] 例如济南市 2022 年出台的《济南市数字机关建设实施方案》将电子文件在线归档管理列入工作目标，打造电子文件归档应用场景，其依托市档案馆研发的电子文件预归档系统，完成市不动产登记中心约 33 万件电子文件的业务归档。[③]

在网络环境下，档案数据广泛产生于 OA 办公系统、网站、新媒体及传感设备等环境[④]，英国、美国、澳大利亚等国家很早就重视政务社交媒体的归档工作，例如英国国家档案馆自 2014 年 5 月 8 日起，开始正式统一归档英国中央政府各部门在 Twitter 和 YouTube 等社交媒体平台上发布的文件内容[⑤]。伴随着"档案"概念的泛化，网络以及社交媒体上的具有保存价值的数据也被纳入档案可以管理的范围。基于此，档案的智能采集系统无疑是

---

① 岳幸晖、杨智勇：《人工智能在档案管理中的应用图景与风险防范》，《档案与建设》2023 年第 10 期。
② 王强、吴志杰：《业务系统与档案管理系统归档集成框架：构建与内涵解析》，《档案学通讯》2020 年第 6 期。
③ 济南：《打造电子文件归档典型应用场景》，《中国档案》2024 年第 1 期。
④ 金波、添志鹏：《档案数据内涵与特征探析》，《档案学通讯》2020 年第 3 期。
⑤ 王焕：《国外政务社交媒体文件归档研究》，《档案学研究》2015 年第 6 期。

现阶段实现电子档案完整收集的重要手段，网络爬虫、数据采集、智能转录、API 等人工智能手段可以辅助完成档案信息资源的全域采集与转录。例如上海市普陀区针对传统档案归集模式进行数字化改革，建设了集归档任务清单化、数据监管智能化、数据处理自动化等多功能于一体的平台。① 同时，网络环境所产生的数据虽然具备档案价值，但是由于其数量过于庞大，类型众多，其内在的数据价值依然有待挖掘开发。例如一种基于网络采集数据的时空知识图谱智能构建方法，从网络平台上提取文本描述，在地名本体和各类地名知识数据的基础上，构建时空知识图谱及系统，包括知识图谱整编、知识图谱展示、匹配融合、查询检索、统计分析、智能问答、建模推理七个模块。② 或一种基于数据挖掘的信息大数据智能采集管理系统，包括采集模块、处理模块、标记模块、传输模块、检测模块与存储模块。采集模块可通过网络爬虫或公开 API 的方式从网站上获取数据信息，并利用多个数据库或存储系统来接收各个客户端的数据，可以加快对各个数据的采集。检测模块对采集后的数据进行检测，标注重复或异常的数据；然后由操作人员对标记的数据进行处理，并分析采集到的数据，在已有数据的基础上进行计算，从而进行预测获取结果；最后通过存储模块存储所记录的数据，保证所采集的数据在使用或需要时可以快速提取出来。③

针对实体档案资源，可以通过 OCR 识别、图像识别、语音识别等技术自动识别并提取档案中的关键信息和文字内容，将其转化为可供计算机编辑处理的数字化、数据化信息。借助自然语言处理、机器学习等人工智能技术，可对数字档案内容进行聚类、分类、关联等，对档案文本的内容完成知识组织，实现自动著录标引与分类排序；此外，对于实体档案资源中的图片档案、音视频档案等类型可以基于模式识别技术实现多媒体类型档案信息资源的快速检索。例如使用 FastText 有监督训练模

---

① 杜诣名、蔡越美：《数字化改革背景下普陀区档案归集模式的实践与创新——以档案归集智能监管服务平台为例》，《浙江档案》2022 年第 7 期。
② 陈应东：《基于网络采集数据的时空知识图谱智能构建方法及系统》，专利号：CN117744785A，2024 年 3 月 22 日。
③ 冯怡、王欣艺、武装：《一种基于数据挖掘的信息大数据智能采集管理系统》，专利号：CN117708393A，2024 年 3 月 15 日。

型，对档案进行深度学习，用训练完成的模型对新收录的档案数据进行全自动分类。①

将已开放的鉴定成果作为模型数据库训练，结合鉴定规则，实现档案内容的信息审阅鉴定。例如瑞士纳沙泰尔州档案馆主导完成的 Archi Select 项目②，针对大量复杂多样的结构化和非结构化数据文件，在传统档案鉴定理论的基础之上融合了 AI 技术的运用，实现批量数字档案的自动化鉴定。或者一种基于人工智能和多维语义理解的档案智能开放鉴定方法：首先获取待鉴定档案信息并进行预处理；其次对档案进行预鉴定，对待鉴定档案信息通过基于自注意力的机制进行特征提取，以获取待鉴定档案的特征信息；随后将特征信息和待鉴定档案信息导入多维语义分析模型进行语义分析，将语义分析结果结合特征信息和待鉴定档案信息进行档案价值鉴定；最后进行档案开放程度评估，并依据档案开放程度评估的结果设置不同查看权限。这种方法通过多维语义分析和特征提取，对待鉴定的档案进行了全面的语义理解和价值鉴定，可以提高档案的管理效率和利用价值，同时也能确保档案的安全和合理利用。③

2. 智能生成与应用

人工智能有助于实现档案资源的多层次开发和精准化、个性化服务供给。运用数据挖掘、数据分析、知识图谱、知识地图等智能技术对档案资源进行细粒度开发，并以可视化的形式构建知识要素的关系网络，最大限度激活档案信息资源的潜在价值，赋能政府决策、城市发展等应用场景。例如一种基于知识图谱的科研档案管理系统，在需求分析的基础上，通过知识库，结合知识图谱模式设计概念，利用数据解析、实体识别、关系抽取、语义增强等关键技术，实现科研档案知识图谱的构建，支撑科研档案管理系统网络结构形式的组织和管理，智能梳理科研档案间的逻辑关系，实现诸如知识导航、智能搜索、知识推荐等功能，为机构、管理者以及科

---

① 张勇、孙艳丰、霍光煜：《基于语义的档案数据智能分类方法研究》，《计算机工程与应用》2021 年第 6 期。

② 李剑锋：《人工智能技术在数字档案鉴定中的应用与启示——以瑞士纳沙泰尔州档案馆 Archi Select 项目为例》，《浙江档案》2022 年第 10 期。

③ 傅桂坤：《基于人工智能和多维语义理解的档案智能开放鉴定方法》，专利号：CN116562304B，2024 年 3 月 1 日。

研活动的开展提供智能服务。① 以医疗档案数据为例,可视化数据资源的组织为利用人员的有效获取带来了便利,在智能管理工具的帮助下,档案管理人员能够提高信息化管理系统的智能化水平,增强与用户之间的智能化连接,且在智能管理工具的支持下,系统会根据用户的输入法的使用变化对数据资源进行自动化筛选,从而能够更加及时和具有针对性地提供相关信息,进而帮助做出更加科学的决策。② 例如一种包括医生端、患者端、药房端和管理服务器的医药智能服务系统③:其中医生端用于线上接收与其账号存在绑定关系的患者端和/或药房端的在线咨询,以及建立相关患者的健康档案。患者端包括手机端和电视端,手机端可以在线问诊,并在关联家庭账号后查看关联家庭账号的问诊情况和检测结果;电视端则可以用于在线问诊、查询结果和观看养生讲座等。药房端用于连接相关医疗设备,可记录和上传到店人群的健康监测数据。而管理服务器则为医生端、患者端与药房端三者之间建立信息连接,并提供数据支持,由此可以实现家庭用户间的健康档案信息互通,便于老年人的线上问诊与健康信息监测。

问答系统是人类从海量数据中获取信息的重要手段,而依托自然语言处理技术的问答系统能使用户通过直观、自然的问题获取所需信息。不同的垂直领域均建立了独立的知识图谱和文档库,故基于这些知识图谱和文档库来构建智能问答系统,不仅在知识学习、教学科普、决策支持等方面具有重要意义,还可辅助用户快速查询知识来源,发现不同知识对象间的潜在联系。例如一种融合知识图谱、知识库和大型语言模型的智能问答系统方案④,在针对知识图谱内的重要数据时,该问答系统可利用规则模板和Cypher查询语句给出知识图谱的答案,让用户直观地查看知识脉络,并进一步通过双击扩展等操作查看发现各知识实体之间的联系;而针对知识库内的一般数据,此问答系统通过大语言模型给出了总结性的答案,既让用

---

① 雷洁等:《面向科研档案管理的知识图谱构建与应用研究》,《数字图书馆论坛》2020年第5期。
② 赵杰:《数字人文方法融入智慧医疗档案数据治理与智能服务探索》,《档案管理》2022年第5期。
③ 何家裕:《一种医药智能服务系统》,专利号:CN117238531A,2023年12月15日。
④ 田茂春等:《一种融合知识图谱、知识库和大型语言模型的问答系统构建方法》,专利号:117688189A,2024年3月12日。

第五章　面向数字人文的档案内容挖掘与知识发现机制运行与维护

户免于大量阅读文件的繁琐工作，又给出了知识的原文及来源文件，实现了智能问答的有理有据；最后针对广泛的其他数据，该问答系统主要通过大语言模型使用户询问的所有问题均可得到回答，保障了良好的用户使用体验。

引入和开发智能化工具，如人工智能、机器学习、自然语言处理等，以提高档案内容的自动化管理和分析能力。面向数字人文的档案资源管理，其细粒度不再是针对某一"档案"对象而言的管理，而是具体到档案内容中的每一条信息。例如针对历史地理学的规模档案资料，其中的时间信息与空间信息就显得尤为重要，应当尽量采用机器学习、自然语言处理等人工智能技术自动提取再辅佐人工干预的半自动方式实现对档案资源的知识组织。例如在明代科举进士群体时空网络项目中运用 SNA 与 GIS 方法进行绘制[①]，具体的工具如基于 Web 的平台 ALCIDE[②]、美国 Gale 集团开发的基于云研究环境的 Digital Scholar Lab[③]。而伴随着人工智能技术的发展，以 ChatGPT 为首的大语言模型也逐渐影响着数字人文项目中内容挖掘与处理。[④]

如一种基于自然语言处理的技术文档自动生成系统[⑤]，包括 BOE、SOW 和权限管理三个子系统，实现了技术文本文档的智能化抽取和一键式生成，从而提升工作效率与质量。其中 BOE 子系统包括自然语言处理平台和数据管理模块，自然语言处理平台利用 NLP 算法对 BOE 文档进行标注与抽取，并结合知识图谱模板建立数据和标签的映射关系，从而形成 BOE 知识库；所述的数据管理模块用于 BOE 知识库的可视化数据管理，从而为后续的技术文档自动生成功能提供数据源。SOW 子系统包括 SOW 模板生成模块以及模板管理模块，SOW 模板生成模块可连接用户交互界面，将用户选取的信息和从 BOE 知识库中抽取的相应信息自动填充到 SOW 模板中，从而自动生成一份新的 SOW；而模板管理模块主要用于增删改 SOW 模板中与 BOE 不

---

① 单蓉蓉等：《数字人文项目发展的特色和建议——基于对国际数字人文获奖项目的评析》，《图书情报工作》2021 年第 24 期。
② "Alcide"，http://celct.fbk.eu:8080/Alcide_Demo/.
③ "Digital Scholar Lab"，https://www.gale.com/intl/primary-sources/digital-scholar-lab.
④ 张宏玲等：《大语言模型对图书馆数字人文工作的挑战及应对思考》，《图书馆杂志》2023 年第 11 期。
⑤ 吴彦辰等：《基于自然语言处理的技术文档自动生成系统及生成方法》，专利号：CN110795923B，2024 年 3 月 22 日。

255

相关的标签数据。权限管理子系统设有使用、更改和SOW模板管理及审批的三级权限,使用权限即只读的日常使用,更改权限可对BOE知识库进行增删改操作,SOW模板管理及审批权限则用于对BOE知识库和SOW模板的更新进行审批。又如一种施工技术文档内容自动生成方法[①],基于接触网工程技术交底的结构构建其知识元信息模型,以此为基础建立案例库和专家规则库,将数据上传至云端服务器。在服务器端利用案例-规则混合算法优化知识信息,并以以往数据为语料使用深度学习技术训练文本生成模型,最终实现用户在手持终端输入接触网项目基础信息后,服务器端自动生成并返还给用户端接触网工程技术交底文档的功能。

(四)存力与算力设施建设

通过网络计算和网格计算[②],人类早期的算力基础设施得以形成网络,为科研机构和研究人员提供远程在线计算资源[③],支持资源共享和协同工作[④]。美国的TeraGrid项目[⑤]及其后继项目XSEDE项目（https://www.xsede.org/）、开放科学网格（OSG）、欧盟的欧洲网格计划（EuroGrid,https://www.eurogrid.org/）和欧洲数据网格计划（European DataGrid）[⑥],以及中国的国家网格服务环境CNgrid（http://www.cngrid.org）,都是服务于科学研究与信息资源共享的重要算力基础设施[⑦]。

存力以数据存储容量为核心,包含性能表现、可靠程度、低碳环保等

---

① 武剑洁、孙峻、雷坤:《一种接触网施工技术文档内容自动生成装置及方法》,专利号:CN112241623A,2021年1月19日。
② Foster I T.,Kesselman C.,*The Grid*:*Blueprint for a New Computing Infrastructure*,San Francisco:Morgan Kaufman Publishers,1998.
③ Cnmills D. L.,Braun H.,"The NSFNET Backbone Network",Proceedings of the ACM Workshop on Frontiers in Computer Communications Technology,New York:ACM,1987:191-196.
④ Stevens R.,woodward P.,Defanti T.,et al.,"From the I-WAY to the National Technology Grid",*Communications of the ACM*,1997,40(11):50-60.
⑤ Reed D.,"A. Grids, the TeraGrid, and Beyond",*IEEE Computer*,2003,36(01):62-68.
⑥ Kunszt P.,"European DataGrid Project:Status and Plans",*Nuclear Instruments and Methods in Physics Research Section A*:*Accelerators*,*Spectrometers*,*Detectors and Associated Equipment*,2003,502(02-03):376-381.
⑦ 钱德沛、栾钟治、刘轶:《从网格到"东数西算":构建国家算力基础设施》,《北京航空航天大学学报》2022年第9期。

第五章　面向数字人文的档案内容挖掘与知识发现机制运行与维护

能力的数据存储综合表现,是新型数据基础设施建设的新标度、档案长期保存的关键指标。当下我国存力投资快速增加并保持高速增长态势,全闪存存储快速发展,存力充足性逐步提升至 8.9%[1],但仍存在重计算而轻存储、重硬件而轻软件、重体量而轻质量、重建设而轻保护等建设问题。截至 2023 年底,全国各级综合档案馆馆藏电子档案 2289.6TB,馆藏档案数字化成果 28849.2TB[2],而当下我国存力水平不高,无法满足急速增长的存储需求,这对档案领域尤为重要,亟须重视与发展。

档案智能化工具建设,特别是大语言模型等人工智能技术的应用,对算力提出了极大的需求,需要使用云计算技术来统一输出异构算力,并交叉融合区块链等技术,整合算力、存储等资源,以 API、虚拟机等服务形式向应用端交付[3],实现算力智能化、网络化、绿色化、可信化供给[4]。

二　机制的功能与流程维护

档案的内容挖掘与知识发现意味着摆脱原本针对档案资源的管理与服务,转向针对数据的管理并提供相关的知识服务。这一工作重心转变的现实影响是,以往的档案机构提供的档案资源查阅服务只基于档案文本进行规范与组织管理,而现在则需要建立在档案内容所反映的知识之上进行组织与管理,并通过新技术背景下的知识重组方式将档案资源中的显性及隐性知识呈现给用户。[5] 这种新的知识重组方式与传统知识组织方法不同的地方更在于让机器能够理解数据之中蕴含的语义。[6]

---

[1]　《数据存力白皮书》,https://e.huawei.com/cn/material/storage/67c6aac902d04e45ae0435669b59e405。

[2]　《2023 年度全国档案主管部门和档案馆基本情况摘要（二）》,https://www.saac.gov.cn/daj/zhdt/202409/a277f8b3bfe942ca88d3b7bcf6ddf120.shtml。

[3]　栗蔚等：《"东数西算"背景下算力服务对算力经济发展影响分析》,《数据与计算发展前沿》2022 年第 6 期。

[4]　赵倩颖等：《算力时代下的算力服务需求与特征思考》,《信息通信技术》2022 年第 2 期。

[5]　张肃、许慧：《基于知识图谱的企业知识服务模型构建研究》,《情报科学》2020 年第 8 期。

[6]　夏翠娟、张磊、贺晨芝：《面向知识服务的图书馆数字人文项目建设：方法、流程与技术》,《图书馆论坛》2018 年第 1 期。

（一）数据预处理

1. 自动化采集

首先是档案数据的收集与获取，档案的内容挖掘与知识发现必须建立在大量的原始档案数据基础之上。采用爬虫、Flume 日志收集系统、API、传感器、音视频采集器等数字技术，自动化采集互联网中的海量数据。[①] 在"第四范式"的影响下，对数据挖掘的数据选择不应以研究目的为导向去主观地寻找"合适"的数据，而是在大数据的基础之上提炼并发现隐藏的知识。例如一种数据自动化采集的数据流通系统，其中就包括数据预处理模块，负责选择一个质量高、稳定性和安全性好的数据源，随后在选择好的数据源中进行数据采集，最后对采集后的数据进行储存；以及负责对采集后的数据进行处理和转换，防止有些数据不准确、不完整，同时对数据格式和结构进行转换，以符合后续处理和分析要求的数据进行中期处理系统；对处理好后的数据进行分析和挖掘，以了解数据的分布、趋势和关系，同时对分析结果进行解释和解读的数据进行后期处理系统。[②]

在"大档案"的概念下，这些网络上的档案信息采集需要以网络爬虫或网站公开的授权 API 等方式，从目标网站上获取信息并进一步整理成为档案资源；另外，大量的珍贵档案数据资源并非一开始就集中储存在档案机构之中进行保管，而是散落在民间的各个角落，例如一些特定的实物档案或口述档案。这类资源即使通过网络平台也无法被完整采集，需要通过社会调查的方式调动人力物力进行收集或以外包的方式来获取。例如上海图书馆的家谱知识服务平台项目，在开展家谱数字化项目之前，收集家谱就是其日常工作之一，上海图书馆通过调动自身人力资源去民间收集或由家谱修订者主动捐赠获取原始数据资源。对于采集到的大多数尚未数字化的历史档案文本，一般会采用 OCR 进行档案数据化，同时进行字体的转换，将其处理为可以编辑的数字文本。

[①] 安然、储继华、洪先锋：《面向非结构化数据的情报分析方法体系框架研究》，《情报理论与实践》2024 年第 2 期。

[②] 黄聪等：《一种数据自动化采集的数据流通系统》，专利号：CN202311610759.7，2024 年 4 月 9 日。

第五章　面向数字人文的档案内容挖掘与知识发现机制运行与维护

2. 清洗与处理

数字化得到的原始数据并不能直接使用，即使是文本档案数据也会包含大量冗余、错误的数据，需对其进行数据清洗与过滤。例如在一些非正式的历史档案资料（日记、名人手稿等）中，经常会出现对同一实体（例如人名、地名、事件名）的不同称谓、古今名称的演变或是在记录过程中的省略等问题。在这一过程中，需要先对已获取的数据资源进行特征分析，结合后续知识发现的需求确定资源的知识描述框架，即明确档案数据资源中哪些实体要素是重要的，哪些实体要素是需要进行人工改动的。后续的数据建模（本体构建）有赖于这一阶段的数据清洗，两个环节虽有先后却紧密相连。完成数据清洗之后，需要识别和提取档案数据资源中的实体要素（人物、地点、时间、事件、情感等），并建立相关实体之间的映射关系，并将其依据后续数据分析工具的需要处理为不同软件或平台可以识别的文件形式。

在获得可以进行数据挖掘的档案数据资源之后，需要根据档案资料的特点和人文研究者需求，面向问题或目标，选择合适的数据处理方式。① 一方面是基于用户需求与目标选择合适的技术方法进行档案的数据挖掘，利用文本分析、知识关联与文本分类等方法实现以档案为研究主体的实体要素分析（时间分析、空间分析、情感分析等）、知识库的建立与档案文本（古籍典籍）的自动化分类。具体而言，需要基于数字人文项目的需求在初期确定好使用哪些工具进行数据处理。例如利用 Gephi 工具可以实现社会网络关系的构建和档案资源中人物关系的可视化分析；QGIS 工具可以提供地理位置的空间分析与地域热点图谱，实现实体要素的时间、空间分析；NLPIR 语义分析平台可以通过文本自动分析作者的情感倾向，结合史实完成人物间或人物与事件间的情感分析，也可以为档案的时间背景提供新的人文证据。这一数据处理的过程与上述的数据准备以及最终的数据分析紧密联系，需要依照档案知识发现的要求导向有针对性地形成相应的可视化图谱，一般而言可以通过构建人物共现的关系图谱、QGIS 等工具形成地理

---

① 王萍、黄小宇：《基于数字人文的历史档案文献开发实践解析——对 98 个国内外项目的实证研究》，《档案与建设》2023 年第 3 期。

259

热点图谱或情感倾向图谱来完成后续对档案主体的社会关系分析、时空轨迹分析以及情感分析。

值得注意的是，在数字人文项目中，文本档案的内容关联更加需要细粒度，往往需要打破以往按照档案全宗或案卷为整理单元的模式，按照语法、语义关系标记内容，进而展开社会网络分析。基于档案原始记录性的特点，以档案资源为主题的数字人文项目多以还原历史原貌为目标，文本挖掘技术通过分析和处理档案中带有情感色彩的文本内容，揭示档案情感内容的内在关联，串联起档案中的显性知识和隐性知识。

在数字人文的学术实践中，很多主题所涉及的档案不仅数量巨大，其档案类型也以多媒体的方式呈现。为了能让多媒体档案资源中的碎片化知识完成知识组织，需要对多媒体进行编辑整理，构建细粒度的音视频"单元/故事"，以"知识元"层面的方式完成对多媒体类型档案的分类聚集。还有针对学科需求选择特定的技术方法进行分析处理，如在历史地理学的相关数字人文项目中，对档案对象多会采用GIS技术、数字地图、知识地图等技术来挖掘档案资源的时间、空间关联，更好地实现地理实体时间和空间信息的动态表达与建模。同时，档案数据资源中存在大量人名、地名、时间和事件的知识单元，在传统的档案开发模型下，这些碎片化的知识单元很难被准确地提取[1]，需要借助深度学习模型将这些命名准确地识别出来。

在依照人文研究需求确定了技术方法之后需要进一步选择适配的算法模型。以文本分类为例，伴随着纸质文本的古代典籍数字化发展，其对应的数据组织与检索有赖于文本的正确分类，而仅仅依靠人工分类几乎无法完成，因此需要借助以循环神经网络（RNN）为代表的深度学习技术、以BERT为代表的预训练语言模型的人工智能技术实现古籍文本分类[2]，通过深度学习实现对实物档案的自动识别与分类。针对其他的档案类型例如口述档案，由于其内容庞杂、涉猎广泛，即使在预处理之后依然不能满足知

---

[1] 梁文超：《数字人文视域下湘鄂赣红色档案在线知识服务创新路径研究》，《档案学研究》2023年第6期。

[2] 石斌、王昊、邓三鸿：《基于图像模态迁移与集成的中国陶瓷派系识别模型构建研究》，《数据分析与知识发现》2023年第12期。

识发现的基本要求，需要通过复用档案领域本体并自建本体的方式完成口述档案的知识组织[1]，而知识图谱等数据关联方式可以将口述档案中碎片化、异构化的知识进行更好的聚合。

总之，要基于档案资源的特点，结合项目目的，选择文本分析、数据挖掘、知识图谱等技术方法并构建合适的挖掘模型，完成对档案数据的主题分析，揭示其中隐含的模式、模型、规则、趋势等知识，并按照主题进行开发，为后续可视化档案数据之间隐藏的关系、规则做铺垫。

（二）技术框架与模型训练

大数据环境下的档案内容挖掘与知识发现的实质是全面采集档案及相关资源的数据；进行深入挖掘和知识发现，为用户提供精准的个性化服务，助力数字人文研究，实现档案价值。首先需要将现有档案资源转化为高质量、标准化的档案内容数据；其次通过建设各类通用与专用知识发现工具，搭建档案内容知识发现工具库，为档案内容数据知识发现提供技术手段；最后，需要面向用户进行服务功能组织，为档案用户和学术共同体提供多样化的档案知识发现服务。整体技术工具框架自下而上的运行与维护分为档案数据层、知识发现层和用户服务层三个部分（如图5-1所示）。

1. 技术框架

档案数据层主要对档案资源进行数据采集与处理。由于当下档案资源的多模态特征，其采集方式多样。比如纸质版资源可以参考图书馆电子资源的录入过程综合运用OCR等方式采集[2]，网页资源可以使用爬虫工具自动采集与整理，图像、音视频等多媒体档案资源需要借助机器学习和深度学习的方法对资源进行采集和整理。数据处理的目的主要是对采集后数据化处理的档案内容进行清洗、组织与管理，确保档案内容数据的标准化，提升档案数据质量。

档案内容的多模态性，需要综合利用自然语言处理、计算机视觉、智

---

[1] 邓君、王阮：《数字人文视域下口述历史档案资源知识发现模型构建》，《档案学研究》2022年第1期。

[2] 孙琦：《大数据环境下行业知识发现服务模型构建与推进策略研究》，华中师范大学硕士学位论文，2021，第22页。

面向数字人文的档案内容挖掘与知识发现

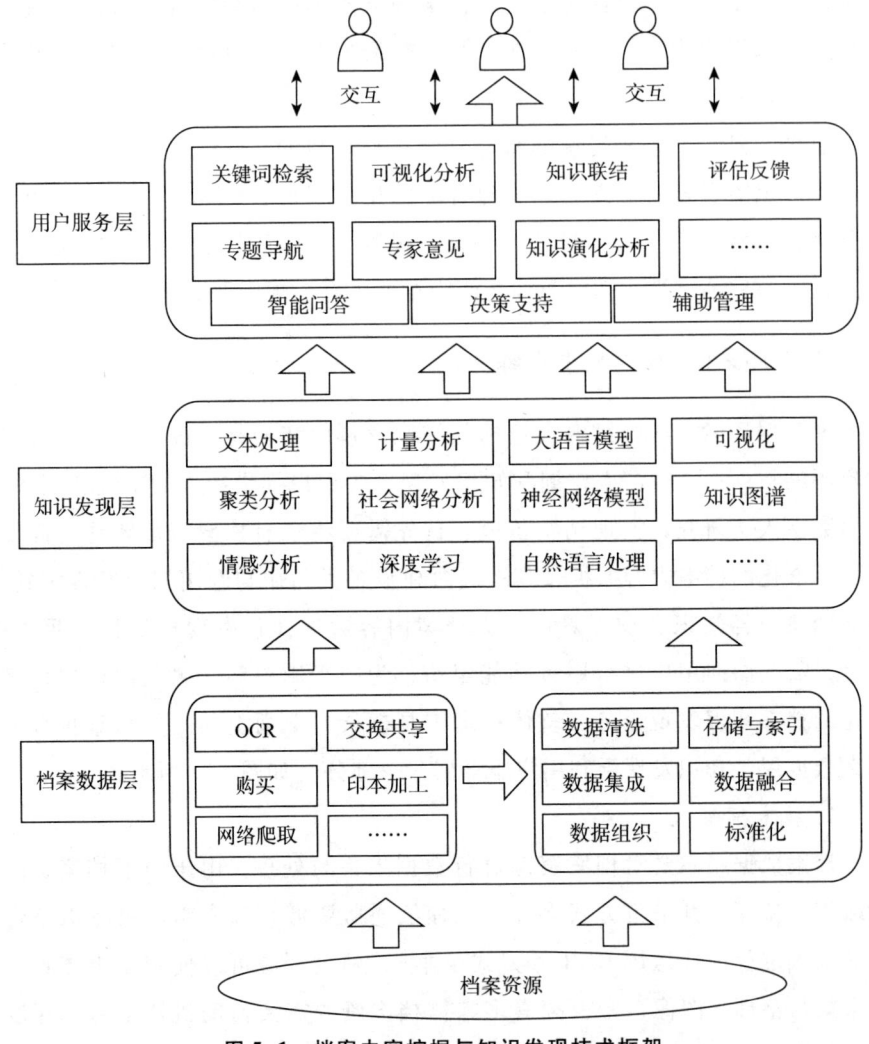

图 5-1　档案内容挖掘与知识发现技术框架

能音视频内容分析等多种技术工具支撑数据挖掘与知识发现。档案内容挖掘与知识发现的目的是提供高质量的知识发现服务，主要包括智能问答、决策支持和辅助管理三方面。这些服务的共同基础是强大的检索功能，在使用关键词检索时不仅能提供准确的检索结果，还会提供对检索词的语义关系词的智能推荐；并基于情景模型，根据访问 IP 及用户身份智能推荐相关知识，自动抽取、合并各类资源的检索结果，快速生成高度定制的检索

第五章 面向数字人文的档案内容挖掘与知识发现机制运行与维护

报告。可视化功能模块可将检索结果进一步直观明了地进行展示，综合运用词频统计、主题共现、数值可视化等方法，提供目标检索相关的知识图谱与演化趋势。决策者在进行决策时所需要的不是档案文献载体，而是档案所载内容以及这些内容之间的关联。[①] 通过知识发现服务，决策者可以根据具体的决策问题，检索获取经档案内容挖掘和知识发现总结整理的新知识，在其帮助下形成新颖且深层次的解决方案来解决决策问题，从而实现档案知识价值。

2. 模型训练

要对海量的档案资源进行研究，需要对其进行知识表示，这是把档案资源变数字化为数据化并进一步知识化的关键。其目的在于深入揭示档案内容数据中的概念、概念特征以及概念关系，再用特定的规范术语来表达这些概念、特征及其关系。常用的表示方式有谓词逻辑表示、语义网络知识表示、框架表示法、面向对象表示法、本体表示法等。在目前的数字人文及知识组织工程实践中多采用本体表示法。通过抽象档案资源中的对象以及对象之间的关系，将档案中描述的现实关系转化为机器可以识读并最终能可视化呈现的知识模型。例如中国历代人物传记资料库（CBDB）将人物本身作为本体中的类进行处理，使用近250种代码来区分人物与人物间不同类型的社会关系（亲属关系、非亲属关系、入仕关系等），将原本内容复杂的单元格分离出来，使之成为一个用代码与相应内容一一对应的数据表。[②] 学者可以根据自己的研究需要，从任意角度切入探索不同实体（人物、地址、官职等）之间的关系。

此外，在模型的建构过程中常面临的问题是应该将哪些作为本体中的类，哪些作为本体中的属性。在实践过程中，需要依据用户需求以及档案数据资源的情况进行选择，例如上海图书馆的名人手稿档案库在本体设计中将信封作为类来处理，一方面由于名人手稿档案资源的特性，在原有的元数据记录之中，信封的各项特征（收件人地址、发件人地址、邮戳等）就已经作为子元素被收集整理，本身就是结构化的数据，如果在构建本体

---

① 张斌、魏扣、郝琦：《面向决策的档案知识库构建研究》，《图书情报工作》2016年第5期。
② 包弼德等：《"中国历代人物传记资料库"（CBDB）的历史、方法与未来》，《数字人文研究》2021年第1期。

模型的过程中不以信封为类会直接损失原有的结构性；另一方面考虑到信封本身所具有的例如人物、地点、时间、事件等各项特征也是人文研究的重要资料，因而在知识模型的建构过程中更偏向于将手稿、信函等文献资料作为主体进行描述。

在确定了知识表达模型之后还需要在后续数据处理的过程中不断对模型进行修改与优化，而利用构建本体来进行数据建模的一大好处是类与类之间在数据分析的过程中既可以关联其档案内容，在数据建模的过程中又是相互独立的，因此，初步完成本体构建之后，后续的修改不会对其他的类或属性造成影响。具体而言，在最终确定本体之前可以依据分析需求及档案内容的实际情况对本体中定义的类和属性进行更新、补充。例如一种基于复合分层模型的多模态联合知识表示方法及系统，将面向多模态的知识表示模块分别封装为多个知识表示层，每个知识表示层可根据模态同步对多模态知识/数据分别进行知识表示，多个知识表示层顶端还设有联合表示学习层，可将源于各知识表示层的单模态知识或者多模态联合知识进行表示学习，从而获得所述多模态知识/数据对应的多模态联合知识表示。[①]总之，需要对本体不断地更迭与优化，直至本体在加入新的数据之后也不再出现无法描述的情况。

（三）结果评估与知识应用

数字人文项目面临着研究领域不断扩张、细化和交叉，知识结构、知识脉络与知识关联也越来越复杂的问题。传统靠人工精准追踪跨学科领域的知识传递、发现深层次知识关联变得愈发困难，如何辅助科研人员高效利用多源数据、发现深层次知识成为急需解决的技术问题，知识发现的结果分析与评估也面临更多挑战。

1. 结果分析与评估

在获得了档案中各实体要素的可视化图谱之后，一般需要对这一系列静态或动态的关联数据、知识图谱进行分析与解释，提取有价值的信息和

[①] 刘丽华等：《基于复合分层模型的多模态联合知识表示方法及系统》，专利号：CN202211368674.8，2023 年 3 月 14 日。

新的知识，通过结合档案的时代背景或社会背景完成对档案内容的知识发现过程。最常见的是针对档案内的单个实体要素进行分析，通过抽取档案资源中的人物、时间、空间、事件、作品、情感等与主体相关的一系列要素，在数据可视化的基础上分析其社会网络关系、时间轨迹、空间轨迹、情感以及这些要素变化所对应的因果关系。

在多要素的关系图谱中，可以从不同的视角探究并分析各个实体要素之间的关联。在传统的人文研究中，由于研究者很难兼顾"时间"与"空间"的双重影响，研究存在时空分离的现象[①]，只集中于传统人文的"细读"之上，很难反映出多个实体要素给研究主体带来的影响。在档案内容的知识发现阶段，通过在本体构建的过程中确定核心概念类的对象属性和数据属性以进一步揭示本体模型间的关联关系，这种结构化的揭示可以在可视化的过程中以更多维的形式展示本体的知识体系。因此，可以在数据分析与知识发现的过程中转换或群化研究对象来探讨不同实体之间的关系。例如在 CBDB 的关系型数据库下，人物、时间、空间及其社会关系都被记录在数据库之中，因此不仅可以分析单个历史人物的时空轨迹及其仕途命运，也可以群化某一类的历史人物（例如同一时间段内入仕的人、同一地方出身的人）是否在该群体的其他社会关系上（联姻情况、仕途如何）存在关联性，同时结合史实判断这一现象背后的历史成因。

此外，对于数据分析与知识发现的结果需要进行评估与反馈，以保障挖掘结果的有效性与可靠性。而档案内容挖掘与知识发现的结果往往是缺乏评估的"金标准"数据集的，国内也鲜有针对知识发现结果分析评估阶段的研究。知识发现始终是面向用户的知识服务[②]，其结果不应脱离现实体验感受，因此有必要对其结果进行有效的评估。具体而言，评估方法大致分为两种：一种是将以往的来源可靠的研究成果作为标准数据集，通过对比分析的方式来评估新知识的有效性；另一种是依赖领域内专家的专业知识，由其来判断新知识是否具有意义，或是将专家人工制作的一组知

---

① 张强等：《基于知识重构的词人时空情感轨迹可视化研究——以辛弃疾为例》，《情报学报》2023 年第 6 期。
② 靳嘉林、王曰芬：《大数据环境下知识发现研究的变化及其发展趋向》，《数字图书馆论坛》2018 年第 5 期。

识发现的结果作为标准数据集,以此来检验实际结果的有效性。[①]

2. 知识应用与反馈

通过档案内容挖掘与知识发现,最终为用户提供以档案资源为主体的知识服务,即用数据可视化技术将机器可读的数据以用户喜闻乐见和可互动参与的形式展示出来。档案内容挖掘的知识成果需要以可视化的方式应用到现实场景之中,通过时空关系、社会关系、实体关系等[②]方式呈现;"可互动参与"还意味着项目需要在被使用的过程中不断收集用户的反馈和建议,并改进前端的档案数据挖掘方法,以实现项目知识服务的质量提升。通过Web2.0技术支持用户贡献内容(UGC),可以让用户之间在线交流与研究,并且针对档案知识服务的内容进行提问或发表自己的看法。

具体而言,档案内容挖掘的知识应用在历史研究、人文科学研究、社会治理、教育与公共服务等场景均有所体现。在历史研究方面,可以通过以名人手稿日记等为代表的文本档案资源,抽取具有同现关系的人物实体要素,运用数据可视化方法构建其中人物、时间、地点以及事件的网络图谱,以此来发现和提炼档案特定时代背景社会环境与历史问题。例如利用protégé开源工具以及Neo4j图数据库,通过建立历史档案资源本体模型与生成知识图谱的方式,建立起以档案内容为主体的档案资源应用平台,搭建语义化检索以及多领域服务的功能模块,发挥档案文本在历史研究方面的价值。时空间分析更是数字人文在历史研究中的常用方法,通过GIS平台对收集到的数据进行可视化演示,利用生成的可视化图谱分别对其中涉及的时间与空间节点进行分布规律的分析,再综合做出不同时期的空间变化图谱,结合史实进行时空间分析,并为历史与文学研究提供不同视角的佐证。

档案作为承载社会记忆的重要载体,其内容的挖掘与管理在社会科学研究中有着广阔的应用空间。在范畴上,档案资源不再局限于传统纸质文件记录,而向社交媒体信息、政务信息等纵深发展。例如针对名人档案知

[①] 代冰、胡正银:《基于文献的知识发现新近研究综述》,《数据分析与知识发现》2021年第4期。

[②] 夏翠娟、张磊、贺晨芝:《面向知识服务的图书馆数字人文项目建设:方法、流程与技术》,《图书馆论坛》2018年第1期。

识化和价值挖掘的研究,可借鉴 FOAF、CERIF、上图名人手稿档案及 CBDB 本体,设计数字人文视角下的名人知识组织模型,从知识颗粒的角度进行有效组织和展示名人特色资源,以满足用户对此类资源的科学研究需求、史学研究需求、精神价值传播和展示需求。[1] 同时,由于数字人文的跨学科属性,档案内容挖掘与知识发现也可应用于各种学科交叉的场景之中,甚至是在档案内容挖掘的引导下进行学科交叉研究。

在社会治理方面,档案数据挖掘的过程可以通过最终的知识发现与应用将档案的数据要素作用发挥出来,不仅可以帮助人们有效地解决当前信息爆炸时代的数字过载问题,更能为社会层面的治理与运行决策提供参考。例如利用城市各领域及部门采集到的数据进行大数据分析,经过数据整合与知识提取的过程进行知识提取,将其广泛应用于社会治理各个领域。

在教育与公共服务方面,利用 VR、AR、5G 等新媒体数字展示技术,加强传统文化资源的用户沉浸式体验效果和参与式传播。以红色档案资源为例,通过数字技术工具,深入开展红色档案的资源整合、文本分析、关联挖掘和视觉呈现,从而展现社会教育与公共服务的价值。通过视频图像展播红色记忆,传承革命历史。[2] 依靠 VR 技术模拟重现档案记录中的历史场景,让用户和人物进行互动,以数字技术的方式为用户呈现档案资源内容,可以更好地达成档案社会教育或文化宣传的目的。

此外,不断有新的知识呈现和叙事方式加入档案的数据应用与服务。例如故宫博物院充分利用清代档案开发了《谜宫》系列互动解谜档案游戏产品[3],结合档案元素和游戏元素,解决了纯档案元素的谜团虽符合真实历史但趣味性不足,以及纯游戏元素的谜团逻辑缺失两个问题。高质量的游戏使社会记忆的还原不再枯燥,也让用户能更好地接收到档案挖掘想要呈现的知识发现内容。

---

[1] 刘宁静等:《数字人文视角下学术名人知识模型构建研究——以李政道数字资源中心为例》,《图书情报工作》2019 年第 23 期。

[2] 陈艳红、陈晶晶:《数字人文视域下档案馆红色档案资源开发的时代价值与路径选择》,《档案学研究》2022 年第 3 期。

[3] 陈建、徐晴暄:《数字人文视角下历史档案解谜书游戏开发路径研究——以〈谜宫·金榜题名〉为例》,《档案学研究》2023 年第 1 期。

面向数字人文的档案内容挖掘与知识发现

三 机制的共同体与管理保障

数字技术和信息社会的发展是当代文化、社会、经济和其他变化的主要驱动力，对档案服务的职能和服务产生了全球性或区域性的影响。行政、经济、技术、社会和法律方面的变化既在档案馆工作中得以体现，也反映在社会和公众对档案工作的期望之中。

（一）共同体保障

公共行政部门、档案界（共同体）和档案机构制定的战略、方案、业务、技术和其他文件反映出，档案工作涉及的是文件管理和保护的公共行政服务，也是新的公共文化服务的提供者。

1. 共同体的项目网络

从全球视角看，当今档案界（共同体）看待档案的方式，于21世纪初由国际档案理事会（ICA）制定并于2011年由联合国教科文组织大会通过的《世界档案宣言》确立，档案是"包括所有格式（纸质、数字和视听等）的所有记录的决定、行动和记忆"；档案因其提供了人类行为的真实证据而在确保行政透明度和民主问责制方面起到独特的关键作用；它强调集体社会记忆的维护，解释了档案工作者保管档案并使其可利用的专业角色和作用；确立了高质量档案管理的关键要求。《宣言》将档案描述为行政、文化和知识活动的独特和真实见证，反映社会演变，在保护公民权利、建立个人和集体记忆、了解过去以及记录现在和指导未来行动方面发挥着关键作用。[①]

ICA 的目标、计划和活动反映了整个档案共同体的发展趋势，其目标是与联合国教科文组织、国际古迹遗址理事会、蓝盾国际委员会、世界银行等组织建立战略伙伴关系，以及参与开放政府伙伴关系和开放知识社会倡议的合作。例如 ICA 参与完成了联合国教科文组织 PERSIST（加强全球信息社会可持续性的平台）项目中的技术和内容工作组活动。ICA 的所有活动

---

① ICA, "ICA Universal Declaration on Archives", https://www.ica.org/en/universal-declaration-archives.

第五章　面向数字人文的档案内容挖掘与知识发现机制运行与维护

都是通过地域（13个地区分支机构）、专业（12个专门部门和11个专家组）以及涵盖档案政策和实践所有领域的机构网络和项目以及专业、学术和教育资源和成就开展的。[①]

通过这些活动，ICA完成了档案专业化方面的基础工作，如促进、组织和协调制定记录和档案管理领域的标准、准则、专业工具和计划，并通过国际档案发展基金（FIDA）等加强信息交流，开展档案工作者的专业培训和研究项目，指向区域性的项目合作网络建设。例如，指导欧洲电子文件和档案方面的跨学科合作，建立和维护欧洲文件和档案馆的互联网门户[②]；EBNA（欧洲国家档案工作者委员会）聚集欧盟成员国国家档案服务的档案工作者，讨论有关其专业和服务的各种战略问题，包括与档案相关的欧盟指令和法规，例如公共部门信息的使用和再利用、数据保护、数字议程等。

EAG（European Archives Group，欧盟委员会的官方机构，由欧盟成员国的国家档案馆代表组成）负责确保与档案有关事项的合作与协调，例如为欧洲档案工作者建立欧洲专业知识网络。EAG参与了各种欧盟计划，为欧洲联合信息基础设施框架提供了档案视角。例如通过欧洲档案门户网站更广泛地提供欧洲的档案，在eARK项目中开发数字保存方法，研究档案服务在欧盟数字议程和数字单一市场中的作用、电子档案和数据保护问题等。通过联合计划和项目、联合倡议、专业协会和会议等方式，欧洲档案界一直侧重各级档案机构的合作和联网、制定和实施专业标准、转让知识和建立共同的信息基础设施，推进知识迁移、机构外联，加强公众对档案来源的了解以及鼓励国际层面的档案存取。在文化与历史框架下，许多档案项目侧重文化遗产的公平获取、社会包容、信息使用和再利用、文化产业和类似主题的活动，包括数字平台、文化网络和电子服务等。[③]

欧洲的主要协作类档案项目和档案数字平台包括欧洲档案门户网站APE、Monasterium、Topotheque等。APE管理和发布来自欧洲各地各类档案

---

① Lemić V., "Vizija i praksa arhiva u 21 stoljeću kroz djelovanje Međunarodnog arhivskog vijeća", *Arhivska praksa*, 2017 (20): 11-22.
② EU, "Report on Archives in the Enlarged EU Increased Archival Cooperation in Europe: Action Plan", http://ec.europa.eu/archival-policy/docs/arch/reportarchives_en.pdf.
③ Archives Portal Europe, "About us", https://www.archivesportaleurope.net/about-us.

馆的复杂数据,它与 Europeana 合作,支持使用展示文化遗产对象(包括来自图书馆、档案馆、博物馆和音像馆藏的物品)的跨域方法进行档案搜索,还支持开发欧洲文化遗产的共同数字基础设施。除了这些档案平台之外,还有许多其他涉及档案的国际项目,这些项目也为 APE 和 Europeana 贡献了许多内容。CENDARI(欧洲数字档案基础设施协作)项目旨在整合欧洲的数字档案和研究资源,建立服务学者的历史资源信息平台;Mapire 门户网站(http://mapire.eu/en/)是由布达佩斯的 ARCANUM 公司开展的项目,致力于共享发布哈布斯堡帝国的历史地图等数字化馆藏。ICARUS(国际档案研究中心)是一个由各种文化和科学机构组成的项目管理联盟,致力于创建和维护一个共同的互助平台,旨在为研究项目(尤其是档案材料的数字化存取项目)和数字发展战略提供专业、组织化和财政支持,促进遗产机构之间的跨国合作,形成了3个包含历史资料的大型国际在线门户网站:Monasterium. net(http://monasterium.net/mom/home)——欧洲虚拟宪章档案馆;Matricula(http://data.matricula-online.eu/en/)——教会登记册的数字图片浏览平台;Topotheque(http://www.topothek.at/en/)——社区历史资料和私人藏品展示平台。co:op(机遇共同体)——创意档案馆和用户网络项目,由创意欧洲计划设立的国际项目,成员来自欧洲国家的17个档案和科学机构以及60多个合作伙伴,旨在加强档案机构与用户群体之间的跨国合作,开展了各种创意、教育和教学活动(包括 Topotheque 数字平台、学校"档案冒险"教育材料、介绍使用档案经验的视频材料、历史研讨会等),该项目还与学术机构合作,就数字领域的技术工具、版权和许可以及数字环境中的其他重要问题对档案共同体进行培训。[①]

2. 共同体的科学研究活动及方法

从档案馆的角度来看,面对新的环境和伙伴关系,采用灵活性和创新性的举措,应用创新能力和专业技能,由档案共同体开展跨学科协作与国际交流合作,将档案馆塑造成信息社会的基石,是国际档案理事会的愿景。这项工作基于互补和协同的原则,由开放文化驱动,面向人类社会,发挥

---

① Fajdić M., Prpić L., "Photography in Funds and Collections of State Archive in Gospić", *MemorabiLika: časopis za povijest, kulturu i geografiju Like (jezik, običaji, krajolik i arhivsko gradivo)*, 2020(broj 1): 159-178.

第五章 面向数字人文的档案内容挖掘与知识发现机制运行与维护

科学研究活动在确保领域发展和人类总体福祉方面不可或缺的作用——建立服务于档案实践的理论模型框架，解释和描述档案实践运作的背景，发展档案领域的知识基础和技能，提升社会对档案精神、档案工作者社会角色及其演变的理解；促进批判性探究和分析，以及对该领域的理论、文献和实践及其随时间发展的反思和评估；通过在研究领域、机构环境以及地方和国家管辖范围内识别和建立基准数据，促进档案工作的标准化、规划和评估。[1] 例如一项分析英语和法语档案文献的研究就总结了档案学各个领域的研究状况（如表5-1所示）。[2]

表 5-1 档案学研究领域及具体内容

研究领域	内容描述
档案学的对象与目标	作为信息/文档/记录对象的档案；目标：保存、获取、管理效率等；档案的有用性
档案与社会	档案学在社会中的作用和地位；作为一门学科的档案学；作为一种职业的档案学
档案馆和档案学史	档案馆的历史；档案学原理与基础的发展
档案工作的功能	记录的生成、鉴定、获取、组织、描述、保存、可存取
档案项目和服务管理	组织的理论与实践；项目的规划和评估；管理、市场营销和公共关系
技术	与档案有关的信息科学；信息、电信和网络系统；
载体和档案类型：电子文件	视听、电子、图像和文本档案；缩微形式和其他媒体或类型的档案
档案环境	政府机构、教育与科研机构、宗教机构、其他机构
档案相关的具体议题	伦理准则、信息存取与隐私、其他

世纪之交，整个档案界又出现了一些新的研究领域与议题，如档案教育、历史、载体、实践，研究方法和技巧，档案保管元数据、档案、档案实践、档案协作民族志方法等。其中档案全球化动态体现在制定和应用档案与记录的国际标准、法律和政策，加强跨国和跨司法管辖区的研究合作，这些新兴领域的统一主题是希望关注跨组织、学科、文化或

---

[1] Gilliland A., McKemmish S., "Building an Infrastructure for Archival Research", *Archival Science*, 2004, 04：149-197.

[2] Couture C., Doucharme D., "Research in Archival Science：A Status Report", *Archivaria*, 2005：41-67.

国界的问题[1],例如在组织、社会、历史、文化和信息管理背景下对记录、档案和档案馆进行理论化研究,包括记录的生成和其他业务流程,档案馆和档案治理,记忆与身份建构等需要借鉴、构建和理解档案应用与档案理论之间不断变化的共生关系的研究,并在学术界建立稳固的立足点,证明档案学科和实践带来了可辨识的、独特和严谨的观点以及方法和技术工具集。

档案共同体长期以来一直关注的问题,如对非书目资源的描述,对科学数据、文化和创意材料等非书籍对象的保存,在线信息资源的来源和权威性验证,特定情境的信息获取和检索方法,也成为非档案工作者共同关注的问题。档案学研究是在许多不同的研究范式中进行的,至少深受信息科学中两个彼此互补的传统——文档传统和计算传统的影响[2];档案学中用于概念化、描述和检查档案的史学方法,与电子记录保存和在线档案材料传输相关研究中使用的技术驱动方法之间的紧张关系与这两个传统之间的关系类似[3]。信息检索研究的相关领域关注的是人(例如作者、索引者、中介和用户),所谓认知范式;或事物与人工制品(例如文档、文档表示、摘要和索引),所谓物理范式,即两种范式分别泛指信息搜索和信息检索模型。[4] 档案学研究既包括对人的关注,也包括对人工制品的关注,但还有第三个关注点——过程(例如记录的创建、管理、保存、使用)。

社会科学中最主要的研究范式——实证主义和解释主义关乎独特的哲学立场和理论框架,这些立场和理论框架又与如何定义知识和知识体系相关。实证主义研究通常倾向定量和基于实验的研究方法,解释主义研究则更倾向使用定性方法。实证主义研究范式与演绎推理密切相关,此类研究

---

[1] Ketelaar E., McKemmish S., Gilliland-Swetland A., "'Communities of Memory': Pluralising Archival Research and Education Agendas", *Archives and Manuscripts*, 2005, 33 (01): 146-174.

[2] Buckland M., "The Landscape of Information Science: The American Society for Information Science at 62", *Journal of the American Society for Information Science*, 1999, 50 (11): 970-974.

[3] Thomassen T., "The Development of Archival Science and its European Dimension. 1999", *Arkivarien och arkivvetenskapen*, 1999: 75-84.

[4] Ellis D., "The Physical and Cognitive Paradigms in Information Retrieval Research", *Journal of Documentation*, 1992, 48 (01): 45-64.

的一个关键目标是产生可推广的知识发现。① 实证主义关于客观现实和"超越任何特定历史、法律或文化背景的普遍原则"② 的观念强烈影响了19世纪的科学史和科学实践，并继续作为一种研究探索方法支撑当代档案学发展。

社会科学中的解释主义研究范式从解释学的知识传统演变而来，最初关注文本的解释，研究者关注的是解释社会意义和个人意义建构。解释主义研究范式与归纳推理密切相关，归纳推理从特殊到一般。实证主义方法旨在发现适用于任何特定情况的可推广知识，而解释主义方法旨在建立可转移的知识，发展丰富的场景和对特定实例的深入理解，以帮助理解其他实例，同时考虑到其特定背景。③

实证主义研究者倾向于支持记录和档案的概念，这些概念与档案的客观性和固定性以及档案工作者在保存档案中所扮演的公正和中立角色有关。相比之下，解释主义研究人员关注的是记录的偶然性，记录的创建、管理和使用环境的多样性和变化性，以及记录员和档案管理员所扮演的形成性角色。这种解释主义观点也受到人类学思想的影响，即记录是文献文化。档案、塑造档案的记录保存和归档过程以及在其分类系统中体现的世界观，反映了特定时间和地点的权力配置，以及相关的记忆和证据范式。④

（二）组织与管理设施建设

在有关信息资源类基础设施的学术文献中，研究视角大多从其服务性、公共性、价值性或技术性这几大视角出发⑤，而这些核心视角的研究也集中呈现在关于数据基础设施"结果论"的成果上。但在数据基础设施的研究中，除了应该诠释"数据基础设施能给我们带来什么"之外，还应该描述"我们

---

① Williamson K., *Research Methods for Students, Academics and Professionals: Information Management and Systems*, Elsevier, 2002: 85.
② Mortensen P., "The Place of Theory in Archival Practice", *Archivaria*, 1999: 1-26.
③ Knoblauch H., Wilke R., "The Common Denominator: The Reception and Impact of Berger and Luckmann's *The Social Construction of Reality*", *Human Studies*, 2016, 39: 51-69.
④ Stoler A. L., "Colonial Archives and the Arts of Governance", *Archival Science*, 2002, 02: 87-109.
⑤ 钱毅、苏依纹：《基于档案的数据基础设施（ABDI）的概念内涵与构建策略》，《档案学通讯》2023年第6期。

能给数据基础设施带去什么",即面向数字人文的档案组织与管理设施建设。

1. 组织结构和工作流程

针对档案内容基础设施的物理设施,应当构建高效的组织结构和工作流程,以支持这类基础设施的运行和维护。数字人文研究对基础设施的需求特征是基于数据的细粒度管理,以及基于众包的内容生产、管理与协作模式。[①] 档案机构作为人类文化遗产和社会记忆的重要保存机构,无疑是数字人文研究基础设施的重要组成部分。其组织结构具体可分为三个层面。(1)核心资源层上,无论其研究对象是人还是事,在数字人文项目的开发过程中都不可避免地面临基于本领域的书目控制和领域内资源的对象化与数据化,因此其核心基础是由档案资源及其对应的存储机构组成的"档案资源层",为数字人文研究提供最基础的素材保障。(2)计算设施、档案系统平台、工具软件、档案专家、数字人文专家及跨学科的数据科学学者构成了中间层,这一部分是进行基于档案的数字人文研究的主体。(3)最外层则是基于档案的数字人文成果及其与社会交互所产生的影响。在这样的组织机构运行之下,面向数字人文的档案基础设施得以形成一个不断更新且发展的有机体。

但是,在这个有机体之上还存在很多亟待解决的问题。具体而言,在核心资源层上,不同档案类型的档案资源的收集、整理、归档范围等具体操作层面的行业标准并不完善。同时,档案资源的长期保存仍是一项重要且待解的课题。在中间层,不同的数字人文学者的项目各不相同,因此启用的档案资源的体量和类型也各有差异,这可能会导致在资源的处理阶段会受到档案数据的完整性、可获得性、开放程度与技术环境等差异带来的影响。

因此,档案机构在建设自身的同时,还亟待为面向数字人文的基础设施建设提供便利,这需要在业界形成一定的协调共建机制,并遵循一定的技术标准规范和协议。在最外层,档案资源的一大特点在于其原始性,占据档案资源最大部分的文本档案需要以全面且生动的方式呈现在用户的眼前,而非机械的数字化叠加。此外,不同类型的档案资料在数字人文项目

---

① 刘炜等:《面向人文研究的国家数据基础设施建设》,《中国图书馆学报》2016年第5期。

中也需要实现彼此之间的有机互联，基于档案搭建的数字人文项目需要尽可能给用户带来更好、更便捷的获取与查询体验。例如加州大学伯克利分校的"保加利亚传统方言库"项目，摘录181篇记载保加利亚方言的档案文本，组配与整合保加利亚方言数据，支持多途径检索和互动功能，并支持方言语音播放服务，为方言研究者提供了全面复合型的语料资源。又如芝加哥大学人文与电子文本服务部开展的"法语生活字典"项目，收录了3000余篇经过数字化处理的法语文献全文，并借助特定搜索引擎实现语料数据库的查询与利用。为了提高用户检索满意度和语料库的社会利用率，该项目研究人员仍在进行新型检索工具的研发。

2. 团队设置与培训机制

应当建立专业的团队和培训机制，以提高人员的专业技能和管理能力。在面向数字人文的档案基础设施中，中间的执行层毫无疑问是档案数字人文项目得以有机循环发展的重要一环，它内承档案资源的开发与处理，外启档案数字人文项目的最终呈现，在两相交替中实现发展。但我国的档案专业人才与培训机制尚处在发展阶段，人员的专业技能与管理能力也有待提高。以华中与华南地区为例，在需求侧，人才数量与队伍结构问题突出，具体表现为专业人才数量有限、知识背景错配严重、年龄断层危机迫近等；而在供给侧，履职能力构建尚处于初级阶段，具体表现为现有规模与需求不匹配、用人机制需进一步完善、专业人才队伍建设缺乏规划等。

为回应档案行业对专业人才的需求，档案事业"十四五"规划提出"人才强档工程"，加大人才培养力度，拓宽人才培养渠道，完善人才评价机制。国家档案局积极贯彻"人才强档工程"，组织召开"三支人才队伍"人选评审会议。可以看出，我国对档案队伍建设的重视程度正在不断提升并且已经努力付诸实践，但不可否认的是面向数字人文的档案人才建设仍然存在上升空间，尤其是数字人文学科自身拥有的融合学科属性就决定了面向数字人文的基础设施建设队伍不仅需要具备档案学、语言学、历史、图书情报等人文学科的知识，还需要掌握数据挖掘、数据可视化、文本挖掘等数字技术，并能将两者有机结合起来。更重要的是，既不同于传统的人文学科也不同于单纯的数字技术思维，数字人文学科并非"用数字技术来更好或更有效率地回答传统人文研究的问题",而是在计算机技术"远读"效率的加持之下"去问并试图解决传统人文学者所不敢或从来没想过的人文问题"。① 在这种背景下,面向数字人文的档案人才需要的不仅是人文知识与数字技术的简单叠加,而是用数字思维去思考人文问题,用人文精神去看待技术。此外,应当设置相应的培训机制与激励机制,用以提升档案团队的工作积极性与效率。

(三)服务与应用设施建设

处于最外层的服务与应用设施,通过向社会公众传达数字人文成果而产生服务与应用影响。当前主流的数字人文项目主要包括 GIS 历史地理可视化项目、语料库、历史资料库、社会及历史场景重建和档案数字化项目五大类,最终指向用户或领域内学者。因此,在服务与应用设施建设这一环节中,服务对应普通用户的视角,应当开发用户友好的服务界面和工具,以便不同背景的用户都能够方便地查找和使用档案资料;同时,应用对应相关领域学者的视角,面向数字人文的档案基础设施理应承担为人文学科提供研究便利的职责,推动跨学科的研究与合作,以支持历史研究、社会科学分析、教育与公共服务等领域的应用。

在用户服务层面上,档案内容基础设施建设应当做到用户对项目内容的便捷查询与获取。例如北卡罗来纳大学教堂山分校的图书馆通过对馆藏内有关性别史与战争史的相关资源(书本、手稿、影像资料等)进行数字化与组织管理的方式,建立起"性别与战争"历史资料数据库,并通过设计多途径的检索系统,帮助用户全面快速地获取所需档案。此外,原始的档案文本资源对于用户来说始终是陌生且抽象的,因而基于档案内容的数字人文项目应当将这些抽象的档案内容转化为方便用户理解与"阅读"的数字化内容,而社会及历史场景重建项目作为数字化时代档案馆实践领域与数字人文研究领域共同关注的热点更是实现这一要求的典型数字人文项目类型。例如英国国家档案馆为纪念第一次世界大战 100 周年推出的"沃顿小镇"项

---

① 王军:《从人文计算到可视化——数字人文的发展脉络梳理》,《文艺理论与批评》2020 年第 2 期。

目、杜克大学数字艺术历史与视觉文化实验室的"数字雅典"项目等。

在学术应用层面上，档案内容的数字人文项目应当尽量满足领域学者的科研需求，在兼顾档案资源的全面性与各类型档案资源之间的关联性基础上追求项目成果的应用率。例如，弗吉尼亚大学"影谷项目"专注于将美国内战时期的档案资料进行数字化重组；达特茅斯学院的"犹太音频档案项目"通过建设音频资料库，以线上开放存取的方式供人文学者、社会公众浏览利用，形成互动参与式的人文研究项目。除此之外，对于一些大型的数字人文项目，在门户设计时应当允许社会公众参与到数字人文项目的建设中，为项目提供隐没在社会各处的民间档案资源。例如，由美国弗吉尼亚大学图书馆主持，荷兰阿姆斯特丹大学图书馆、美国国家人文基金会及美国国会图书馆共同参与的"地图线"项目，借助 GIS 技术和数字资源管理平台为社会公众搭建时空展览平台，社会公众可以在此平台上自行导入其收藏的文档资源（历史地理地图、手稿、高分辨率的地理照片等），并将其与时间表进行关联，增加描述性注释，为地理与人文研究者提供更多民间研究资料与素材。

四 机制的知识基础设施保障

在数字人文领域中，以下任何一种均可以被视为基础设施：原始的数字集合、关联数据提供商、通用和专业领域的平台、内容管理系统（CMSs）、虚拟研究环境（VREs）、在线工具和服务、存储库和服务提供商、聚合器和门户、api 和标准等。[1]

（一）档案馆的知识基础设施角色

知识基础设施是由人、人工制品和机构组成的，产生、共享和维护有关人类和自然世界的特定知识的强大网络。[2] 档案馆是人文学科知识基础设

---

[1] Almas B., "Perseids: Experimenting with Infrastructure for Creating and Sharing Research Data in the Digital Humanities", *Data Science Journal*, 16 (19): 1-17.
[2] Edwards P. N., *A Vast Machine: Computer Models, Climate Data, and the Politics of Global Warming*, Cambridge: MIT Press, 2013: 518, 533-537.

施的一部分，用于收集、维护和传播构成人类生活和存在的经验记录。[1]

1. 档案馆即基础设施

档案馆作为制度安排的存在，以物理设施和组织结构为表征，包含支持信息工作的基础设施，如网络和安全信息系统，维持从信息来源创建者到后续用户的管道。作为由专业团体维护的基础设施，档案馆通过专业标准和协作以及专业机构的成员身份彰显其共同体特征，虽然是松散的耦合，却是共同体用来支持和维持档案的共享规范、技术、实践和技术系统之所在。在"档案馆即基础设施"的概念中，时间维度尤为重要，因为档案馆（以各种表现形式）将自己定位为历史记录的永远/永久保存者。

档案馆的实践与学术实践密切相关，档案馆常常被视为实现研究目标不可或缺的一部分。[2] 作为知识、信息和研究基础设施，档案馆不仅是提供深层次对象的场所，也为与之接触的人文主义者提供清晰可见的内容。但基础设施及其维护工作通常隐藏在视线之外，直到发生故障时才被真正发现和重视。例如档案馆的崩溃和维护的失败，表现在困扰大多数档案机构的无处不在的"积压"——历史记录通过管道从创建者传送到使用者的过程停滞，例如从获取档案材料到传送给特定用户之间的间隔。[3] 这种情况可能会阻碍研究人员对档案记录的存取，进而在数字人文项目中扭曲研究过程。也可以这样理解，积压是为支持知识基础设施而构建的系统（模拟和技术）的长期退化和延迟维护过程的一部分。[4] ALM（档案、图书馆、博物馆）机构在社会中的未来角色受到不同利益相关者群体如何概念化它的影响。[5] 因此，档案专业将公众视为获取基础设施维护所需资源的重要组成部

---

[1] Trace C. B., Karadkar U. P., "Information Management in the Humanities: Scholarly Processes, Tools, and the Construction of Personal Collections", *Journal of the Association for Information Science and Technology*, 2017, 68 (02): 491-507.

[2] Anderson S., "What are Research Infrastructures?", *International Journal of Humanities and Arts Computing*, 2013, 7 (01-02): 4-23.

[3] Greene M., Meissner D., "More Product, Less Process: Revamping Traditional Archival Processing", *The American Archivist*, 2005, 68 (02): 208-263.

[4] Knowles S. G., "Maintenance Deferred: Slow Disaster and the Politics of Infrastructural Decay", The Maintainers Conference, Stevens Institute of Technology, New Jersey, 2016.

[5] Huvila I., "Archives, Libraries and Museums in the Contemporary Society: Perspectives of the Professionals", IConference 2014 Proceedings: 45-64.

分是有道理的。

美国艺术与科学学院（American Academy of Arts and Sciences）的人文指标项目（2020年）开展了一项全国性调查，了解美国人在个人和工作生活中参与人文活动的程度（或缺乏参与程度），调查结果凸显了维护和修理基础设施的重要性——知识基础设施关乎公众对人文学科的想象力，且关乎公众自身的想象力，但又与他们的日常活动、经验和关注点脱节。英国先前的研究考察了人们如何看待、信任和使用作为公共知识宝库的文化遗产机构，结果也显示了公众对档案馆价值和使用概念的脱节。事实上，与图书馆和博物馆相比，公众对档案馆服务的细节及其在当代社会中的价值缺乏了解。信息和知识基础设施"嵌入并覆盖在文化、组织、政府和其他社会形式中"，但这些形式不仅有能力解释基础设施，而且有能力改变和侵蚀它们。[①]

2. 众包与公众科学

自21世纪以来，结合使用数字取证方法和工具（软件、程序和脚本）与人工分析，提取元数据、创建文件目录和访问副本，以及对文件进行重复数据删除和批量摄取到数字存储库中[②]等数据处理方法，显著增强了档案处理的有效性。[③] 数字馆藏规模和处理任务规模不断扩大使人工智能技术脱颖而出，机器学习、自然语言处理和数据挖掘构成了新的档案工具包。在这种情况下，档案的"阅读、计数、排序、评估、搜索和分组"等认知任务进入计算空间，在此过程中绘制和构建人类知识。[④] 新兴的计算工作流程采用自动文档分类、编辑、元数据提取和主题建模的形式，为档案整理和

---

① Edwards P. N., Gitelman L., Hecht G., et al., "AHR Conversation: Historical Perspectives on the Circulation of Information", *The American Historical Review*, 2011, 116 (05): 1393–1435.

② Kim S., Dong L., Durden M., "Automated Batch Archival Processing: Preserving Arnold Wesker's Digital Manuscripts", *Archival Issues*, 2008, 30 (02): 91–106.

③ Crow J., Francisco-Revilla L., Norris A., et al., "A Unique Arrangement: Organizing Collections for Digital Libraries, Archives, and Repositories", Theory and Practice of Digital Libraries: Second International Conference, TPDL 2012, Paphos, Cyprus, September 23–27, Springer Berlin Heidelberg, 2012: 335–344.

④ Esteva M., Tang J. F., Xu W., et al., "Data Mining for 'Big Archives' Analysis: A Case Study", *Proceedings of the American Society for Information Science and Technology*, 2013, 50 (01): 1–10.

内容挖掘提供丰富的情境信息。[1]

于是新的中介机构和知识体系被纳入档案基础设施，例如档案众包、公众科学等形式将创作者重新融入档案空间，将整理和描述馆藏的工作与档案材料本地用户的创作结合，并在此背景下产生了最有意义的内容，使众多利益攸关方都可在档案馆知识基础设施中可以发挥作用；从而推动档案馆作为知识基础设施形成更强大的融合力，更好地融入由思想体系、知识形式、物质和基础设施等组成的复杂集合体中[2]，使档案馆作为知识基础设施"既是关系性的，也是生态性的"[3]。

（二）科研基础设施

计算技术在人文学科中的应用研究至少从20世纪40年代就开始进行了，特别是随着互联网的出现，越来越多的资源，无论是文本、图像还是声音，被以数字化形式修复。数字技术正在推动人文学术和教育发生根本性转变，这种变化的深度和特征可以用一个简单而深刻的事实来衡量：我们的整个文化遗产将不得不在数字视野内进行重组和重新编辑。[4] 创建单独的档案数字基础设施虽然可以促进现代数字管理技术的发展[5]，但这项任务非常复杂。伴随着数据管理/监护的演变，人文学科的学术交流和科研基础设施（特别是静态档案）转变为由人工智能工具支持的活化的、不断增强

---

[1] Cain J. O., "Using Topic Modeling to Enhance Access to Library Digital Collections", *Journal of Web Librarianship*, 2016, 10 (03): 210-225; Payne N., "An Intelligent Class: The Development of a Novel Context Capturing Method for the Functional Auto Classification of Records", 2022 IEEE International Conference on Big Data (Big Data), 2022: 2546-2555; Hutchinson T., "Natural Language Processing and Machine Learning as Practical Toolsets for Archival Processing", *Records Management Journal*, 2020, 30 (02): 155-174.

[2] Kitchin R., *The Data Revolution: Big Data, Open Data, Data Infrastructures and Their Consequences*, London: Sage, 2014: 22-45.

[3] Trace C. B., "Archival Infrastructure and the Information Backlog", *Archival Science*, 2022, 22 (01): 75-93.

[4] McGann J., "Introduction. Sustainability: The Elephant in the Room", Online Humanities Scholarship: The Shape of Things to Come: Proceedings of the Mellon Foundation Online Humanities Conference at the University of Virginia, 26-28 March 2010.

[5] Vasylenko D., Butko L., Domitrak Y., et al., "Digital Infrastructure Management in the System of Socio-Cultural Institutions: The Archival Paradigm", *Socio-Cultural Management Journal*, 2022, 5 (01): 74-91.

第五章　面向数字人文的档案内容挖掘与知识发现机制运行与维护

的数据档案。

1. 数据库与数据管理支撑

随着"数据"一词取代了以前被过度使用的信息概念，科学探索的视角发生了明显的转变。作为现代科学知识的开创性工具，信息的计算处理被整合到改变人类认知视角的大型数据库系统中。这些数据库系统整合了知识生产的不同领域和各种类型的知识方法。认知建模虽然是一种鼓舞人心的信息技术思维方式，但它正让位于知识生产和分配的社会和共同体影响建模。除了帮助了解科学的运作方式和人类认识方式之外，建模还可以帮助设计信息空间和技术接口，这需要新的或创新的研究方法及其在数据库系统中的实施来支撑。[1] 在技术科学的支持下，自然科学中应用的数字研究方法和迅速兴起的电子科学迅速渗透到社会科学中。虽然可以追溯到20世纪50年代，但由于人文社会科学与自然科学两个知识领域之间的差异，人文学科领域数字研究发展相对较慢，例如学术资源引用和使用的跨学科差异、科学知识创造和交流过程中认知文化的学科差异[2]、数据文化标签下的数据实践差异等[3]。这些差异不仅存在于学科之间，也存在于学科内部不同领域之间。特别是在一些进行数字研究的人文学科专业领域，它们依赖数字化的文化遗产以及数据库、数字图书馆和数字档案馆中的可用数据进行定量数据处理。这就使人文学科中遵循不同知识传统的专业间形成了矛盾：传统的解释学方法和以数字人文为代表的研究方法间的冲突，同时也扩大了高级信息计算技术和编程技能等方面的差距。自然科学领域的学科拥有适应大数据的成熟研究基础设施、编码化的数据流处理程序（数据管道）和数据管理的最佳实践，形成了具有新型文档和研究对象的虚拟研究环境，并开辟了科研和创新的新领域。[4]

这些发展趋势将影响人文学科发展相对较慢的电子基础设施，而且这

---

[1] Lorenz M., Konečný M., "Digital Archives as Research Infrastructure of the Future", *Acta Informatica Pragensia*, 2023, 12 (02): 327-341.

[2] Cetina K. K., *Epistemic Cultures: How the Sciences Make Knowledge*, Harvard University Press, 1999.

[3] Bates J., *Data and the City*, Routledge, 2017: 189-200.

[4] Candela L., Castelli D., Pagano P., "Virtual Research Environments: An Overview and a Research Agenda", *Data Science Journal*, 2013, 12: GRDI75-GRDI81.

些电子基础设施的监护和管理者需要协调旨在保存和保护文化遗产数据的资源数字化与档案馆的动态实践,使档案馆不仅要通过新的研究数据和数据源来扩展和丰富其馆藏资源,还要保持开放的资源存取通道。[1]

人文学科的数据管理正在以多种方式发展。一个主要趋势是开发和使用机器学习算法来推进数据管理过程的自动化,帮助从文本、图像和音频文件等大型数据集中识别和提取有意义的信息,是对整理人文数据的手动验证和编目方法的有益补充。动态活化档案带来的一个重要趋势是越来越重视共同体对数据的协同监管,即学者、管理者、档案管理员和其他利益相关者合作策划和注释数据,使数据监管过程能够包含更多样化和具包容性的观点,确保档案全面代表不同的文化和历史背景。随着人工智能渗透到档案和数据管理实践中,数据管理的道德伦理更受重视,尤其是在处理敏感或有争议的材料时,以确保档案值得信赖,同时尊重数据中个人和共同体的权利和尊严。总体而言,人工智能驱动的活化人文档案的数据管理正在朝着更加自动化、协作和合乎道德的方向发展,旨在最大限度地提高存档材料的可访问性、多样性和质量。

2. 大数据与电子科学

人文社会科学在经历信息和通信技术带来的变革过程中促进了学科[2]、领域之间[3]和学术共同体之间的融合[4],以及构成科学文献基础设施的记忆机构的融合[5]。这实际上有助于科学方法的转变,科学越来越多地被组织为电子科学。这是一种基于标准和证据的合作研究活动,其实践基于支持计

---

[1] Rudy S., "The State of Knowledge about 'Living Archives, New Media Archives'", http://sustainableknowledgeproject. blogspot. com/2010/10/state-of-knowledge-aboutliving. html.

[2] Barrios C., Flores E., Martínez M. Á., et al., "Is There Convergence in International Research Collaboration? An Exploration at the Country Level in the Basic and Applied Science Fields", *Scientometrics*, 2019, 120: 631-659.

[3] Coccia M., Wang L., "Evolution and Convergence of the Patterns of International Scientific Collaboration", *Proceedings of the National Academy of Sciences*, 2016, 113 (08): 2057-2061.

[4] Pollock D., Yan A., Parker M., et al., "The Role of Data in an Emerging Research Community: Environmental Health Research as an Exemplar", *International Journal of Digital Curation*, 2021, 16 (01): 15-15.

[5] Duff W. M., Carter J., Cherry J. M., et al., "From Coexistence to Convergence: Studying Partnerships and Collaboration among Libraries, Archives and Museums", *Information Research: An International Electronic Journal*, 2013, 18 (03).

算操作和复杂数据处理的科研基础设施。使用大型研究基础设施的科学被称为大科学,大型研究基础设施生成和处理用于科学研究的大数据。① 数据归档、数据管理和知识组织变得尤其重要。数据科学、新型计算机科学等新兴学科跨学科地将信息科学和计算机科学连接到特定研究领域。随着数字化的进步和数字文化的形成,人文和艺术学科领域越来越多地使用数字研究方法。科研基础设施也在这些领域形成(例如 LINDAT/CLARIAH-CZ 或考古信息系统),数字人文的研究领域也因此扩展。小数据领域正在向大科学、基础设施、标准化和新形式的科学交流和协作迈进。

随着数字化的转变,人文学科中的新实践不断在快速发展、技术和数据驱动的领域广泛普及。传统上封闭的档案转换为更为开放、丰富和关联的数字形式,成为更广泛的、数据驱动的知识创造过程的一部分,提出了关于采用新的学术交流模式的问题,包括数据共享和认知文化的分布式认知。② 数字管理中心、数字保存联盟和国家数据管理联盟等机构正在系统地参与数字管理,并推动其实践的发展。③ 活档案(Living Archives)中的科研数据指的是位于开放存储库中的数据,可供不同学术共同体的不同类型用户和系统访问。这些存储库的用户将数据用于自己的研究需求,也可以在科研数据数字管理的背景下参与数据描述进而帮助数据实现增值,比如通过注释、链接以及领域专家的管理、验证和编辑输入等。④

3. 共同体数字存储库

数字人文研究者在利用科研基础设施的同时要履行数据管理、共享和互操作性的义务,一种可能的解决方案是存储库即服务,尤其是共同体数字存储库⑤即服务的模式。例如以预印本形式快速交流科研成果的 arXiv 平台,主要将存储在档案中的数据类型定义为文档形式的学术论文,本质上

---

① Borgman C. L., *Big Data*, *Little Data*, *No Data*: *Scholarship in the Networked World*, Cambridge: MIT Press, 2017: 148-150.
② Hutchins E., *Roots of Human Sociality*, Routledge, 2020: 375-398.
③ Plotkin D., *Data Stewardship*: *An Actionable Guide to Effective Data Management and Data Governance*, New York: Academic Press, 2020: 248.
④ Beagrie N., "Digital Curation for Science, Digital Libraries, and Individuals", *International Journal of Digital Curation*, 2008, 1 (01): 3-16.
⑤ Lewis S., Shepherd K., Latt Y. Y., et al., "Repository as a Service (RaaS)", *Journal of Digital Information*, 13 (01).

是一个同质的开放存储库，除作为作品主题的实际文本外，还包含通常的内容元素，例如摘要、注释和参考书目，它们支持用于提取元数据和关系的分析和数据操作，图像附件、数据集、源代码或编译的应用程序等还可以用于处理文档文件。虽然 arXiv 的重点是开放存储库服务，但 arXivLabs 框架还允许档案馆工作人员和共同成员创建工具，将功能扩展到传统存储库之外。例如，其中一种工具将已发表的论文链接到提供免费机器学习资源的 Papers with Code 门户，使 arXiv 用户可以立即访问与已发表论文相关的源代码和数据集；Litmaps 扩展是一种用于论文书目关系的支持团队协作检索和可视化的工具。[1]

数字人文的科研基础设施将用户、数据管理/监护者和信息内容提供者联系起来，并为高级共享提供技术框架。例如欧洲的 DARIAH 基础设施为用户提供大量多种来源的聚合内容，并支持使用索引元数据进行搜索，以描述文本或音乐记录[2]；另一个欧洲基础设施 CLARIN 通过与 DARIAH 相连，提供大量语言语料库和处理工具的访问支持。LINDAT/CLARIAH-CZ 平台是语言技术、艺术和人文学科的数字研究基础设施，是 DARIAH 研究基础设施的一部分，承担着数字人文研究中的档案馆角色，负责为人文学科提供数据的开放存取和处理这些数据的工具和服务，其中包括完全异构的语言数据、NLP 数据和工具，如语料库及注释、词典以及经过训练的语言模型、解析器、标记器、机器翻译系统、语言 Web 服务等。作为一个类似 arXiv 的开放存储库，该存储库由编辑审查注册用户或私人账户贡献内容的元数据质量和完整性、文件的一致性和知识产权；允许使用受控词汇表进行高级搜索，例如根据不同类型的用户许可或学术共同体推荐相关的精选馆藏内容。由于内容的多样性，该存储库的元数据处理比 arXiv 更复杂，例如它的元数据包含外部链接，不使用第三方服务或内容分析来创建链接，而是激活学术共同体参与识别数据之间的关系和链接。这两个存储库都允

---

[1] Kaur A., Gulati S., Sharma R., et al., "Visual Citation Navigation of Open Education Resources Using Litmaps", *Library Hi Tech News*, 2022, 39 (05): 7–11.

[2] Henrich A., Gradl T., "DARIAH (-DE): Digital Research Infrastructure for the Arts and Humanities—Concepts and Perspectives", *International Journal of Humanities and Arts Computing*, 2013, 7 (supplement): 47–58.

第五章　面向数字人文的档案内容挖掘与知识发现机制运行与维护

许学术共同体成员上传内容并进行特定程度的编辑,都强调其内容的长期和可持续可用性以及标识符的持久性,最大差异表现在它们处理数据及其关系表示的方式上。LINDAT/CLARIAH-CZ 采用由存储库本身驱动的更加结构化的方法①,而 arXiv 则依赖第三方平台和服务,根本区别在于对科研数据的使用程度。对于许多人文学科研究者来说,数字档案馆主要为学者提供传统的人工阅读文档,而不提供可进一步计算处理的文本数据,这种局面主要是缺乏数据素养导致的,这就需要通过调整虚拟研究环境来使数据操作变得可访问,以便它们可以很容易地被整合到人文学者的学术实践中。

4. 虚拟研究环境

虚拟研究环境(VRE)可以被理解为虚拟化实验室,它通过专门设计的框架和用户界面,协调基础设施的访问与存取,支持特定研究团队或共同体活动。它一方面通过虚拟化将计算转移到云端②,另一方面建设一个无物理边界的学术共同体合作中心,方便成员共享仪器、数据、计算资源和数字存储库或数字图书馆③。例如 PARTHENOS 项目虚拟实验室配备了自然语言处理和文本分析工具以及媒体管理服务;又如 DARIAH 基础设施中的 TextGrid④ 包含各种使用 TEI 标准进行编辑、搜索、修饰和链接数据的工具和服务,用于存储和发布数据和关键版本;NoteEditor 允许编辑、可视化和处理 MEI 标准中的符号;"数字音乐实验室"虚拟研究环境将音频数据与语义网络技术集成在一起,使研究人员可以在允许查询、探索和可视化数据集的用户界面中进行交互⑤,对音乐进行更详细的计算分析。

虚拟研究环境的一大优势是提供支持云中数据处理的工具,使研究人员无论是使用特定研究工具,还是使用通用的开源或 SaaS 工具,在进一步处理

---

① Darja F., Witt A. eds., *CLARIN：The Infrastructure for Language Resources*, Walter de Gruyter GmbH & Co KG, 2022：61.

② Dahan M., Pirzl R., Gesing S., "International Science Gateways 2017 Special Issue", *Future Generation Computer Systems*, 2020, 110：320-322.

③ Finholt T. A., "Collaboratories as a New Form of Scientific Organization", *Economics of Innovation and New Technology*, 2003, 12 (01)：5-25.

④ Neuroth H., Lohmeier F., Smith K. M., "Textgrid-virtual Research Environment for the Humanities", *International Journal of Digital Curation*, 2011, 6 (02)：222-231.

⑤ Abdallah S., Benetos E., Gold N., et al.. "The Digital Music Lab：A Big Data Infrastructure for Digital Musicology", *Journal on Computing and Cultural Heritage*, 2017, 10 (01)：1-21.

之前不必将数据存储在他们的计算机上。例如 NameTag 工具使用在语言语料库上训练的模型对提交的文本执行命名实体识别（NER）[①]，是 LINDAT/CLARIAH-CZ 数字研究基础设施的一部分，也可以作为带有 REST API 的 Web 服务使用，使用数据处理和数据导航都更容易。除了通过相关数据集为特定科学研究领域提供 VRE 的专用研究基础设施外，还有为学术界和商业领域设计的通用在线协作环境。例如 Nextjournal 服务（https://nextjournal.com/）支持用户以共享方式在科学出版物或机器学习项目上进行协作，开展共享文档的源代码嵌入和虚拟化运行操作；SHARE（共享托管自主研究环境）门户允许用户复制论文中发表的研究结果，如数值计算、图表、定理证明[②]等；Observable 服务（https://observablehq.com/）提供共享"笔记本"功能，支持用户加入自己的数据集，从中创建可搜索的数据库，并开展数据可视化；ResearchSpace 平台（https://www.researchspace.com/）为研究团队协作提供综合性的虚拟环境，支持创建工作流程、集成云工具或存储服务；myExperiment 虚拟研究环境甚至允许用户共享、组合和重用工作流程组件。[③]

VRE 简化了数据访问和使用，为人文学者克服数据素养障碍提供帮助，从新角度探索研究主题提供了新的机会。这种情况下的数据素养是指"与访问、理解、解释、管理、批判性评估和合乎伦理道德地使用科研数据相关的一系列技能和能力"。[④] VRE 代替研究者获取、处理和管理数据，同时提供了数据分析工具，是对研究者数据素养的有效补充。人工智能的使用可以帮助创建根据个体研究人员需求量身定制的 VRE，并对数据执行各种操作；机器学习相关技术使共享的预训练神经网络模型变得越来越重要，将显著节省研究者创建自己的数字人文模型所需的时间和资源。OpenAI 的 ChatGPT 演示语言模型已经能够根据文本指令在给定文本中搜索本地名称、

[①] Straka M., Straková J., "NameTag（version 2.0）", http://hdl.handle.net/11858/00-097C-0000-0023-43CE-E.

[②] Van Gorp P., Mazanek S., "SHARE: A Web Portal for Creating and Sharing Executable Research Papers", *Procedia Computer Science*, 2011, 04: 589-597.

[③] Newman D., Bechhofer S., De Roure D., "MyExperiment: An Ontology for e-Research", https://eprints.soton.ac.uk/267787/1/iswc2009swasd_submission_9.pdf.

[④] Palsdottir A., "Data Literacy and Management of Research Data-a Prerequisite for the Sharing of Research Data", *Aslib Journal of Information Management*, 2021, 73（02）: 322-341.

总结复杂文章的内容、模拟虚拟计算机或提供函数式编程代码演示，可以与其他系统结合使用[①]，形成更加智能化的 VRE。GPT 在 VRE 中的应用，为人文学者提供了有效的数据工作切入点，必然会显著影响数字人文学术共同体的数字方法和数据实践的传播。

（三）开放知识基础设施

研究基础设施（RIs）在数字人文项目中居中心地位，没有档案馆、图书馆、博物馆、艺术馆（GLAM）以及它们对来源材料的识别、整理、序化、保存和赋能存取，人文学科研究的很多重要领域将不复存在。虽然科学领域已经存在许多复杂的 RIs，但考虑到其数据集性质、研究方法和研究实践，人文学者最终也有必要建立和获得适合特定学科目标的 RIs。数字对象的创造——无论是铭文或手稿的图像、古代语料库的电子版本，还是文献馆藏，都是人文学科研究的重要组成部分，也是在人文学科和自然科学中使用数据库的根本区别；图像的拍照采集方式或文本语料库的转录和编码方式，直接影响对这些研究对象的研究方式。[②] 欧洲战略论坛发布的研究基础设施路线图（ESFRI）明确指出了专门的人文学科 RIs 的重要性[③]——它连接多种分布式的数字源材料，改善研究机会和跨领域、跨学科的知识交流，提升专业知识、方法和实践成果产出。

1. 知识基础设施的维度

按照人文研究基础设施的定义标准，纵轴区分数据处理层次，包括原始数据/文档、元数据和增强数据。横向的对象性质轴上，数字化对象是实体对象的数字抽象体或补救体，代表用于研究或其他目的的原始对象的抽象数据集，原生数字对象是进行设计、生产和存在的对象；馆藏轴上分布静态、动态和服务三种类别。由于互联网可访问性和数据存储库、数据服务标准的使用，一些规模较小的 RIs 可能会发展为大规模 RIs。例如欧洲的

---

① Wolfram S., "Wolfram | Alpha as the Way to Bring Computational Knowledge Superpowers to ChatGPT", https：//writings.stephenwolfram.com/2023/01/wolframalpha-as-the-way-to-bring-computational-knowledge-superpowersto-chatgpt.

② Van Peursen W., *Text Comparison and Digital Creativity：An Introduction*, Brill, 2011：1-27.

③ EU, "RIs", http：//ec.europa.eu/research/infrastructures/pdf/esfristrategy_report_and_roadmap.pdf.

艺术和人文数字研究基础设施 DARIAH（http://www.dariah.eu/）、语言学研究基础设施 CLARIN（http://www.clarin.eu/）由相应服务提供者推动形成了全球/欧洲的技术基础设施，如 GRID 计算。为了确保人文 RIs 的可持续性，还需要一些关键的活动支持，包括用于长期保存的数字对象持久性标识符、专门的认证和授权服务以及通用（社交）网络共享数据、工具和服务，积极收集和开发新的数据和工具，防止 RIs 过时等（见图 5-2）。①

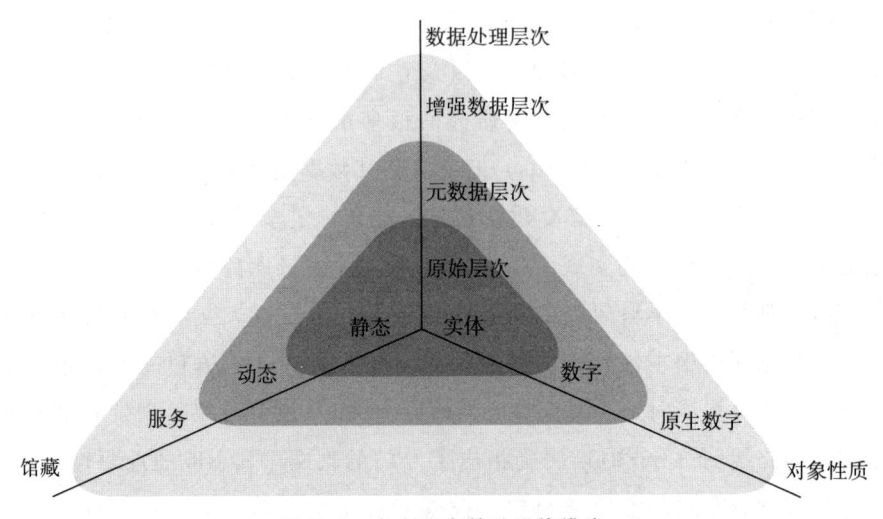

图 5-2 人文研究基础设施维度

2. 知识基础设施的全球维度扩展

知识基础设施的全球维度，涉及如何在日益广阔的空间和学术生产场所中定义数字人文学科的复杂问题。数字人文在世界范围内的扩展，须从三个方面——连接性、标准化和访问存取入手，确保该领域发展中的包容性参与和平等机会。但知识的地缘政治、数字知识生产中参与者（包括信息基础设施、数字图书馆和出版商）的权力动态必然会影响数字人文的发展动力与走向。数字人文的发展本身也影响基础设施的重新配置，塑造其多样化的人文学科包容性倾向。

抛开全球人文网络基础设施的技术方面的影响，基础设施可被视为生

---

① Moulin C., Nyhan J., Ciula A., et al., "Research Infrastructures in the Digital Humanities", http://darhiv.ffzg.unizg.hr/id/eprint/1888/1/559510. spb42_RI_DigitalHumanities.pdf.

第五章　面向数字人文的档案内容挖掘与知识发现机制运行与维护

产、组织与整合异构资源和知识的一种方式。全球层面学术体系中长期存在"中心和边缘"的紧张地缘政治关系。基础设施有能力弥合技术、学术空间的差异①，即通过跨文化连通性和包容性来构筑开放知识基础设施。

数字人文学科的全球性被认为是一个由独特的本地环境、方法和知识组成的大系统。大量定量分析和网络分析②证明存在数字人文学术共同体的数字失衡现象。③因此需要构建一个多样化、分布式的知识与实践异质体。学者们通过推动数字人文组织联盟（ADHO）的会议地点从北美和欧洲向全球范围扩展，突出关于学术共同体多样性的讨论，抵制学术方法、知识生产和所有权同质化，从而发展真正强大的全球数字人文学科。④这种多元化、开放包容的数字人文需要推动包括参与协作和集体项目等在内的制度变革，以及技术、平台和方法的多样性理解；不仅在社会技术基础设施层面为全球范围内的学术界服务，还要积极嵌入当地学术共同体结构，支持非英语工具和语言资源、文化资料的数字化；不仅关注全球基础设施的差异本身，更要思考如何超越知识获取的问题，如何在世界任何地方获取技术支持以创造知识，以及通过什么方式将知识传播给世界上其他任何人的问题。⑤

但全球信息基础设施是沿技术—社会和全球—地方的轴线分布的。社会技术基础将信息基础设施的本地和全球层面联系起来，并揭示了它们之间的分歧，能帮助我们认识全球和地方范围内的知识基础设施的权力动态，思考社会位置如何影响人类的学习和知识获取方式，语言如何扩展或限制互联网体验，以及地理和政治关系如何形塑数字连接性⑥，从而为信息社会

---

① Pink S., "Digital Ethnography", *Innovative Methods in Media and Communication Research*, 2016: 161-165.

② Grandjean M., "A Social Network Analysis of Twitter: Map** the Digital Humanities Community", *Cogent Arts & Humanities*, 2016, 3 (01).

③ Gao J., Nyhan J., Duke-Williams O., et al., "Visualising the Digital Humanities Community: A Comparison Study Between Citation Network and Social Network", https://discovery.ucl.ac.uk/id/eprint/10051991.

④ Earhart A. E., "Digital Humanities within a Global Context: Creating Borderlands of Localized Expression", *Fudan Journal of the Humanities and Social Sciences*, 2018, 11 (03): 357-369.

⑤ Wrisley D. J., "Enacting Open Scholarship in Transnational Contexts", https://popjournal.ca/issue01/wrisley.

⑥ *Second International Handbook of Internet Research*, Dordrecht: Springer, 2020: 47-63.

建立一个普遍的开放知识基础设施来应对全球数字信息革命的挑战，研究新颖的知识生产方法、算法及其实际应用，包括人工智能、知识发现和数据挖掘、信息检索和自然语言处理等领域的一些工作，解决智能工具、科学信息平台建设等问题。

3. 知识基础设施建设的开放维度

科学技术研究中的"基础设施建设"（infrastructuring）是指创建、实施和使用基础设施的持续过程，以及处理本地和全球、当下需求和未来用户、研究和开发、项目和原始实践、实施和维护/维修、个人和集体、身份和实践、原定计划和紧急行动方案等一系列矛盾关系的实践。[1] 它将注意力从结构转移到过程，侧重参与式设计中持续共同创造的过程，由共同体主导，强调设计优先，在公众参与、共同利益以及与利益相关者的长期关系基础上建立平等机会网络。[2] 因此，它强调去商业化，由学术界出于共同利益进行管理，例如拉丁美洲社会科学委员会的 CLACSO 开放获取基础设施；依靠共同创造，采用参与式方法设计和开发基础设施，如 Ticha 数字平台；强调民主、平等等伦理价值观，例如纽约大学作为集体知识基础设施的数字历史档案馆；实施开放性举措，促进开放获取、开放代码、开放内容许可，例如 Manifold 平台和 Pelagios Network 的 Recogito 工具；追求多样性，确保文化和语言的多样性参与，例如编程历史学家和 SciELO 巴西馆藏的多语言倡议；实施干预，设计有批判性和争议性价值的方法，例如人文网络基础设施和 Enslaved. org 平台。[3]

因此，数字人文的基础设施建设应成为学术共同体之间建立牢固联系的过程，使成员能够平等地访问数字知识资源，与本地资源合作，平等地参与知识的形成，并与整个共同体进行知识分享。通过向本地项目和计划开放资源（共同体可访问的存储库和平台中的知识）来加强开放学术实践；

---

[1] Mongili A., Pellegrino G., *Information Infrastructure (s): Boundaries, Ecologies, Multiplicity*, Cambridge Scholars Publishing, 2014: 7-27.

[2] Bossen C., Dindler C., Iversen O. S., "Evaluation in Participatory Design: A Literature Survey", Proceedings of the 14th Participatory Design Conference: Full Papers-Volume 1, 2016: 151-160.

[3] Dantec C. A. L., DiSalvo C., "Infrastructuring and the Formation of Publics in Participatory Design", *Social Studies of Science*, 2013, 43 (02): 241-264.

第五章　面向数字人文的档案内容挖掘与知识发现机制运行与维护

促进地方数字基础设施的发展，在当地伦理和法律约束下，与更大的国际数字网络和数字化文化遗产材料进行互操作；支持数字项目和基础设施的可持续运行，以确保数字知识基础设施在长期发展中维护文化和语言多样性；支持开发用于处理各种语言和格式材料的数字工具和软件；创建一套共享词汇表以增进相互沟通和理解，加强不同共同体之间的学术包容性，加大对话和合作力度，不断向资源和知识的全球"开放性"迈进；建立集体合作的基础设施、架构和伦理，形成由学者支持和领导的集体主义网络和知识经济形态。[1] 最终，形成一个建立在教育资源、研究和文化遗产数据的均衡分配基础上的协作、包容的数字人文学术共同体，支持开放知识基金会所定义的"开放"——为任何人出于任何目的自由访问、使用、修改和共享内容的状态[2]，从而进一步彰显数字人文领域独特的开放性价值，促进开放知识基础设施的进一步发展。不仅是开源软件工具（如 Zotero、Voyant）、开源出版平台（如 Manifold、Scalar）、开放获取期刊（如 DH Quarterly、Digital Studies/le Champ Numérique）和开放存储库（如 Humanities Commons 的 CORE 存储库、MediArXiv 预印本、SciELO 数据库）等的进一步发展；还要推动控制学术知识创造和传播的主要参与者——营利性公司，如爱思唯尔、施普林格等控制着大量的学术出版市场、在学术知识生产周期的每个阶段都颇具权力的出版商[3]，拆除或降低知识付费墙所构筑的壁垒与学术出版市场垄断。例如 2018 年一个主要由欧洲研究资助者（cOAlitionS）发起的 S 计划，就试图引发开放获取系统的"全球翻转"，废除大型出版商的垄断，要求从 2021 年起，由公共资金资助的研究所产生的科学出版物必须在合规的开放获取期刊或平台上发表，推动形成全新的出版商业模式。总之，开放知识基础设施要形成学术机构、文化单位、技术公司、出版社和政府机构共同协作推动数字实践和数字学术蓬勃发展的协作局面。

---

[1] Eve M. P., Gray J., *Reassembling Scholarly Communications: Histories, Infrastructures, and Global Politics of Open Access*, Cambridge and London: MIT Press, 2020: 286-302.
[2] Open Knowledge Foundation, "The Open Definition", http://opendefinition.org/.
[3] Posada A., Chen G., "Inequality in Knowledge Production: The Integration of Academic Infrastructure by Big Publishers", https://elpub.episciences.org/4618/pdf.

第六章
结论与展望

一 结论

数字技术对人文社会科学研究的重要性日益凸显,它在数据采集、调查、分析、建模、表示和传播等各个方面都扩大了研究方法的视野。在过去的几十年里,数字人文和知识发现(包括内容挖掘)已经发展成为两个独立又相互交织和彼此对话的研究领域。数字人文学科已经从一个文本分析和文本一致性的专业领域演变为一套人文学术的核心方法和实践。随着现有内容数字化技术和原生数字内容生成技术的迭代升级,学者们在原有的馆藏档案基础上,开始扩展使用开放语料库、行政记录、出版商数据库、网站等数据,进行各种形式的人文社科研究,增强可供研究所用的数字媒介和数字内容的多样性和可塑性[1],为知识发现带来了巨大的挑战。

随着学术研究从传统的文本挖掘(主要是馆藏档案的文本挖掘)转向数字人文视域下的内容挖掘与知识发现,各种新的政策、法律、制度、技术问题随之而来,包括各种数字内容的使用许可、版权和所有权、隐私、数据保护和开放科学政策[2]、学科协同等。

---

[1] Borgman C. L., Scharnhorst A., Golshan M. S., "Digital Data Archives as Knowledge Infrastructures: Mediating Data Sharing and Reuse", *Journal of the Association for Information Science and Technology*, 2019, 70 (08): 888-904.

[2] Borgman C. L., "Whose Text, Whose Mining, and to Whose Benefit?", *Quantitative Science Studies*, 2020, 1 (03): 993-1000.

数字人文学科可以作为档案内容挖掘与知识发现研究的一个成果试验平台。反过来，档案内容挖掘与知识发现也可以成为数字人文研究的一个技术成果试验平台。两个领域的交叉点也因此成为信息资源管理学科的重要实践，例如图书馆、档案和博物馆这些媒介/社会记忆机构进行数字资源的获取、创建、组织、开发和管理等活动。过去的十年间，中国的数字人文研究经历了爆发式增长，档案内容挖掘与知识发现（包括数据挖掘）研究的光芒似乎被掩盖其中甚至被遮蔽，尽管它作为信息资源管理学科的主要实践领域和计算机知识工程的重要研究对象也在保持快速发展。

为了帮助面向数字人文的档案内容挖掘与知识发现找到最佳解决方案，本研究从档案学学术共同体视角，结合社会网络理论、媒介记忆理论，探索数字人文和档案两个学术共同体对档案内容挖掘与知识发现协同治理的理论与实践，包括档案内容管理与数字人文的融合框架，探索面向数字人文的内容挖掘与知识发现的目标、原则、维度、运行机制等潜在的解决方案，共同应对数字时代学术研究的各种挑战。

二　展望

正如亚里士多德在《形而上学》一书中所宣称的"人类天然地渴望求知"，收集、处理、交流和交换有关人类生存环境的信息为我们的祖先提供了相对其他物种的比较优势，并成为他们生存策略的基本组成部分，并作为本能在人类的基因与思维活动中延续至今。然而，当这种欲望超出必要和合理范围并失控时，科学与知识工作者就必须解决人类面对信息洪流时的脆弱性问题，要通过设计与应用信息与知识发现策略，摆脱信息过载导致的信息过度消费、信息滥用等问题，寻求信息素养、媒介素养等解决方案。

美国图书馆协会对信息素养的定义如下："要具备信息素养，一个人必须能够识别何时需要信息，并有能力定位、评估和有效使用所需信息"[1]；

---

[1] Owusu-Ansah E. K., "Debating Definitions of Information Literacy: Enough is Enough!", *Library Review*, 2005, 54 (06): 366-374.

面向数字人文的档案内容挖掘与知识发现

媒介素养是使用、理解和创建媒介和沟通传播的能力①，维基百科将媒介素养定义为一种能力库，使人们能够以各种媒介模式、流派和形式分析、评估和创建信息②。媒介素养定义侧重创建内容，而信息素养侧重定位、检索和使用内容。

毋庸置疑，印刷媒体，通过数十亿本书的内容传播，极大地塑造了人类的思想，并提供了一个阅读解释文本内容的人类脑神经运行框架。人类神经的可塑性将视觉皮层与附近的意义区域连接起来，形成神经通路，并在人类阅读时得以加强，且大脑中的神经突触数量随着学习而变化，只要这些变化得以维持，人类的长期记忆就会持续存在。③ 当印刷媒体转向数字或互联网媒介时，由超文本和高效的搜索引擎提供支持的互联网及其内容和知识自然地具备与纸质媒介相同的能力，成为一种改变人类思维的技术，即互联网媒介对人类心理构成可见的影响，内容（链接）的非线性组织、多媒体的普遍性、交互性、即时响应性、社交网络以及使用互联网时的注意力分散将塑造更为强大的人类大脑，尤其是对年轻人产生更为深厚和隽永的情感力量。每一项技术都具有内在的自主性潜力，与人类感知和使用它的方式相互作用。

信息科学是关于如何通过媒介或媒介组合收集、分类、操纵、存储、检索和传播信息的知识。为了更好地应对数字媒介、互联网和人类感知特殊性引起的新挑战，以数字人文为代表的人类与数字世界互动的学术研究必须建立信息过程的人为基础，并提供一个全面的认知框架，用于在人类生态系统的多元背景下创建、处理和理解信息及其流动，不仅从技术基础设施角度出发，还要有社会、文化和心理决定因素的考量。特别是需要在自然科学领域内的最新认知科学成就的基础上开拓进取，研究信息科学，包括信息资源管理领域的一些新概念以及一些旧主题的拓展与迭代，以建立新的思想和概念、新的算法和工具。这些概念、领域、主题包括但不限

---

① Wallis R., Buckingham D., "Media Literacy: The UK's Undead Cultural Policy", *International Journal of Cultural Policy*, 2019, 25 (02): 188-203.
② Wikipedia, "Media Literacy", http://en.wikipedia.org/wiki/Media_literacy.
③ Kandel E. R., *In Search of Memory: The Emergence of a New Science of Mind*, London: WW Norton & Company, 2007: 255-270.

于考虑知识可变性、动态性、可感知性的知识组织和可视化表示的方法，针对大数据的深度信息分析（数据和文本挖掘）和内容理解，易变、无定形和动态信息环境中的信息关联模型，网络信息的质量评估，知识库系统对研究者行为模式的适应性，自然语言查询和信息获取，支持在学术共同体内使用/共享信息的开放科学网络，支持更广泛的数字人文研究的信息计量学的新方法等。

我们生活的信息世界的问题本质并不在于信息过载，而是我们处理信息、消费信息、获取和发现知识的方式。可以借鉴让·布里拉特-萨瓦兰（Jean Brillat-Savarain）在1826年出版的《味觉生理学》（*The Physiology of Taste*）中的名言："国家的命运取决于它们养育自己的方式"，并将其完美地平移修改为：一个民族的文化和一个国家的命运取决于其消费信息的方式。这启发和鼓励我们认真思考、设计和研究信息与知识流通、消费的管道，过滤、优化我们发现与获取知识的策略、结构与流程，从而保护我们的大脑和思想免受消极和有害信息泛滥的影响。[1]

---

[1] Jacobfeuerborn B., Muraszkiewicz M., "Media, Information Overload, and Information Science", in Robert Bembenik, Lukasz Skonieczny, Henryk Rybinski, Marzena Kryszkiewicz, Marek Niezgodka eds., *Intelligent Tools for Building a Scientific Information Platform: Advanced Architectures and Solutions*, Springer, 2013: 3-13.

参考文献

中文著作类

[1] 刘忠宝：《大数据环境下数字人文理论、方法与应用研究》，武汉大学出版社，2024。

[2] 陈必坤：《学科结构与演化的可视化分析理论框架及应用研究》，科学技术文献出版社，2023。

[3] 刘志伟、王蕾：《数字人文与新文科发展》，社会科学文献出版社，2022。

[4] 〔美〕艾琳·加德纳、罗纳德·G.马斯托：《数字人文导论》，闫怡恂等译，商务印书馆，2022。

[5] 〔英〕梅丽莎·特拉斯、〔爱尔兰〕朱莉安·奈恩、〔比利时〕爱德华·凡浩特：《数字人文导读》，陈静等译，南京大学出版社，2022。

[6] 周毅：《公共信息服务社会共治理论与实践研究》，科学出版社，2022。

[7] 杨冬权：《新时代档案工作新思维》，上海远东出版社，2022。

[8] 任明：《数字人文领域知识图谱构建方法与实践》，中国人民大学出版社，2022。

[9] 〔美〕托马斯·库恩：《科学革命的结构》，张卜天译，北京大学出版社，2022。

[10] 袁小群：《基于知识库的出版知识服务实现》，武汉大学出版社，2021。

[11] 张志强：《学科信息学与学科知识发现》，科学出版社，2020。

[12] 孟建：《数字人文研究》，复旦大学出版社，2020。

[13] 李雄飞、董元方、李军：《数据挖掘与知识发现》（第3版），高等教育出版社，2020。

［14］〔英〕大卫·M.贝里:《数字人文——数字时代的知识与批判》,王晓光等译,东北财经大学出版社,2019。

［15］张计龙:《泛在知识环境下图书馆知识发现技术及应用研究》,复旦大学出版社,2019。

［16］官平:《图书馆的数字人文实现模式研究》,辽宁大学出版社,2018。

［17］〔美〕安妮·伯迪克、约翰娜·德鲁克、彼得·伦恩费尔德等:《数字人文:改变知识创新与分享的游戏规则》,马林青、韩若画译,中国人民大学出版社,2018。

［18］肖明:《国外图书情报知识图谱实证研究》,中国经济出版社,2018。

［19］解学芳:《网络文化产业:协同创新与治理现代化》,复旦大学出版社,2015。

［20］孔青青、包凌、蒋颖:《人文社会科学数字资源使用手册》,社会科学文献出版社,2012。

外文著作类

［1］Viola L., Spence P., *Multilingual Digital Humanities*, Philadelphia: Taylor & Francis, 2023.

［2］Deger P. U., Thomson C., *Digital Humanities and Laboratories: Perspectives on Knowledge, Infrastructure and Culture*, Philadelphia: Taylor & Francis, 2023.

［3］Fuller N. T., *Linked Open Data for Digital Humanities*, Philadelphia: Taylor & Francis, 2023.

［4］Stephen R., *On the Digital Humanities: Essays and Provocations*, Minneapolis: University of Minnesota Press, 2023.

［5］Estill L., Guiliano J., *Digital Humanities Workshops*, Philadelphia: Taylor & Francis, 2023.

［6］Marina F. T., Hannu J., Bernhard T., et al., *Information Modelling and Knowledge Bases XXXIV*, Amsterdam: IOS Press, 2023.

［7］Viola L., *The Humanities in the Digital: Beyond Critical Digital Humanities*, Berlin: Springer Nature, 2023.

[8] Siobhan S., David A. N., *People, Practice, Power: Digital Humanities Outside the Center*, Minneapolis: University of Minnesota Press, 2022.

[9] Golub K., Liu H. Y., *Information and Knowledge Organisation in Digital Humanities: Global Perspectives*, Philadelphia: Taylor & Francis, 2021.

[10] Battershill C., Ross S., *Using Digital Humanities in the Classroom: A Practical Introduction for Teachers, Lecturers, and Students*, London: Bloomsbury Publishing, 2022.

[11] Wymer C. K., *Introduction to Digital Humanities: Enhancing Scholarship with the Use of Technology*, Philadelphia: Taylor & Francis, 2021.

[12] Grigar D., O'Sullivan J., *Electronic Literature as Digital Humanities*, London: Bloomsbury Publishing, 2021.

[13] Hawkins S., *Access and Control in Digital Humanities*, Philadelphia: Taylor & Francis, 2021.

[14] Drucker J., *The Digital Humanities Coursebook: An Introduction to Digital Methods for Research and Scholarship*, Philadelphia: Taylor & Francis, 2021.

[15] Schuster K., Dunn S., *Routledge International Handbook of Research Methods in Digital Humanities*, Philadelphia: Taylor & Francis, 2020.

[16] Plotkin D., *Data Stewardship: An Actionable Guide to Effective Data Management and Data Governance*, New York: Academic Press, 2020.

[17] Shu X., *Knowledge Discovery in the Social Sciences: A Data Mining Approach*, Berkeley: University of California Press, 2020.

[18] Eve M. P., Gray J., *Reassembling Scholarly Communications: Histories, Infrastructures, and Global Politics of Open Access*, Cambridge: MIT Press, 2020.

[19] Corti L., Woollard M., Bishop L., et al., *Managing and Sharing Research Data: A Guide to Good Practice*, Los Angeles: Sage, 2019.

[20] Flanders J., Jannidis F., *The Shape of Data in Digital Humanities*, Philadelphia: Taylor & Francis, 2018.

[21] MacNeil H., Eastwood T., *Currents of Archival Thinking*, New York:

Bloomsbury Publishing, 2017.

[22] Procter M., Cook M., *Manual of Archival Description*, London: Routledge, 2017.

[23] Borgman C. L., *Big Data, Little Data, No Data: Scholarship in the Networked World*, MIT Press, 2017.

[24] Crompton C., Lane R. J., Siemens R., *Doing Digital Humanities: Practice, Training, Research*, London: Routledge, 2016.

[25] Klein L. F., Gold M. K., *Debates in the Digital Humanities* 2016, Minneapolis: University of Minnesota Press, 2016.

[26] Oliver G., Harvey R., *Digital Curation*, Chicago: American Library Association, 2016.

[27] Lewis V., Spiro L., Wang X., et al., *Building Expertise to Support Digital Scholarship: A Global Perspective*, Washington: Council on Library and Information Resources, 2015.

[28] Negroponte N., *Being Digital*, New York: Vintage, 2015.

[29] Rockley A., Cooper C., Abel S., *Intelligent Content: A Primer*, Dallas: XML Press, 2015.

[30] Spyrou E., Iakovidis D. and Mylonas P., *Semantic Multimedia Analysis and Processing*, Leiden: CRC Press, 2014.

[31] Mongili A., Pellegrino G., *Information Infrastructure(s): Boundaries, Ecologies, Multiplicity*, Cambridge: Cambridge Scholars Publishing, 2014.

[32] Kitchin R., *The Data Revolution: Big Data, Open Data, Data Infrastructures and Their Consequences*, London: Sage, 2014.

[33] Provost F., Fawcett T., *Data Science for Business: What You Need to Know about Data Mining and Data-analytic Thinking*, Sevastopol: O'Reilly Media Inc., 2013.

[34] Ray J. M., *Research Data Management: Practical Strategies for Information Professionals*, West Lafayette: Purdue University Press, 2013.

[35] Krystek M., Mazurek C., Pukacki J., Sielski K., *Intelligent Tools for Building a Scientific Information Platform: Advanced Architectures and*

Solutions，Berlin：Springer，2013.

［36］Van Peursen W.，*Text Comparison and Digital Creativity*：*An Introduction*，Leiden：Brill，2011.

［37］Rieger O. Y.，*Preservation in the Age of Large-scale Digitization*，Washington DC：Council on Library and Information Resources，2009.

［38］Petrushin V. A.，Khan L.，Yu J.，*Multimedia Data Mining and Knowledge Discovery*，Heidelberg：Springer，2007.

［39］Kandel E. R.，*In Search of Memory*：*The Emergence of a New Science of Mind*，London：WW Norton & Company，2007.

［40］Willinsky J.，*The Access Principle*：*The Case for Open Access to Research and Scholarship*，Cambridge：MIT Press，2006.

［41］Cohen D.，Rosenzweig R.，*Digital History*：*A Guide to Gathering*，*Preserving*，*and Presenting the Past on the Web*，Philadelphia：University of Pennsylvania Press，2006.

［42］Becher T.，Trowler P.，*Academic Tribes and Territories*，London：McGraw-Hill Education，2001.

［43］Levesque H. J.，Lakemeyer G.，*The Logic of Knowledge Bases*，Cambridge：MIT Press，2001.

［44］Cetina K. K.，*Epistemic Cultures*：*How the Sciences Make Knowledge*，Cambridge：Harvard University Press，1999.

中文期刊类

［1］范炜、曾蕾：《AI新时代面向文化遗产活化利用的智慧数据生成路径探析》，《中国图书馆学报》2024年第2期。

［2］乌尔苏拉·波利卡-德格尔、郭佳楠：《数字人文基础设施与全球学术体系的"中心—边缘"模式》，《数字人文研究》2023年第1期。

［3］钱毅、苏依纹：《基于档案的数据基础设施（ABDI）的概念内涵与构建策略》，《档案学通讯》2023年第6期。

［4］付雅明等：《数字叙事作为数字人文方法：现状与可能》，《图书情报工作》2022年第14期。

[5] 邓君、王阮:《口述历史档案资源知识图谱与多维知识发现研究》,《图书情报工作》2022年第7期。

[6] 陈力:《数字人文视域下的古籍数字化与古典知识库建设问题》,《中国图书馆学报》2022年第2期。

[7] 李红涛、杨蕊馨:《把个人带回来:数字媒介、社会实践与记忆研究的想象力》,《新闻与写作》2022年第2期。

[8] 刘圣婴等:《数字人文的研究范式与平台建设》,《图书情报知识》2022年第1期。

[9] 张旭、王晓宇:《数字人文学科归属及其与图情档关系初探》,《情报理论与实践》2022年第2期。

[10] 李点:《数字人文的工具理性、学术价值与研究成果的评估》,《社会科学文摘》2022年第2期。

[11] 张斌、张旭、陈昱其:《档案数字人文馆员:价值阐释、角色定位与培养策略》,《档案学通讯》2022年第6期。

[12] 丁家友、唐馨雨:《数字人文视角下的数据叙事及其应用研究》,《情报理论与实践》2022年第2期。

[13] 魏亮亮:《面向数字人文的档案知识服务模式转型探析》,《档案学研究》2021年第4期。

[14] 蔡迎春:《数字人文评价:学科性、专业性、技术性》,《中国图书馆学报》2021年第4期。

[15] 葛艳聪、李强:《红色文献数据库建设的现状、问题及对策——以16个红色文献数据库为中心的考察》,《图书馆杂志》2021年第7期。

[16] 王丽华、刘炜:《助力与借力:数字人文与新文科建设》,《南京社会科学》2021年第7期。

[17] 张斌、高晨翔、牛力:《对象、结构与价值:档案知识工程的基础问题探究》,《档案学通讯》2021年第3期。

[18] 姬荣伟、周耀林:《数字人文赋能档案遗产"活化"保护:逻辑、特征与进路》,《档案学通讯》2021年第3期。

[19] 王静静、叶鹰:《国际数字人文研究中的跨学科知识扩散探析》,《大学图书馆学报》2021年第2期。

[20] 俞燕琳、刘毓歌、杜盛维：《媒介记忆理论的发展脉络研究》，《青年记者》2021年第10期。

[21] 冯惠玲等：《回顾与前瞻："十三五"档案学科发展调查和"十四五"档案学重点研究领域展望》，《档案学通讯》2021年第1期。

[22] 冯惠玲：《数字人文视角下的数字记忆——兼议数字记忆的方法特点》，《数字人文研究》2021年第1期。

[23] 柯平：《新图情档——新文科建设中的图书情报与档案管理一级学科发展》，《情报资料工作》2021年第1期。

[24] 宋雪雁等：《数字人文视角下名人日记资源知识发现研究——以王世杰日记为例》，《情报理论与实践》2021年第6期。

[25] 牛力等：《发现、重构与故事化：数字人文视角下档案研究的路径与方法》，《中国图书馆学报》2021年第1期。

[26] 张斌、李子林：《图档博机构"数字叙事驱动型"馆藏利用模型》，《图书馆论坛》2021年第5期。

[27] 刘越男：《数据治理：大数据时代档案管理的新视角和新职能》，《档案学研究》2020年第5期。

[28] 房小可、谢永宪、王巧玲：《基于数字人文的档案编研方法新探》，《档案学研究》2020年第5期。

[29] 牛力、刘慧琳、曾静怡：《档案工作参与数字人文建设的模式分析》，《档案学通讯》2020年第5期。

[30] 朱令俊：《国外数字人文教育与研究探析——以伦敦国王学院为例》，《数字人文》2020年第2期。

[31] 肖秋会、向京慧：《英国档案数字人文项目研究及启示》，《北京档案》2020年第12期。

[32] 金波、添志鹏：《档案数据内涵与特征探析》，《档案学通讯》2020年第3期。

[33] 邓君等：《美国29所高校数字人文项目研究内容解析》，《情报资料工作》2020年第3期。

[34] 杨冠灿、卢小宾：《面向数字人文的京剧脸谱图像数字资源构建》，《档案学通讯》2020年第3期。

[35] 聂云霞、肖坤：《数字人文视域下档案学专业学生数据素养培育探析》，《档案学通讯》2020年第3期。

[36] 左娜、张卫东：《面向数字人文的档案资源整合模式构想：解构与重组》，《档案学通讯》2020年第3期。

[37] 王丽华、刘炜、刘圣婴：《数字人文的理论化趋势前瞻》，《中国图书馆学报》2020年第3期。

[38] 夏翠娟：《面向人文研究的"数据基础设施"建设——试论图书馆学对数字人文的方法论贡献》，《中国图书馆学报》2020年第3期。

[39] 龙家庆等：《数字人文对我国档案领域的影响：挑战、机遇与对策》，《档案学研究》2020年第1期。

[40] 季卫东：《新文科的学术范式与集群化》，《上海交通大学学报》（哲学社会科学版）2020年第1期。

[41] 周文泓、刘静：《数字人文和图书情报与档案管理的双向构建要点研究》，《图书与情报》2019年第6期。

[42] 左娜、张卫东：《数字人文视角下的档案学研究》，《图书与情报》2019年第6期。

[43] 贺晨芝、张磊：《图书馆数字人文众包项目实践》，《图书馆论坛》2020年第5期。

[44] 牛力等：《数字时代档案资源开发利用的重新审视》，《档案学研究》2019年第5期。

[45] 杨文：《数字人文视阈下的社会记忆构建研究》，《情报资料工作》2019年第5期。

[46] 张斌、李子林：《数字人文背景下档案馆发展的新思考》，《图书情报知识》2019年第6期。

[47] 陈涛等：《知识图谱在数字人文中的应用研究》，《中国图书馆学报》2019年第6期。

[48] 张美芳：《面向数字人文的声像档案信息资源组织利用的研究》，《档案学研究》2019年第4期。

[49] 周毅、李卓卓：《新文科建设的理路与设计》，《中国大学教学》2019年第6期。

[50] 孟建、胡学峰：《数字人文：媒介驱动的学术生产方式变革》，《现代传播（中国传媒大学学报）》2019 年第 4 期。

[51] 许鑫、陈路遥、杨佳颖：《数字人文研究领域的知识网络演化——基于题录信息和引文上下文的关键词共词分析》，《情报学报》2019 年第 3 期。

[52] 包弼德、夏翠娟、王宏甦：《数字人文与中国研究的网络基础设施建设》，《图书馆杂志》2018 年第 11 期。

[53] 欧阳剑：《大数据视域下人文学科的数字人文研究》，《图书馆杂志》2018 年第 10 期。

[54] 严承希、王军：《数字人文视角：基于符号分析法的宋代政治网络可视化研究》，《中国图书馆学报》2018 年第 5 期。

[55] 张卫东、左娜、陆璐：《数字时代的档案资源整合：路径与方法》，《档案学通讯》2018 年第 5 期。

[56] 陈静：《当下中国"数字人文"研究状况及意义》，《山东社会科学》2018 年第 7 期。

[57] 林泽斐：《英国数字人文项目研究热点分析——基于 DHCommons 项目数据库的实证研究》，《情报资料工作》2018 年第 1 期。

[58] 曾蕾、王晓光、范炜：《图档博领域的智慧数据及其在数字人文研究中的角色》，《中国图书馆学报》2018 年第 1 期。

[59] 黄钰新、王远智：《嵌入数字人文过程的图书馆科研数据服务研究》，《情报资料工作》2017 年第 6 期。

[60] 刘炜、叶鹰：《数字人文的技术体系与理论结构探讨》，《中国图书馆学报》2017 年第 5 期。

[61] 周晨：《国际数字人文研究特征与知识结构》，《图书馆论坛》2017 年第 4 期。

[62] 杨滋荣、熊回香、蒋合领：《国外图书馆支持数字人文研究进展》，《图书情报工作》2016 年第 24 期。

[63] 邓要然、李少贞：《美国高校数字人文中心调查》，《图书馆论坛》2017 年第 3 期。

[64] 柯平、宫平：《数字人文研究演化路径与热点领域分析》，《中国图书

馆学报》2016 年第 6 期。

[65] 戴安德、姜文涛、赵薇:《数字人文作为一种方法:西方研究现状及展望》,《山东社会科学》2016 年第 11 期。

[66] 邵鹏:《记忆 4.0:数字记忆与人类记忆的归宿》,《新闻大学》2016 年第 5 期。

[67] 高胜寒、赵宇翔、朱庆华:《国内外数字人文领域研究进展分析》,《图书馆杂志》2016 年第 10 期。

[68] 刘炜等:《面向人文研究的国家数据基础设施建设》,《中国图书馆学报》2016 年第 5 期。

[69] 朱本军、聂华:《跨界与融合:全球视野下的数字人文——首届北京大学"数字人文论坛"会议综述》,《大学图书馆学报》2016 年第 5 期。

[70] 张斌、魏扣、郝琦:《国内外知识库研究现状述评与比较》,《图书情报知识》2016 年第 3 期。

[71] 欧阳剑:《面向数字人文研究的大规模古籍文本可视化分析与挖掘》,《中国图书馆学报》2016 年第 2 期。

[72] 冯晴、陈惠兰:《国外图书馆参与数字人文研究述评》,《图书馆杂志》2016 年第 2 期。

[73] 陈永生等:《电子政务系统中的档案管理:查询利用》,《档案学研究》2015 年第 5 期。

[74] 胡涛:《档案内容管理模式研究》,《档案学研究》2015 年第 4 期。

[75] 赵生辉、朱学芳:《数字人文仓储的构建与实现》,《情报资料工作》2015 年第 4 期。

[76] 赵生辉、朱学芳:《我国高校数字人文中心建设初探》,《图书情报工作》2014 年第 6 期。

[77] 孟小峰、李勇、祝建华:《社会计算:大数据时代的机遇与挑战》,《计算机研究与发展》2013 年第 12 期。

[78] 聂云霞:《基于内容管理的档案信息服务》,《档案管理》2012 年第 6 期。

[79] 郭金龙、许鑫:《数字人文中的文本挖掘研究》,《大学图书馆学报》

2012 年第 3 期。

[80] 冯惠玲：《档案记忆观、资源观与"中国记忆"数字资源建设》，《档案学通讯》2012 年第 3 期。

[81] 徐拥军、周艳华、李刚：《基于知识服务的档案管理模式的理论探索》，《档案学通讯》2011 年第 2 期。

[82] 徐拥军：《"档案知识管理"系统构建的原则与策略》，《档案学通讯》2009 年第 2 期。

[83] 张会超：《档案内容管理引论》，《山西档案》2007 年第 1 期。

[84] 王夏洁、刘红丽：《基于社会网络理论的知识链分析》，《情报杂志》2007 年第 2 期。

外文期刊类

[1] Ahmad R., Rafiq M., "Global Perspective on Digital Preservation Policy: A Systematic Review", *Journal of Librarianship and Information Science*, 2023, 55 (03): 859-867.

[2] Sula C. A., Berger C., "Training Information Professionals in the Digital Humanities: An Analysis of DH Courses in LIS Education", *College & Research Libraries*, 2023, 84 (05): 802-822.

[3] Trott S., Jones C., Chang T., et al., "Do Large Language Models Know What Humans Know?", *Cognitive Science*, 2023, 47 (07): e13309.

[4] Achiam J., Adler S., Agarwal S., et al., "Gpt-4 Technical Report", arxiv preprint arxiv: 2303.08774, 2023.

[5] Shu X., Ye Y., "Knowledge Discovery: Methods from Data Mining and Machine Learning", *Social Science Research*, 2023, 110: 102817.

[6] Ko H., Oh J., Kim U. S., "Digital Content Management Using Non-Fungible Tokens and the Interplanetary File System", *Applied Sciences*, 2023, 315 (14): 1-18.

[7] Zhao F., "A Systematic Review of Wikidata in Digital Humanities Projects", *Digital Scholarship in the Humanities*, 2023, 38 (02): 852-874.

[8] Melo D., Rodrigues I. P., Varagnolo D., "A Strategy for Archives Metadata

Representation on CIDOC-CRM and Knowledge Discovery", *Semantic Web*, 2023, 14 (03): 553-584.

[9] Strange D., Gooch M., Collinson A., "Equality, Findability, Sustainability: The Challenges and Rewards of Open Digital Humanities Data", *International Journal of Performance Arts and Digital Media*, 2023, 19 (03): 348-368.

[10] Isuster M. Y., Langille D., "DH Eh? A Survey of Digital Humanities Courses in Canadian LIS Education", *College&Research Libraries*, 2023, 84 (02): 228.

[11] Bono C., Mülâyim M. O., Cappiello C., et al., "A Citizen Science Approach for Analyzing Social Media with Crowdsourcing", *IEEE Access*, 2023, 11: 15329-15347.

[12] Prescott A., "Bias in Big Data, Machine Learning and AI: What Lessons for the Digital Humanities?", *Digital Humanities Quarterly*, 2023, 17 (02).

[13] Tsipi L., Vouyioukas D., Loumos G., et al., "Digital Repository as a Service (D-RaaS): Enhancing Access and Preservation of Cultural Heritage Artifacts", *Heritage*, 2023, 6 (10): 6881-6900.

[14] Jaillant L., Rees A., "Applying AI to Digital Archives: Trust, Collaboration and Shared Professional Ethics", *Digital Scholarship in the Humanities*, 2023, 38 (02): 571-585.

[15] Lorenz M., Konečný M., "Digital Archives as Research Infrastructure of the Future", *Acta Informatica Pragensia*, 2023, 12 (02): 327-341.

[16] Hawkins A., Archives, "Linked Data and the Digital Humanities: Increasing Access to Digitised and Born-digital Archives via the Semantic Web", *Archival Science*, 2022, 22 (03): 319-344.

[17] Antopolsky A. B., "Linked Open Data in the Digital Humanities (Review of Publications)", *Scientific and Technical Information Processing*, 2022, 49 (02): 119-126.

[18] Frank R. D., "Risk in Trustworthy Digital Repository Audit and Certification", *Archival Science*, 2022, 22 (01): 43-73.

[19] Fricker D., "The ICA: A Force for the Public Good", *Comma*, 2022, 21 (01): 137-143.

[20] Pawlicka-Deger U., "Infrastructuring Digital Humanities: On Relational Infrastructure and Global Reconfiguration of the Field", *Digital Scholarship in the Humanities*, 2022, 37 (02): 534-550.

[21] Hill N. S., Aguinis H., Drewry J., et al., "Using Macro Archival Databases to Expand Theory in Micro Research", *Journal of Management Studies*, 2022, 59 (03): 627-659.

[22] Walsh J. A., Cobb P. J., de Fremery W., et al., "Digital Humanities in the iSchool", *Journal of the Association for Information Science and Technology*, 2022, 73 (02): 188-203.

[23] Gao D., He L., Liu J., et al., "Construction over Operation? A Study of the Usage of Digital Humanities Databases in China", *Aslib Journal of Information Management*, 2022, 74 (01): 1-18.

[24] El Idrissi B., Baïna S., Mamouny A., et al., "RDF/OWL Storage and Management in Relational Database Management Systems: A Comparative Study", *Journal of King Saud University-Computer and Information Sciences*, 2022, 34 (09): 7604-7620.

[25] Tzouganatou A., "Openness and Privacy in Born-digital Archives: Reflecting the Role of AI Development", *AI & Society*, 2022, 37 (03): 991-999.

[26] Trace C. B., "Archival Infrastructure and the Information Backlog", *Archival Science*, 2022, 22 (01): 75-93.

[27] Vasylenko D., Butko L., Domitrak Y., et al., "Digital Infrastructure Management in the System of Socio-Cultural Institutions: The Archival Paradigm", *Socio-Cultural Management Journal*, 2022, 5 (01): 74-91.

[28] Kaur A., Gulati S., Sharma R., et al., "Visual Citation Navigation of Open Education Resources Using Litmaps", *Library Hi Tech News*, 2022, 39 (05): 7-11.

[29] Rodrigues A., Correia N., "Using Technology in Digital Humanities for Learning and Knowledge Dissemination", *Revista EducaOnline*, 2021, 15

(02): 27-44.

[30] Bommasani R., Hudson D. A., Adeli E., et al., "On the Opportunities and Risks of Foundation Models", arxiv preprint arxiv: 2108.07258, 2021.

[31] Hitzler P., "A Review of the Semantic Web Field", *Communications of the ACM*, 2021, 64 (02): 76-83.

[32] Dienlin T., Johannes N., Bowman N. D., et al., "An Agenda for Open Science in Communication", *Journal of Communication*, 2021, 71 (01): 1-26.

[33] Longley Arthur P., Hearn L., "Toward Open Research: A Narrative Review of the Challenges and Opportunities for Open Humanities", *Journal of Communication*, 2021, 71 (05): 827-853.

[34] Edmond J., Lehmann J., "Digital Humanities, Knowledge Complexity, and the Five 'Aporias' of Digital Research", *Digital Scholarship in the Humanities*, 2021, 36 (Supplement 2): ii95-ii101.

[35] Chauhan U., Shah A., "Topic Modeling Using Latent Dirichlet Allocation: A Survey", *ACM Computing Surveys (CSUR)*, 2021, 54 (07): 1-35.

[36] Dudău D. P., Sava F. A., "Performing Multilingual Analysis with Linguistic Inquiry and Word Count 2015 (LIWC2015): An Equivalence Study of Four Languages", *Frontiers in Psychology*, 2021, 12: 570568.

[37] Cuijuan X., Lihua W., Wei L., "Shanghai Memory as a Digital Humanities Platform to Rebuild the History of the City", *Digital Scholarship in the Humanities*, 2021, 36 (04): 841-857.

[38] Colavizza G., Blanke T., Jeurgens C., et al., "Archives and AI: An Overview of Current Debates and Future Perspectives", *ACM Journal on Computing and Cultural Heritage*, 2021, 15 (01): 1-15.

[39] Pollock D., Yan A., Parker M., et al., "The Role of Data in an Emerging Research Community: Environmental Health Research as an Exemplar", *International Journal of Digital Curation*, 2021, 16 (01): 1-15.

[40] Palsdottir A., "Data Literacy and Management of Research Data-a Prerequisite for the Sharing of Research Data", *Aslib Journal of Information*

Management, 2021, 73 (02): 322-341.

[41] Xia P., Wu S., Van Durme B., "Which * BERT? A Survey Organizing Contextualized Encoders", *Association for Computational Linguistics*, 2020, 11: 7516-7533.

[42] Floridi L., Chiriatti M., "GPT-3: Its nature, Scope, Limits, and Consequences", *Minds and Machines*, 2020, 30 (04): 681-694.

[43] Nelson L. K., Computational Grounded Theory: A Methodological Framework", *Sociological Methods & Research*, 2020, 49 (01): 3-42.

[44] Hyvönen E., "Using the Semantic Web in Digital Humanities: Shift from Data Publishing to Data-analysis and Serendipitous Knowledge Discovery", *Semantic Web*, 2020, 11 (01): 187-193.

[45] Tsui L. H., Wang H., "Harvesting Big Biographical Data for Chinese History: The China Biographical Database (CBDB)", *Journal of Chinese History*, 2020, 4 (02): 505-511.

[46] Rollo M. F., "Desafios e responsabilidades das humanidades digitais: preservar a memória, valorizar o patrimônio, promover e disseminar o conhecimento. O programa Memória para Todos", *Estudos Históricos (Rio de Janeiro)*, 2020, 33: 19-44.

[47] Greyling F., Verhoef S., Tempelhoff G., "The Byderh and Pioneer Project: A Case Study of the Participatory Dynamics in Creating and Accessibilising Locative literature for Persons with Visual Impairment", *Tydskrif vir Geesteswetenskappe*, 2020, 60 (04-02): 1336-1362.

[48] Su F., Zhang Y., Immel Z., "Digital Humanities Research: Interdisciplinary Collaborations, Themes and Implications to Library and Information Science", *Journal of Documentation*, 2020, 77 (01): 143-161.

[49] Tu H. C., Hsiang J., Hung I. M., et al., "DocuSky, a Personal Digital Humanities Platform for Scholars", *Journal of Chinese History*, 2020, 4 (02): 564-580.

[50] Bornhofen S., Düring M., "Exploring Dynamic Multilayer Graphs for Digital Humanities", *Applied Network Science*, 2020, 5 (01): 54.

[51] Calyx C., "Sustaining Citizen Science Beyond an Emergency", *Sustainability*, 2020, 12 (11): 4522.

[52] Chen L. C., Lee C. M., Chen M. Y., "Exploration of Social Media for Sentiment Analysis Using Deep Learning", *Soft Computing*, 2020, 24 (11): 8187-8197.

[53] Burrows T., Emery D., Fraas A. M., et al., "Mapping Manuscript Migrations Knowledge Graph: Data for Tracing the History and Provenance of Medieval and Renaissance Manuscripts", *Journal of Open Humanities Data*, 2020, 6 (03).

[54] Borgerud C., Borglund E., "Open Research Data, an Archival Challenge?", *Archival Science*, 2020, 20 (03): 279-302.

[55] DeRose C., Leonard P., "Digital Humanities on Reserve: From Reading Room to Laboratory at Yale University Library", *Digital Humanities Quarterly*, 2020, 14 (03).

[56] Ghazal S., Al-Samarraie H., Wright B., "A Conceptualization of Factors Affecting Collaborative Knowledge Building in Online Environments", *Online Information Review*, 2020, 44 (01): 62-89.

[57] Fajdić M., Prpić L., "Photography in Funds and Collections of State Archive in Gospić", *MemorabiLika: časopis za povijest, kulturu i geografiju Like (jezik, običaji, krajolik i arhivsko gradivo)*, 2020 (broj 1): 159-178.

[58] Hutchinson T., "Natural Language Processing and Machine Learning as Practical Toolsets for Archival Processing", *Records Management Journal*, 2020, 30 (02): 155-174.

[59] Dahan M., Pirzl R., Gesing S., "International Science Gateways 2017 Special Issue", *Future Generation Computer Systems*, 2020, 110: 320-322.

[60] Borgman C. L., "Whose Text, Whose Mining, and to Whose Benefit?", *Quantitative Science Studies*, 2020, 1 (03): 993-1000.

[61] Martin-Rodilla P., Gonzalez-Perez C., Metainformation Scenarios in Digital Humanities: Characterization and Conceptual Modelling Strategies",

Information Systems, 2019, 84: 29-48.

[62] Villarroel Ordenes F., Zhang S., "From Words to Pixels: Text and Image Mining Methods for Service Research", *Journal of Service Management*, 2019, 30 (05): 593-620.

[63] Zeng M. L., "Semantic Enrichment for Enhancing LAM Data and Supporting Digital Humanities", *El profesional de la información*, 2019, 28 (01): 1-35.

[64] Wuttke U., Spiecker C., Neuroth H., "PARTHENOS-Eine digitale Forschungsinfrastruktur für die Geistes-und Kulturwissenschaften", *Bibliothek Forschung und Praxis*, 2019, 43 (01): 11-20.

[65] Lahti L., Marjanen J., Roivainen H., et al., "Bibliographic Data Science and the History of the Book (c. 1500-1800)", *Cataloging & Classification Quarterly*, 2019, 57 (01): 5-23.

[66] Anglada L. M., "Muchos cambios y algunas certezas para las bibliotecas de investigación, especializadas y centros de documentación", *Profesional de la información/Information Professional*, 2019, 28 (01): 1-9.

[67] Knöchelmann M., "Open Science in the Humanities, or: Open Humanities?", *Publications*, 2019, 65 (07), https://www.mdpi.com/2304-6775/7/4/65/pdf.

[68] Garwood D. A., Poole A. H., "Pedagogy and Public-funded Research: An Exploratory Study of Skills in Digital Humanities Projects", *Journal of Documentation*, 2019, 75 (03): 550-576.

[69] Roth C., "Digital, Digitized, and Numerical Humanities", *Digital Scholarship in the Humanities*, 2019, 34 (03): 616-632.

[70] Stigler J., Klug H. W., "KONDE-Ein Netzwerk bringt Forschungs-und GLAM-Institutionen zusammen. Ein Projektbericht", *Mitteilungen der Vereinigung Österreichischer Bibliothekarinnen und Bibliothekare*, 2019, 72 (02): 431-439.

[71] Candela G., Escobar P., Carrasco R. C., et al., "A Linked Open Data Framework to Enhance the Discoverability and Impact of Culture Heritage", *Journal of Information Science*, 2019, 45 (06): 756-766.

[72] Van Hyning V., "Harnessing Crowdsourcing for Scholarly and GLAM Purposes", *Literature Compass*, 2019, 16 (03-04): e12507.

[73] Gibson T., "Digital Humanities, Libraries, and Collaborative Research: New Technologies for Digital Textual Studies", *College & Undergraduate Libraries*, 2019, 26 (02): 176-204.

[74] Smithies J., Westling C., Sichani A. M., et al., "Managing 100 Digital Humanities Projects: Digital Scholarship and Archiving in King's Digital Lab", *Digital Humanities Quarterly*, 2019, 13 (01).

[75] Van Gorp J., Bron M., "Building Bridges: Collaboration between Computer Sciences and Media Studies in a Television Archive Project", *Digital Humanities Quarterly*, 2019, 13 (03).

[76] Barrios C., Flores E., Martínez M. Á., et al., "Is There Convergence in International Research Collaboration? An Exploration at the Country Level in the Basic and Applied Science Fields", *Scientometrics*, 2019, 120: 631-659.

[77] Borgman C. L., Scharnhorst A., Golshan M. S., "Digital Data Archives as Knowledge Infrastructures: Mediating Data Sharing and Reuse", *Journal of the Association for Information Science and Technology*, 2019, 70 (08): 888-904.

[78] Wallis R., Buckingham D., "Media Literacy: The UK's Undead Cultural Policy", *International Journal of Cultural Policy*, 2019, 25 (02): 188-203.

[79] Onal K. D., Zhang Y., Altingovde I. S., et al., "Neural Information Retrieval: At the End of the Early Years", *Information Retrieval Journal*, 2018, 21: 111-182.

[80] Haslhofer B., Isaac A., Simon R., "Knowledge Graphs in the Libraries and Digital Humanities Domain", arxiv preprint arxiv: 1803.03198, 2018.

[81] Uhl J. H., Leyk S., Chiang Y. Y., et al., "Map Archive Mining: Visual-analytical Approaches to Explore large Historical Map Collections", *ISPRS International Journal of Geo-information*, 2018, 7 (04): 148.

[82] Dou J. H., Qin J. Y., Jin Z. X., et al., "Knowledge Graph Based on Domain Ontology and Natural Language Processing Technology for Chinese Intangible Cultural Heritage", *Journal of Visual Languages and Computing*, 2018, 48: 19-28.

[83] Hagmann D., "Überlegungen zur Nutzung von PHAIDRA als Repositorium für digitale archäologische Daten", *Mitteilungen der Vereinigung Ö sterreichischer Bibliothekarinnen und Bibliothekare*, 2018, 71 (01): 53-69.

[84] Hilton A., "Appraisal and Acquisition Strategies", *The American Archivist*, 2018, 81 (01): 256-260.

[85] Given L. M., Willson R., "Information Technology and the Humanities Scholar: Documenting Digital Research Practices", *Journal of the Association for Information Science and Technology*, 2018, 69 (06): 807-819.

[86] Farrugia C. J., "Lone Rangers No More: Archival Cooperation in Transition", *Comma*, 2018, 2016 (01-02): 115-124.

[87] Aslam M., "Current Trends and Issues Affecting Academic Libraries and Leadership Skills", *Library Management*, 2018, 39 (01/02): 78-92.

[89] Romary L., Riondet C., "EADODD: A Solution for Project-specific EAD Schemes", *Archival Science*, 2018, 18: 165-184.

[90] Alexiev V., "Museum Linked Open Data: Ontologies, Datasets, Projects", *Digital Presentation and Preservation of Cultural and Scientific Heritage*, 2018 (08): 19-50.

[91] McGovern N. Y., "Radical Collaboration: An Archival View", *Research Library Issues*, 2018, 296: 53-61.

[92] Griffin G., Hayler M. S., "Collaboration in Digital Humanities Research-Persisting Silences", *Digital Humanities Quarterly*, 2018, 12 (01).

[93] Poole A. H., Garwood D. A., "Interdisciplinary Scholarly Collaboration in Data-intensive, Public-funded, International Digital Humanities Project Work", *Library&Information Science Research*, 2018, 40 (03-04):184-193.

[94] Poole A. H., Garwood D. A., "'Natural Allies' Librarians, Archivists, and Big Data in International Digital Humanities Project Work", *Journal of*

Documentation, 2018, 74 (04): 804-826.

[95] Earhart A. E., "Digital Humanities within a Global Context: Creating Borderlands of Localized Expression", *Fudan Journal of the Humanities and Social Sciences*, 2018, 11 (03): 357-369.

[96] Parihar V. R., Nage R. S., Dahane A. S., "Image Analysis and Image Mining Techniques: A Review", *Journal of Image Processing and Artificial Intelligence*, 2017, 3 (02): 1-18.

[97] Baierer K., Dröge E., Eckert K., et al., "DM2E: A Linked Data Source of Digitised Manuscripts for the Digital Humanities", *Semantic Web*, 2017, 8 (05): 733-745.

[98] Poremski M. D., "Evaluating the Landscape of Digital Humanities Librarianship", *College & Undergraduate Libraries*, 2017, 24 (02-04): 140-154.

[99] Corlett-Rivera K., "Subject Librarian as Coauthor: A Case Study with Recommendations", *College & Undergraduate Libraries*, 2017, 24 (02-04): 189-202.

[100] Di Cresce R., King J., "Developing Collaborative Best Practices for Digital Humanities Data Collection: A Case Study", *College & Undergraduate Libraries*, 2017, 24 (02-04): 226-237.

[101] Gerber K., "Conversation as a Model to Build the Relationship among Libraries, Digital Humanities, and Campus Leadership", *College & Undergraduate Libraries*, 2017, 24 (02-04): 418-433.

[102] Hauck J., "From Service to Synergy: Embedding Librarians in a Digital Humanities Project", *College&Undergraduate Libraries*, 2017, 24 (02-04): 434-451.

[103] Poole A. H., "'A Greatly Unexplored Area': Digital Curation and Innovation in Digital Humanities", *Journal of the Association for Information Science and Technology*, 2017, 68 (07): 1772-1781.

[104] Poole A. H., "The Conceptual Ecology of Digital Humanities", *Journal of Documentation*, 2017, 73 (01): 91-122.

[105] Clement T. E., Carter D., "Connecting Theory and Practice in Digital Humanities Information Work", *Journal of the Association for Information Science and Technology*, 2017, 68 (06): 1385-1396.

[106] Costa M., Gomes D., Silva M. J., "The Evolution of Web Archiving", *International Journal on Digital Libraries*, 2017, 18: 191-205.

[107] Grant R., "Recordkeeping and Research Data Management: A Review of Perspectives", *Records Management Journal*, 2017, 27 (02): 159-174.

[108] Franks C. P., "Integrated ECM Solutions: Where Records Managers, Knowledge Workers Converge", *Information Management*, 2016, 50 (04): 18-22.

[109] Ristoski P., Paulheim H., "Semantic Web in Data Mining and Knowledge Discovery: A Comprehensive Survey", *Journal of Web Semantics*, 2016, 36:1-22.

[110] Coccia M., Wang L., "Evolution and Convergence of the Patterns of International Scientific Collaboration", *Proceedings of the National Academy of Sciences*, 2016, 113 (08): 2057-2061.

[111] Gartner R., "An XML Schema for Enhancing the Semantic Interoperability of Archival Description", *Archival Science*, 2015, 15 (03): 295-313.

[112] Niu J. F., "Event-based Archival Information Organization", *Archival Science*, 2015, 15 (03): 315-328.

[113] Dougherty M., Meyer E. T., "Community, Tools, and Practices in Web Archiving: The State-of-the-art in Relation to Social Science and Humanities Research Needs", *Journal of the Association for Information Science and Technology*, 2014, 65 (11): 2195-2209.

[114] Risse T., Demidova E., Dietze S., et al., "The ARCOMEM Architecture for Social-and Semantic-driven Web Archiving", *Future Internet*, 2014, 6 (04): 688-716.

[115] Zarri G. P., "Advanced Computational Reasoning Based on the NKRL Conceptual Model", *Expert Systems with Applications*, 2013, 40 (08): 2872-2888.

［116］Alalwan J. A., Weistroffer H. R., "Enterprise Content Management Research: A Comprehensive Review", *Journal of Enterprise Information Management*, 2012, 25（05）: 441-461.

［117］McLeod J., "Thoughts on the Opportunities for Records Professionals of the Open Access, Open Data Agenda", *Records Management Journal*, 2012, 22（02）: 92-97.

［118］Bharanipriya V., Prasad V. K., "Web Content Mining Tools: A Comparative Study", *International Journal of Information Technology and Knowledge Management*, 2011, 4（01）: 211-215.

［119］Conway P., "Archival Quality and Long-term Preservation: A Research Framework for Validating the Usefulness of Digital Surrogates", *Archival Science*, 2011, 11: 293-309.

［120］Conway P., "Preservation in the Age of Google: Digitization, Digital Preservation, and Dilemmas", *The Library Quarterly*, 2010, 80（01）: 61-79.

［121］Lazer D., Pentland A., Adamic L., et al., "Computational Social Science", *Science*, 2009, 323（5915）: 721-723.

［122］Anderson S., Allen R., "Envisioning the Archival Commons", *The American Archivist*, 2009, 72（02）: 383-400.

［123］Gladney H., "Long-term Preservation of Digital Records: Trustworthy Digital Objects", *The American Archivist*, 2009, 72（02）: 401-435.

［124］Zhang J., Scardamalia M., Reeve R., et al., "Designs for Collective Cognitive Responsibility in Knowledge-building Communities", *The Journal of the Learning Sciences*, 2009, 18（01）: 7-44.

［125］Beagrie N., "Digital Curation for Science, Digital Libraries, and Individuals", *International Journal of Digital Curation*, 2008, 1（01）: 3-16.

学位论文类

［1］白悦芸：《数字人文视域下档案知识服务问题研究》，黑龙江大学硕士学位论文，2023。

[2] 汪泽：《数字人文视域下历史档案资源知识库构建研究》，吉林大学硕士学位论文，2023。

[3] 赵公庆：《中外档案数字人文实践项目的内容分析》，山西大学硕士学位论文，2023。

[4] 饶梓欣：《可持续发展下的数字人文数据基础设施建设现状研究》，华东师范大学硕士学位论文，2022。

[5] 武净煜：《知识管理视域下政务档案信息知识发现研究》，辽宁大学硕士学位论文，2023。

[6] 王阮：《数字人文视域下口述历史档案资源知识发现研究》，吉林大学博士学位论文，2022。

[7] 秦春颖：《我国档案数字人文实践研究》，安徽大学硕士学位论文，2021。

[8] 张聪慧：《档案数字化管理研究——以山东省X市为例》，中共山东省委党校硕士学位论文，2022。

[9] 杨洋：《数字人文领域科研合作的国内外对比研究——以期刊论文与实践项目为例》，福建师范大学硕士学位论文，2022。

[10] 冯泽元：《数字人文背景下参与式档案信息服务研究》，南昌大学硕士学位论文，2021。

[11] 孙琦：《大数据环境下行业知识发现服务模型构建与推进策略研究》，华中师范大学硕士学位论文，2021。

[12] 高晨翔：《档案学视角下区域政务微博的知识发现模型研究》，西北大学硕士学位论文，2019。

[13] 左娜：《中美数字人文建设项目对比研究》，吉林大学硕士学位论文，2019。

[14] 吕晓赞：《文献计量学视角下跨学科研究的知识生产模式研究——以大数据研究为例》，浙江大学博士学位论文，2020。

[15] 马雪雯：《我国纸质档案数字化工作研究》，南京大学硕士学位论文，2020。

[16] 张燕超：《数据挖掘在档案管理中的应用研究》，苏州大学硕士学位论文，2018。

[17] 张瑞瑞：《档案管理多元主体的协同治理研究》，郑州大学硕士学位论

[18] 乔旭敏：《中国数字档案资源建设历程研究》，辽宁大学硕士学位论文，2016。

[19] 邵鹏：《媒介作为人类记忆的研究——以媒介记忆理论为视角》，浙江大学博士学位论文，2014。

[20] 伍革新：《基于关联数据的数字图书馆资源聚合与服务研究》，华中师范大学博士学位论文，2013。

[21] 田培杰：《协同治理：理论研究框架与分析模型》，上海交通大学博士学位论文，2013。

[22] Faheem M., "Intelligent Content Acquisition in Web Archiving", Paris: TELECOM Paris Tech, 2014.

[23] 李楠：《基于关联数据的知识发现研究》，中国农业科学院博士学位论文，2012。

[24] 魏建香：《学科交叉知识发现及其可视化研究》，南京大学博士学位论文，2010。

[25] 邓君：《机构知识库建设模式与运行机制研究》，吉林大学博士学位论文，2008。

[26] 梁凯：《知识管理在电子政务建设中的应用研究——以杭州市网上档案馆为例》，浙江大学硕士学位论文，2005。

其他

[1] 唐自强等：《基于知识图谱与大语言模型的变电工程知识库构建方法》，专利号：CN117725996A，2024。

[2] 胡正银等：《基于知识图谱的科学知识发现方法及系统》，专利号：CN202311550983.1，2024。

[3] 陈应东：《基于网络采集数据的时空知识图谱智能构建方法及系统》，专利号：CN117744785A，2024。

[4] 李智慧等：《文档生成方法、装置、设备及介质》，专利号：CN117725895A，2024。

[5] 杜家兵等：《一种基于NLP与AI的智能内容识别与分析方法及装置》，

专利号：CN202310726304.5，2024。

[6] 刘丽华等：《基于复合分层模型的多模态联合知识表示方法及系统》，专利号：CN202211368674.8，2023。

[7] 田茂春等：《一种融合知识图谱、知识库和大型语言模型的问答系统构建方法》，专利号：CN117688189A，2024。

[8] 胡芳等：《面向协同交互的航天器数字档案资源管理平台和方法》，专利号：CN117573957A，2024。

[9] 张少光、兰鹏：《知识图谱构建过程中的知识发现方法、装置、设备及介质》，专利号：CN117454984A，2024。

[10] 王苏丽、张银银：《一种基于知识图谱的档案数字资源建设用数据采集方法》，专利号：CN117436520A，2024。

[11] 刘静等：《一种基于知识发现的领域知识关联方法、装置及存储介质》，专利号：CN116401374A，2023。

[12] 黄天祥、黄慧敏：《用于移动终端的档案知识管理装置和移动终端》，专利号：CN110457257B，2023。

[13] 李晨等：《基于数据多源融合的电力文本知识发现方法及设备》，专利号：CN114970508A，2022。

[14] 王雯雯、郑杰群、王江涛：《专业知识发现方法、装置、电子设备及计算机存储介质》，专利号：CN114638224A，2022。

[15] 阮益嫘：《数字化助力古籍活化传承》，《中国社会科学报》2022年5月25日。

[16] 中国人民大学档案事业发展研究中心：《中国人民大学研究报告系列中国档案事业发展报告2022》，中国人民大学出版社，2022年9月。

[17] 中国人民大学档案事业发展研究中心：《中国人民大学研究报告系列中国档案事业发展报告2023》，中国人民大学出版社，2023年12月。

后　记

　　1998年五四前夕，班主任将一份入团申请书郑重递到我手中。在那个还处于懵懂的五四青年节将至的日子里，像守护一颗珍贵的种子般，我用稚嫩的笔迹写下人生第一份政治申请。这一印记连同少年时代清晨诵读时涨红的脸庞、青筋突起的脖颈乃至被汗水浸透的校服，都化作记忆里永不褪色的胶片——新课本刚发下就被我贪婪地背诵，二年级暑假抱着《作文描写辞典》在田埂上踱步默诵，在牛背上手指凌空飞舞。这般近乎痴狂的求知欲，只因生长在豫南丘陵、淮河岸边的80后农村少年对"知识改变命运"这句箴言刻骨的理解。那些与父母一同割麦插秧、薅花生掰玉米的午后，那些借着灶火光热读书的清晨寒夜，与手心汗茧和书页触感共同在少年记忆里交织。当"千年虫"恐慌裹挟着"计算机是21世纪通行证"的预言席卷而来，我们这代人在传统农耕文明与数字浪潮的夹缝中，注定要经历更为剧烈的认知震颤。

　　2005年高考结束的蝉鸣里，我用暑假帮父母在城里卖煤球所得，在县城逼仄的电脑培训教室里开启数字世界的启蒙。五笔字根表在铁皮风扇的嗡鸣中翻卷，键盘盲打敲击声与窗外冰棒小贩的吆喝声此起彼伏。2007年我用勤工俭学攒下的1700元钱买了一台二手台式机，折腾拆解零件、装系统，浑然不觉2008年与eBay、亚马逊、淘宝的早期邂逅，使"网络"与"知识"一起在记忆里入骨三分。

　　武汉大学的求学岁月里，导师王新才教授办公室窗外的常春藤和珞珈山见证了我们师生的对话。当"知识生态视野下的档案学知识网络计量"这个选题在茶香氤氲中诞生时，我仿佛看见童年那个在田埂麦垛间读书的自己，与图书馆书架旁徘徊的研究者身影渐渐重合。马克斯·韦伯"意义之网"的箴言与学科领域内众多专家学者的人文炬火，在无数个通宵达旦的写作中照亮思想的迷宫。那些在数据海洋里泅渡的日夜，那些在概念迷宫中徘徊的时刻，最终凝结成这份包含着自己既敬畏技术理性又呼唤人文温度的初心成果。

这也是我的导师两次鼓励我将博士论文修改出版时我都没有付诸行动的顾虑所在，我认为一名学者的专著应当对社会，最起码对学科的人文精神或使命担当有所回应或贡献。这也成为经过2017年、2018年连续两年蹉跎之后在2019年报送与本书同名的国社科题目的想法来源。当然，这个项目得以顺利结项，要衷心感谢我的导师、师兄师姐们，以及苏州大学的领导、同事们给予我的鼓励和支持；特别要感谢李卓卓、聂云霞两位老师分别在最初选题立项和课题论证方面给予的认真且专业的帮助。但囿于个人能力，书中难免有不足和未达预期甚至有悖初心之处，此次出版，也是希望能得到业界专家学者的更多批评、指正，共同为档案学科参与数字人文建设、推动新文科建设添砖加瓦。

从淮河岸边到珞珈山麓，再到独墅湖畔，这本迟来的著作，藏着我借由学术经纬编织属于我们这代"知识移民"精神图谱的野心和众多家人、朋友、师长的守望。感谢我的众多研究生（周涵潇、柯永旮、廖丽萍、王晨昊、何丙秋、刘凤、陈思睿、张凯越、杜新瑜、杨昕）在教学相长、团队作战中给我提供的不竭动力，还要感谢社会科学文献出版社的编辑们字斟句酌的匠心与辛勤付出，使本书得以付梓出版。

丁家友

2025年4月于苏州大学独墅湖校区文科综合楼

图书在版编目(CIP)数据

面向数字人文的档案内容挖掘与知识发现 / 丁家友著 . -- 北京：社会科学文献出版社，2025.6. -- ISBN 978-7-5228-5452-6

Ⅰ. G271-39

中国国家版本馆 CIP 数据核字第 20251WQ808 号

面向数字人文的档案内容挖掘与知识发现

著　　者 / 丁家友

出 版 人 / 冀祥德
责任编辑 / 仇　扬
责任印制 / 岳　阳

出　　版 / 社会科学文献出版社·文化传媒分社（010）59367156
　　　　　　地址：北京市北三环中路甲 29 号院华龙大厦　邮编：100029
　　　　　　网址：www.ssap.com.cn
发　　行 / 社会科学文献出版社（010）59367028
印　　装 / 三河市尚艺印装有限公司

规　　格 / 开　本：787mm×1092mm　1/16
　　　　　　印　张：20.5　字　数：325 千字
版　　次 / 2025 年 6 月第 1 版　2025 年 6 月第 1 次印刷
书　　号 / ISBN 978-7-5228-5452-6
定　　价 / 128.00 元

读者服务电话：4008918866

版权所有 翻印必究